国家自然科学基金“基于可持续发展三要素的廊道式TOD土地利用优化研究”（51278385）华南理工大学亚热带建筑科学国家重点实验室开放课题“生态城市规划——城市发展的公交引导与集约型城市形态研究”
中央高校基本科研业务资金

土地使用与公交整合的城市发展模式

——国际案例和中国实践

张 明
孙一民
丁成日
李文姝
编著

中国建筑工业出版社

图书在版编目（CIP）数据

土地使用与公交整合的城市发展模式——国际案例和中国实践／张明，孙一民等编著．—北京：中国建筑工业出版社，2016.1
ISBN 978-7-112-19025-6

I. ①土…　II. ①张…②孙…　III. ①城市－土地利用－公共运输－研究
IV. ① F293.2

中国版本图书馆 CIP 数据核字（2016）第 008835 号

责任编辑：杨　虹
责任校对：陈晶晶　刘梦然

土地使用与公交整合的城市发展模式
——国际案例和中国实践
张　明　孙一民　丁成日　李文姝　编著
*
中国建筑工业出版社出版、发行（北京西郊百万庄）
各地新华书店、建筑书店经销
北京嘉泰利德公司制版
北京鹏润伟业印刷有限公司印刷
*
开本：787×960毫米　1/16　印张：$20^3/_4$　字数：380千字
2015 年 12 月第一版　2015 年 12 月第一次印刷
定价：58.00元
ISBN 978-7-112-19025-6
（28271）

前言

我国经济快速发展和大规模城市化带来了巨大且日益增长的城市交通需求。既有国情决定了满足城市交通需求的策略是优先发展公共交通。国务院和相关部委多次发文指明发展公交是城市交通战略的国策。但公交建设与运营面临两大挑战：一是私人小汽车的竞争；二是高运营成本。土地使用是交通需求之源、技术选择是交通供给之策。公交发展要可持续，必须与土地利用充分整合。因此，国际上对“公交导向发展（Transit Oriented Development，TOD）”理念广为推崇，世界各地有许多理论探讨和实践经验。如这些理论和实践能结合中国国情加以借鉴应用，对我国城市发展和交通服务将有极大的裨益。

基于此考虑，本书综合作者近几年的教学、科研和实践，汇集大量国际案例，引介土地使用与公交整合的规划设计和实施措施。针对的读者群主要为城市规划设计、公交规划设计与管理、土地开发和交通政策等领域的实践与科研人员以及高等院校相关专业的师生。

本书在资料收集和章节编写过程中得到了许多人的帮助，他们是美国得克萨斯大学（奥斯汀校区）的陈斌斌、沙思云、张然、白晓、张文佳，华南理工大学的张颖、林锦玲，武汉大学的乐韵佩、陈祉瞳、宋思齐、项顺子、黎璐源、丁莎莎，还有其他人这里无法一一列出。在此表示衷心感谢！

本项目得到国家自然科学基金“基于可持续发展三要素的廊道式TOD土地利用优化研究”（51278385）、华南理工大学亚热带建筑科学国家重点实验室开放课题“生态城市规划——城市发展的公交导引与集约型城市形态研究”和中央高校基本科研业务经费支持。

张明

2014年6月10日

目录

第1章
引言

1.1 基本理念及其背景

在世界各地寻求绿色交通和可持续城市发展的努力中，公交导向发展模式（Transit-Oriented Development，TOD）已受到广泛推崇。其基本思路是指将公交车站，尤其是城市快速交通系统的站点地区建成适宜步行、自行车及其他公交接驳换乘的，具有高密度、多功能混合和城市活力的节点。在区域范围内多个这样的节点沿公交线构成网络，形成以公交系统为骨骼的“节点 + 走廊”式城市形态，从而达到提高土地使用效率，支持公交运营和提升城市生活质量的目的。

这种沿快速公交的集约发展模式并非当代规划设计师新创。20 世纪初期西方城市的增长扩展多是基于当时的大量性快速公交，如有轨电车、郊区火车等。当今多数欧洲城市、相当数量的拉美和亚洲城市以及若干北美城市的中心区依然保持着基于公共交通的社会经济空间结构和功能特征。但 20 世纪中后期以来，私家小汽车的使用率和对私家车的依赖性在世界各地（包括欧洲）不断增加，战后快速重建需求和城市迅猛扩张使得以公交为核心的传统社区形态大多被以小汽车为核心的低密度蔓延形态所取代。

“节点 + 走廊”发展模式在 1990 年代重新受到关注并成为一个系统化的城市发展理念，标志性著作是美国建筑师彼得·卡尔索普的《新一代美国大都会：生态、社区和美国梦》，在此书中他将“节点 + 走廊”的发展模式正式称为“公交导向发展”（TOD）（Calthorpe，1993）。图 1-1 所示为卡尔索普提出的 TOD 模式的基本型示意图。它所针对的就是低密度蔓延及与其相关的城市交通和社区环境等方面的问题。

除建筑师彼得·卡尔索普以外，1990 年代末很多学者著书撰文，推出一批与 TOD 类似的概念，例如，公交导向设计（Urban Land Institute，1994），公交集中型开发（Porter，Douglas R.，1997），公交社区（Bernick M.，R. Cervero，1997）等。同时，很多城市在应用 TOD 原理规划管理社区建设时也常会有他们自己的表达，用词虽有不同但其概念内涵和发展目标基本一致。

在美国，有一系列因素促使许多社区推行 TOD 发展模式。最首要的原因是抵制郊区蔓延及其带来的城市交通和社区环境等方面的问题。二战后美国都市社区发展的普遍特征就是低密度布局、教条的严格土地使用分类和以方便小汽车使用为准则。城乡社区的不断低密度蔓延使得公交运营在经济上逐渐难以为

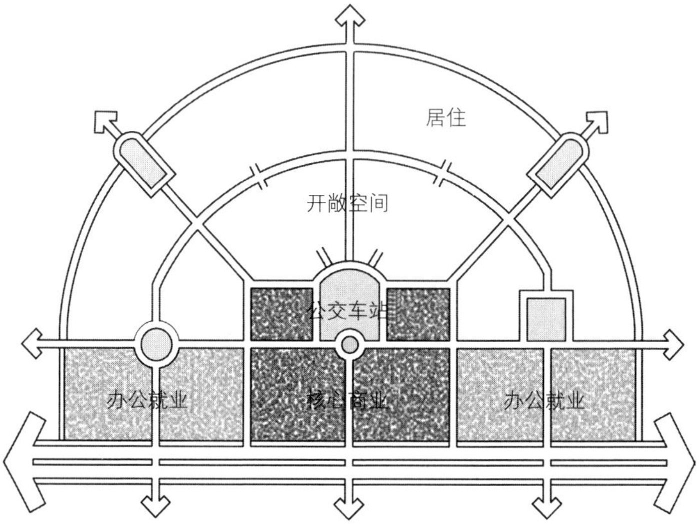

图 1-1　卡尔索普提出的 TOD 模式的基本型

（资料来源：作者改绘，参考彼得·卡尔索普 . 新一代美国大都会：生态、社区和美国梦［M］. 普林斯顿建筑出版社，1993）

继而私人驾车出行则成为一种必需。相应的后果是日益增长的车程和道路的拥堵，能源的过度消耗，以及汽车尾气的排放，邻里街区千篇一律、场所识别缺失。许多健康疾病如肥胖症也与对小汽车的过度使用和依赖有关。TOD 是一项遏制城市蔓延以及减少驾车出行所引发的不良影响，针对土地使用与公交整合的发展对策。

从供给方面看，美国联邦政府对公交系统投入的稳步增长极大地鼓舞了州政府和地方政府发展公交的积极性。近 20 年来的三项联邦交通法案，即 1991 年通过的“冰茶法案”（ISTEA，地面运输联运效率法案）、1998 年通过的“21 世纪茶法案”（TEA21，21 世纪运输公平法案）和 2005 年通过的“SAFETEA-LU 法案”（安全、可靠、灵活和高效的交通运输均权法案），使对公交系统投入的资金由 250 亿美元，分别增加到 360 亿和 526 亿美元。这样一来，许多社区兴建了全新的公交系统，或者扩展了现有的公共交通网络，比如地铁、轻轨、通勤铁路、快速公交、普通巴士公交等。然而，过去的实践经验表明对公共交通的投资很难自动生成预期的公交效益，仅公共交通是不足以使人们放弃小汽车出行的习惯的（Cervero，2004）。公交可达性对于车站附近的房产价值的影响同样依赖于地方及区域在政策上对公共交通运营和建设的多方支持。与简单的公交相临式（transit-adjacent）发展相比，TOD 更强调土地使用与公交系统的综合协调发展。一个有规划的 TOD 可以看做不同利益相关者所达成的共识，有助于减少个体开发商的费用与风险，吸引潜在的公交乘客，通过相邻土地的整合开发扩大地方和公交部门的融资渠道。

从需求方面看，美国城市生活方式有了一些新的变化趋势。越来越多的人渴望居住在一种多样化、生机勃勃的城市环境之中，享受步行生活方式所带来的益处，在不使用小汽车时也可以安全有效地满足日常生活需要。TOD 提供了顺应这种生活方式变化趋势的新城市生活构想。

TOD 是美国建筑规划师针对以私家车为主导的郊区蔓延开发模式所推出的相应措施。在中国的大部分城市，美国式低密度蔓延尚未出现，城市发展形态基本基于公共交通，普遍缺乏的是公交和周边地区发展的有机整合。因此，公交整合式开发（Transit-Integrated Development，TID）的表述在中国比 TOD 更有针对性。鉴于 TOD 一词已被广泛接受，本书中 TID 和 TOD 将交互使用。

1.2 TOD 与新城市主义

“新城市主义”是一场城市设计革新运动，兴起于 1980 年代末 1990 年代初，它反对低密度蔓延，倡导传统的社区邻里模式。其目的旨在革新住房开发与社区营造的各个方面。该运动对区域和地方层面的规划设计都有影响，涉及的项目既有新区开发、旧区重建，也有郊区内填式改建。无论哪一类型的开发，新城市主义都强调邻里社区要多功能混合和适宜步行，而非不同土地使用功能的机械隔离，不排除小汽车但反对以小汽车为核心的功能组织和设计。新城市主义的倡导者推崇区域范围的开敞空间规划、以人的活动为主导的社区、建筑与环境设计，寻求住房与就业机会的本地多样化和平衡。他们相信这些策略能最有效地减少一人一车的机动交通出行，增加邻里社区的可居性，最终遏制城市蔓延。关于其他问题，如历史保护、街道安全、生态建筑等在新城市主义的经典文献《新城市主义宪章》里也有所涉及。

新城市主义的许多规划设计理念并非是全新的。它们多源于传统的规划理论和设计概念，包括霍华德的花园城市理论、佩里的邻里单位以及传统的城市广场和空间设计手法与设计语言。TOD 是新城市主义应用实施的具体化措施之一。

新城市主义的规划设计原理反映在三个不同尺度的空间层次上。首先是区域尺度。新城市主义者认为规划应超越行政边界的限制而将区域作为考虑的背景和范围。区域内的城镇必须有一个共同的综合发展战略才会共同繁荣。同时，每个城镇也必须有自己独特的个性特征与风格。城市开发应保护和强调这些特色。城镇与城镇之间以开敞空间，如农田、森林、水体等加以分隔，同时也有各种私人和公共交通相连接。从中心区到远郊有一套系统的发展密度指标。

其次是邻里社区尺度。多样化和适宜步行是区分新城市主义邻里社区与以汽车为中心的当代郊区邻里单位的最重要特征。多样化指的是住房、就业、交通出行等各方面均有多样选择。邻里社区以步行距离为尺度组成基本空间单元，每个单元都有自己的中心。最佳邻里规模为5min步行能达到的范围（约400m半径的范围），注重发展公交走廊以协助组织城市空间结构和城市中心区更新。

最后为街道和建筑尺度。二战后开发的郊区邻里社区的可居性减退主要是因为缺乏宜人的街道空间。街道不仅是为机动车服务的交通空间，也是人们散步、休闲和社会交往的公共场所。建筑和景观设计应有助于界定街道及公共空间从而使单体建筑紧密地融入其周边环境中。建筑物的门窗面向街道开启会使人们感受到街道及公共空间的安全性和舒适性，使其更具有吸引力。此外，建筑和景观设计也要尊重地方特色，考虑当地的气候、人文和历史特点。

“新城市主义”一词涵盖了许多具体的规划设计概念与实践，最核心的是“新传统式开发”（Neo-Traditional Development）和“传统式邻里设计”（Traditional Neiborhood Design）。其基本形态特征包括：

（1）有一个明晰的社区中心。这通常是一个广场、一块绿地、一所教堂、一个车站，或是一个繁忙但让人印象深刻的交叉口。社区中心应有一个供居民聚会的公共建筑。

（2）有一个完整的街道系统满足各种交通方式的要求。街道系统连续贯通，任何两个不同地点之间应有多条路径连接。街道设计充分考虑步行和自行车使用要求。路两侧均设人行道，必要时设自行车道。街道不应太宽，应配以行道树，为步行或骑自行车的人提供一个适宜的环境。利用交通静化措施来控制机动车车辆速度，从而鼓励非机动交通工具的使用。

（3）有多样化的居住形制，包括独立住宅、联排住宅和公寓。不同年龄的单身或家庭住户，以及不同收入阶层的人都能在这里找到合适的住宅单元。居住密度应在每英亩6～7户以上。大多数住宅单元位于离社区中心5min(400m)的步行距离内。

（4）在邻里内或附近有一定的工作机会，如商店、写字楼等。有配套的服务设施以满足居民的各项需求，如小卖部、邮局、银行或自动取款机和健身房。

邻里内应设有位置适中的小学，学龄儿童可以步行到学校，步行的距离不应超过 1mi。邻里内应有公园、散步休闲的场所和娱乐活动场地。各家各户到这些设施的距离不应超过 1/8mi。

（5）进入社区的地段应有标志性建筑或构筑物予以强调。位于中心的建筑物相互靠近并有人行道相连，目的是创造一种限定的城市空间感。位于社区边缘的建筑密度可以低一些以形成一种乡村环境气氛。

（6）住宅及公共建筑的车库出入口不应直接开向街道，而是布置在建筑物的背面，通过共用车道连接。沿街建筑尽可能设回廊或阳台以增进建筑与街道空间的连通与交流。独立住宅的后院应允许建附属用房，可作为工作间，也可出租他用。

TOD 可以说是新城市主义理念在公交站点地区的具体实践。它着重于如何最充分地利用公交，尤其是铁路轨道交通提供的便利条件，对公交车站 1/4mi（或 5 ～ 10min 步行距离）的半径地区作精心的设计和开发。这一地段应建成适宜步行、服务方便、设计紧凑的多功能综合性小社区，既有商店、办公楼、市民服务站和娱乐场所，也有多种形制的住宅选择。这样的开发有助于城市区域从低密度的蔓延形态转换为较理想的节点（车站）——交通走廊式发展形态。

另一个重要概念是“就业—居住平衡”（Job-Housing Balance）。就业—居住平衡是指在地方政府的行政管辖范围内实现工作机会与住房单元在数量上的基本均等。尤其重要的是一个社区的就业机会与该社区内劳动力的素质与技能相匹配，社区内住房的价格、大小和位置与就业人员的需求相吻合。所以，就业—居住平衡既有数量层面上的平衡，也有质量层面上的平衡。就业—居住平衡更多的是一种规划措施而非管理措施。就业—居住平衡政策有着多种目标，其中最主要的目标之一就是帮助减少机动车交通，减缓交通拥挤。许多实例研究表明严重的就业—居住失衡会造成交通拥堵。在一个社区或地区内，如果就业和居住在数量上和地理位置上都比较接近，人们的出行距离就会缩短，机动车的运行时间就会降低，汽车尾气排放量和空气污染相应减少，修建和维护道路的政府开支也会下降。

新城市主义的规划设计实践在全美越来越多。最具规模的代表作应数位于佛罗里达州的滨海镇（Seaside），滨海镇位于佛罗里达州首府 Tallahassee 以西 110mi 处的墨西哥湾海滨，是一个全新的度假村镇，由新城市主义的领军人物 Andres Duany 和他的合伙人 Elizabeth Plater-Zyberk 于 1978 年完成规划设计方案，规划面积 32.4hm^2，如今全镇住宅及公共设施已基本建成。新城市主义的许多规划设计准则是从滨海镇的案例中总结而来的。

实施新城市主义的理念除了要求规划设计实践的改革外，还要求规划设计管理法规的改革与更新。现有的区划法、土地再分配条例及其他土地管理法规主要是为了适应20世纪60、70年代社区开发而制定的。开发新城市主义式的邻里社区往往受到已有法规的限制，比如现有的区划法不允许住宅区超过一定的开发密度，但这些密度是建设传统式邻里所必需的。另外，这些法规条例往往限制在同一邻里社区内出现的不同土地利用。Andres Duany和Elizabeth Plater-Zyberk在规划设计滨海镇时特地为该镇制定了一套具有操作性和实施性的区划管理条例。这些新城市主义的设计理念和实施措施也具体体现在TOD的实践中。

1.3 中国城市需要TOD吗？

中国城市人口密度很高，土地的混合使用已非常普遍，公交出行所占的比例比美国的十倍还多。在这种情况下，中国城市还需要TOD吗？统计资料显示大部分中国城市早已达到TOD支持者们所寻求的人口密度和公交乘客数量，因此有质疑TOD对推动中国城市发展是否还有可借鉴的价值与意义。

1.3.1 “中国式蔓延”及其影响

20世纪末和进入21世纪以来，快速城市化的新兴国家（如中国）也逐渐呈现出小汽车化和独具特色的高密度蔓延等现象，因私家车拥有和使用的急剧增长带来的拥堵、尾气排放和能耗等城市问题，已不弱于发达国家。自1978年中央政府为推动经济发展实行改革开放政策以来，中国经历了前所未有的城市化进程。1978年至2005年间，建制城市的总数从193个增长到668个；相应地，城市总人口从7980万增长到5亿6160万，年均增长7.5%（Zhang，2006；Lin，2002）。随着人口增长和城市区域的扩张，空间上的发展模式开始引起关注，很多地区呈现出一种“摊大饼”的发展状态，或称“中国式蔓延”（Fung，1981）。

中国式蔓延增长呈现出与美国情况类似的两个特点（Zhang，2000）。一是城市人口的增长与城市化用地（农业用地转化为城市用地）的增长不成比例。举例来说，自1990年至1995年，中国城市人口增长了21.6%；而同一时期城市用地几乎增长了一倍，从11608km^{2}增长到22100km^2。从1993年到2003年，上海市的建成区增长了60%，从300km^{2}扩展到550km^2，而同期城市人口仅增长了43%（中国城市统计年鉴1993-2004）。

城市蔓延的另一个特点是城市边缘的分散式扩展。除了大量的以住宅为主的地产开发和小城镇的扩展外，城市外缘还有政府主导的开发新区。这些新区以多种形态存在，举例来说，有“高科技工业园”、“保税区”、“特殊经济开发区”、“大学城”以及新出现的“信息园”或“软件园”。大多数新区的开发密度比城市中心区要低很多，并且远离城市中心。

伴随着大规模城市化而来的是飞速的机动化进程。1991～2002年间，北京私人小汽车拥有量从40万增加到180万，到2012年年底，私家车接近410万。同期上海市注册的私家车在严厉的控制政策下依然从20万增长到140万。虽然中国的汽车拥有量相对于其他发达国家而言并不算高，但其迅猛增长的速度却对现有的交通基础设施造成了巨大的压力，导致严重的道路拥堵和城市交通机动性的降低。这种现象不是中国城市所特有的，在所有发展中国家快速发展的城市中都很普遍。

城市空间上的扩张和日益增长的汽车拥有量共同导致了平均出行距离的增加以及公交出行比例的下降。以上海为例，上海市在1986、1995和2004年进行了三次大规模的交通调查（SCCTPI，1992、2003、2005）。这些调查结果显示平均出行距离从1986年的4.3km增加到2004年的6.8km，同时个人出行总量增长了83%，从2068万次增加到3790万次。小汽车出行比例持续增长，从1986年占总出行量的2.6%（包括出租车和摩托车）增长到1995年的5.6%（仅小汽车），到2004年的11.3%（仅小汽车）。与此对应的公交出行所占的比例由1986年的24.1%下降至2004年的16%。2004年，由于上海轨道交通网的扩张，公交出行（公共汽车和轨道交通）的比例小幅回升至18.5%。

快速的机动化进程以及日益增长的交通出行导致的两个直接不良后果是拥堵和空气污染。最近世界银行组织的一项研究表明世界上污染最严重的20个城市中，有16个位于中国（The Economist，2004）。2005年所调查的522个城市中有40%的城市有中度到重度的污染，而交通则是主要的污染源。

1.3.2 公共交通投资和公交相邻式发展（Transit-Adjacent Development）

中国政府已经意识到私家车不是一项可持续保障中国长期交通机动性的解决方案。为了满足大量的乘客出行，城市大运量公交系统扮演着至关重要的角色。由于有了中央及地方政府的大力支持，公共交通系统在主要大中城市都得到了不断的升级和重新投资。在过去的十年中，轨道交通系统的投资特别引人注目。从1990年代初开始，诸如上海、北京、广州等大城市的交通网络中增加了多条地铁线路，每个城市仅轨道交通一项就承担了日均100万人次的交通出行量。一些其他城市，如天津、南京、深圳、沈阳、成都、大连、哈尔滨、武汉和重庆等，已经建成或者正在筹建轨道交通。快速公交系统已经在北京、成都和昆明兴建及推广。

对公交的投资会引发公交导向式的城市环境和与公交相关的其他效益吗？无论是在美国还是在中国，答案都是否定的。如果不积极主动地整合公交发展与土地的开发利用就会对公交运营以及当地居住环境造成负面影响。北京的两个例子就说明了这一点。

北京现有运营轨道线15条（截至2012年年底），总里程达到442km。北京的房地产业和北京轨道交通都随着经济的繁荣而迅速发展。然而，尽管房地产与轨道线在空间上临近，但它们之间未能有机整合且综合规划。房地产建设紧随着轨道交通线网而发展，但是就业机会和服务业并没有跟进。许多沿轨道线新建的社区成为典型的"卧室型社区"，这样一种就业与住房不平衡的土地使用方式便在交通上显现出来。刘和张（2004）分析了2003年9月15日北京地铁13号线（也称为城铁）的三个站点（龙泽、回龙观和霍营）的上车记录。这三个站点位于东西向行驶的地铁线北段。这条线路主要为北京北部远郊区服务。1990年代末期，在地铁13号线规划建设之前，这一地区主要为绿地（非城市建设用地）。截至2003年，已建成的居民住宅项目就超过了30个，仅回龙观小区的居民就超过了10万人。然而，大多数的居民仍然在北京主城区工作，造成了极具方向性的高峰时段客流。在早高峰时段，进出方向的客流比例在回龙观站为4，在龙泽站高达9。因此人们经常见到进城的车厢人满为患，而出城的车辆则近乎空驶。这种不均匀的交通流造成了对有限公交资源的极大浪费。

另一个例子是西直门地区。西直门是以前御水车的专用门，皇家饮用水取自玉泉山运至北京西郊，所有的御水车都经过此门。在1950年代，因道路扩建，门楼和城墙都被拆除了，但名字保留下来作为地名。今天，西直门是北京西郊居民的一个主要的交通节点。就城市道路交通而言，西直门桥是北京二环路上的一个主要立交。北京北火车站（以前的西直门火车站）位于西直门以北约300m处，每天有近40列旅客列车从这里发至中国西北省份和地区。西直门地区还集中了40多个公交车站，其中有10个是终点站。此外，这里还是地铁2号线和城铁13号线的换乘站。2008年开通的4号线也在西直门停靠。

但是，城铁13号线的终点站和2号线的西直门站，并没有直接相连。换乘旅客需要从2号线离开轨道交通系统到地面，向西步行约50m进入13号线的终点站大楼，在终点站二层等候城铁13号线。13号线换乘2号线的乘客路线则相反，在高峰时段，换乘的客流足以从一个车站排至另一个车站。东西方向轨道交通的换乘客流和南北方向的行人、自行车、出租车以及进出北京北火车站的紧急车辆发生严重冲突。这一地区一天中的大部分时间都处于拥堵和混乱状态。在全国性的假期中，大量的客流往往造成更为严重的交通堵塞。2006年1月9日早晨，大量的春运客流引发安全隐患。地铁运营公司不得不关闭2号线西直门站的西北入口6min（China Youth Daily，2006）。然而地铁2号线西直门站的另外三个入口，由于被西直门立交桥隔开，客流量远低于其设计通行能力。至2013年夏，城铁13号线、地铁2号线和北京北站三站之间的换乘连接已基本内部化解决，但流线组织和票务服务等细节仍有待改善。站场上置空间为TOD整合开发的极佳地段，但宝贵的空间资源尚未充分利用。

在中国其他城市还有许多类似的例子，公共交通系统和土地开发仅仅在空间上临近，但欠缺对公交与土地利用的有机整合和综合考虑，这就要求在这些城市因地制宜开展TOD实践，然而由于中国既有的土地使用方式和私家车普及程度都有别于美国，在美国城市背景下所提出的TOD原则（如密度指标）大部分不能直接应用于中国的实际。本书第3章将具体介绍结合中国城市特征制定的TOD规划设计的原则。

参考文献

[1] Calthorpe Peter. The Next American Metropolis: Ecology，Community and the American Dream[M]. New York: Princeton Architectural Press, 1993.

[2] Cervero Robert. Transit-Oriented Development in the United States: Experiences，Challenges，and Prospects[Z]. TCHRP Report 102，Transportation Research Board，Washington，D.C.，2004.

[3] China Youth Daily. Subway Station Closed Down(in Chinese)[N],2006-01-10.

[4] Fung K.I. Urban Sprawl in China: Some Causative Factors[M]//Urban Development in Modern China. L.J.Ma，E.W.Hanten，eds. Bouder: Westview Press，2006.

[5] Gakenheimer R. Urban Mobility in the Developing World[J].Transportation Research Part A，[J](33): 671-689.

[6] Lin George C.S. The Growth and Structural Change of Chinese Cities: A Contextual and Geographic Analysis[J]. Cities, 2002, 19(5): 299-316.

[7] Liu J.L., Zhang Y. Analysis of Passenger Volume Effect of Land Use along Urban Rail Transit[J]. Transport Forum, 2004(22): 54-57.

[8] People's Daily. Population Hits 1.30756 bln by 2005: Survey[N/OL], 2006. http://english.people.com.cn/200603/17.

[9] State Statistical Bureau. Urban Statistical Year Book of China 1993-4[M]. Beijing: China Statistical Publishing House, 1994.

[10] The Economist. China's Environment: A Great Wall of Waste[EB/OL]. http://www.economist.com/business/displayStory.cfm?story_id=3104453.

[11] Transport Planning Institute. Beijing Land Use and Travel Behavior: A Study of the Dongzhimen Transfer Center[M]. Beijing: Transport Planning Institute of the Ministry of Communication, 2006.

[12] Zhang M. The Chinese Experience of Transit-Oriented Development[R]. Cambridge: The Lincoln Institute of Land Policy, 2006.

[13] Zhang T.W. Land Market Forces and Government's Role in Sprawl: The Case of China[J]. Cities, 2000, 17(2): 123-135.

[14] SCCTPI(Shanghai Comprehensive City Transportation Planning Institute). 1992,2003,2005. Shanghai Comprehensive Transportation Plan,Shanghai.(in Chinese).

第 2 章
TOD 的作用

TOD 吸引了越来越多的规划设计师、政策决策者、环境保护主义者和房地产开发商等群体的关注。作为精明增长的一种具体手段，TOD 有助于解决交通拥堵、郊区隔离、内城衰退和公交投资低回报等问题。当人们提到“宜居”，通常包括提供干净的空气和水、安全的街道、和谐的邻里关系、高质量的教育、绿色的开敞空间、不拥挤的街道和低税赋等要素，TOD 是一种能提供有活力和可持续发展的“宜居社区”的有效开发模式。

概括起来，TOD 主要有以下几方面积极作用：①稳固公交客源；②缓解交通拥挤；③提升房地产价值；④增加中低收入住房的供给；⑤增强地方经济活力；⑥改善宜居环境。下文将分别进行详细介绍，所引用的实证资料多基于北美的研究，供借鉴参考。

2.1 稳固公交客源

TOD 作为一种交通为导向的发展模式，立足于提供便捷的公共交通系统，对公共交通的乘客数量会产生直接的影响。Cervero（1993）在其 TOD 对乘客数量影响的研究中报告，居住在加利福尼亚州公交站点 0.5mi 内的居民，52.3% 的居民由原来采用小汽车出行改变为乘坐轨道交通出行。Portland TriMet Transit Agency 对轻轨交通十分发达的 Orenco 地区的调查结果显示，搬进该地区的居民中有 80% 的居民认为他们的公交出行率有一定程度的提高。

美国交通部的“公交合作研究专项”（Transit Cooperative Research Program，TCRP）2004 年的研究报告指出，4D（Density，Diversity，Design，and Distance to Transit）是决定出行方式和公共交通乘客数量的重要指标。其中，Density 为建筑密度；Diversity 为混合用途的土地利用形式，表现为在同一区域内住宅、办公和商业零售业的发展状况；Design 为针对行人进行的友好设计，表现为人行道、自行车道和道路景观的设计；Distance to Transit 为离公交站点的距离。TOD 通过影响该指标对稳固的公共交通客源产生影响。

4D 指标在美国的若干 TOD 实践项目中得到充分体现。从加州的“湾区快捷公交”（Bay Area Rapid Transit，BART）系统站点附近居住密度和周边城市居住密度的对比中（表 2-1）可以看出，在 South Alameda County 和 Pleasant Hill 站点附近的居住密度分别为 11.23 人 / 英亩和 9.17 人 / 英亩，高于周边城市的平均水平。TOD 对土地利用形式和街道环境也有影响。波特兰的 Pearl District 是一个在 2000 年仅有 1300 人口的社区，TOD 在该地区的发展目标是建成一个 1 万人口、5500 套住宅单元、100 万 ft^2（约 929 万 m^2）的商业和零售业的混合用途区域。从 1998 年至今，已建成 2700 套住宅单元和 120 万 ft^2 的商业中心，街道装饰、绿化和雨棚等精细设计提供了友好的步行环境。目前，该地区已成为集饮食、服装和文化于一体的都市化节点。弗吉尼亚州的 Clarendon 的 Market Common 地区的一个 2001 年的 TOD 项目，第一期的 300 套公寓、78 套联排别墅、23.4 万 ft^2 的零售业中心和 10 万 ft^2 的商务办公场地，全部分布在地铁站点步行距离范围内（TCRP，2004）。

TOD 区域与周边城市的居住密度（人／英亩） 表 2-1

	TOD	周边城市
South Alameda County BART Sstation Area	11.23	4.18
Pleasant Hill BART Station Area	9.17	6.14

资料来源：Dahlia Chazan. A Sustainable Future for Pleasanton：Evaluating Land Use Alternatives［Z］, 2005.

提高站点周边地区开发密度有利于降低小汽车的拥有率和使用率，也有益于人们的出行选择多样化，由以小汽车为主宰的交通工具转变为以步行、自行车和公共交通为主的更为健康的交通模式。研究发现，当建筑密度增加一倍，公交乘客数量将增加 60% 左右（TCRP，2004）。大量数据也表明，在高密度城市里生活的居民对汽车的依赖性比城市郊区的居民明显要低，更多的居民选择步行、自行车或乘坐公共交通（表 2-2）。表 2-2 为 1990 年对美国 21869 户家庭进行为期 14 天的出行方式调查得出的数据，说明在人口密度越大的地区，机动车里程数呈现下降的趋势（图 2-1）。当人口密度在 5000 人 /mi^2 以下时，选择小汽车出行的比例为 88% ～ 90%，当人口密度在 10000 ～ 49999 人 /mi^2 时，小汽车出行的比例下降到 56%，当人口密度超过 50000 人 /mi^2 时，小汽车和出租车所占的比例骤降为 22%。步行和自行车出行方式随人口密度增加的趋势更为明显，当密度从 2000 人 /mi^2 上升到 5000 人 /mi^2 时，步行和自行车的比例约为 7%，当密度超过 50000 人 /mi^2 时，比例达到 46%（Dunphy and Fisher，1996）。

人口密度和出行方式选择 表 2-2

人口密度（人 /mi^2）	人均日出行方式选择数							人均日出行英里数	人均日机动车里程数
	小汽车	公共汽车	轨道交通	的士	步行 / 自行车	其他	合计		
0 ~ 99	3.35	0.02	0.00	0.00	0.24	0.16	3.77	31.58	21.13
100 ~ 249	3.5	0.02	0.00	0.01	0.24	0.13	3.9	29.95	20.73
250 ~ 499	3.53	0.02	0.00	0.00	0.29	0.12	3.96	29.33	20.40
500 ~ 749	3.52	0.03	0.00	0.00	0.21	0.12	3.88	29.00	20.99
750 ~ 999	3.44	0.05	0.01	0.01	0.26	0.13	3.9	26.25	18.35
1000 ~ 1999	3.48	0.03	0.01	0.00	0.23	0.11	3.86	26.17	18.63
2000 ~ 2999	3.46	0.06	0.01	0.00	0.28	0.11	3.92	23.45	19.04
3000 ~ 3999	3.34	0.06	0.02	0.01	0.29	0.09	3.81	24.11	16.89
4000 ~ 4999	3.51	0.05	0.01	0.00	0.30	0.08	3.95	24.77	17.24

续表

人口密度（人/mi²）	人均日出行方式选择数							人均日出行英里数	人均日机动车里程数
	小汽车	公共汽车	轨道交通	的士	步行/自行车	其他	合计		
5000 ~ 7499	3.29	0.09	0.02	0.01	0.36	0.06	3.83	24.56	16.28
7500 ~ 9999	2.92	0.11	0.05	0.02	0.45	0.07	3.62	20.59	14.15
10000 ~ 49999	1.9	0.29	0.21	0.03	0.95	0.04	3.42	17.02	8.73
50000 以上	0.59	0.42	0.61	0.16	1.55	0.07	3.4	12.55	2.31

资料来源：Transit Cooperative Research Program. Traveler Response to Transportation System Changes [Z], 2003.

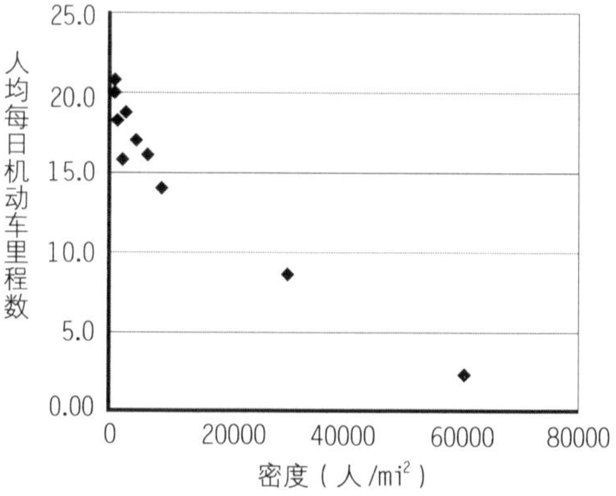

图 2-1 人口密度和机动车里程数的关系

（资料来源：Transit Cooperative Research Program.Traveler Response to Transportation System Changes [Z], 2003）

混合土地利用方式和良好的步行环境，对公共交通乘客数量的增加也产生积极的影响。Cervero（1996、2002）的研究结果表明：混合用途就业中心区（mixed-use suburban employment centers）的公交乘客数量比单一用途的就业中心区高 5% ～ 10%；经过步行环境设计的城郊地区的公交使用率比未经过设计的地区高出 20%。波特兰 Mulnomah County 的不同区域范围内居民的出行方式的调查显示，拥有便捷交通和混合用途土地利用的地区（表 2-3）相对于其他地区有最低的机动车里程数和小汽车占有率，同时公共交通的使用率是最高的。TCRP 2004 年的调查发现，公交乘客数量的增加主要来源于在公交服务范围内住宅区居民通勤的需要。1980 年代末对华盛顿大都市区的交通调查显示：人们利用公交系统通勤的比例为 18% ～ 63%，其中工作地点在华盛顿的人群利用公交出行的比例最高。最近的调查显示在华盛顿大都市区长 4mi、宽 0.5mi 范围内的 Rosslyn-Ballston 公交走廊地带，39% 的居民选择公交系统，10% 的居民选择步行或自行车作为通勤的主要方式。这个比例是所在的整个 Arlington County 平均值的三倍以上。Rosslyn-Ballston 公交走廊地带周边混合功能的建筑形式，使各个站点出入的客流量达到平衡，从而实现公交系统的高效使用。在华盛顿特区地铁站点附近的零售业中心的调查发现，50% 的顾客是乘坐地铁出行进行购物（TCRP，2004）。因此，住宅和办公区的混合建设提高了通勤时段公交的乘客数量，商业零售和服务业则提高了非高峰时段和周末的公交出行率。TOD 模式下的城市建设形态就像珍珠项链，每个住宅区、办公区或混合用途区就像一颗颗的珍珠，而公交系统就像一根线把它们联系起来（Cervero，1993）。

Mulnomah 土地利用方式与出行方式的关系 **表 2-3**

土地利用类型	出行方式					人均机动车里程数	户均小汽车占有数
	汽车	步行	公共交通	自行车	其他		
便捷交通和混合土地利用	58.1%	27.0%	11.5%	1.9%	1.5%	9.80	0.93
仅便捷交通，无混合利用	74.4%	15.2%	7.9%	1.4%	1.1%	13.28	1.50
Mulnomah 内其他地区	81.5%	9.7%	3.5%	1.6%	3.7%	17.34	1.74
Mulnomah 以外区域	87.3%	6.1%	1.2%	0.8%	4.6%	21.79	1.93

资料来源：Business，Transportation and Housing Agency & California Department of Transportation. Statewide Transit-Oriented Development Study Factors for Success in California [Z]，2002.

离公交站点的距离同样影响人们的出行方式。Cervero(2002)的研究发现，在加州湾区，离公交站点距离较近的居民乘坐公交的概率是其他区域居民的 5 倍，而在华盛顿大都市区和多伦多更高达 7 ～ 8 倍。1987 年华盛顿大都市区的轨道交通调查发现：在离市区中心站点 1000ft 范围内的办公区，50% 的人们选择轨道交通通勤；但在离 Crystal City 和 Silver Spring 站点更远距离的办公区，选择轨道交通的比例仅为 16% ～ 19%（TCRP，2004）。从 1987 年华盛顿大都市区地铁站点周边住宅区居民出行方式（表 2-4）可以看出，离地铁站点较近的住宅小区有较高的公共交通的出行比例，小汽车出行的比例随着距离的增加呈递增的趋势。

1987 年华盛顿大都市区地铁站点周边住宅区居民出行方式　　表 2-4

地铁站点	住宅小区	离站点距离（m）	出行比例（%）		
			轨道交通	小汽车	其他
Rosslyn（VA）	River Place North	1000	45.3	41.5	13.2
	River Place South	1500	40.0	60.0	0.0
	Prospect House	2200	18.2	81.8	0.0
Crystal City（VA）	Crystal Square Apts.	500	36.3	48.8	14.9
	Crystal Plaza Apts.	1000	44.0	45.0	11.0
Van Ness-UDC（DC）	The Consulate	300	63.0	32.6	4.4
	Connecticut Heights	3800	24.0	56.0	20.0
Silver Spring（MD）	Twin Towers	900	36.4	52.3	11.3
	Georgian Towers	1400	34.7	43.1	22.2

注：其他方式为公共汽车、步行、自行车和其他交通方式。
资料来源：TCRP，2004.

稳固公交客源是 TOD 的一项非常重要的功效。公交出行很大程度上是自我选择的结果——那些表示愿意通过公共交通上下班的人认为住区附近是否有公交站是住宅选择的重要因素。

公交乘客数的增加在某种程度上意味着净经济收入，表现在节省稀有资源（如燃油消费的减少）和减少负面的外部经济效应（如空气、噪声污染、时间成本）上。体现在金钱上的经济效益则是公交部门的收入增加。

2.2　缓解交通拥挤

交通需求高于交通供给是造成交通拥挤的原因之一。从 1980 年到 1997 年，加州的小汽车驾驶者增加了 31%，但是高速公路的总里程数仅增加了 5%，致使每条车道的交通量增加了约 66%（California Department of Transportation，1998）。

交通拥挤的社会经济损失是巨大的。得克萨斯交通研究院（Texas Transportation Institute）估算美国全国因交通堵塞导致的经济损失达到 6800 万美元，总共浪费了 36 亿 h 和 57 亿加仑汽油。

近期的研究表明，TOD 使小汽车的使用率下降。对加州 TOD 发展区的研究认为，TOD 能使居住、工作和购物均在主要公交站点的居民小汽车使用率降低 20% ～ 40%。TOD 能有效地解决交通拥挤问题使体现在高峰时段的车英里数

（VMT，Vehicle Miles of Travel）下降。一项对旧金山湾区的TOD发展区内中等收入居民的调查发现，该区内居民的VMT是偏远地区居民的二分之一（TCRP，2004）。

大量研究表明轨道交通能够有效地缓解交通拥挤。Winston和Langer（2004）的研究显示机动车拥挤造成的延迟随着轨道交通长度的增加而减少。Garrett（2004）发现在轻轨开通后，机动交通增长率呈下降的趋势。在巴尔的摩，轻轨开通前交通拥挤指数为以每年2.8%的速度上涨，开通后下降到1.5%。在Sacramento同样发现在轻轨开通前交通拥挤指数为以每年4.5%的速度上涨，开通后下降到2.2%。从1998年到2003年，波特兰的人口增加了14%，但是平均每人的交通延迟并没有增加，最可能的原因是由于投资轨道交通使乘客数量增加（TTI，2005）。说明以轨道交通为导向的发展模式使人们更倾向于使用公共交通工具，有效地缓解交通拥挤（Transit Cooperative Research Program，2004）。

城市规模越大，覆盖范围较大的轨道交通在缓解道路交通拥挤方面发挥的作用也越明显。得州交通研究院的数据表明拥挤损失随着城市规模的扩大而增加，但是假如城市拥有覆盖范围较大且便捷的轨道交通系统，交通损失并不会随着城市规模的扩大而上升。如图2-2所示，纽约和芝加哥的交通拥挤程度比洛杉矶轻很多。在仅拥有公共汽车和小规模轨道交通的城市，交通拥挤的费用

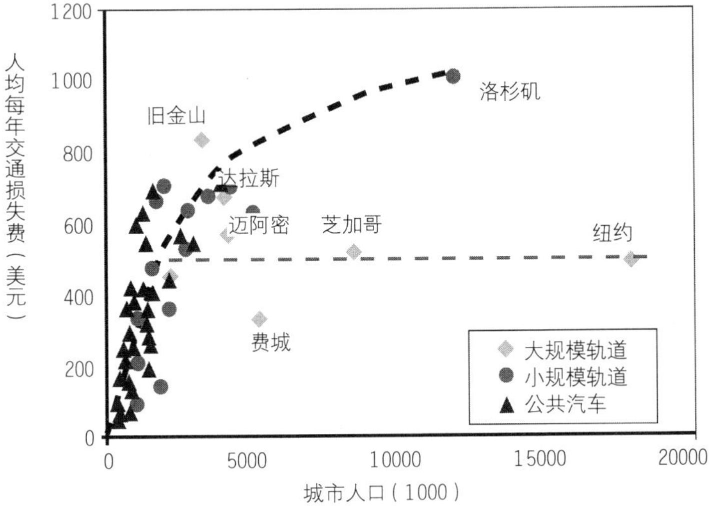

图2-2 城市人口和交通拥挤损失费的关系

（资料来源：Todd Litman，2006）

随着城市规模的扩大而上升。但是拥有大规模轨道交通的城市交通拥挤损失费比同规模的城市相对低很多，如图中的芝加哥和纽约。TTI 的报告同时估计了轨道交通节省的交通拥挤损失费。拥有大规模轨道交通系统的城市平均每年可以减少拥挤损失 279 美元 / 人；小规模轨道交通的城市可以减少 88 美元 / 人；拥有公共汽车的城市可以节省 21 美元 / 人。因此，方便快捷的公共交通服务可以减少交通拥挤造成的损失。当然，这并不意味着拥有方便快捷的公共交通的城市就不会出现交通拥挤。事实上，交通，拥挤在这些城市道路交通中仍然会出现。但是，在拥挤的交通走廊地带，人们有更多的出行选择，因此可以减缓交通拥挤造成的延误（Todd Litman，2006）。

2.3 提升房地产价值

1. 对住宅物业的积极影响

多数研究表明公交站点附近的住宅物业价值呈上升的趋势。过去 20 年的研究显示了站点附近 1/4 ～ 1/2mi 范围内住宅的升值情况：Philadelphia 为 6.4%，波士顿为 6.7%，波特兰为 10.6%，圣地亚哥为 17%，芝加哥为 20%，达拉斯为 24%，Santa Clara County 为 45%（TCRP，2004）。

靠近轨道交通站点的住房租金水平较高。在加州的 Bay Area 公交站点附近的住宅比远离站点的住宅有更高的租金。例如，在旧金山市东面的 Contra Costa County 的 Pleasant Hill 站点 1/4mi 范围内，一居室的公寓每平方英尺的租金比离该站点较远的公寓高 10% 左右；在站点附近的两居室的公寓租金比离该站点较远的公寓高出 16% 左右（R.Cervero，1996）。在俄勒冈州的波特兰市，在站点步行范围内的物业的租金溢价为 10.6%（Hovee and Company，1997）。

一般来说，站点对周边住房销售价格积极的影响随距离的增大而减小。John Landis 和 Robert Cervero 的统计模型显示，1990 年在加州的 Bay Area 的 Alameda County，离站点的距离每靠近 1m，住房的售价上升 2.29 美元；而在 Contra Costa County，售价则上升 1.96 美元。根据这个模型，离站点较近的住房比 35km 以外的同种类型的住房的售价高出 38%。Richard Voith（1991）对费城地区的两条独立的轨道交通系统的研究表明，在新泽西郊外 Port Authority Transit Corporation 公司运营的公交系统周边的房价比远离站点的房价高出 10%，在另一条由 Outheastern Pennsylvania Transportation

Authority 运营的公交系统周边的房价比远离站点的房价高出 3.8%。对佛罗里达的 Miami-Dade County 的 21mi 重轨交通周边的独院式独户住宅价格的分析发现，从 1971 年（重轨交通开通的 13 年前）到 1990 年（重轨交通开通的 6 年后），地铁附近的房价增长相对 Miami 其他地区高出 5%（Roderick B. Diaz Booz • Allen & Hamilton Inc.，Impacts of Rail Transit on Property Values）。

另一项重轨交通系统对住房价值影响的研究表明，住宅小区的类型对影响的大小起着一定的作用。H. Gatzlaff 和 T. Smith（1993）对佛罗里达的 Miami 重轨交通的研究发现，重轨交通对房价的影响因小区的类型不同而不同。重轨交通对价格定位较高的小区中现有物业的价格产生较积极的影响，而对衰落、低收入的小区中物业的价格几乎没有起到积极的作用（Roderick B. Diaz Booz • Allen & Hamilton Inc.，Impacts of Rail Transit on Property Values）。

2. 对住宅价值的负面影响

地铁的“厌恶效应”对物业有一定的负面影响。在 1993 年的一项对波特兰市 Eastside Metropolitan Area Express 轻轨对物业价值影响的研究发现，总的来说，在 1986 年开通轻轨后的两年内，轻轨周边 500m 范围内的房价比该范围以外的房价高出 10.6%。在 500m 范围内的房价随着距离站点的减少而增加（Roderick B. Diaz Booz • Allen & Hamilton Inc.，Impacts of Rail Transit on Property Values）。然而，在很靠近站点的地方，“厌恶效应”，如：噪声、繁忙的交通等，对房价产生了负面的影响。但是在波特兰都市区的这个例子里，轻轨交通带来的好处超过了“厌恶效应”所产生的负面作用（图 2-3、图 2-4）。

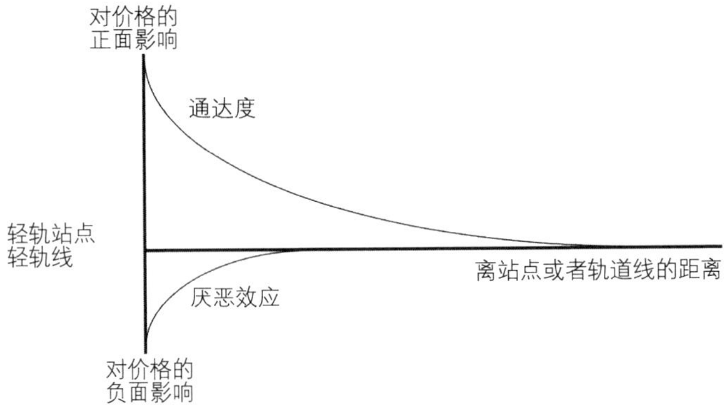

图 2-3　轻轨交通对住房价格的影响（一）

（资料来源：Li and Brown，1980）

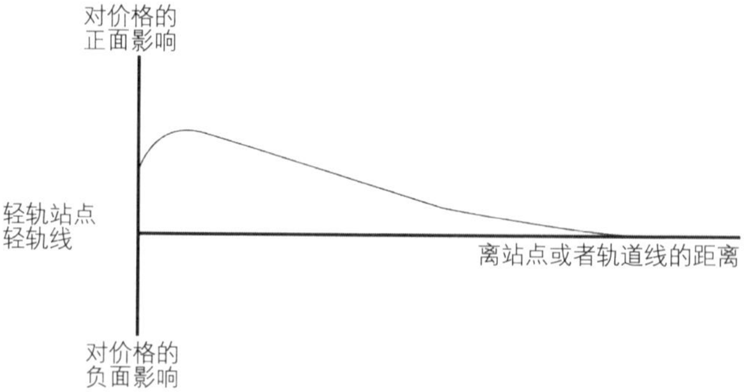

图 2-4 轻轨交通对住房价格的影响（二）
（资料来源：Li and Brown，1980）

轨道交通对房价的影响关键在于轨道交通带来的便利是否足以抵消“厌恶效应”对居住群体的消极作用。在亚特兰大的 DeKalb County，东线客运轨道交通与货运铁路并行，线路的北端片区主要居住着中等收入人群，包括有些高收入阶层居住的小区；而铁路的南端主要居住着低收入人群。1980 年，北端的房价大约是南端房价的 2 倍，北端人群的收入是南端的 2 倍。随着东线客运轨道交通的开通运行，在北端，随着离站点的距离越近，每 100ft，房价下降 965 美元，其主要原因为噪声、犯罪率和视觉侵扰等；在南端却出现相反的状况，每近站点 100ft，房价上升 1045 美元。因此，轨道交通对房价的影响取决于居住者对轨道交通带来的便捷程度和消极作用侧重的不同（Roderick B. Diaz Booz·Allen & Hamilton Inc.，Impacts of Rail Transit on Property Values）。

3. 对商业办公物业的影响

大量证据表明，在华盛顿大都市区、旧金山湾区和亚特兰大都市区的重轨交通系统对附近的办公和商业零售业的物业溢价起着推动作用。在 Santa Clara County、加利福尼亚和达拉斯郊区的轻轨交通附近的商业物业也有较大的溢价，甚至有公共汽车站点的购物中心也出现了溢价。在 2002 年年底，靠近 Denver 市中心公交站点的办公楼的租金比远离公交站点的高出 8% ～ 16%（TCRP，2004）。

但是，重轨交通对商业物业影响的研究没有一致的看法。早期一项对旧金山湾区的研究发现轨道交通的出现并没有对站点附近的商业物业租金产生任何影响。其原因最有可能是当时快速公交系统还处于起步阶段，它所带来的各种便利的潜能并没有发挥出来，而且很多适应轨道交通发展的相应区划也没有实施。而在华盛顿大都市区重轨交通的研究发现，在地铁站点附近 2500ft 范围内，商业物业的价值随着离站点距离增大 10% 而下降 7%。对亚特兰大重轨交通的研究发现在高速公路交界处 1mi 范围内的商业租金出现溢价，而在地铁站点 1mi 范围内的商业租金比远离站点的要低。对站点和商业物业价值的研究发现，站点对商业物业的影响取决于站点带来的便利是否得到发挥和是否鼓励在站点进行高密度的开发（TCRP，2004）。

有研究显示轻轨交通对商业物业带来的增值不可忽视，B. Weinstein 和 T. Clower（1999）对达拉斯快速公交系统（DART）的研究发现，从 1994 年到 1998 年，在站点附近的零售业和办公物业的地价分别上升了 37% 和 14%，而其他地区的上升幅度仅为 7.1% 和 3.7%。B. Weinstein（2003）发现从 1997 年到 2001 年办公物业的价值升幅比其他地区高 53%。

2.4 增加中低收入住房的供给

地方政府和公交机构的政策推动中低收入住房的发展。在旧金山湾区，地铁交通委员会（The Metropolitan Transportation Commission's，MTC）采取一项鼓励住房建设计划（Housing Incentive Program，HIP），该计划旨在站点 1/3mi 范围内建设高密度的住宅。其鼓励措施包括：在 1 英亩范围内，建设 25 ～ 40 个单元，每单元给予 1000 美元的补贴；建设 40 ～ 60 个单元，每单元给予 1500 美元的补贴；建设 60 个单元以上的，每单元将给予 2000 美元的补贴。如果属于中低收入住房的开发，在这个基础上多加 500 美元的补贴（Ohland，2001B）。在该地区的 San Mateo City-County Association of Governments（C/CAG）从州的交通改善计划中拨款，给在站点 1/3mi 范围一英亩范围内建设 40 个单元的开发商每个卧室 2000 美元的补贴。表 2-5 为 2000 ～ 2001 财政年度地方政府从州的交通改善计划拨款 220 万美元建设 1200 多套坐落在该站点附近住房的情况。另外，开发密度奖励（Density bonuses）鼓励开发商建设中低收入住房。

2000 ~ 2001 财政年度 San Mateo County's C/CAG 激励计划公交站点附近住房建设情况 表 2-5

城市 / 公交系统	卧室数目	拨款数额
Millbrae-BART	180	316334
Redwood City Caltrain	715	1256548

续表

城市 / 公交系统	卧室数目	拨款数额
San Carlos-Caltrain	120	210889
Burlingame-Caltrain	46	80841
San Mateo-BART	221	388388

资料来源：San Mateo City-County Association. of Governments. Agency Records [Z], 2001.

在马里兰州的 Montgomery County 的 Bethesda 和 Silver Spring 两个地铁站点，开发密度奖励已经被用于减轻开发商建设中低收入住房的负担，同意将开发建设总量的 12.5% ～ 15% 的项目用于中低收入住房的开发商，可以在同样用地的基础上多建设 22%。在亚特兰大的 Lindbergh 站点，如果开发商同意将其项目中至少 20% 用于建设中低收入住房而且必须至少在 15 年内为该用途，开发商可以增加两倍其用地面积。

邻里技术中心（The Center for Neighborhood Technology）的研究报告发现，在站点环带（在站点 0.5mi 范围）附近低收入住房的比例比整个区域的比例要高。对全美 3349 个站点的调查显示，在站点环带内，年收入低于 3.5 万美元的家庭比例比整个区域要高出 10%（表 2-6）。在家庭平均年收入为 3.5 万美元的站点环带，所处区域的家庭平均年收入为 4.7 万美元。由于区域内人们收入的分布不均衡，致使站点环带内对房屋享有所有权的家庭比例明显低于整个区域。在站点环带范围内，仅有 35% 的家庭对房屋享有所有权，而在整个区域范围内，享有房屋所有权的家庭比例为 61%（CNT，2006）。

全国不同区域范围内家庭的平均收入分布　　表 2-6

家庭年收入（美元）	公交环带内	公交区域	全国范围
小于 20000	28%	19%	22%
20000 ~ 34999	18%	17%	19%
35000 ~ 49999	14%	15%	17%
50000 ~ 74999	16%	20%	19%
75000 以上	23%	29%	23%

资料来源：Preserving and Promoting Diverse Transit-Oriented Neighborhoods [Z], 2006.

尽管站点环带内的平均家庭年收入较整个区域的低，但是也有相当一部分高收入家庭。约 10% 的站点环带（322 个）内的大部分家庭年收入大多超过 7.5 万美元。其中，288 个位于公交系统覆盖范围很广的区域内，如波士顿、芝加哥、费城和旧金山，房价的高低与公交系统的覆盖范围有着密切联系。公交系统的覆盖范围跟站点环带的家庭收入也有着密切联系。呈现出站点覆盖范围越大，站点环带内的居民家庭收入越高。导致这个趋势的原因是因为站点附近的房价较高，或者发达的公交系统吸引了不同收入层次的家庭（CNT，2006）。

TOD 高密度的发展模式也有益于降低住房的成本。首先，高密度的发展模式为人们提供比传统发展模式用地更少的住房，在一定程度上可以降低住房的单位成本。加州的相关研究表明，采用高密度的用地模式，独立式住宅的建设成本降低 1.9 万美元 / 户，而多户住房的成本将降低 886 美元 / 单元。这种高密度的开发模式大大减少了市政基础设施的建设费用，如供电、供水、排水等，从而减少了住房的建设成本，增加了住房的供应量。而且停车场地的减少也会导致房价的下降，研究人员发现，旧金山市有停车场地的房子均价是 46000 美元 / 户，而没有停车场地的房子均价是 39000 美元 / 户。

TOD 可降低家庭交通负担，提高中低收入人群的购房能力。在美国许多有轨道交通的城市都面临高昂的房价问题，例如旧金山和洛杉矶，仅仅有四分之一的人可以支付得起中等价位的住房（California Building Industry Association，2001）。对旧金山湾区 TOD 的一项研究结果（图 2-5）表明，居住在低建设密度和低公交服务地区的家庭，平均每年在小汽车上的花费高达 8000 美元，而居住在公交服务高密度地区的居民可以大大减少在小汽车上的消费（R.Cervero，2005）。

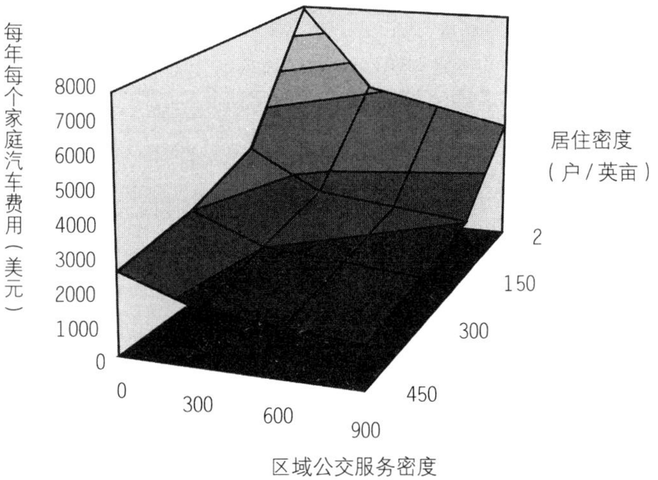

图 2-5　旧金山湾区公交服务密度和居住密度与小汽车消费之间的关系
（资料来源：R. Cervero，2005）

TCRP（2004）研究表明生活在TOD模式城市里的居民对汽车的依赖性大大减少，交通费用所占总收入的比重下降，因此购买或租赁住房的比重增大。在休斯敦、亚特兰大、达拉斯等公交系统不发达的城市，平均每个家庭在汽车上的花费是8000美元。而在公交系统发达的城市，如纽约、波士顿、芝加哥，仅为6000美元。该研究同时发现美国较贫困家庭把40%的收入用于交通支出。估计在TOD模式的作用下，他们可以每年减少3000～5000美元汽车使用费用，使有轨道交通系统城市里的低收入租户能够支付得起更高的租金。在美国，TOD的这种区位优势已被很多银行和信贷机构认可，越来越多的地方已实行“区位效益贷款”项目（location-efficient mortgage program）。购房者在交通上的花费越少，就可以贷款到更多的钱用于支付房屋的费用（D.Belzer and G.Autler，2002）。

2.5 增强地方经济活力

TOD有利于实现基础设施（如地铁公交系统）的投资回报，通过提升房地产价值而为社区或当地政府带来税收收入。举一个典型的例子，在美国弗吉尼亚州阿灵顿县的五角大楼购物中心，大约有一半的购物者和客户是乘坐地铁到达购物中心。消费者购物为阿灵顿县带来销售税收入，保守估计每年有几百万美元。阿灵顿县的罗斯林－巴尔斯顿TOD走廊只占该县土地面积的7.6%，却贡献了该县房地产税收总收入的32.8%。

TOD为城市中心区带来新的投资机会。2001年，波特兰4.7mi的环线电车网络的建成给波特兰珍珠区周边带来了14亿美元的投资，建设了5200套住房单元和360万ft^2的商业用房。其中，酿酒厂地段位于波特兰珍珠区南端，占地为五个相邻街区，成为房地产投资的最佳地块。酿酒厂街区地段把住宅和商业建设与电车网络联系起来，成为联系城市中央商务区和波特兰珍珠区的纽带。整个酿酒厂地段的投资接近3亿美元（表2-7），波特兰市政府提供800万美元，其中600万美元用于建设三层的地下停车场，200万美元用于基础设施的改善，剩余的292万美元来源于私人投资。私人与政府投资比为36∶1。该项目带来了130万美元的物业税和488%的地价增长。珍珠区现在是波特兰市最繁荣的零售业中心（TCRP，2004）。该地区的住宅建设、相对富裕的居民和便捷的电车公交系统吸引了众多的零售商人进驻。

项目资金来源和用途 表 2-7

资金来源	数额（百万美元）
城市贷款	6
城市基金	2
商业银行建设贷款	72
联盟退休基金（直接投资）	52
联盟退休基金建设贷款	36
永久贷款（机构贷款人）	53
私人股权投资基金	79
总计	300
资金用途	**数额（百万美元）**
停车场设施	6
改善基础设施	2
购买土地	19.5
开发建设	200
修缮酿酒厂	55
修缮兵工厂	20
总计	300
公私投资比例	**数额（百万美元）**
私人	292
政府	8
私人政府投资比	36 ∶ 1

资料来源：International Economic Development Council，2006.

对公共交通周边地块的投资带动了商业、办公和住宅的开发与重建。酿酒厂地段地块已经发展成为大约有 80 万 ft^2 的商业，30 万 ft^2 的零售业和 50 万 ft^2 的办公的混合用途区域（表 2-8）。其中，新建的住宅面积约为 44 万 ft^2，办公为 50 万 ft^2，零售业为 24 万 ft^2。修复的办公面积约为 3 万 ft^2，零售业为 7 万 ft^2。

经济指标：新建和修复的面积 表 2-8

新建	面积（ft^2）	百分比
新建住宅面积	440000	37.26%
新建办公面积	499000	—
新建零售业面积	242000	—
总的新建商业办公面积	741000	62.74%
新建面积合计	1181000	100%

续表

修复	面积（ft^2）	百分比
修复的办公面积	29000	30.13%
修复的零售业面积	67260	69.87%
总计	96260	100%
拆除	面积（ft^2）	百分比
办公面积	528000	41.33%
零售业面积	309260	24.21%
住宅面积	440000	34.44%
总计	1277260	100%

资料来源：International Economic Development Council, 2006.

对比酿酒厂地段1999年和2004年的物业价值和物业税（表2-9），商业物业价值上升了4.88%，物业税收入上升了6.2%。另外，在华盛顿地区，1998年Montgomery County的Silver Spring地铁站周边的重新投资建设项目使该地区成为经济活动的中心。对比项目建设前后该地区的各项经济指数（表2-10），办公建筑面积增加13%，空置率下降8.2%；住宅房屋价格中位数增长132%；家庭收入中位数上升27%；在该地区的就业人数上升11%；物业税收上升30%。

Brewery Blocks 地块项目建设前后物业价值和物业税收的对比　　表2-9

	1999年（美元）	2004年（美元）	净增长（美元）	增长率
Brewery Blocks 地块物业评估价值	14550180	71141870	56591690	4.88%
Brewery Blocks 地块物业税收入	253600	1574207	1320607	6.20%
波特兰市物业税收入	169557214	313770748	144213534	1.85%

资料来源：City of Portland Department of Management and Finance. 2004 Comprehensive Annual Financial Report（www.portlandonline.org）and City of Portland Maps and Data Service（www.portlandmaps.com）[Z].

Silver Spring 项目前后各项经济指数对比　　表2-10

经济指标	项目建设前	近期	变化率
可出租的办公面积	6382464（1997年）	7185464（2005年）	13%
办公楼空置率	18%（1997年）	9.8%（2005年）	−8.2%
工业厂房空置率	6.2%（1997年）	2.2%（2005年）	−4%
房价中位数	194250（1997年）	450000（2004年）	132%
家庭收入中位数	48910（1996年）	61940（2003年）	27%

续表

经济指标	项目建设前	近期	变化率
本地就业	20425（1997 年）	22660（2003 年）	11%
物业税收	2792580（2000 年）	3619828（2004 年）	30%

资料来源：MNCPPC, Montgomery Co., CB Richard Ellis.

TOD 给衰落的旧城区注入活力。以旧城区为中心的交通系统使站点附近的人们更倾向于使用公共交通，使中央商业区（CBD）更具吸引力与投资潜力。例如，1970 年代，位于弗吉尼亚北部的伯尔斯顿市，当时是地铁站点周边的一个城市，仅有一些低密度的住宅、快餐店和汽车修理店，一个偶然的机会，地铁的橙色线延长线改变了这个城市的面貌。今天伯尔斯顿成为远近闻名的商业服务业中心城市。波士顿地区从剑桥站到萨默维尔站的地铁红线延长线对达维斯广场（Davis Square）地区也产生了积极影响。二战后，一度繁荣的达维斯广场地区渐渐地衰败。地铁延长线的到达和社区发展基金的投入改善了该地区的街道景观和店面装饰，占地共为 17 万 ft^2 的两栋办公楼拔地而起并租售一空（TCRP, 2004）。The Great American Station Foundation（2001）采用的经济模型显示轨道交通对城市经济复苏的作用与城市的规模大小和站点周边住宅的建设密度有着一定的联系（表 2-11）。站点对就业、收入、物业价值和物业税的增加都随着城市规模的增加而愈发明显。

站点对不同规模城市经济复苏的影响 表 2-11

城市规模	增加的就业人数	增加的家庭收入（美元）	增加的物业价值（百万美元）	增加的物业税（百万美元）
市镇	45 ~ 325	80 ~ 345	5 ~ 60	0.25 ~ 3
较小城市	115 ~ 825	85 ~ 460	10 ~ 65	0.5 ~ 3.25
小城市	170 ~ 975	140 ~ 575	15 ~ 90	0.75 ~ 4.5
中等城市	190 ~ 1025	155 ~ 870	15 ~ 150	0.75 ~ 7.5
大城市	260 ~ 1435	175 ~ 1055	25 ~ 205	1.25 ~ 10.25

注：城市大小定义（单位：人）：
市镇：人口 <50000
较小城市：50000< 人口 <100000
小城市：100000< 人口 <250000
中等城市：250000< 人口 <500000
大城市：500000< 人口 <2000000
不包括超过 200 万的城市

资料来源：Great American Station Foundation, 2001.

TOD项目开发通过三种不同的合作形式增加就业和中低收入住房。第一种形式为社区联盟和开发商达成社区利益协定（Community Benefits Agreement），条款包括雇佣本地的劳动力，提供中低收入的住房。在丹佛，Cherokee-Gates项目建设了2500套住房单元和600万ft^2的零售业、办公和娱乐中心。该项目位于丹佛市中心和丹佛科技中心中间，轻轨中转站点把居民和工作地点很好地联系起来。除了扩展居民的就业地域范围，开发项目本身创造了8000个新的建造业岗位和5000个新的办公和零售业岗位（E.Crummy，2005）。开发联盟会（Campaign for Responsible Development，CRD）、开发商和丹佛市三方达成协议：10%的住宅销售单元和20%的租赁单元用于解决中低收入阶层的住房问题；建立一套解决周边小区低收入阶层本地就业的方案等。第二种TOD项目开发形式为社区发展委员会（community development corporation）作为项目的发起人，目的是完成社区的改善任务。俄亥俄州哥伦布市的林肯交通枢纽（Linken Transit Center）项目在公共汽车运输中心周边配备了银行、托儿所和诊所等设施。该公交枢纽共有8条公交线路，其中5条为通往哥伦布市郊和市中心就业区的快线。第三种比较特殊的形式是由私人开发商主动提出的以低收入家庭或者通勤者为目标的项目。例如，在拉斯维加斯的Campaige Place项目，开发商Tom Hom Group在市中心建设319个单元的一居室单元给低收入者，使人们可以步行到自己上班的工作点、餐馆、娱乐中心和公交中心。在该项目街区范围内有10条公交线路，并提供自行车停车场（Good Jobs First，S. Grady、G. LeRoy，2006）。

TOD可以减少道路开支和其他基建支出。与低密度、汽车增长模式相关的最高成本支出是道路、下水道和管网的延伸，以及其他基础设施的扩展的支出。TCRP报告指出，TOD的发展可以减少高达25%的水、污水和道路管理等有关财政支出。在2000～2025年期间，采用集约型的增长模式可节省188300km车道的地方道路（价值110亿美元）和约1200亿美元的水和下水道线扩展的费用。

TOD的经济效益还体现在增加联合开发（Transit Joint Development）机会。TOD和TJD密不可分，但也存在着细微的差别。从空间上看，TOD发展的影响范围包括几个街区。而TJD往往是一个发生在某一街区的具体项目，与具体的房地产开发有着紧密的联系。从时间上看，TOD是由公共机构实施前期的规划和设计，而TJD多为公共机构与私人机构的合作，通过对公共机构所拥有的空权（Air Right）租赁、站点连接费和分担建设费用等形式实现双赢的结果。合作双方通过空权和土地批租共同承担建设费用，降低开发成本。在美国有超过 100 个公交联合发展的项目，这些项目主要是以大城市的轨道物业为主，也有小规模的公共汽车运营机构和私人的商业项目合作。

Keefer（1984）早期对华盛顿大都市区公交机构的 TJD 项目的研究发现，此开发策略有相当高的回报率，其收益成本比为 8 ∶ 1。到 2000 年止，华盛顿大都市区公交机构已经实施了 27 项开发项目，总土地价值超过 20 亿美元。该机构每年有 600 万美元的联合发展收入，2015 年有望达到 1500 万美元。仅 Bethesda Station 一个站点的混合用途的土地批租收入就达到了 160 万美元。亚特兰大快速公交机构（MARTA）每年可以从坐落于 Lenox station 站点上的 Resurgens 购物中心取得 50 万美元的租金收入。从华盛顿大都市区和亚特兰大地区联合发展的分析发现，公交运输收入的增加与在站点附近建设商务办公场所有着密不可分的联系，联合开发的商务办公场所使公交乘客数量增加，进而推动该地区商务办公的发展（Transit Cooperative Research Program，2004）。

2.6 改善宜居环境（quality of life）

判断一个地方是否适宜居住的标准因人而异，但总的来说，可以概括为以下几个方面：可支付的居住成本、安全宜人的邻里环境、健康的生活方式和良好的社区意识。TOD 通过降低对小汽车的依赖性、相对较高的建设密度和人性化街区设计实现改善宜居条件的目标。

TOD 的发展模式对提高居民的社区意识（居民对社区的认同感和公众参与意识）会产生积极的影响。Ewing（1997）的一项研究表明，居住在城郊低密度地区的居民的社区意识比高密度地区要弱。Robert Putnam 的《Bowling Alone》一书中提到，对小汽车依赖性较低的环境，如 TOD 可以有效地提高社区内人们的社交活动和公众参与的积极性。因为居民经常通过面对面的交流认识邻居和社区内的其他居民，人们经常会讨论社区存在的问题，这对提高社区的生活质量起着重要作用。Robert Putnam 估算使用小汽车出行的时间减少了 10%，而人们对公共事务的参与增长了 10%。Navaco、Stokols 和 Milanesi 的研究表明依靠小汽车出行的城郊居民比居住在高密度地区以公交出行为主的居民有较高的通勤压力和旷工率。因此，TOD 可以减轻居民的通勤压力，从而增强家庭成员的沟通。Weigand（1999）的一项对波特兰 Orenco 站点居住情况的调查显示，人们购买 Orenco 附近房子的主要原因是社区的人性化设计。这种设计模式通过加强社区内居民的联系增加了人们的社会资本。

TOD的发展模式可以有效防止罪案的发生。首先，TOD发展模式的地区全天候的活动能提供“街道的眼睛”。人们经常把高密度和高罪案发生率联系在一起。但研究结果并不支持这个观点。实际上，高罪案发生率是社会经济不景气的一个表现，例如城市中心区的衰落。高密度和适宜步行的环境，营造了一个街道长时间都有行人或自行车的环境，达到了行人对环境的监视作用。交通枢纽附近混合使用、结构紧凑、方便行人的空间都非常符合简·雅各布斯在她的著述《美国大城市的死与生》中提出的宜居、充满活力、令人振奋和安全城市的描述。在低密度地区，人行道和广场等公共场所行人甚少，人们就更加趋向于待在家里，这种趋势使街道的安全和社群意识受到破坏。研究表明，公交站点附近的照明改善，增加零售业亭，设计街道艺术和警察的巡查有效地降低了罪案发生率（Project for Public Spaces，Inc.，1997）。其次，较强的社区意识能提供“邻里看守”和行人互助。高密度使社区内人们的联系增多，对社区的归属感增强，有利于形成相邻之间相互看守的关系，有效地防止罪案的发生。

TOD作为一种推崇公交和适宜步行的发展模式，能尼降低交通事故的发生率。STPP（Surface Transportation Policy Project）的研究报告指出，由于现在的道路都是基于高速行驶需要而设计的，因此，加利福尼亚的行人在道路两旁行走或过马路的时候十分危险。加利福尼亚州的研究报告表明，低密度的土地利用，较宽的街道尺度和高速行驶的交通设计，使得行人的安全受到威胁。该报告指出1999年加利福尼亚州交通事故造成的损失高达40亿美元。而TOD多样化的街道景观、交通稳静化等设计降低了车辆行驶速度，减少了行人和自行车发生事故的可能性。在以公共交通为导向文明的德国和荷兰，良好的道路设计使行人和自行车发生交通事故的可能性降到最低。STPP的一项研究报告发现，在公交、步行和自行车使用率较高的地区因高速驾驶发生的交通事故发生率较低。

减少对汽车的依赖性，增大步行、自行车的出行比例，有益于人们的身体健康。大量数据显示，美国每年约有20万人死于心脏病、癌症和糖尿病，其主要原因可能是长期久坐的习惯和肥胖。公共卫生机构建议社区能够提供多样化的活动环境。最近一项研究发现，在同等条件下，高密度环境下的居民比低密度环境下的居民肥胖率低10%。另一项关于旧金山湾区的出行方式在TOD混合用途的地区的调查显示，排除下雨天和斜坡对人们步行的影响，非通勤时段步行两英里的可能性有明显的增加。因此，强调混合高密度、土地混合利用以及有利于行人、自行车的出行环境能够提供给人们更多的锻炼机会。

TOD 有利于改善环境质量。TOD 的环境效益不仅来自减少车公里数，也来自步行和骑自行车取代驾车停泊和转乘进 / 出的方式。对于 3mi（美国典型开车去郊区停车场的距离）的机动车出行，84% 的碳氢化合物和 54% 的氮氧化合物排放来自冷启动（在开车前几分钟低效的冷发动机和催化转换器）及热蒸发。也就是说，相当大的尾气排放量中形成光化学烟雾的两个主要前体发生在发动汽车引擎，驾驶 1mi 后将其熄灭的过程中。开车去地铁站，不论多近，所排放的污染物并不比 10mi 的通勤路程所排放的少。因此，依赖小汽车去地铁站降低了大城市地铁站本身所带来的空气质量改善。

TOD 的土地利用形式和对行人、自行车友好的设计能够减少汽车的使用，从而提高空气的质量。在 San Diego 的 Uptown District 的更新发展项目中，实施了高密度的住宅建设，商业中心内设置了零售业商店、餐厅、社区服务中心和超级市场。另外，自行车和行人的交通网络使人们方便地穿梭于社区和公交站点之间。加利福尼亚环保机构空气资源委员会指出这种高密度的土地利用和道路设计系统可以有效地减少小汽车的使用，并使家庭单位废气排放量比其他地区低 20%。这意味着每年能减少 2.75t 的反应性有机气体和氧化氮化合物。加利福尼亚空气资源委员会发现 TOD 的土地利用策略可以使城郊的每户家庭的废气排放量减少 10% ～ 20%，在城市中心区的排放量减少 20% ～ 30%。

20 世纪，土地利用模式是人们高度依赖小汽车的主要原因之一。较高的小汽车使用率导致了温室效应气体（二氧化碳）的增多，其主要来源于汽油的使用。1998 年，加州能源委员会统计得出，道路交通排放的二氧化碳占全州二氧化碳排放量的 57%；加州机动车排放的二氧化碳气体每年超过 1.3 亿 t。而在 TOD 发展区内，平均每户每年的小汽车二氧化碳排放量可以比非 TOD 区内的家庭少排放 2.5 ～ 3.7t。虽然没有单一有效地解决全球气候变化的方法，但 TOD 减少了小汽车的使用，在一定程度上成为缓解全球气候变化的较好办法。

参考文献

[1] Transit Cooperative Research Program. Transit-Oriented Development in the United States: Experiences, Challenges, and Prospects [Z], 2004.

[2] Business, Transportation and Housing Agency & California Department of

Transportation. Statewide Transit-Oriented Development Study Factors for Success in California [Z], 2002.

[3] Dena Belzer and Gerald Autler. Transit Oriented Development: Moving from Rhetoric to Realty [Z], 2002.

[4] R.Cervero. Mixed Land Uses and Commuting: Evidence from the American Housing Survey [J]. Transportation Research A, 1996, 30(5): 361-377.

[5] R.Cervero. Built Environments and Mode Choice: Toward a Normative Framework [J]. Transportation Research D, 2002, 7: 265-284.

[6] R.Cervero. Ridership Impacts of Transit-Focused Development in California [Z], 1993.

[7] Transit Cooperative Research Program. Traveler Response to Transportation System Changes [Z], 2003.

[8] Dahlia Chazan. A Sustainable Future for Pleasanton: Evaluating Land Use Alternatives [Z], 2005.

[9] California Building Industry Association. Where Will They Live? Sacramento: 2001 [Z].

[10] Ohland G.Transit-Oriented Development in Four Cities [Z]. Santa Fe, New Mexico: The Great American Station Foundation, unpublished paper, 2001B.

[11] Transit Cooperative Research Program. Transit-Oriented Development and Joint Development in the United States: A Literature Review [Z], 2002: 52.

[12] The Center for Neighborhood Technology(CNT). Preserving and Promoting Diverse Transit-Oriented Neighborhoods [Z/OL], 2006. http://info.cnt.org/～annette/diverseTOD/diverseTOD_FullReport.pdf.

[13] Robert Cervero. Transit-Based Housing in the San Francisco Bay Area: Market Profiles and Rent Premiums [J]. Transportation Quarterly, 1996, 5(3): 33-47.

[14] Roderick B.Diaz Booz • Allen & Hamilton Inc. Mclean, VA. Impacts of Rail Transit On Property Values [Z/OL]. http://www.apta.com/research/info/briefings/documents/diaz.pdf.

[15] International Economic Development Council. Economic Development and Smart Growth [Z/OL]. http://www.iedconline.org/Downloads/Smart_Growth.pdf.

[16] Local Government Commission, Building Livable Communities. A Policy Maker's Guide to Infill Development [Z], 1995.

[17] California Energy Commission. California Energy Outlook 2000, Volume II [Z], 2000: 36.

[18] Robert Cervero. Transit Oriented Development in America: Strategies, Issues, Policy Directions [Z]//Paper Prepared for Presentation at International Conference on Transit Oriented Development-Making It Happen Fremantle, Western Australia, 2005: 3.

[19] Todd Litman. Smart Transportation Investments II Reevaluating the Role of Public Transit for Improving Urban Transportation [Z], 2006.

[20] California Department of Transportation. Assembly of Statistical Reports 1997 [Z], 1999: 80-83.

[21] California Department of Transportation. HICOMP Report [R], 1998 : 2-9.

[22] Hovee Company. Socio-Economic Benefits and Impacts of Transit [Z]// Prepared for State of Oregon Department of Transportation, 1997.

[23] Good Jobs First, Sarah Grady with Greg LeRoy. Making the Connection: Transit-Oriented Development and Jobs [Z], 2006.

第3章 TOD理论基础和规划设计原则

3.1 TOD 理论基础

TOD 实践有若干社会经济理论作为基本指导。可持续发展是支撑 TOD 的广义理论基础。可持续发展最简洁的表述就是指既满足现代人的需求也不损害后代人利益。它强调经济增长、社会公正和环境保护三者协调、平衡的发展。“可持续交通”是可持续发展理论在交通领域的具体应用。目前学术界和实践中对“可持续交通”这一概念尚无一致定义，但对可持续交通所应追寻的目标已有一定的共识。加拿大交通协会从环境、社会和经济三方面阐述了实现可持续交通的原则：

1. 环境

（1）控制废弃物和机动车排放量以降低大气、土壤和水污染，排放量限制在自然和人造环境所能吸收、回收和清理的能力范围内；

（2）机动车应采用可再生或不枯竭的能源资源，例如太阳能；

（3）回收机动车和交通基础设施使用过的材料资源，例如，钢铁、塑料等。

2. 社会

（1）公平提供满足当代和下代人客货交通需求的条件；

（2）改善公共健康、降低交通对健康的负面影响；

（3）通过交通设施建设来促成人性化的城市和社区开发；

（4）将交通噪声降到邻里社区所能接受的范围；

（5）保障生命和财产安全。

3. 经济

（1）交通成本与家庭经济支付能力匹配；

（2）交通系统的设计实现经济效益最优和经济成本最低；

（3）增强城市和社区的经济发展活力与多样化。

TOD 是土地使用与交通整合的理念在公共交通车站节点处的具体应用。土地使用与交通整合本身是基于城市经济和交通行为等多个学科的基本理论。图 3-1 表述的是土地使用与交通的互动关系。首先，按照城市经济学理论(Alonso，1964)，在社会环境条件相同的情况下，交通可达性的高低决定了土地的价值和竞标价格;交通设施的新建或改善增强了土地的可达性，从而导致土地增值。在地价成本增加的情况下，开发商或公共部门必将（也应该）通过提高土地开发强度来支付上涨的土地成本，提高土地使用效益。

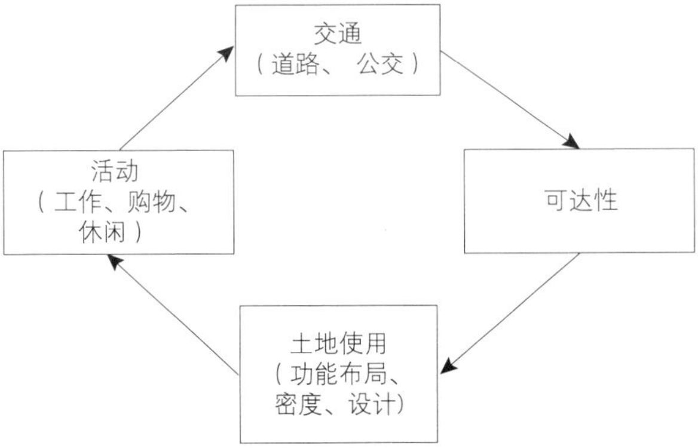

图 3–1　土地使用与交通的互动关系
（资料来源：作者自绘）

公共交通对可达性的改善主要在车站节点地区实现，因为只有通过车站人们才能享用公交服务，公交的可达性才得以体现。一般来说，越靠近站点房地产竞标价格越高。土地开发者（私人开发商或公共部门）必须增加使用强度（即增加密度）来开发用高价获得的靠近车站的土地。此外，在土地市场竞争中，不同功能的土地竞标能力不同，因而在区位特征上呈现出一定的规律。例如，商业服务业对土地的支付能力平均来说高于居住用地。因此，商服业往往占据较中心的位置。小户型、高价位居住比大户型、中低价位居住更趋于靠近站点的中心地带。用地量大的工业设施或别墅型居住用地不宜于选在土地资源有限的公交站点周边地区。

交通需求理论认为人们对交通的需求源于对参加各种活动（如工作、学习、购物、娱乐等）的需求。日常出行的目的主要不是为了开车、乘公共交通、骑车或步行，而是通过使用这些交通方式到达目的地去参与各种活动（有部分出行本身就是目的，如散步、飙车）。换句话说，交通需求主要是一种衍生的需求，需求量的大小和空间分布取决于工作、学习、购物、娱乐等活动设施的空间分布。这些活动设施的密度和空间分布便是土地使用的基本特征与内容。基于交通需求乃是日常活动参与的衍生需求这一理论，交通需求预测和交通规划以现有和未来的土地使用为前提。TOD 的基本思路就是通过对土地利用的规划与设计引导或调节日常活动设施的密度和空间分布，从而引导或调节交通需求的大小、方式及空间分布。

近年来精明增长和新城市主义的规划设计实践不断普及，学者们也深入研究精明增长和新城市主义所推崇的城市形体特征对个人交通出行行为的影响。有相当数量的实证研究探讨人口或就业密度，不同功能土地使用的混合度，道路网完整程度，以及环境设计质量等建成环境要素对个人交通出行在频率、距离和出行工具上的影响。消费者选择的行为科学是这些研究的理论基础。以出行模式选择为例，消费者选择理论认为人们选择哪一种交通模式出行取决于对该模式与其他模式比较多的相对综合满意度。其主要受三类因素的影响：一是出行者的个人及家庭特征，如年龄、性别、职业、家庭收入等；二是各交通模式各自的服务特征与质量水平，比如到达出行目的地所需的时间和费用以及不同交通模式的舒适度、安全性等；三是出行起点和目的地以及沿途的土地使用和建成环境。研究检测环境形态特征与出行行为的关系为TOD规划设计和实施政策提供实证基础。

发展公共交通，尤其是轨道交通面临的最大挑战就是这些系统建设和运营的高成本。TOD既是交通和土地使用整合的规划设计措施，也提供了公共交通系统建设的融资机会，这就是在公共财政学里的“溢价回收”。基于TOD的溢价回收在世界各地城市有很多独特的具体实施方法和措施。例如，中国香港和日本东京的地铁与地产一体化开发模式，中国台北和美国华盛顿特区的联合开发模式，巴西库里蒂巴的巴士TOD走廊模式等。这些方法措施在后面的案例分析中会详细介绍。溢价回收理论源于政治经济学家亨利·乔治（Henry George）的思想，其基本观点是：任何人应拥有他自己所创造的东西，但任何由大自然赋予的，尤其是土地，应由全人类均有。利用这些自然资源而获取的经济所得都应归社会所有。亨利·乔治认为，土地价值的增加完全是公众或社区行为的结果。例如，公共交通站点周边地区土地的增值源于社会对公共交通的发展投资。因此，社会（社区）应该把这些土地增值收回公有。

溢价回收是实施TOD的一种经济财政手段，被美国联邦法律正式认定。在1991年美国国会通过的陆上综合运输效率化法（ISTEA）中，确定远期交通规划和州政府交通改进规划都应充分考虑溢价回收的实施应用。

孙中山先生提出的三民主义中，平均地权是一个主要构成部分。而“涨价归公”是实施平均地权的方法之一。孙中山先生的“涨价归公”原则与乔治主义同出一辙。它为在中国城市通过TOD实施溢价回收提供了可广泛接受的社会哲学基础。

3.2 TOD规划设计五要素

除建筑师彼得·卡尔索普以外，在1990年代末很多学者著书撰文，推出一批与TOD类似的概念，例如，公交导向设计（Urban Land Institute，1994）、公交集中型开发（Porter，Douglas R.，1997）、公交社区（Bernick M.，R. Cervero，1997）等。很多城市在应用TOD原理规划管理社区建设时也常会有他们自己的术语和定义，用词虽有不同但基本目标一致。TOD的主旨是调整城市土地使用与公共交通的关系，强调公共交通设施及周边地区的综合开发。TOD推动者认为这种相对紧凑的土地布局与公共交通的有机结合可以遏制美国城市土地使用不断低密度扩展的现象。TOD规划原则致力于对区域、城市、城区以及邻里发展的功能构成和设计作出重新界定。概括地说，公共交通的发展应该引导区域结构的调整，发展模式应该遵循紧凑原则，城市内部应该提倡多样化的土地使用，以及以行人为主体的社区形态环境；城市的功能场所不应被汽车和私有化的封闭空间统治，而是应该更多地经营人性化尺度的公共空间。

如果用TOD的理念来设计未来的理想城市，我们可以描绘出这样一幅愿景画面：城市内各区域由公共交通紧密联系，城市的动脉是公共交通网络，中高密度的住宅、办公、商业、服务与公共空间聚集在公交网络的各个节点，每个节点都是具有活力的多元场所，居民生活其中，有着强烈的归属感与高的生活质量。

TOD有五个最基本的规划设计要素，即公交服务、市场地域（通常是离站点400～800m半径范围）、开发密度、土地混合和环境设计。在实际应用中，这些元素因区位、地域或国家背景不同而有其相对不同的实施操作原则和指标体系。

1. 公交服务

公共交通是TOD的核心要素。TOD可应用于不同的公交系统，如地铁、轻轨、郊区火车、快速公交（BRT）等。土地开发和公交运营是相辅相成的，不同的公交系统有不同的运营模式和服务特征，如服务频率、容量、速度等。因此，TOD规划设计要因系统制宜。成功的TOD既有赖于公交服务的水平，也可以回馈增强公交服务的吸引力。有相当数量的研究分析了公交运营所需的技术与服务频率来支持相应的TOD类型（详见后续章节）。然而，公交服务质量所涵盖的内容远不止发车频率。公交停靠站或枢纽建筑的设计、标牌指示和相关信息、各类公交方式衔接的时间等都影响着服务的质量。

TOD旨在将城市内部各个节点以及区域内部各个城区系统地连接起来，人们可以在一个TOD地域内从事各种活动，也可以从这个TOD选择不同的交通方式到达其他地点。因此，TOD的规划设计无可避免地要仔细考虑公共交通与其他交通模式的接驳，例如步行、私人汽车以及不同公共交通模式（如轻轨和私家车）之间的接驳。

TOD 区内接驳交通系统应该以步行通道为主要构架，使区内的各种服务如商业等不被私人汽车道和停车场阻隔，行人能安全方便地到达公交站点。同时，也应恰当地安排干道与辅道，为小汽车及公共汽车预留足够穿行空间，特别对于上下班高峰时的车流要给予足够考虑。在自行车较普遍的 TOD 地区，应该进行详细的路面分配，合理考虑自行车和汽车的权重。汽车和自行车及行人对道路有着不同的要求：汽车需要一定的路面宽度和线形以保证行驶通畅，而自行车和行人则需要便捷安全的空间廊道，TOD 规划设计要二者兼顾。除了土地空间规划和形态设计外，公交系统一体化设计实现零换乘也是 TOD 要关注的，这包括运营规划和时刻表设计的衔接、票务政策的整合等。

2. 市场地域

TOD 的市场地域（或称 TOD 街区）范围与公交系统的类型和接驳模式直接相关。一般来说 TOD 街区的界定主要取决于步行出行的适用距离。在美国通常采用的数字是 1/4mi（约 400m）或 5 ～ 10min 的步行距离。实证研究表明在欧洲和亚洲人们可接受的平均步行距离大于北美，因此 TOD 地域范围要略大，在 500 ～ 1000m 左右。在 TOD 核心街区之外还可设计次级区域。根据卡尔索普所述，次级区域最大的服务半径可达 1mi 或 1600m，亦即零售市场的邻里规模。次级区域的密度可比 TOD 街区低。实施过程中 TOD 街区的规模会有变化，因为 TOD 街区发展受城市区位、地形条件、天气和其他场地因素影响，环境设计的质量会影响人们的可接受的步行距离。在美国得克萨斯州奥斯汀市，2005 年制定了 TOD 城市土地管理条例。该条例将站点周边的用地划分为三级，分别是门户区、中间区和过渡区。门户区包括紧邻站台周边的区域，过渡区包括 TOD 的外围地区。由于每一个规划站点周边可开发土地的规模不同，每一个 TOD 所包括的三级区域的土地规模也不相同。

3. 开发密度

较高开发密度是 TOD 最基本的特征。TOD 的目标原则之一就是通过提高密度来增加土地使用效率，遏制蔓延。基本居住和就业密度为公交提供所必需的客流量，同时它也是支持 TOD 地区内零售、商业以及其他活动所需的消费市场基础。彼得 • 卡尔索普在其 TOD 发展设计指南中明确提出建筑开发必须有足够的开发强度，建筑物朝向公共街道，提供方便的行人通道，创建外部视觉上的趣味，增强街道的活力和安全感，同时也支持公交运营和零售业。

卡尔索普建议 TOD 居住区的最小密度是 10 户 / 英亩。假设每户为三人，那么相应的人口密度就是 7500 人 /km²。他建议的 TOD 居住区平均密度为 13500 人 /km²。这仅是净居住密度，如果一个 TOD 地区有 60% 为居住用地，那么相应的最小和平均人口毛密度就是 4500 人 /km² 和 8100 人 /km²。迪特马尔和欧兰德（Dittmar and Ohland，2003）基于站点的地理区位将 TOD 分类，并为不同的 TOD 类型推荐了一系列密度和公交服务指标。人口密度范围从“社区型 TOD”的 7 户 / 英亩（5250 人 /km²）至“城市型 TOD”的 20 户 / 英亩（15000 人 /km²），再至“区域型 TOD”的 60 户 / 英亩（45000 人 /km²）。

实施 TOD 时，各城市有不同的密度指标（表 3-1）。例如在圣地亚哥市，“社区型 TOD”的最小居住密度定为 18 户 / 英亩（13500 人 /km²）至 25 户 / 英亩（19500 人 /km²）。在波特兰密度指标因公交方式和站点距离而变化。在轻轨车站的 1/8 英里（约 200m）半径范围内，最小居住密度为 22500 人 /km²。如果是公共汽车站，密度则为 18000 人 /km²。在 1/8 ～ 1/4mi（约 200 ～ 400m）半径范围内，在轻轨服务与公共汽车服务方面所需的 TOD 密度门槛值分别为 18000 人 /km² 和 9000 人 /km²。

TOD 推荐居住密度 表 3-1

城市	TOD 类型	最小居住密度（居住单位 / 英亩）
圣地亚哥 TOD 导则	城市 TOD（轻轨服务） 街区 TOD（巴士服务）	25（18） 18（12）
俄勒冈州华盛顿 （土地使用与交通空气质量研究）	城市 TOD（轻轨服务） 街区 TOD（巴士服务）	15（7） 8（7）
波特兰 TOD 导则	轻轨服务 TOD	30：0 ~ 1/8mi 24：1/8 ~ 1/4mi 12：1/4 ~ 1/2mi
	巴士服务 TOD	24：0 ~ 1/8mi 12：1/8 ~ 1/4mi

资料来源：奥克兰 . 社区设计 + 建筑［S］// 运输导向型重叠区分区条例，2001.

关于就业和商业用途的土地使用强度，彼得·卡尔索普建议 0.35 为最低容积率。而在实际操作中会因具体条件而不同。例如，西雅图区域市政局采取灵活措施，对于没有多层停车库的项目，目标密度设在 0.5 ～ 1.0 之间；若有停车库，容积率则至少达到 2.0。区域市政局认为每英亩 25 个岗位的就业密度有利于频繁的、大容量的运输服务，这个密度可以转化为车站 0.5mi 内 15000 个就业岗位。而对于轻轨服务，建议为每英亩 50 的就业密度。有关交通和城市形态的研究统计表明，对于距市中心 20mi 周围环绕低密度住宅（每亩五人）的轻轨站，每英亩 100 名就业可带来平均每天 300 人次的搭乘。

但是过高的就业密度也会影响乘客的数量，很多地方的 TOD 导则要求 TOD 中心区密度下调，这样才能让更多的人靠近，以利于过境的乘客居民更接近车站。优化密度配置需要较严密的量化分析。目前相关分析技术尚欠缺，多是凭经验判断。中国城市人口和就业密度普遍较高，上述密度指标体系显然不适合中国实情，不可简单套用。本书结论章节具体论述适合中国城市特征的 TOD 规划设计原则。

4. 土地混合

土地功能混合是 TOD 的另一个主要特质，其目标是多重的，如为居民提供便利服务，平衡居住与就业从而减少小汽车出行，增加社区活力等。站区功能混合有利于改善公交客流的时空平衡，例如，在办公区混入娱乐用途，有利于增加非办公时间该地段的活力，同时减少公交的峰值效应。

除居住用地使用外，一定数量的公建和商业对构建 TOD 是必需的。卡尔索普为 TOD 规划提出了一套各类型用地比例（表 3-2）。他强调土地混合使用也可以在一栋楼内实现，即纵向多功能混合使用，例如底层部分零售业和商业，中间层办公，顶层为公寓住宅。不同类型的 TOD 用途分类和不同用途所占比例也不相同，例如大城市的 TOD，可以设立一些促进区域活动的用途，如文化娱乐等；而社区规模的 TOD 一般来说不建议考虑规划设置此类活动功能。

TOD 中合适的土地使用混合比例 表 3-2

土地利用类型	社区型 TOD	城市型 TOD
公建	10% ~ 15%	5% ~ 15%
商业中心	10% ~ 40%	30% ~ 70%
居住	50% ~ 80%	20% ~ 60%

资料来源：作者改绘，参考 P·卡尔索普．下一个美国大都市：生态，社区和美国梦 [M]. 林斯顿：普林斯顿建筑出版社，1993.

用地水平混合可以出现在不同或同一类型用地，例如同是居住用地，应鼓励包括公寓、独立住宅和联排住宅等多种住宅形式，它们在面积大小、价格以及所有权（买或租）等方面均有不同。工业用途是否允许纳入 TOD 尚有争议，一般情况下不被看好，但并不全盘否定。西雅图禁止 TOD 内的生产活动是因为这种用途每英亩工人数并不多。然而，圣地亚哥的 TOD 设计准则认为，只要它们处于核心区外部并与其他 TOD 用途兼容，低就业密度的轻工业用途可以适当考虑。

中国，乃至亚洲城市，无论是水平的或者纵向的功能混合在传统和近代社区十分常见。但是简单混杂与有机整合对于公交运营和社区场所营造的效用大相径庭。大陆地区近 20 年新发展的居住区、产业园有功能单一的趋势。有关 TOD 功能有机混合的研究远少于关于密度的研究，是亟待加强的内容。

5. 步行环境

由于 TOD 的空间尺度是基于步行距离来界定的，因此良好的步行环境是 TOD 街区成功的关键。步行是 TOD 街区内最重要的出行方式。空间组织，街道和交叉口几何设计等都应优先考虑步行的安全、便捷和舒适。其他模式如自行车、小汽车、出租车以及接驳公交都应以步行为核心很好地衔接整合。

TOD 推崇围绕公共交通站点进行紧凑开发，使得住宅、商业、办公和服务设施密切关联，对城市交通和住房带来较大的社会、环境和经济效益。人们通过步行的方式来往于住宅、办公点、购物和娱乐场所之间。布鲁金斯学院（Brookings Institution）的研究发现，紧凑的高密度发展可以带动经济活力，促进经济效益的提升，同时也可以增加住宅的选择性（Katz，2004）。加州州立工业大学波莫纳分校（Cal State Polytechnic University at Pomona）的教授好林·路德（Hollie Lund）在加州进行问卷调查发现，40% 的问卷回复者认为能够通过步行到达商店和服务场所是他们考虑选择居住在 TOD 设计的小区的主要原因；大约三分之一的回复者是为了更方便地使用公共交通（34%）；而大于半数的人则认为若靠近公共交通，房屋的质量和价格都将具有优势。从这个调查的结果可以看出，紧凑的建筑密度和高质量的住宅设计是使 TOD 取得预期的效果的重要因素（Lund，2006）。

紧凑开发为城市发展带来的另一个优势是减少了人们对私人汽车的使用，增加了城市公共交通的使用率，方便非机动交通。早在 1977 年杰弗里·苏潘（Jeffrey Zupan）和鲍里斯·普士卡（Boris Pushkarev）通过对纽约市、新泽西州和康涅狄格州三角区的研究作出的城市交通和土地政策研究的报告中显示，随着住宅密度的增加以及非住宅土作使用的密集化，私人汽车的使用相应下降，公共交通的使用相应上升。在此之后，相继有学者得出了相似的研究结果。另一项对于旧金山湾区、芝加哥和南加州的研究数据得出了个人驾车和住宅密度的关系图。

在 TOD 的各项要素中，步行环境这一要素最难量化。这是因为评判步行环境质量的优劣带有很强的主观性，评价标准和期望值会因为社会、文化和环境背景而不同。

以下两个案例：BART（湾区捷运）TOD 导则和美国得克萨斯州奥斯汀市 TOD 条例，从 TOD 设计导则和地方法规条例引导的视角介绍 TOD 理论和原则在实际操作中是如何实现和建设成功的。

案例1 BART（湾区捷运）TOD 导则

1. 介绍

BART（Bay Area Rapid Transit）是旧金山湾区快速轨道交通运营与管理机构。其 TOD 导则旨在指导 BART 系统车站周围地区的规划和发展。内容包括乘客服务，车站周边土地使用，车站系统运营通达。此导则考虑旧金山湾区独特的地理环境，交通网络以及各社区不同的需求。其中，列举选自湾区不同地段的 TOD 案例，以说明各种实施 TOD 的政策和原则，而非建议简单地重复使用这些规划设计方法。读者可亲自体验这些案例地点，根据自己的观察作出相应判断，以便灵活地结合地方实际制定相应的 TOD 导则。

1）什么是 BART?

旧金山湾区快轨公交（BART）拥有 104mi 的轨道公交系统，43 处站点，覆盖了 4 个郡县：San Francisco，Alameda，Contra Costa，San Mateo。BART 连接了各大城市和小市镇的中心与居民区，各个站点周围用地十分多样化，沿线居住区、工作区、学校、商店、公园、工业区，以及机场和体育场等不同功能的用地紧密串联。BART 作为湾区区域公交系统的一部分，也和其他的公交设施有机地结合在一起。

2）BART 系统的 TOD

BART 沿用加州交通局的 TOD 定义："TOD 是一种中高密度的土地发展模式，围绕主要的公共交通站点，人们可以方便地步行到达公交站。土地发展功能一般混合居住、工作和商业购物。行人是 TOD 的主要设计对象，但 TOD 并不排除个人汽车的使用。TOD 可以是新开发地段，也可以是对一座或多座建筑物的重新改造，其主要设计和引导方向是支持公共交通的使用。"

公交导向根本的意义是行人导向（尽管中心是围绕着公交车站）。以人为主而非以车为主的车站设计有益于提升和维持公交乘坐率。中高密度可以针对不同的社区而有所变化。BART 的 TOD 导则对于不同社区的内填式发展（in-fill）和大规模的新开发提出了不同的建议密度。新开发或重建开发都要强调对保持社区特色和对自然及人工环境的保护和改善。

方便的步行距离指大约 0.5mi 或 10min 的路程（从家到 BART 车站的平均路程）。然而，在安全舒适的环境下，步行者可接受的距离可以更远。TOD 可以指一座或多座建筑物，但是通常针对环绕车站的整个小区。TOD 设计对象不仅包括建筑物，也包括车站周围的人行道、街道、公车区段和公园。实际上，本 TOD 导则的目的是建立公交导向型的社区。

3）导则的相关对象

BART 车站地区规划和发展的利益相关者包括：

（1）居民和土地拥有者；

（2）雇主和雇员；

（3）BART 乘客；

（4）车站地区的相关地方政府人员；

（5）地方的规划和开发工作人员；

（6）车站周围开发项目的开发商；

（7）车站附近地区提供服务的人员，例如商店、学校、医疗、托儿及交通等。

4）TOD 导则如何促进车站地区的发展与改善?

本 TOD 导则明晰 BART 站点附近地区的发展时序和重点，并对规划和发展的过程以及对利益相关者将可能面对的延误、挫折和冲突提出应对建议。导则的最终目的是提高车站地区的影响及活力，使 BART 的乘客和周围的社区都从中受益，从而使 BART 成为主要的地区交通工具。

本导则并不提出开发的具体场地大小和土地使用，而是强调在坚持公交导向发展的原则下根据各地段的具体情况提出灵活和有创意的发展建议。此导则有可能不适用于一些特殊的情况，但总的来说，成功的 TOD 应实现以下目标：

（1）增强乘客的乘车安全性和便利性；

（2）营造宜人多样化的车站地带；

（3）增加 BART 的乘坐率和收入；

（4）使地方财政可以通过开发和公交收入获利；

（5）提高车站及系统运作效率。

2. 构建区域形态

旧金山湾区十分适合公交导向型发展。它独特的地形，包括山岭和水域，将发展空间局限在适合公交服务的几个主要走廊范围内。湾区内有几个社区早在TOD的名词出现之前就已经是围绕公交发展建设的。迄今BART系统已经成为湾区日益多样化的公交网络的主干。湾区的公交网络既服务于新的TOD，也强化既有的社区。湾区紧凑的TOD网络使得整个区域在保持自有特点和活力的情况下健康持续地发展。

1）强公交网络化

BART是服务整个海湾区的更大范围的多重公交网络的一部分（图3-2）。湾区的一个显著的特点是多样且具有竞争性的公交系统，包括湾区快轨（BART）、市地铁（Muni Metro）、加州列车（Caltrain）、VTA、AC Transit、首府通道（Capitol Corridor）、ACE和其他地方公交。这些系统间的连接与合作不断加强和完善，促成了区域TOD网络的形成与发展。

TOD并不能完全确保改善区域范围高速路的堵塞状况，但是它可以让人们有机会居住在一个车站附近，工作在另一个车站附近，而购物的地点也在车站附近，人们来往于居家、工作和购物等活动之间不需要使用私家车。区域TOD网络的构建要依靠公交服务的普及和便利使得各个站点连成整体。

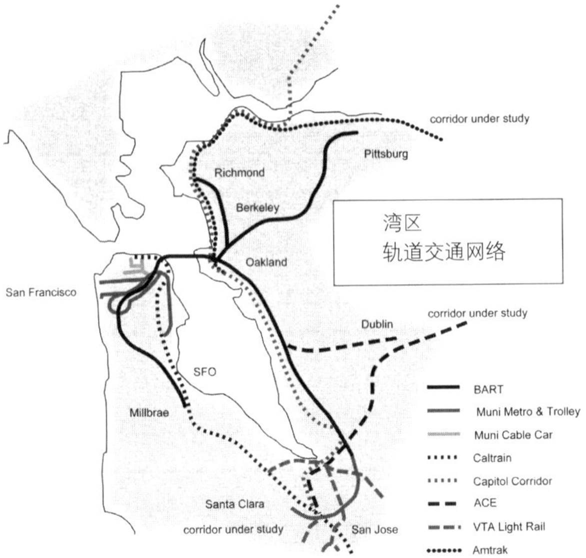

图3-2 湾区轨道公交网络

（资料来源：作者改绘）

（1）支撑区域TOD网络的公交系统应该有频发、可靠和整体的服务。

每个BART车站都是通往区域各地的一个门户。但不是所有的乘客都居住在可以方便到达车站的地方。为吸引这些人使用公交，BART车站应该具有衔接区域交通网的多模式换乘服务。

（2）BART车站周围的道路、汽车和自行车路线应该延伸到车站以外更广阔的地域范围。

2）公交周围的发展

BART车站地区具有可靠的区域通达性，是规模开发的首选地。作为一种轨道公交系统BART运营不会受到高速公路路况影响，因而能保证可靠和高频率服务。这样的服务能确保稳定甚至逐步增长的乘客量，而车站地带的行人量也持续增加。方便通达的BART意味着其周围的开发比其他缺少高质量公交服务的地带需要较少的停车位。此外，这种相对稳固的轨道系统也确保了这些车站地带保持重要的公交节点地位。事实上由于BART周围地段开发潜力大，许多社区都对BART车站周围进行了最高密度的规划。比起较远的未开发地带，车站地区通常为近期和长期的开发的首选地。车站周围的开发同时也使BART大大受益，带来更高的乘客量和更多的收入，从而进一步提高BART的服务效率。

（1）在每个BART已有和未来的车站服务范围的社区内，可以步行到达车站的范围内住宅和办公密度最高。

湾区内有很多重要活动地点仍位于私家车方便到达的地区，对于那些不拥有汽车的居民和游客则十分不方便。另有一些人尽管希望乘坐公交，但因为要去的目的地离车站太远且其间巴士服务十分有限而只能选择自己开车。

（2）湾区的景点应该设置舒适的步行系统连接主要的公交站点，或者有方便的公交接驳连接这些景点与主要公交站，由此提高湾区的整体通达性。

BART站区宜设计为区域主要活动区，以能够吸引逆上下班人流方向的乘客，或者吸引非高峰期，如周末和夜晚时的乘客。对于乘坐BART参加晚间活动的乘客来说，舒适和安全的步行环境至关重要，尤其是晚间活动目的地与车站有一定距离。

BART的停车位一般在周末或是上下班高峰期以外比较充裕。对于那些吸引上下班高峰期以外游客的主要景点，如果它们靠近车站的停车位，则可以考虑和BART共享停车设施。

（3）BART车站周围的开发应该做好规划，使其能够充分利用各路线的特点，包括车辆的频率、时刻和服务范围等。

3）接社区和车站

（1）位于“主街”的BART车站

成功的TOD将公交车站与高密度、行人为主的开发结合起来。湾区社区的许多老城中心已经以拥有宜人的步行环境、较高的开发密度和完整的公车网络而著称。这些社区是“现成的”TOD，为新建和已有的BART车站提供了理想的站址。BART的区域公交通达性反过来又可以为当地的商家带来更多的新顾客，从而促进城市中心的发展。

（2）城镇附近的BART车站

如果BART的车站不在城中心，但是距离城中心是步行可以到达的范围，城中心则可以朝BART车站方向延伸。在这种情况下，车站与城中心应该建立以行人为主的步行环境，并且加强其间的巴士服务。

（3）远离城镇中心的BART车站

在没有混合发展，步行环境或者巴士服务的车站地区要成功建设TOD需要特别注意若干事项。应该尽量避免造成行人障碍的因素，如高速路和大片空地等。公交乘客量不可完全依靠需要驾驶私家车的乘客，以免车站地区需要预留大量的停车用地。在已有社区外规划建设新的TOD前要做好经济影响分析，以免与现有商家形成竞争、重复建设。

在任何情况下，BART的停车位不能把车站和周围TOD地段隔开。停车库或停车场的设置是用来补足步行环境，而不是影响步行环境的。只要是从停车处到车站的步行环境舒适而且安全，停车处并不一定需要紧贴车站。

BART车站应该位于活跃的步行环境适宜的发展地带，以便增加乘车率，减少对停车位的需要。

3. 建设成功的TOD

TOD车站周围的开发并没有唯一的定式。每个车站周围的社区都有自己的特色和不同的交通需求。但有一些交通和社区发展的首选要素对所有BART车站是相同的。例如，确保站区内外的通达便利和混合土地使用以提升车站地带的动力与活力等。成功的TOD通过将这些首选要素有机整合凸显所在社区自身的优势特色和个性识别。

1）界定车站地区个性

每个车站的“社区”由在此生活和工作的人群构成，包括地方管理人员、土地拥有者以及租客、未来的开发商、居住在车站地带以外但是使用BART的乘客，还有那些为当地社区服务的人员，他们对车站地带的开发可能会有不同的观点和利益。但如果整个社区能够协调合作，这些不同的群体是可以在一些共同的目标上达成共识的。

不同群体的共识通常会包括对一些景观特点的共同喜好。这些景观特色可能是自然的（小溪、树木、山景），也可能是历史性的或具有文化特色的人工景观（建筑物、街道网络、广场或特别的景观主题）。在车站地带的规划设计中包含这些景观特点是建设有个性识别的TOD的重要起点。

整合普遍受欢迎的特色要素以强化TOD社区的个性识别。

2）障车站地带的通达性

BART车站是多样交通活动的中心。在车站附近居住、工作，或是通过步行、骑自行车、驾车或乘坐巴士到达BART车站。车站地带交通流速较慢，停车位也十分宝贵。如果没有多少人和车来往车站地带，该地区也许就无法实现预期的活力。

为建设成功的TOD，通往车站的道路应该被当做服务各社区的地方与区域交通路网的延伸。BART的通达性导则指出了不同交通方式的优先顺序（图3-3）：

（1）行人；

（2）公交服务；

（3）自行车；

（4）拼车、的士以及开车接送；

（5）个人使用汽车。

站区交通也是一类土地使用。就像建筑物、公园一样，停车场、巴士停车区、道路和人行道等也需要占用空间。离车站最近的土地对于开发来说

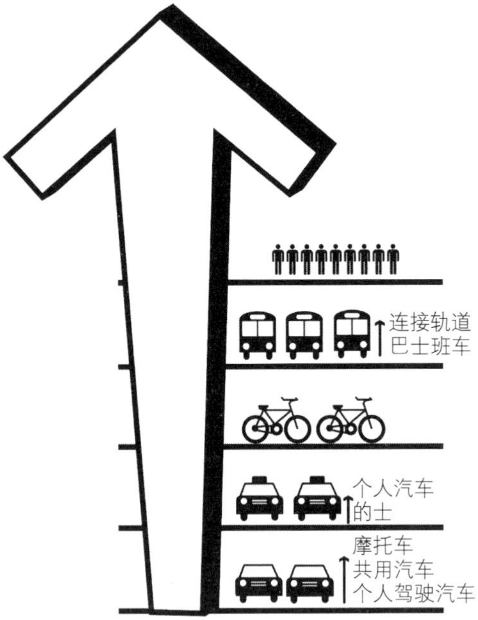

图3-3 不同交通方式的优先顺序

是最具有价值的。街道、停车、公交车进出站和乘客上下车地带的布局应该考虑到它们对其周围土地使用和地产产品销售的影响。

同样，车站周围的土地开发密度、土地使用混合方式和环境设计对整体交通功能也有着巨大的影响。地块的大小、车道的出入口、建筑物的大门都会影响车站与整个车站地区的通达性。以下阐明站区土地使用的重要原则。

行人

无论人们以什么方式达到车站地带,他们必须步行经过 BART 检票口。行人通常会寻找最近的路线进出车站，即便是建筑物和停车场阻挡了通往车站的道路，或者道路太宽、人行横道太少，人们还是本能地去寻找捷径。当出现行人践踏景观地、随意穿越马路、破坏栅栏的现象时，应该反思是否车站地区的规划设计没有足够考虑行人的特点和需要。事实上许多这样的问题可以通过车站地区步行环境优化设计而减少或避免。车站地区要设计得安全、便利、人性化。行人在车站区行走的“捷径”往往显示了行人的行为需求特征，应作为设计的主要参考依据。好的人行系统规划设计不仅可以为行人提供安全方便、舒适宜人的环境，还可以避免人们强走捷径而对公共绿地和设施造成的损害、降低维护成本。

（1）车站地带连接检票口与主要交通路口和目的地的人行道应该尽量短捷和畅通（图 3–4）。

（2）连接检票口和周围社区的人行道应该有适合轮椅和婴儿车通行的宽度且平滑，人行道两旁应该种植树木，安置路灯和指示路牌，以增强导向性和安全感。

（3）车站周围地块的大小和布局应优先考虑行人行走路线（图 3–5）。

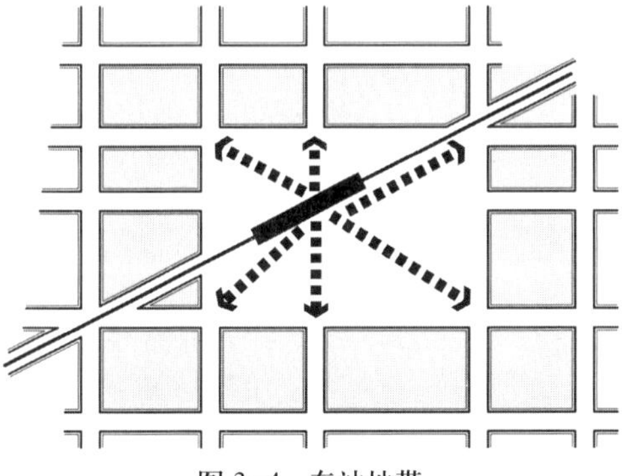

图 3–4　车站地带
（资料来源：作者改绘）

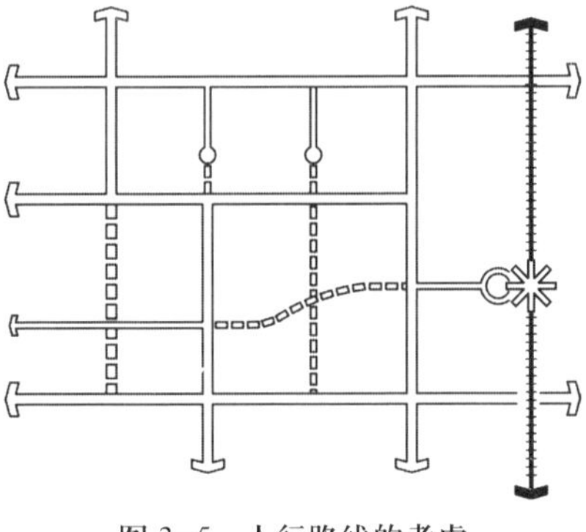

图 3–5　人行路线的考虑
（资料来源：作者改绘）

（新的人行道可以为行人提供捷径，从而改善步行环境）

（4）主要道路的人行横道宜设置在路面层，尽可能避免地下通道或过街天桥。

行人到达车站需要穿越（例如高架桥、地道等）次数越少，他们到达车站就越直接，使用人行道的积极性越大。由于车站地带是行人活动频繁的节点，驾车者应该随时准备避让行人。

仅仅靠人行道无法营造适宜的步行环境。建筑物在人行道面设置的入口和窗户越多（夜间有光亮从建筑物中透出），行人行走时越有安全感。反过来，如果一座建筑物的地面入口不对人行道开敞——或是入口设在被植被覆盖的窄道或停车场后面——一个很好的吸引步行者的机会就会被浪费，步行人流量因此会减少。

（5）检票口人行道两旁的建筑应该直接向人行道方向开放，且具有架空的地面层、二层及以上楼层可以清楚地看到地面通路。

（6）沿人行道的建筑立面应该合理规范，增强连续性，避免建筑物正面后退太远、空墙面太大以及地面停车场面对人行道。

道路离车站越近，路面交通状况越复杂，要容纳的交通工具种类越多。小汽车、巴士、自行车与行人共用站区道路，交通状况复杂，车站附近因而常常不可避免地出现不同程度的交通堵塞。

沿街路边设停车位可以起到减缓机动车流速度的作用，同时在行人和机动交通车流之间构建了一个屏障。除了限速标志，道路和车道宽度以及转弯半径设计也要有助于行车速度的控制。车站附近的道路设计同时要考虑如何让开车的人在意外和紧急情况时能安全停靠，降低对他人、自己以及路面交通的影响或安全隐患。

（7）车站地带的主要人行道以及过街横道不应该被大的转弯道、车道以及停车设施出入口阻隔，为转弯设置的车行道需要设置行人安全岛。

（8）车站附近的道路应该有合理的宽度、合理适当的设计车速、考虑急救车出入，在允许的情况下设置自行车道和停车道。

3）ART 与其他公交设施的连接

BART 应与巴士、轻轨、通勤列车、轮渡、有轨车、班车等其他公交工具连为整体。这些连接对于保障 BART 的乘客量十分关键。作为多种交通方式的核心，BART 车站同样也是不同公共交通工具的重要换乘点。很多情况下 TOD 的居民和就业人员需要公交服务去往 BART 未覆盖的地方。

然而，巴士进站以及乘客上下车的区域在车站地带会和其他功能产生冲突。专门为巴士停靠使用的地段在高峰期过后常常陷入“死态”。在一个TOD内，土地资源十分宝贵，因此要努力提高用于巴士的土地和街道空间，优先考虑人行道或者车行道同时兼作巴士进站和乘客上下车使用。

（1）乘客上下车的地段应设置路灯、候车座位、服务信息（时间表、地图和监控），并且提供遮盖设施，以保证舒适、安全和可靠的换乘服务。

（2）BART和其他公交的连接应该直接、便捷，且不应该被其他车流阻隔。

（3）巴士、班车和轻轨的候车和乘客上下区应该集中，以辅助公交至公交之间的连接，避免土地浪费和大片“死角”的产生。

（1）自行车通道

相对于步行，自行车可以使人们能到达离BART车站更远的地方。而与汽车相比，自行车对交通和停车影响较小。但是，BART车站周围车辆和人行混合的状况不利于鼓励自行车的使用。因此，TOD自行车系统要精心设计，车站不仅需要提供足够的自行车停车处，周围的道路也应该为骑自行车的人到达车站提供安全和舒适的沿线服务。

①地方和区域的自行车路线应与BART车站相连，路线上应该设有路标，且没有路肩和围墙等障碍设施。

②BART车站的自行车停车处应有遮盖，有很好的照明，且应该设在容易看见的地方，标识明确。

（2）的士、私家车接送区

当的士或者别的小汽车在BART车站接送乘客时，司机一般都会选择最靠近车站的位置。但为接送区设计合适的位置具有很大的挑战性。在这个区段，行人、巴士、小汽车来往最密集，土地也最宝贵。与自驾停车的到达车站方式相比，的士和私家车接送能更有效地使大量乘客到达和离开BART车站，且的士服务对不熟悉环境的外地访客来说尤其重要。因此，安全舒适的的士等候区是TOD的另一项设计重点。

的士、私家车接送上下区应该设置明晰的标志、有良好的照明，接近车站时可以容易地看到入口。

（3）乘客停车

停车场（库）与车站连接的重要性应低于行人、公交和自行车。拼车停车应比自驾停车重要，应尽量给拼车者提供离检票处较近的停车位置。

①合伙使用汽车的停车位置应该靠近检票处。

停车位的设置应该避免车流对车站和周围社区之间的行人活动造成干扰，例如将车库建在行人活动最密集且最接近车站的位置。车库与车站之间的人流有助于 TOD 地区的经济活动。

②车库和停车场的出入车道应该避免跨越车站区的主要行人路线。

③停车设置应该将行人引导到主要的人行路线上，有助于沿线商家业务经营。

车库往往是车站地带最大的建筑物，在上下班高峰期过后，车库则成为最安静的地方。

④车库的首层应该设置零售或其他可行的活动功能，从而提高其对车站地带主要人行路线的监控作用。

BART 车库和停车场有相应的规范使用模式。在一个有生机的 TOD 内，除早晨和傍晚的高峰期有大量的停车需求外，购物、用餐、娱乐等其他休闲活动也需要停车。如果 BART 的车库和停车场设计在合适的位置并且有足够大的容量，可以和其他活动地点共享停车设施，以提升 BART 停车设施的使用率和经济效率。

⑤ BART 的停车位应该有合适的大小，可以考虑与车站地带的其他活动共享停车资源。

（4）有效地使用路面

街道和停车位会占用车站地区十分有价值的地段。为最高效地使用路面空间，街道可以在不同的时间作不同的用途。例如，在上下班高峰期，由于车流量大，街道上禁止停车。但是当高峰期后，车辆减少，街道可以提供车站地带短期商业及居住停车。街道停车位还可以作为屏障，将行人和机动车流隔开，提高步行环境质量。

①车行道可以在中午的时候作为临时停车位，为车站地带提供更多的短期停车，且作为将行人和车流隔开的屏障。

②参考 BART 的“停车管理工具手册”（parking management toolkit），为车站地带寻求更多的管理停车的方法。

4）规划车站周边开发

为了实现 BART 系统周边区域的土地资本价值，车站地带应该发展紧凑的，居住、商业以及社区服务混合的土地使用。一个车站周围“正确”的混合使用方式取决于周边社区的具体情况和需求，通常在详细规划、更新发展规划或者专项站前规划设计中分析考虑。这些规划是为实施TOD而取得地方规划管理机构审批同意的基础和条件。符合这些规划的发展项目往往可以得到广泛的社区支持和官方批准。

（1）住宅

BART车站周围规划住宅有助于增加全天不同时间段和周末的乘客量和车站地带的活动，从而增强车站地区的安全感，吸引更多的住户和乘客。车站周围高密度开发可以增加乘客基数以维持低成本、高质量的服务，同时使更多的住户可以直接到达BART。然而，简单地提高密度并不能保证提高TOD的质量。新开发的建筑尺度和设计风格应与已有的建筑物相协调，不能破坏社区的整体形象。

车站地带新开发的项目应该为人们提供多种选择，包括公寓、独户住宅、出租或者销售房，各种不同的住房类别都应方便使用公交服务。TOD使这些住房都具有区域通达性，从而减少人们对私家车的依赖，降低家庭出行费用。

公交车站800m半径以内（500英亩）的住宅应该有足够高的密度以支持公交运营。车站地带的住宅密度应该高于周边的住宅密度。

①车站地带建议最低住宅密度：

单独住宅项目：40户（80～100人）/英亩

车站整体开发：20个住户/英亩

在湾区由于分区规划条例通常规定每所住宅需要一个或多个停车位，对于不愿意租或购买停车位的人们来说没有太多的选择。民意调查显示，那些希望降低家庭消费成本、充分利用公共交通的人们更需要不带车位的住宅。BART车站地带是这种住宅的理想位置。

②在BART的TOD范围内住宅停车位的配比应低于远离BART的地区。

（2）停车位要求

在硅谷地区，停车位占一个普通公寓20%的成本。

①在一个住宅片区，每户每增加一个停车位将减少25%的住宅建设。

②湾区的拼车服务显示一辆共用的汽车将代替5～6辆个人拥有的汽车。

③对雇员收取停车费将减少7%～30%的停车需求，当然这也取决于对于其他交通方式的供给和收费情况。

（3）商业和办公

无论是小型社区服务还是大型办公中心，商业和办公的发展都有益于BART乘客量和TOD发展。如果一个社区有意愿发展大型办公中心，应该将就业岗位密度最高的办公设施尽可能地靠近车站。

①车站地区建议最低就业岗位密度为10个/英亩。

BART附近的就业中心可以引来公交乘客，但随着离车站的距离增加，这种吸引随之成倍地降低。这些工作中心功能空间组织的方向性也十分重要：出入口与公交车站的相连是否明晰，之间是否有障碍，建筑单体人流组织是更关注乘坐公交的员工还是开私家车的员工。

②从工作地点到检票处的人行通道应该尽可能地便捷，直接朝向车站，且不被停车场或其他设施阻隔。

大量的停车位会极大地诱发有车族开车上下班。停车位的提供同样也给公司和开发商增加了成本。对比起在其他地点进行开发，开发商在BART车站周围的开发项目因停车配比低而减少建停车场（库）所需的土地，降低成本，同时减少对步行便利性和区域通达性的负面影响。

③商业开发所需停车位的配比在BART车站地区要低于站外地区。

（4）社区服务

社区服务是车站地带混合土地使用的一个重要元素。社区服务可以包括诸如便利店等零售业，也包括图书馆、学校等公共设施，以及托儿所等社会服务。不用开车即可享用的社区服务对人们尤其显得方便。

TOD内的社区服务应该可以让人们步行达到，同时可以支持车站地带的主要公交功能。

（5）公共活动场所

人们需要各类公共活动场所：公园、广场、庭院以及人行道。这些场所是使BART车站地带保持活力的关键。但如果不被很好地利用，如人们随便丢弃废物、不爱护甚至肆意损坏或从事不雅的活动，这些场所反而会成为公共负担。公共场所及周围建筑的设计必须能够保证这些地方维护便利，行人和使用者安全感强。

活动场所还应该具有多样性，能够给不同的活动和团体提供活动空间。一些需要开放空间的开发项目可以通过“借用”开放空间来节省成本。这种“借用”方式可在保持空间活力的同时，减少维护负担、降低成本。

公共活动场地应该合理选择位置及精心设计，使其活跃、多样、安全以及方便维护。

4. 协调车站地带活动

车站地带的公交导向型发展能够营造出一个独特的场所，吸引更多的乘客。然而，这些开发不应该干扰 BART 车站自身基本的交通功能。理解这些功能以及人们到达车站区域的目的和行为特征有助于更好地进行 TOD 土地使用决策和规划设计。

本导则为 BART 车站周边地区划定了以下三种不同的“紧张地带”：

（1）最重要：The Hectic Zone（忙乱区）；

（2）次重要：The In–Between Zone（中介区）；

（3）不重要：The Home Free Zone（休闲区）。

这三个区段通常会相互重叠。主要由地理位置决定，但更重要的是由人们穿越这些区段的目的来决定。划分区段是为了根据人们的行为作相应的设计应对，但需要说明的是同一个区段内人们的行为活动并不是完全相同。

1）忙乱区（图 3–6）

这个区段指的是所有由公交到公交连接的线路空间的叠合区。这个区段内人们的活动目的主要是为了搭乘公交，从 BART 的一个站到另一个站，从 BART 站到巴士（班车或轻轨），或者从巴士到巴士。这里常见的现象是许多人因赶车而奔跑，十分慌乱，手忙脚乱找钱包、零钱、时刻表等，匆匆地为了能够赶上换乘的车次。而另外一些人则希望透过赶车的人群看清换乘路线和屏幕显示。应对这种忙乱的场景，过街通道、路牌和指示灯尤其要优先考虑行人。

（1）一般来说汽车不应该跨越忙乱区，如果必须穿越，车道应该尽量狭窄，使其不能快速行进和转弯。

（2）在忙乱区中，应尽量设置直接的通道，不应该让行人被迫走弯路。

当行人没有直接的通道时，他们通常会走自己的捷径。特别是当 BART 与巴士或者轻轨没有方便、直接的连接的时候。巴士与巴士之间的连接也十分重要。这些连接应该便捷、紧凑，尽量减少台阶、楼梯、电梯和跨街以及视线遮挡。

（3）在忙乱区中与 BART 车站相连的所有巴士和轻轨站都应该直视可见。忙乱区越小，通道距离越短、越直接，服务功效就越高。人们能够迅速、安全、自由地移动。

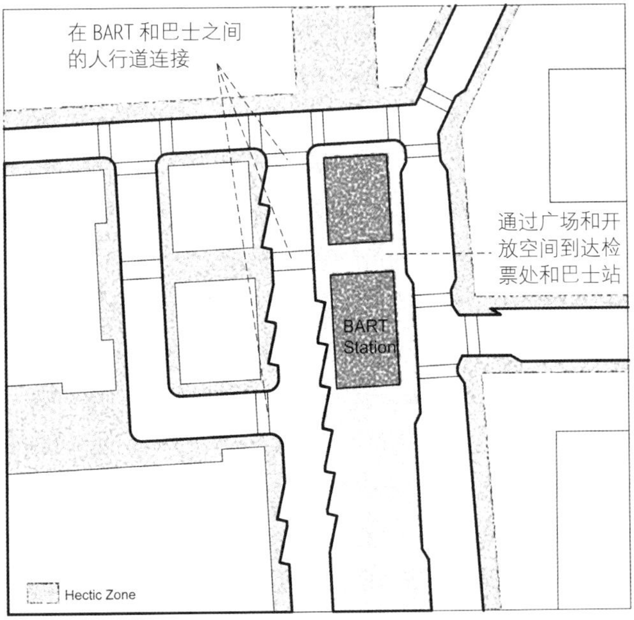

图 3–6　忙乱区

（资料来源：作者改绘）

（4）这个区段内还应该为那些不需要紧急赶车的人们提供相应的休息等候服务，保证足够的空间和良好的视线，避免排长队，排除摔倒、滑倒等潜在危险（例如非固定的座椅、开盖的饮料等），从而保证行人交通流畅安全。

2）中介区（图 3–7）

这个区指的是：

（1）在车站之外的人行路线；

（2）在巴士、轻轨、班车换乘的区间；

（3）在 BART 的月台；

（4）在 BART 和接送乘客区之间；

（5）在 BART 和的士等候区之间；

（6）在 BART 和车库、停车场之间。

在此区段内人们不像在忙乱区里那样为了赶车换乘而来往走动。尽管他们还没有到达最终目的地，但他们已经较好地适应了周围的环境。人们下车去上班、回家、到停车场，或者等候巴士、的士，接人，此时此地可以相对悠闲，因此他们会更注意避让阻挡他们路线的车辆，如巴士、班车、汽车、自行车等。

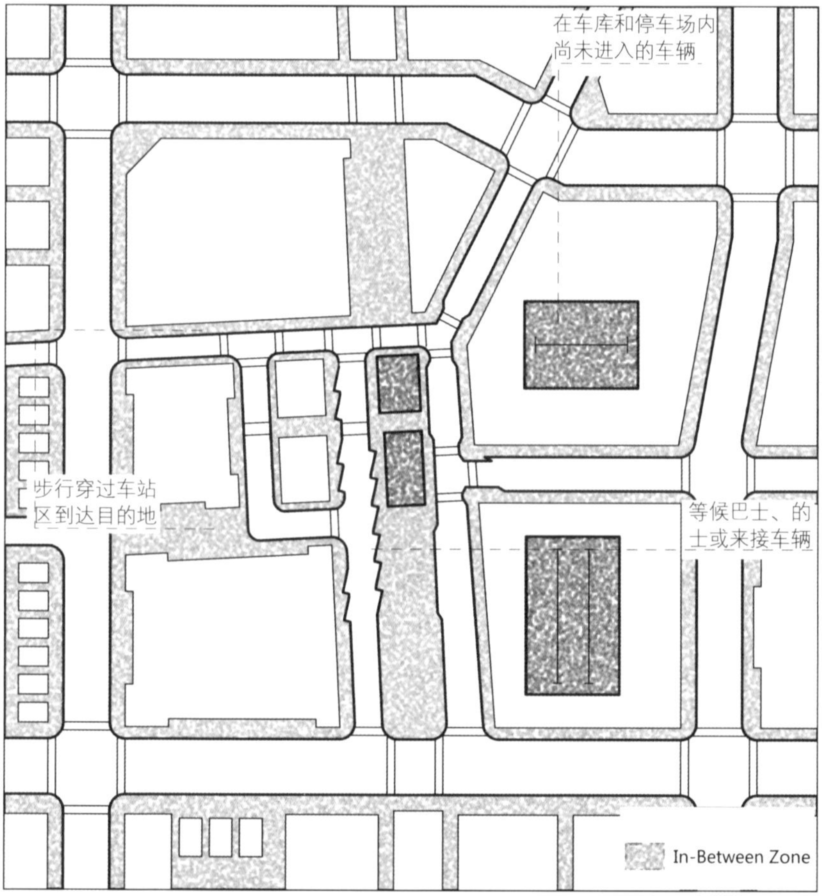

图 3–7　中介区

这些地方可以设置供人们在行走或等候时购买一些小商品的便利摊位。对他们来说清楚地知道时间和到站的情况十分重要，“即时”信息显示屏可以让等车的人知道自己是否有足够的时间在附近的商家购物。商品摆放、服务设施供给和公交信息显示必须协调，使这个区域不仅是交通节点，还能够提供服务等其他功能。注意到巴士乘客上下车的地段常常有噪声、振动和尾气废气，因此中介区的设计要特别精细地减弱这些负面因素的影响。

由于在中介区的人们常常需要停留相对较长的时间，或是需要行走较长的距离，因此安全和舒适性十分关键。

中介区的人行道和等候区应该有良好的照明，且容易被周围建筑物里的人通过门窗看到，形成自然的安全监控。

如果周围建筑物有混合的使用功能，它们则可以为车站地带带来全天候的活力。与周围活动区保持空间上和视线上的密切联系可以使整个区段增加安全性。

3）休闲区（图 3–8）

休闲区含如下类型的空间范围：

（1）在从车站到目的地的线路上；

（2）在的士或者私家车里；

（3）在车站地带内的目的地。

在休闲区，乘客对自己接下来的旅程几乎可以完全自由支配。他们已经坐上自己的汽车或者巴士，接近家、办公室、咖啡厅或是其他活动场所。对安全的顾虑，以及容易出问题的感觉已然消失。

在休闲区，人们缓行慢走，可以和别的交通车辆较好地协调。然而，由于行人和司机的警惕性都降低，对周围的人和环境不再密切注意，指示标志应更仔细地设计以避免冲突，尤其在休闲区与上述两种更加“紧急”的区域相交转换的地带。

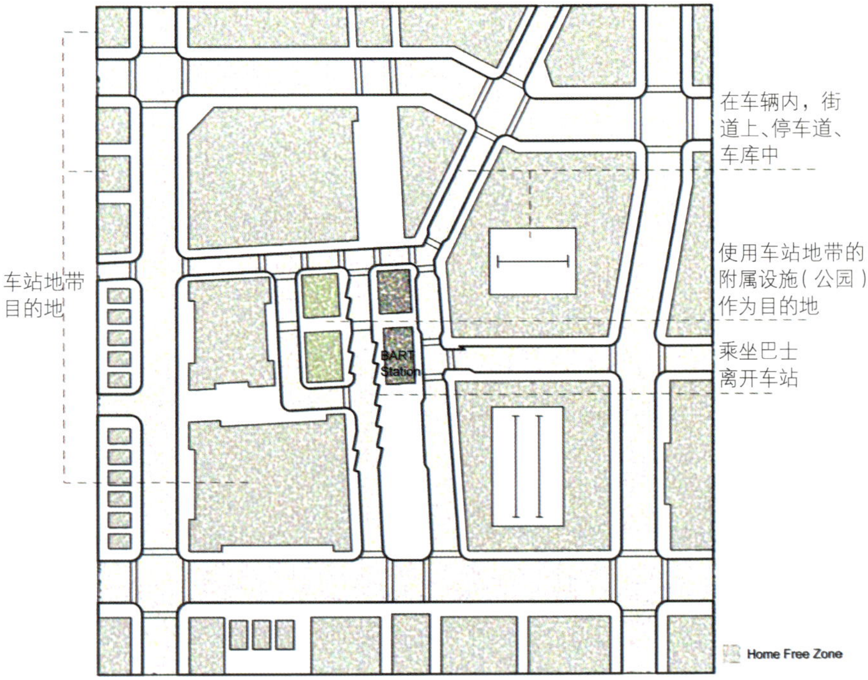

图 3–8 休闲区

（资料来源：作者改绘）

休闲区内应设置减速坡和控制装置，使司机和行人都意识到区内冲突的可能性。

由于休闲区内人们不再急于查询时刻表和赶车，拥有更多的时间购物，因而休闲区给BART乘客提供了最好的购物场所。

5. 站区分析

本导则总结了BART站区发展30年来的经验。然而，成功的TOD建设并不能简单地遵循单一原则，而是要基于导则的主旨与特定站区具体实际相结合（图3–9）。以下所提问题可用来思考如何有效地开展这种结合。

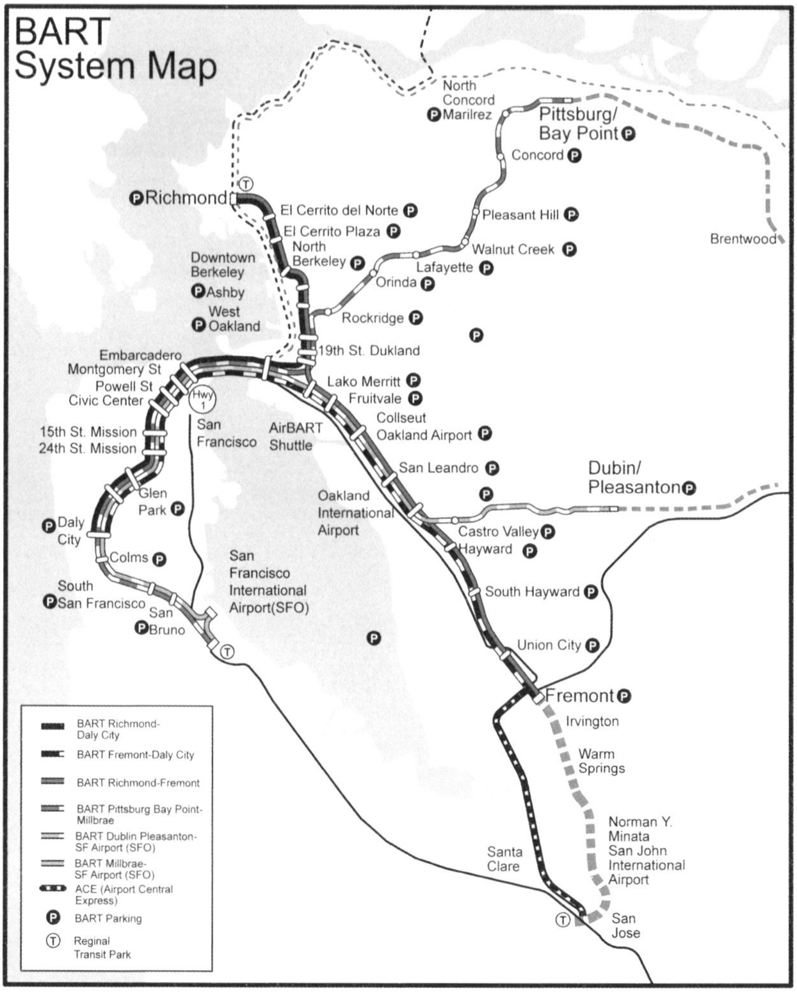

图3–9 BART系统图

（资料来源：http://www.werent.com/MapOfBART_Timbers.htm）

由总体思考入手：

（1）车站周围现状有什么样的开发？这些开发是否是这个社区内密度最高的？开发中是否有混合土地使用？车站地带是否全天都具有活力？

（2）车站和站区环境是否已很好地融入临近社区？

（3）车站地带有什么样的独特自然或人工环境？车站开发是否特别考虑了这些环境特征？

（4）新开发的项目中（如住宅、办公、购物）是否有公交不容易通达的部分？如果建设项目在车站旁边，需要什么样的改善可以使该项目更好地融入车站地带？

再考虑BART车站的可达性：

（1）人们如何到达车站？到达的方式是否便利？

（2）车站入口和周围功能节点之间，以及节点与节点之间的步行连接是否直接？

（3）当行人需要穿越马路的时候，行人与车辆之间是如何协调的？

（4）在上下班高峰期,正午时候以及晚上街道和停车是什么样的状况？路面是否在所有时间段都被有效地利用？

在车站地带划分出忙乱区、中介区和休闲区，然后总结各自不同的功能，辨明交叉部分：

（1）不同的区域是否可以合理地运转？

（2）为了改善步行环境以服务更多人，需要作出什么样的取舍？

（3）零售以及其他活动是否合理地设计与分布，从而吸引和服务不同区段中的各类人群？

参考文献

[1] 阿隆索·W. 位置与土地使用：土地租用的基本理论[M]. 剑桥：哈佛大学出版社，1964.（Alonso W.Location and Land Use: Toward a General Theory of Land Rent[M]. Cambridge: Harvard University Press，1964）

[2] 城市土地研究所. 公交导向型设计[Z]. 工作论文，1994：635.（Urban Land Institute. Transit-Oriented Design[Z]. Working Paper，1994: 635）

[3] 波特，道格拉斯·R. 公交集中型发展[M]. 华盛顿：交通研究协会，1997.（Porter,Douglas R.Transit-Focused Development [M]. Washington,D.C.: Transportation Research Board，1997）

[4] 波内克·M，R·塞弗路.21世纪的公交村[M]. 纽约：麦格罗希尔出版社，1997.（Bernick M.，R.Cervero. Transit Villages in the 21st Century[M]. New York: McGraw-Hill，1997）

[5] 迪特玛·汉克，奥兰德·格劳瑞.新公交镇：公交导向型发展的最佳实例[M]. 华盛顿：Island 出版社，2003.（Dittmar Hank，Ohland Gloria. The New Transit Town: Best Practices in Transit Oriented Development[M]. Washington，D.C.: Island Press，2003）

旧金山湾区捷运（BART）车站区案例研究——普莱臣山（Pleasant Hill）站

1. 简介

BART 的普莱臣山（Pleasant Hill）车站位于极受欢迎但颇为拥挤的旧金山湾区，通过数十年的发展，它已经成为许多社区关注的 TOD 范例（图 3-10）。该车站位于两条重要通勤线路，I-680 高速公路和 BART 系统的交会处，其位置非常显要。从 1990 年到 2000 年，车站周边大部分区域已

图 3-10 普莱臣山（Pleasant Hill）站
（资料来源：普莱臣山 BART 站设计工作坊图库）

经得到开发，该区土地利用和人口特征已经发生了很大的变化，土地利用的混合性很强，步行环境宜人，居民也更加多元化。站区内有经济型住宅，但整个车站区收入值上升了。

车站区内有三个公交引导型开发项目已经建成或在建，包括 Vodafone 广场、Treat 塔，以及“千禧合作者（Millennium Partners）”等。这些项目已经为车站地区带来许多办公、零售和居住空间，改变了该地区原来充满低密度住宅区和换乘停车场的面貌。在新开发或更新设计中采用了很多有创意的方法，以鼓励土地使用的混合并提供宜人的步行环境。

本案例介绍普莱臣山车站区的特征，特别关注 1990 ~ 2000 年之间进行开发建设的这个时间段。随后将详细分析介绍三个已经建成或在建的开发项目。本节引用的数据主要来自加州公交引导型开发数据库（California Transit-Oriented Development Database）。

普莱臣山车站区总体情况

本节关注车站本身的情况，包括它在湾区中所处的位置、土地利用详细状况、交通和人口数据。

普莱臣山车站的区位：

普莱臣山 BART 车站位于湾区东部的康特拉·科斯塔县（Contra Costa County），它是湾区 12 个 TOD 范例之一（图 3–11）。

普莱臣山 BART 车站设在 BART 系统的黄线（Yellow Line）上，其南侧是核桃溪站，北侧是康科特（Concord）站。

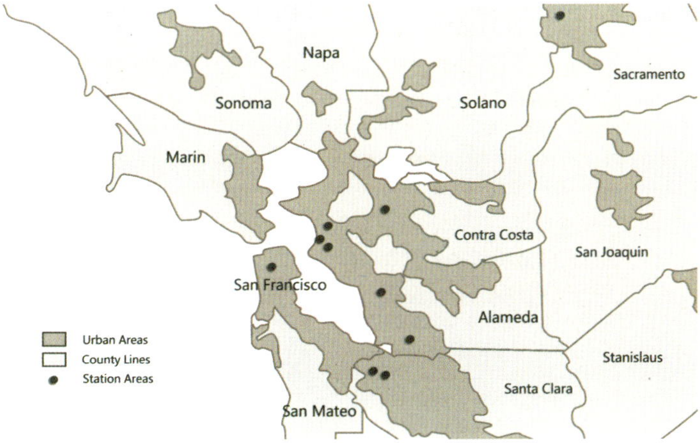

图 3–11　湾区 TOD 用地

（资料来源：作者改绘自加州 TOD 数据库）

该车站正位于I-680的东侧，I-680是一条繁忙的州际高速公路，连接加州北部的费尔菲尔德和南部的圣何塞，长70.5mi。BART轨道线与I-680正好在普莱臣山车站南面交会，该区用地从而成为两条主要交通线路的重要结合处（图3-12、图3-13）。

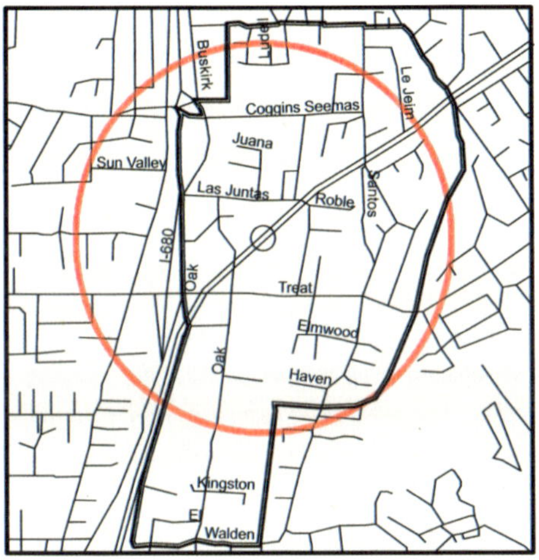

图3-12　普莱臣山车站周边地区的街道图
（资料来源：作者改绘自加州TOD数据库）

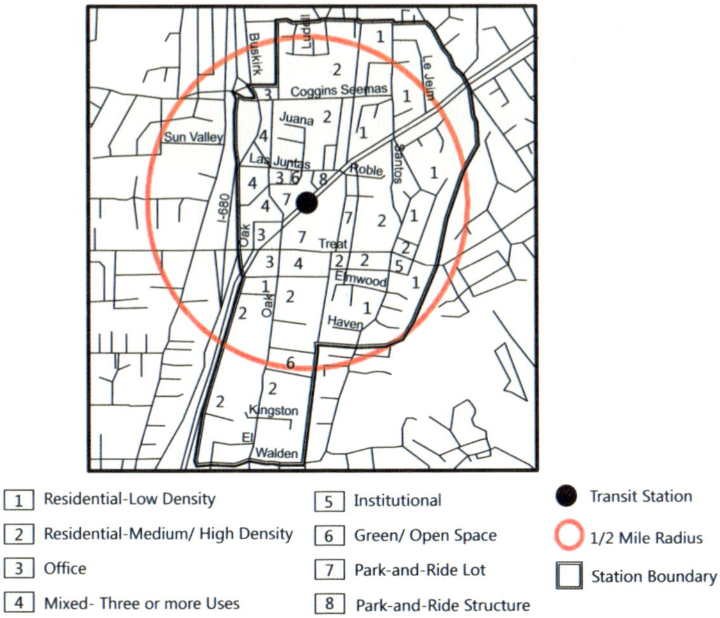

图3-13　设计工作坊绘制的概括性地图
（资料来源：作者改绘自普莱臣山BART车站设计工作坊图库）

2. 土地利用

普莱臣山 BART 车站区是一个混合使用开发的实例，尽管大多是居住功能。2002 年，车站区 35% 的用地是低密度的居住区，43% 为中高密度居住区。仅有 2% 的土地是办公用途，2% 用于商业或零售开发，另外 2% 作为公共机构使用，5% 办公和商业混合，绿化占 3%，6% 为交通用地，另有 2% 的土地仍然空置（图 3–14）。

如土地利用图所示，紧邻车站各边的区域被换乘停车设施所占据，包括停车场和停车楼。2002 年，停车楼可提供 1477 个停车位。

3. 交通

普莱臣山 BART 车站是高架结构。BART 在普莱臣山站每天服务时间为 20h，该站高峰小时发车间隔为 7.5mi。2002 年，普莱臣山平均工作日乘客量达 6326 人次，到站乘客量则为 6123 人次。乘客可以通过地面公

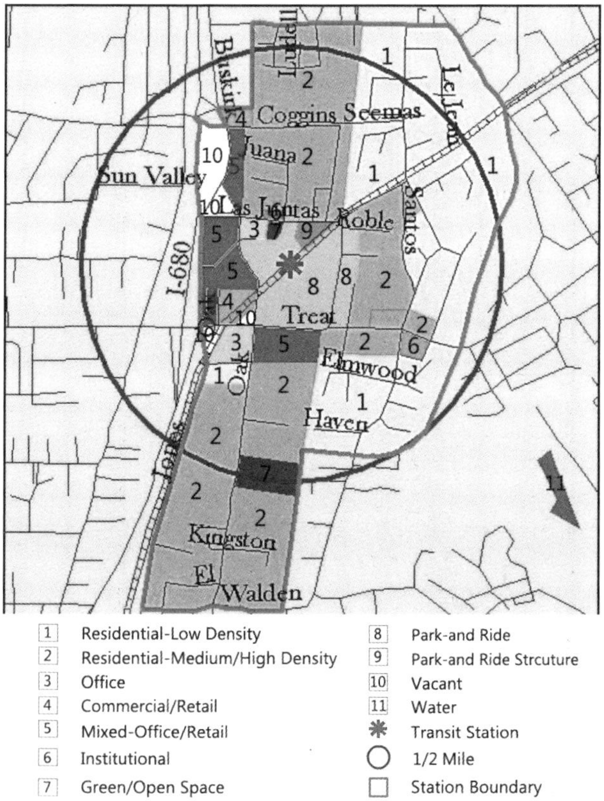

图 3–14 普莱臣山车站周边地区土地利用图
（资料来源：作者根据 Caltrans TOD Database 资料改绘）

汽枢纽站转乘其他公交线路。

多家公汽机构提供了连接普莱臣山站的接驳服务，包括中心康特拉·科斯塔公共交通局（Central Contra Costa Transit Authority）开设的6条线路，Benecia公共交通局开设的2条线路，Fairfield-Suisan公共交通局和Livermore-Amador公共交通局分别开设的1条线路。

1999年，在到达普莱臣山车站换乘BART轨道交通的乘客中，74%为自驾车前来，15%通过步行，8%利用公交工具（公共汽车），2%骑自行车，还有1%使用其他方式。

4. 人口

从1990年到2000年，普莱臣山车站区（大约车站周边0.5mi半径范围内）的人口特征发生了明显的变化。

5. 收入

家庭收入中值从1990年的37271美元上升到2000年的52868美元，表3-3和图3-15显示了与之相关的住房与城市发展部（HUD，Housing and Urban Development Department）所作的大都会统计区（MSA，Metropolitan Statistical Areas）收入水平数据统计。收入范围则体现在表3-4和图3-16中。

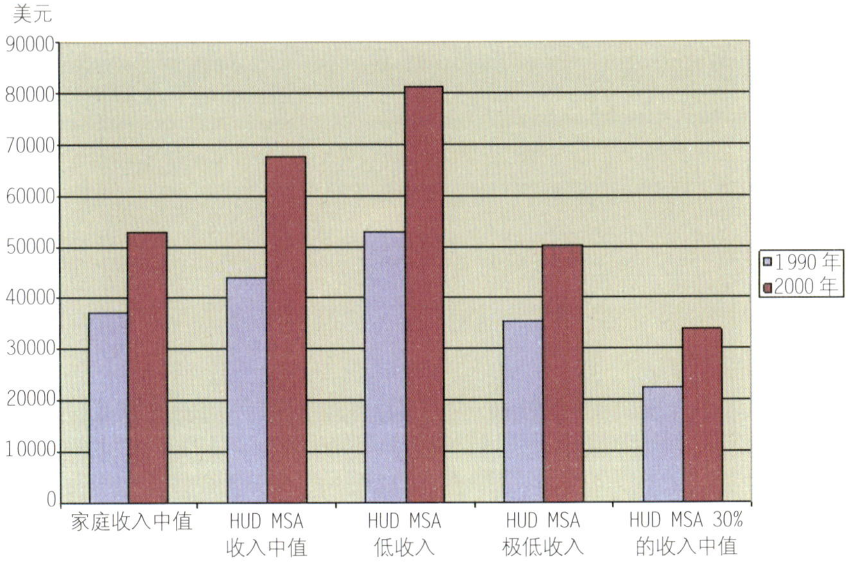

图3-15 普莱臣山车站区收入普查数据

（资料来源：加州TOD数据库）

普莱臣山车站区收入普查数据 表 3-3

	1990 年	2000 年
家庭收入中值（Median HH Income）	37271 美元	52868 美元
HUD MSA 收入中值	44100 美元	67600 美元
HUD MSA 低收入	52900 美元	81100 美元
HUD MSA 极低收入	35300 美元	50200 美元
HUD MSA 30% 的收入中值	22500 美元	33800 美元

资料来源：加州 TOD 数据库。

普莱臣山车站区普查收入范围 表 3-4

	百分比（%）	
	1990 年	2000 年
低于 15000 美元	20	11
15000 ~ 25000 美元	14	9
25000 ~ 35000 美元	17	10
35000 ~ 50000 美元	19	15
50000 ~ 75000 美元	21	22
高于 75000 美元	14	33

资料来源：加州 TOD 数据库。

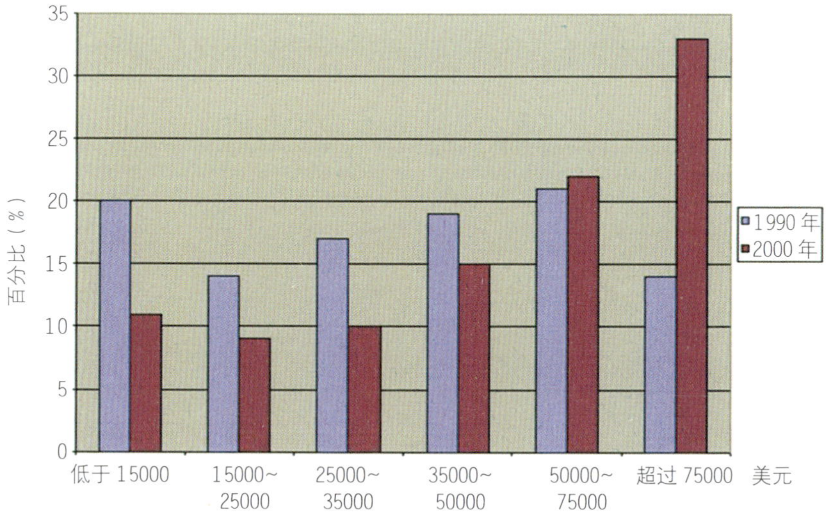

图 3-16 普莱臣山车站区普查收入范围
（资料来源：加州 TOD 数据库）

6. 家庭居住特征

家庭居住特征也发生了变化，虽然没有收入变化那么显著。表 3-5 展示了相关的数据。总的来说，地区内居民数量有所增长，但出租房产与自用房产的比率也增加了。由于公寓和双层公寓房产所占比例增加，居住密度也有所增加。

普查住宅数据 表 3-5

家庭居住特征	1990 年	2000 年
家庭户数（户）	2275	2963
居民总数（人）	4027	5129
居住密度（住宅单元 / 英亩）	5.35	6.59
出租住宅比例（%）	61	65
自住住宅比例（%）	39	35
独立式住宅（detached housing）比例（%）	16	12
联排式住宅（attaching housing）比例（%）	21	1
双层住宅（duplex housing）比例（%）	1	18
公寓住宅比例（%）	62	69

资料来源：加州 TOD 数据库。

7. 年龄分布

1990 ~ 2000 年间，普莱臣山车站区的年龄分布基本变化不大（图 3-17）。

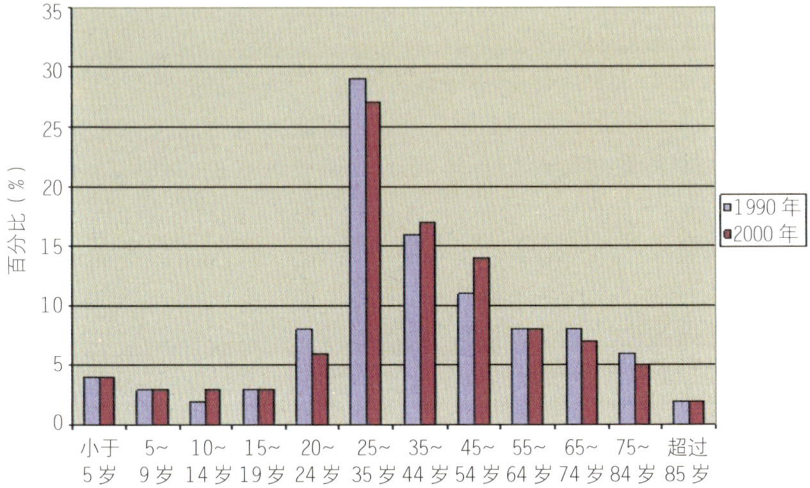

图 3-17 普莱臣山车站区年龄范围
（资料来源：加州 TOD 数据库）

8. 种族分布

1990 年以来，普莱臣山车站区的少数族裔所占比例有所增加，表明该区内的种族多样性加强了（表 3–6）。

普莱臣山车站区种族分布　　表 3–6

种族	1990 年百分比（%）	2000 年百分比（%）
白种人	86	73
非裔美国人	1	1
亚裔美国人	5	14
美国土著	0	0
拉美裔	5	7
其他	2	5

资料来源：加州 TOD 数据库。

9. 通勤特征

虽然家庭拥有汽车所占比例从 1990 年到 2000 年变化不大，但没有汽车的家庭却从 6% 增加到了 11%（表 3–7）。

普莱臣山车站区家庭汽车拥有量　　表 3–7

拥有汽车的家庭	1990 年百分比（%）	2000 年百分比（%）
没有汽车的家庭	6	11
拥有 1 辆汽车的家庭	55	54
拥有 2 辆汽车的家庭	30	28
拥有 3 辆以上汽车的家庭	7	7

资料来源：加州 TOD 数据库。

车站区家庭平均拥有车辆数（1.3 辆）较周边地区（1.64 辆）低 26.15%（图 3–18）。研究旧金山湾区和南加州地区的所有 TOD 案例发现，他们的家庭平均拥有车辆数为 2.31 辆，相比之下，普莱臣山车站的数据要低 77%。家庭年平均车辆行驶里程的数据也有差异：普莱臣山车站区内家庭为每年 12616mi，车站区的周边其他地区为 16394mi（增加 29.9%），更大范围的加州都会区域为 24235mi（增加 92.1%，几乎是车站区的两倍）。

表 3–8 和图 3–19 列出了有关居民工作出行主要交通方式的数据，从这些数据可以看出，乘坐私家车去往工作地点的通勤交通数量在减少，而选择使用公交的数量在增加。

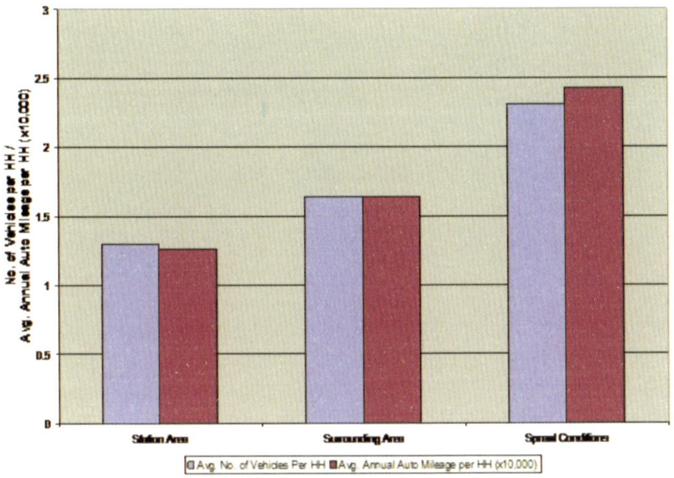

图 3-18　区位与汽车依赖程度的关系
（资料来源：加州 TOD 数据库）

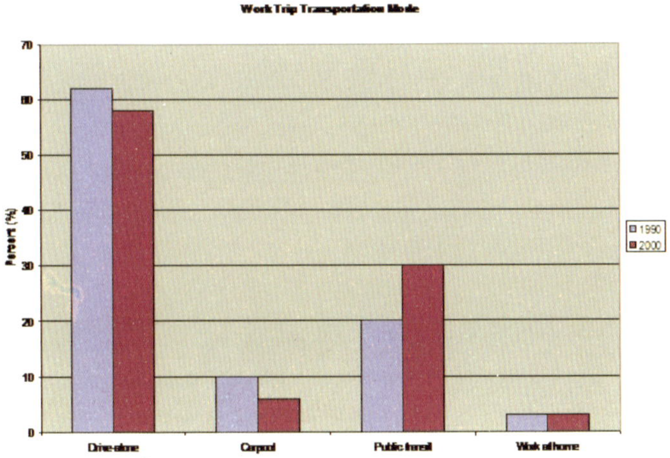

图 3-19　普莱臣山车站区工作出行交通方式
（资料来源：加州 TOD 数据库）

普莱臣山车站区工作出行交通方式　　表 3-8

	百分比（%）	
工作出行交通方式	1990 年	2000 年
自驾车	62	58
共乘	10	6
公共交通	20	30
在家工作	3	3

资料来源：加州 TOD 数据库。

10. 站区内公共设施

站区内的公共设施包括：

（1）影碟出租；

（2）自行车停放处；

（3）咖啡店；

（4）银行自动提款机；

（5）银行；

（6）喷泉；

（7）餐馆 / 自助餐厅；

（8）公园 / 游乐场；

（9）旅馆；

（10）学校；

（11）幼儿托管。

11. 公交引导型开发项目

普莱臣山车站区有三个 TOD 项目已经建成或接近完工。目前在建的一个项目是一个规划开发的二期工程，其目的在于改善车站的可达性，并为停车换乘的乘客修建停车库，从而将地面空间释放出来以营建一个适于步行的混合使用街区。图 3-20 是在第三个工程“千禧合作者（Millennium Partners）”建设之前拍摄的鸟瞰照片。

图 3-20　普莱臣山车站鸟瞰照片（Circa，1997）

（资料来源：普莱臣山 BART 车站设计工作坊图库）

12. Vodafone 广场

Vodafone 广场由 Taylor Widrow 开发，于 1991 年完工。该项目创造了 700 个工作岗位，且置换掉了一个低密度的居住区。该广场包括一个 195000ft^2 的办公楼，用地面积 4 英亩。还保留了场地上的一个餐馆和零售商店，面积共 1600ft^2。整个项目被定为商业用途。此外，还建设了一个附属停车建筑，内含 640 个停车位，每个车位每小时收费为 1 美元。Vodafone 广场的商业和办公停车标准是每平方英尺 3.3 个停车位。场地的前、后、侧边各退让红线 20ft。

Vodafone 广场办公空间的租金是每月每平方英尺 3.15 美元，使用率达 93%，零售商业空间的租金是每月每平方英尺 2.5 美元，使用率 100%。该项目每年可创造 51.2 万美元的物业税。

13. T 塔（Treat towers）

1997 年，原车站区详细规划详细规定了地块最小密度、最小地块尺寸、允许的用途、建筑高度和退让红线的标准等，1998 年被康特拉·科斯塔县（Contra Costa County）政府批准通过。详细规划的修改源于 1995 年，虽然这个项目符合当时的规划，但社区居民对一个娱乐综合体项目方案表示反对。规划要求降低开发的强度，从而减少了商业空间和居住密度。原详细规划要求有 120 万 ft^2 的商业空间，现被减少至 80 万 ft^2，原要求居住密度达到每英亩 95 套住宅单元，现减少到每英亩 65 套住宅单元。

T 塔是由 Speiker 房地产公司开发的，1999 年完工。工程始于 1997 年，是详细规划修订后的第一个项目。与 Vodafone 广场一样，置换了一片低密度居住区。工程总占地面积为 4 英亩，包括 36 万 ft^2 的办公空间，使用率达 100%。用地内 1180 个停车位每车位每小时收费 1 美元。与 Vodafone 广场一样，其商业和办公停车标准是每平方英尺 3.3 个停车位。用地四面各退让红线 20ft。

虽然场地内目前并没有商业用途，但办公空间每月租金为每平方英尺 3.33 美元，商业空间每月租金为每平方英尺 2.5 美元。

14. 千禧合作者（Millennium Partners）

BART 与地方重建局选择 Millennium 房地产公司开发了“千禧合作者”项目，重新开发普莱臣山车站区的换乘停车场。

工程始于 1995 年，项目总开支约为 1.95 亿美元，另外还有 4000 万美元的公共基金（用于包括交通用地权、停车位置换、非机动车设施的改善、建设公共空间和绿化空间等项目的支出)。康特拉·科斯塔重建局协助完成了地块整合。

千禧合作者工程是普莱臣山地区第一个将居住混合开发的 TOD 项目。虽然该项目被定为商业房地产，但包含了总数为 446 套的居住单元，其中 50 套为独户住宅，396 套为多户住宅(包括联排住宅、共管住宅(condominium)、公寓)(图 3-21、图 3-22)。

整个用地面积为 18 英亩，地面层的零售和餐饮面积为 42000ft^2，办公面积为 290000ft^2。用地内还设计了一个儿童看护设施场地，7000m^2 的开放空间，4570 个停车位，每车位每小时收费 1 美元。

与前两个项目一样，其商业和办公停车标准是每平方英尺 3.3 个停车位，而该项目住宅停车标准则为每住宅单元 1.35 个停车位。

图 3-21 Treat 大道效果图
(资料来源：普莱臣山 BART 车站设计工作坊图库)

图 3-22 Las Juntas 入口效果图
(资料来源：普莱臣山 BART 车站设计工作坊图库)

虽然其他两个项目都是根据车站区战略规划进行规划设计的，千禧合作者项目却期望能够在自身的规划建设中遵循四个策略，包括：①增加土地利用混合度；②调和邻里社区之间的对立情绪；③使用税收增额融资方法设立税区；④寻找一个通过选举产生的官员作为项目的主要协调人。

15. 增加土地利用混合性

环绕公交车站的换乘停车场不利于形成一个有效的步行友好环境。BART公司和康特拉·科斯塔重建局认识到了这一点，他们认为利用该区的市场条件开发以及实现TOD的时机已成熟，1995年便开始实行一个规划策略以将普莱臣山车站18英亩的换乘停车站重建为混合使用地区。他们选择了千禧合作者项目规划作为置换停车场的方案，将停车设施转移到了地下停车库。通过这次重建，BART为开发商提供了一块可建设开发的土地，而镇政府则希望控制低密度蔓延。两个机构均期望通过该方法提高BART的乘坐率。

16. 调和邻里社区的对立情绪

在1997年遭遇当地社区强烈地反对娱乐综合体方案后，各方均努力将公众纳入到规划设计过程中，制定了一系列倡导“活跃的、有吸引力的公共街道和广场”的建筑和土地利用标准。康特拉·科斯塔县政府、康特拉·科斯塔县重建局、BART、县长以及新都市主义规划师Peter Katz引导该参与过程直到项目建成。开始仅有25人对社区参与表示了兴趣，而后来有522人参与了重新开设的公众聆听会。

图3–23和图3–24体现了工作坊会议中所形成的一些理念。

图3–23　千禧合作者项目工作坊

（资料来源：普莱臣山BART车站设计工作坊图库）

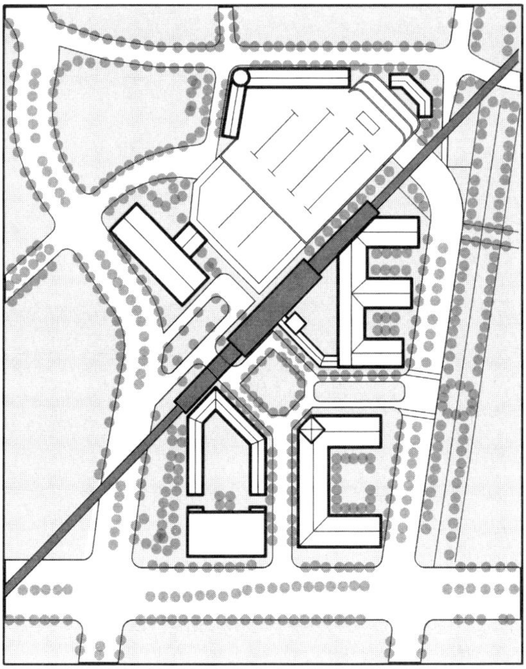

图 3-24　千禧合作者项目总平面

（资料来源：作者改绘自普莱臣山 BART 车站设计工作坊图库）

17. 税收增额融资和估税区（Assessment District）

千禧合作者项目的商业部分是私人融资的，而项目所使用的公共基金是通过设立估税区融资筹集的，并占工程基础设施建设成本的三分之二。另外三分之一资金来自于税收增额融资。通过使用免税债券（tax-exempt bonds）、社区发展整笔补助金（Community Development Block Grants）、税收抵免（tax credits）等方法为区内 250 套经济型住宅提供资金。

18. 让选举产生的官员作为主要协调者

县长 Donna Gerber 是普莱臣山车站区规划混合使用和新城市主义理念的发言人和协调者，这使得公众对规划过程的兴趣和参与程度增加，并直接导致寻求共识和公众聆听会议的召开，从而推动了千禧合作者项目的顺利进行。

19. 结论

普莱臣山 BART 车站区从一个低密度住宅区环绕的换乘停车场转换为受欢迎的混合使用 TOD 范例，这与相关机构的行动和努力是分不开的，包括旧金山湾区捷运（BART）、康特拉·科斯塔县政府与重建局。车站区的土地利用在过去15年发生了许多改变，新的办公、零售商业和高密度住宅替代了停车场和低密度住宅区。人口的变化带来家庭收入的上升以及更加多元化的社区构成。车站区居民利用公交作为主要通勤工具的比例也有所上升。普莱臣山车站区三个重建项目使用了创新性的方法以鼓励混合使用开发，包括税收增额融资、税收评估区融资，以及持续加强的社区参与。

参考文献

[1] California Transit-Oriented Development Database. Pleasant Hill BART Station [EB/OL]. California Department of Transportation (Caltrans). http://transitorienteddevelopment.dot.ca.gov/station/stateViewStationOverview.jsp?stationId=18.

[2] Pleasant Hill BART Station Design Charette Gallery Page. Contra Costa County, California [EB/OL]. http://www.co.contra-costa.ca.us/depart/cd/charrette/gallery.htm#ill_complete.

[3] San Francisco Bay Area. Photos by Eric Haas [EB/OL]. http://world.nycsubway.org/us/sf/.

[4] Treat Towers Summary. Equity Office Propoerties Trust [EB/OL]. http://www.equityoffice.com/properties_space/property.aspx?propertyId=305.

案例2 美国得克萨斯州奥斯汀市TOD条例

奥斯汀市邻里规划与区划部

条例编号：# 20050519-008

本条例为对奥斯汀城市法规的第25-2和25-6章之修订。于奥斯汀市委员会通过确立。

第一部分：对城市法规的第25-2-32（E）节作出修订后的用地类别如下：

（E）特殊功能区和图则缩写

（1）保留发展	DR
（2）航空服务	AV

（3）农业　　AG

（4）有规划的单元开发　　PUD

（5）公共　　P

（6）传统邻里　　TN

（7）公交导向型发展　　TOD

第二部分：对城市法规的第25–2章作出修订，增加25–2–147节

第25–2–147节　公交导向型发展（TOD）区

公交导向型发展（TOD）区指特定的公交车站及其周围的地段（图3–25）。这个地段提供与公交协调发展的用地和支持以公交及行人为主的建成环境。

第三部分：对城市法规的第25–2章、次章C、第三款作出修订增加

第十段　TOD规定

分部–A　总则

25–2–766.01 冲突及适用情况

（A）如与25条（土地开发）有冲突时，此段规则为先。

（B）此段规则不适用于由自然资源法规31.161–167节所批准的发展规划地块。

25–2–766.02 TOD区分类

（A）一个TOD根据它的区位进行归类，具体如下。

（B）邻里中心TOD位于社区的商业中心。平均密度大约每英亩15～25户住宅。典型建筑高度为1～6层。土地使用类型包括小型的独

图3–25　奥斯汀某公交车站

（资料来源：作者自摄）

户住宅，带有附属住房的独户住宅、联立住宅（townhouse）、低层共有（共地产权、拥个人房产权）住宅（condominium）、多户公寓、社区零售商家、办公和多功能建筑。

（C）城镇中心TOD位于城市重要的商业和办公活动中心。平均密度大约每英亩25～50户住宅。典型建筑高度为2～8层。土地使用类型包括联立住宅，低到中层共有住宅，以及多户公寓、零售商家、办公和多功能建筑。

（D）区域中心TOD位于区域交通干线交叉处或主要的办公中心。平均密度每英亩大于50户住宅。典型建筑高度为3～10层。土地使用类型包括中层共有住宅，以及多户公寓，主要零售商家、办公和多功能建筑。

（E）城市中心TOD位于高度城市化区域。平均密度大约每英亩大于75户住宅。典型的建筑高度大于6层。土地使用类型包括中层到高层共有住宅、多户公寓、大型零售商家、办公和多功能建筑。

25-2-766.03 TOD内部区划

（A）一个TOD区可按开发强度进一步划分成三个不同的区段，具体如下。

（B）门户区是紧临车站站台的地段，乘客在这里上下公交。通常这个区段包括车站站台边缘以外100～170m的范围。这个区段有很高的公交整体度，沿街景观设计将站台和周围的建筑物相连接，建筑物设计则导向站台，首层设吸引行人的使用功能，二层以上供办公和居住使用。在TOD区中门户区密度最大、建筑物最高。

（C）中途区位于门户区和转换区之间，由门户区的外边缘开始，一直到站台外300～500m的位置。这个区域主要是用作居住使用，但是也包括一些零售和办公。这个区域中建筑形式十分多样。中途区的密度和建筑物高度比门户区低，但是高于转换区。

（D）转换区位于TOD区的边缘。开发的强度和TOD区周围现有及预计的开发强度保持协调。转换区的密度和建筑高度是TOD区中最低的。

25-2-766.04 已批准设立的各类TOD

（A）奥斯汀市已批准设立的各类TOD如下：

（1）会议中心TOD区（The Convention Center TOD district）按照城市中心的TOD区原则设立建设。

（2）萨提奥广场TOD区（The Plaza Saltillo TOD district）按照社区中

心 TOD 区原则设立建设。

（3）马丁路德金大道 TOD 区（The Martin Luther King，Jr. Blvd. TOD district）按照社区中心 TOD 区原则设立建设。

（4）拉玛大道 / 贾斯丁路 TOD 区（The Lamar Blvd./Justin Lane TOD district）按照社区中心 TOD 区原则设立建设。

（5）西北停车换乘 TOD 区（The Northwest Park and Ride TOD district）按照城镇中心 TOD 区原则设立建设。

（6）北段洲际 35 号公路停车换乘 TOD 区（The North IH-35 Park and Ride TOD district）按照城镇中心 TOD 区原则设立建设。

（B）各 TOD 区的边界、内部区划见区划法附录。市规划主管负责解释关于边界划分存在的疑问。

（C）市委员会还可以修订（A）节和区划法附录内容以设立新的 TOD 区。

25-2-766.05 由重叠区（overlay district）到基本区（base district）的转变

（A）在委员会按照分部 -C（车站区规划）（见后）批准所定规划之前：

（1）TOD 区作为重叠区行使功能。

（2）TOD 区内的地产：

（a）依照分部 -B（初始区段规则）规定；

（b）保留其基本区域的分区区划。

（B）根据分部 -C（车站区规划）所制定的车站区规划获得市委员会的批准等同于对该地区的区划调整。区划调整后，分部 -B 条款不再适用。

分部 -B　初始区段规定

25-2-766.11 适用性

此分部条文适用于在委员会批准法定的车站区规划之前的 TOD 发展区。

25-2-766.12 用途规定

（A）在 TOD 区内禁止以下使用功能：

（1）汽车销售；

（2）汽车清洗；

（3）基础工业；

（4）便利贮藏处；

（5）器材修理服务；

（6）器材销售；

（7）废物回收中心；

（8）旧物售卖服务（scrap and salvage services）；

（9）汽车贮藏。

（B）在门户区内，以下使用要禁止：

（1）独户住宅；

（2）带有附属住房的独户住宅；

（3）小型独户住宅；

（4）复式住宅（duplex residential）；

（5）两户住宅（two-family residential）；

（6）中级公寓（secondary apartment）；

（7）城市住宅（urban home）；

（8）小别墅。

（C）在中途区内，以下使用要禁止：

（1）独户单立住宅；

（2）独户联排住宅；

（3）复式住宅；

（4）两户住宅。

（D）免下车服务的使用要禁止。

（E）在门户区，只允许有政府运营的交通终点站（transportation terminal）设施。

（F）汽车修理服务，汽车租用服务，或是街道商业停车只有在一定条件限制下才可以允许。

（G）商业建筑的一层以上可以用作住宅。

25-2-766.13 场地开发规定

（A）此章节适用于：

（1）新建筑。

（2）一座建筑物的扩建，扩建部分：

（a）建筑面积超过 $550m^2$；

（b）增建超过 50% 的建筑面积。

（B）建筑物的前、侧最大后退距离是 5m。只有水域保护和发展部门（Watershed Protection and Development Review Department）的主管在认为

需要保护历史遗迹或重要树木的情况下，可以修改这个最大后退距离。

（C）建筑物的前、侧最小后退距离取下面二者之小值：

（1）3.5m；

（2）区划法第25–2–492（场地开发规定）节所定的后退距离。

（D）此部分适用于门户区。

（1）建筑物的入口要：

（a）面对主要道路；

（b）如果有公交服务，面对有公交服务的街道。

（2）这条规定适用于前、侧面沿建筑后退控制线（setback line）建造的建筑物。对于建筑进深大于7.5m的建筑物来说，首层的建成结构部分与屋檐的结构部分的最小距离是5m。这个规定不适用于第十条“协调标准规定”（compatibility standards）下的建筑物，以及当主管认为现场的实际限制使此规定不实用的情况。

（3）这条规定适用于商业和混合功能的建筑物。如果首层墙面面对公共街道，距离地面0.6 ~ 3m之间的墙面，至少50%应该是玻璃，玻璃的透光度不低于60%。

25–2–766.14 停车规定

（A）对于一座建筑物，如前院建筑后退距离小于或等于5m，禁止在建筑物前方和建筑物地块边界之间设停车位。

（B）对于大于3英亩的地块，后边的停车场必需设计相应的防火车道，以及连接旁边非住宅场所的人行道。规划主管可以根据以下情况取消这项规定：

（1）由于场地限制，连接无法实现；

（2）由于交通安全问题，连接不合适；

（3）此地块的使用功能与旁边地块的使用功能无法协调。

（C）停车要求详见第25–6–611节（公交导向型发展区停车要求）。

分部 –C　车站区规划

25–2–766.21 车站区规划的准备

（A）规划主管应该为每一个公交导向型发展区准备车站区规划。首府都会交通部（Capital Metropolitan Transportation Authority）、奥斯汀圣安东尼奥市政通勤轨道区（Austin San Antonio Inter–municipal Commuter Rail District）、社区规划服务组（the neighborhood plan contact team），以及任何

社区组织、商家和住户，任何利益相关者都可以参与规划的准备。

（B）车站区规划必须包括在任何已批复的邻里规划中。如果已有邻里规划需要修改以加入车站区规划，必须遵循市委员会规定的邻里规划修订程序进行。

（C）这条规定适用于萨提奥广场 TOD 区。萨提奥车站区规划涉及大约 11 英亩的萨提奥再开发总体规划。此规划区外可以不设置门户区或中途区。

25–2–766.22 车站区规划的审核纳用

（A）市委员会可依据区划条例对 TOD 站区规划加以审核和纳用。

（B）车站区规划：

（1）确定允许和有条件允许的土地使用功能。

（2）确定场地开发规则，包括最大和最小开发指标参数。

（3）确定对街道、街景，以及其他公共场所改善的要求。

（4）对条例要求的款项进行需要的修改和减免。

（5）为车站区规划的管理修改设立标准。

（6）对附录中标识的门户区、中途区和转换区的位置作出修改或删减。

（7）在确立的社区保护和复兴区以外，应作住房可支付能力分析和可行性评价，以实现以下目标：

（a）每个 TOD 中，25% 的新建住房用于满足以下服务要求：为收入等于或小于中等家庭收入 80% 的家庭提供可以购买住房的机会，为收入等于或小于中等家庭收入 60% 的家庭提供可以租住的机会；

（b）对于可购买的住宅，目标是 10% 的住宅提供给收入不高于中等家庭收入的 70% ~ 80% 的家庭，10% 的住宅提供给收入不高于中等家庭收入的 60% ~ 70% 的家庭，5% 的住宅提供给收入不高于中等家庭收入的 60% 的家庭；

（c）对于可租住的住宅，目标是 10% 的住宅提供给收入不高于中等家庭收入的 40% ~ 60% 的家庭，10% 的住宅提供给收入不高于中等家庭收入的 30% ~ 40% 的家庭，5% 的住宅提供给收入不高于中等家庭收入的 30% 的家庭。

（8）在委员会确立的社区保护和复兴区内：

（a）应作住房可支付能力分析和可行性评价，分析了解可行的策略，其可支付住房的目标是，25% 的新建住房用于满足以下服务要求：

（i）可购买的住宅提供给奥斯汀地区收入不高于中等家庭收入的 60% 的家庭；

（ii）对于可租住的住宅，目标是 10% 的住宅提供给收入不高于中等家庭收入的 40% ~ 50% 的家庭，10% 的住宅提供给收入不高于中等家庭收入的 30% ~ 40% 的家庭，5% 的住宅提供给收入不高于中等家庭收入的 30% 的家庭。

（b）在纳用车站区规划前，可以不规定超过土地功能分区条例规定的最大建筑高度的场地开发，除非：

（i）是对住宅建筑发展的规定。

（ii）发展达到可支付住房的目标，25% 的新建住房用于满足以下服务要求：

①可购买的住宅提供给奥斯汀地区收入不高于中等家庭收入的 60% 的家庭；

②可租住的住宅提供给奥斯汀地区收入不高于中等家庭收入的 50% 的家庭。

（9）对于广场 TOD 区内的转换区，在采纳车站区规划前，可以不规定超过区划条例规定的最大建筑高度的场地开发。

（10）应该包括对于公共停车需求的分析。

（11）可以考虑萨提奥车站内或车站附近的公共艺术品设计。

25-2-766.23 对车站区规划的修订

（A）委员会可以在任何时候通过区划条例对车站区规划进行修订。

（B）车站区内的土地拥有者可以每年对车站内自己拥有的每块土地提出一次规划修订。

（C）如果一个车站区规划包含在已经采纳的邻里规划内，车站区规划的修订必须遵循委员会规定的社区规划修订程序并进行评价批准。

（D）这一节说明社区规划以外的车站区规划修订的程序。

（1）除了下一条的情况，在规划采纳的一年内，主管可以不接受修订车站区规划的申请。一年之后，主管可以接受对个人土地规划修订的申请，但是频率不能多于每年一次。对于 35 号州际公路西边的车站区规划修订申请只能在 2 月份提交，35 号州际公路东边的车站区规划申请只能在 7 月份提交。

（2）如果主管考虑到以下情况，可以不遵循上一条修订时间的规定：

（a）如果不接受修订申请，将会给申请人带来困难，而申请人的发展计划对公共健康、安全和福利没有负面影响。

（b）修订允许 S.M.A.R.T. 住房保证工程的发展，其中至少 40% 预建的住房定价在恰当的水准。

（c）修订允许以下开发：

（i）提供比现行车站区规划有更好的环境保护；

（ii）鼓励超过 100 个员工以上规模的办公中心。

25-6-611 TOD 区停车要求

（A）除特别规定外，TOD 区停车要求按区划法附录 A 表中公布值的 60% 执行；

（B）区划计划中确定为中央商务区（CBD）的按市中心 TOD 停车标准执行。

3.3 TOD 分类

上节所述乃 TOD 规划设计的一般通则，TOD 可能实施于一个城市的任何地点，而一个特定的 TOD 因区位和环境条件以及公交技术性能特征不同而应有相应的规划设计原则。例如，土地利用构成、密度标准、配套接驳交通、空间环境特色等。本节对不同的 TOD 类型进行分类介绍。

1. 公共交通技术类型：轨道交通技术简介

按类型分，轨道交通可分为：重轨系统、通勤铁路、轻轨系统、现代有轨电车、无轨电车、有公交专用道的快速公交以及直达公交（表 3-9）。

1）轨道交通的定义

作为城市公共交通系统的一个重要组成部分，在中国国家标准《城市公共交通常用名词术语》中，将城市轨道交通定义为“通常以电能为动力，采取轮轨运转方式的快速大运量公共交通之总称。”城市轨道交通的基本类型通常包括地铁系统、轻轨系统、市郊铁路等几种。各系统有不同的技术特性，因而需根据各个城市的不同特点和交通需求采用最适宜的一种或几种类型。

（1）地铁

重轨是根据其系统的复杂性和严格的运行程序而不是其车辆的重量来定义的一种交通方式。典型的重轨系统是由钢轮电力机车搭载两节以上车厢组成

表 3-9

各类型轨道交通

类型	定义	典型城市	预期费用	最高标准系统的费用	最低标准系统的费用	运营区域	运营速度	车站类型	车站间距	车辆运营频率	轨道布置	车道占用宽度	转弯半径	车辆长度	典型动力来源	FRA 兼容性：（是否能在货运铁路上运行）
重轨交通	重轨是根据其系统的复杂性和严格的运行程序而不是其车辆的重量来定义的一种交通方式。典型的重轨系统是由钢轮电力机车搭载两节以上车厢组成的火车和其完全专用的轨道构成的（FTA）	华盛顿特（Metro）、旧金山（BART）、纽约市（MTA）、波士顿（MBTA）、芝加哥（CTA）	3130 万 ~ 15630 万美元 /km	5.58 亿美元（估计值），旧金山中央地铁	7.312 亿美元（估计值），芝加哥蓝线重建工程	区域，城市	80~128km/h	车站，平台	城市中心地带大于 1.6km，郊区 1.6~8km	5~10min（高峰时段）	专用轨道	7.62~10m	100m	12~21m/车厢（最多 10 节车厢）	电力	不能
通勤铁路	通勤铁路是采用电力或狄塞尔发动机推动的城市客运铁路。主要承担中心城市与周边小城镇之间的短途出行	波士顿（MBTA）、新泽西（NJT）、纽约（长岛 RR）、达拉斯都市（TRE）、圣何塞 - 旧金山、（CalTrain）	200 万 ~ 1600 万美元 /km	1.657 亿美元（估计值），芝加哥西南通道通勤铁路	1200 万美元（估计值），纳什维尔	区域，市域	48~96km/h	车站，平台	3.2~8km	20~30min（高峰时段）	专用轨道	11.3m 以上	43~140m	46~152m（机车和车身）	柴油	能
轻轨交通	轻轨主要是根据其相对简单的系统，灵活的运营程序而不是其车辆的重量和费用来定义的一种交通方式。轻轨的动力是由轨道上方的电线提供的，这种方式便于车辆适应混合交通以及多种线路布置方案（FTA）	丹佛、明尼阿波利斯、达拉斯、休斯敦、盐湖城	1250 万 ~ 3750 万美元 /km	6500 万美元，洛杉矶金线（2003 年）	3400 万美元，休斯敦（2004 年）	区域，城市	32~96km/h	车站，平台，人行道标志	约 1.6km	5~30min	专用轨道	5.8~10m（双向），3.4~4m（单向）	15.3~30.5m	15~24.4m/车厢（最多 4 节车厢）	电力	不能
现代有轨电车	在美国，如果没有特殊指明，有轨电车泛指行驶轨道建在城市街道上，主要承担本地居民出行，集散客流	波特兰、西雅图（设计阶段）、华盛顿特区（建设阶段）	630 万 ~ 1600 万美元 /km	2370 万美元，波特兰	—	城市环线	12.8~19.2km/h	车站，平台，人行道标志	0.4km	8~15min	无立体分离，与其他交通共用街道	5.8~7.3m（双向），3.4~4m（单向）	12.2~24.4m	10.7~18.3m	电力	不能
无轨电车	早期的无轨电车和路面电车在 1900~1950 年之间盛行。无轨电车可以用来指效仿 1900~1950 年代老式电车的复制车辆，或者指保存至今然后几乎完全复原的古董车	新奥尔良、孟菲斯、小石城、基诺沙、加尔维斯顿	125 万 ~ 750 万美元 /km	1200 万美元，夏洛特	250 万美元，基诺沙，威斯康辛	城市环线	12.8~19.2km/h	车站，平台，人行道标志	0.4km	8~15min	无立体分离，与其他交通共用街道	5.8~7.3m（双向），3.4~4m（单向）	12.2~15.3m	10.7~15.3m	电力	不能
有公交专用道的快速公交	快速公交系统是城市大运量交通中较新的一个概念；泛指以公共汽车为载体，在现有道路或专用车道上为城市提供高质量服务的客运系统	波士顿、匹兹堡、克里夫兰、尤金	250 万 ~ 2500 万美元 /km	5500 万美元，匹兹堡西公交线	625 万美元，洛杉矶，圣贝纳迪诺免费高承载车辆公交线	区域，城市	12.8~19.2km/h	车站，平台，人行道标志	0.4~3.2km	8~20min	高承载车辆车道，路侧或中央分隔带上	8.5m（匹兹堡，双向），3.7m（匹兹堡，单向）	12~21m	9.2~15.3m	电力，柴油	—
直达公交	直达公交旨在提供比普通公交更快的服务。这类公交通常连接城市中心地带与市郊的居民区及远郊区	任何有公交系统的城市	62.5 万 ~ 125 万美元 /km	—	—	区域，城市	24~30.4km/h	平台，人行道标志	沿普通公交线路，停站少	10~20min	与其他交通方式共用道路	道路宽度	10~14m	9.2~15.3m	柴油	—

数据来源：APTA HeritageTrolley.org；TCRP 90-Bus Rapid Transit Lightrail.com；DART 技术纲要报告“未来的城市交通”-Brian Richards；“城市公共交通系统和技术”- Vukan R. Vuchic.

的火车和其完全专用的轨道构成的（FTA）。

地铁多用于超大城市或特大城市市区内部高密度地区间的交通通行，运营速度一般为 35 ～ 40km/h，最大车速可达 80km/h，单向高峰小时断面流量为 4 万～ 9 万人次，属于大容量快速轨道交通系统。当地面交通较为繁忙时，常规地铁多采用地下形式，当条件许可时也可采用路堤或高架路方式、实体隔离的平面式或露天置于地下的半降式。

（2）轻轨

城市轻轨交通是传统的有轨电车的现代化形式，一般用于中等城市或交通状况较好的大城市内高密度地区间的交通出行或特大城市市区外围卫星城、旅游景区、经济开发区与市区联系的交通干线，填补了轨道交通单向小时客运能力 1 万～ 4 万人的空缺，整体上完善了轨道交通系统。

轻轨交通系统的基本服务功能定位是：适于城市人口介于 50 万～ 200 万的中型城市，每小时单向载客运量为 6000 ～ 40000 人次，发车最小间隔约为 90 ～ 300s，准点性高。轻轨系统因地制宜的可适性高，可适应平面曲线半径小及坡度大的狭窄道路区，且环境污染小（无空气污染，噪声低及振动量小），能源使用率高。

（3）市郊铁路

这类轨道交通是指位于城市范围内、部分或全部服务于城市客运的那些城市间铁路，通常其所有权不属于所在的城市政府，而由铁路部门经营，主要运送在城市郊区与城市中心区往来的乘客，由于这些乘客中很多是在城市郊区居住，在城市中心区工作，因此也常被称为通勤铁路。这种铁路通常在郊区采用平交道口形式，在市区为高架或地下铁路。在市郊时，其站距长，运营组织方式与城市间铁路相近，可开行不停靠全部或部分中间站的直达列车：为减少环境污染，多采用电气化牵引方式。纽约、东京等国际大都市的市郊铁路都很发达，营业里程达到 2000km 以上。

2）轨道交通的特点

与城市常规交通方式相比较，轨道交通系统具有用地省、运能大的优势和特点：

一条轨道交通线路与一条 16 车道的公路具有大体相同的运输能力，同等能力下轨道交通占地比普通公路、高速公路、高架道路均低，这对土地资源十分稀缺的我国经济发达地区来说是现实的选择（表 3-10）。

各种交通方式单通道宽度、容量、运送速度、单位动态占地面积比较　表 3–10

种类	交通方式	单通道宽度（m）	容量（万人/车道小时）	运送速度（km/h）	单位动态占地面积（m^2/人）	最佳使用范围
私人交通	步行	0.8	0.1	4.5	1.2	适合很短距离
	自行车	1.0	0.1	10~12	2.0	适合短距离
	摩托车	2.0	0.1	20~30	22	适合各种距离
	小汽车	3.25	0.15	20~30	32	适合中长距离
公共交通	公共汽车	3.5	1.0~1.2	15~20	1.0	适合中短距离和客流集中地
	轻轨	2.0（高架） 3.5（地面）	1.0~3.0	35	0.2	适合中长距离和客流集中地
	地铁	0（地下） 3.5（地面）	3.0~7.0	35	0~0.2	
	市郊铁路	3.5	4.0~8.0	50~60	0.2	

资料来源：城市轨道交通研究课题组资料。

2. TOD 分类（表 3–11）

TOD 分类　表 3–11

TOD 类型	适宜的土地混合	适宜的住房类型	商业及办公类型	建议尺度	公交系统功能
城区中心	办公、住宅、零售、娱乐以及公共用途	多户住宅及高层住宅	主要办公及购物场所	5 层及以上	综合运输/公交中心。主要区域目的地，有高质量的支线巴士和路面电车相连
主要的城市中心	办公、住宅、零售以及娱乐	多户住宅及联立住宅	超过 250000m^2 的办公及超过 50000m^2 的零售	5 层及以上	分区目的地。设有换乘停车处。与区间循环公交和快速支线巴士相连
城市中心	住宅、办公、零售	多户住宅及联立住宅	小于 250000m^2 的办公，超过 50000m^2 的零售	3 层及以上	分区目的地。设有换乘停车处。与区间循环公交和快速支线巴士相连
城市小区	住宅、社区零售	多户住宅，联立住宅，以及小型独户住宅	地方服务性零售，不超过 50000m^2	2~7 层	社区可以步行到达的车站。可设小型换乘停车处。与街道巴士和快速巴士相连
城镇通勤中心	办公、零售、住宅	多户住宅，联立住宅，以及小型独户住宅	地方和通勤服务，不超过 25000m^2	2~7 层	进城的通勤人员的集中站。设有大型换乘停车场
主街	住宅、社区零售	多户住宅	主街零售业	2~7 层	巴士或路面电车走廊。有区间循环或支线公交服务。可以步行到达。没有公交停车场
交通枢纽型	公交换乘、城内和城际交通转换站	限量多户住宅	限量的办公及零售	不等	大型通勤者目的地。设有大型换乘停车场

资料来源：http://denvergov.org/StationTypology/tabid/395260/Default.aspx.

以下三个案例根据运营区域的不同，选取了 TOD 站点案例、TOD 廊道案例和 TOD 区域案例，分别从站点、廊道和区域三个层面介绍不同类型的 TOD 设计和运营模式。美国得州的 Mockingbird 站点作为市内轻轨站点，主要介绍了站点综合体的规划设计和功能布局；美国华盛顿特区 Rosslyn-Ballston 走廊是由 5 个节点构成的廊道式 TOD，是以交通走廊引导城市复兴的典型案例；巴西库里蒂巴城市总体规划中考虑了土地利用、道路系统和公共交通三个城市发展重要因素的统一，是区域发展高效公交系统的优秀案例。

TOD 站点案例：美国得克萨斯州达拉斯 Mockingbird 站

Mockingbird 站是达拉斯捷运系统的一个轻轨车站，位于达拉斯北部 Mockingbird 路和北中快速路（US 75）交叉口附近。Mockingbird 站于 1997 年 1 月开放运营，是轻轨蓝线和红线并行路段进入城区的第一个车站，为站点周边的商业居住混合区和南卫理公会大学提供服务。

1. 城市发展背景

达拉斯（Dallas）位于美国南部的得克萨斯州，是该州第三大城市，全美第九大城市。它与西侧的沃斯堡（Fort Worth）及周边城镇组成大达拉斯—沃斯堡都会区（DFW），规模居美国大都会区第四。达拉斯市区面积 997.1km^2，大达拉斯—沃斯堡地区总面积达 2331km^2。至 2006 年，达拉斯城市人口超过 120 万人，人口密度达到 1368 人 /km^2，整个大达拉斯—沃斯堡都会区人口规模超过 600 万，得克萨斯州约有四分之一的人口居住在该都会区。

达拉斯建于黑油土草原之上，是重要的棉花产区，海拔 131m，水域约占总面积的 11%，特里尼第河（Trinity）从市区穿流而过，市中心商业区位于河流东北侧。从区位上看，达拉斯处于美国南部中心，离东、西海岸距离几乎相等，达拉斯与美国任何一个城市之间的航空航程都不超过 4h。达拉斯是美国重要的航空运输中心，拥有两座商用机场。达拉斯—沃斯堡国际机场是全世界最繁忙的机场之一，全球货运界权威杂志《Air Cargo World》称之为“世界上最好的货运机场”。达拉斯爱田机场也是美国的一个重要机场。此外，在爱迪森还有一座通用机场。达拉斯是多条交通线路的交会处，数条州际高速公路和铁路在达拉斯交会，连通美国各地，对外交通极其便利。

达拉斯是美国西南的工业重镇、金融商务中心。受惠于便利的交通条件，达拉斯是理想的物流和商品集散中心。1856年，达拉斯建市，最初产业以棉花种植业和贸易为主，铁路的开通使之成为全美最大的棉花市场。1930年后，随着大油田的发现，达拉斯逐渐发展为以石油工业、武器制造为主的工业城市，随后又兴起了电信业、银行业、航空运输业和高新科技产业。如果达拉斯—沃斯堡都会区是一个国家的话，其GDP在世界上可以排到20名左右。2005年，达拉斯—沃斯堡都会区GDP达到2900亿美元，占得克萨斯州总GDP的三分之一，其总对外贸易额也达到500亿美元。2012年，大达拉斯地区人均收入水平超过46000美元。

达拉斯文化娱乐设施丰富，常年举办大量艺术文化活动，如音乐会、博览会等，每年都有许多游客慕名而来。达拉斯乃至整个得克萨斯州都不征收公司或个人收入所得税，亦无州资产税。达拉斯还为企业提供许多优惠政策，如减税、退费、免税港、企业开发区及外贸区等，对企业和个人都很有吸引力。优质的生活和工作环境、相对低廉的房产价格吸引许多人来此居住和工作。

2. 公交系统

大达拉斯都市区的公交系统包括轻轨、通勤铁路、公共汽车、电车（streetcar）、有轨电车等，主要由达拉斯捷运（Dallas Area Rapid Transit，DART）运营（图3–26）。达拉斯捷运是在达拉斯地区运营公共交通的公共机构，所拥有的公交系统日均运送乘客量超过20万人次。

轻轨系统和通勤铁路是达拉斯捷运的核心线路，其首段于1996年通车，轻轨系统包括蓝线（Blue Line）和红线（Red Line）两条线路，总长78.2km，日均客流量达7万人次。轻轨系统运行线路连接达拉斯市中心区与周边各郊县。红线从达拉斯西南郊的威斯特摩兰出发（Westmoreland）驶经达拉斯动物园等站点，越过特里尼第河通往达拉斯市中心区，延伸至达拉斯北郊，最后到达城市北部的普莱诺县（Plano）。蓝线则从达拉斯南郊的Ledbetter站通往达拉斯市中心区，再向东北开往嘉伦（Garland）地区。红蓝两线在市中心区一段十个站点并行。

至2013年新增轻轨橙线和绿线。橙线将连接达拉斯市中心区与位于达拉斯和沃斯堡两市交界处的DFW国际机场；绿线全长45km，是建设的重点，线路北自达拉斯北部的北卡罗尔顿（North Carrollton）/ 法兰克福（Frankford），穿过达拉斯市中心区，南至城市南部的巴克纳（Buckner）。轻轨线路总里程已达145km。

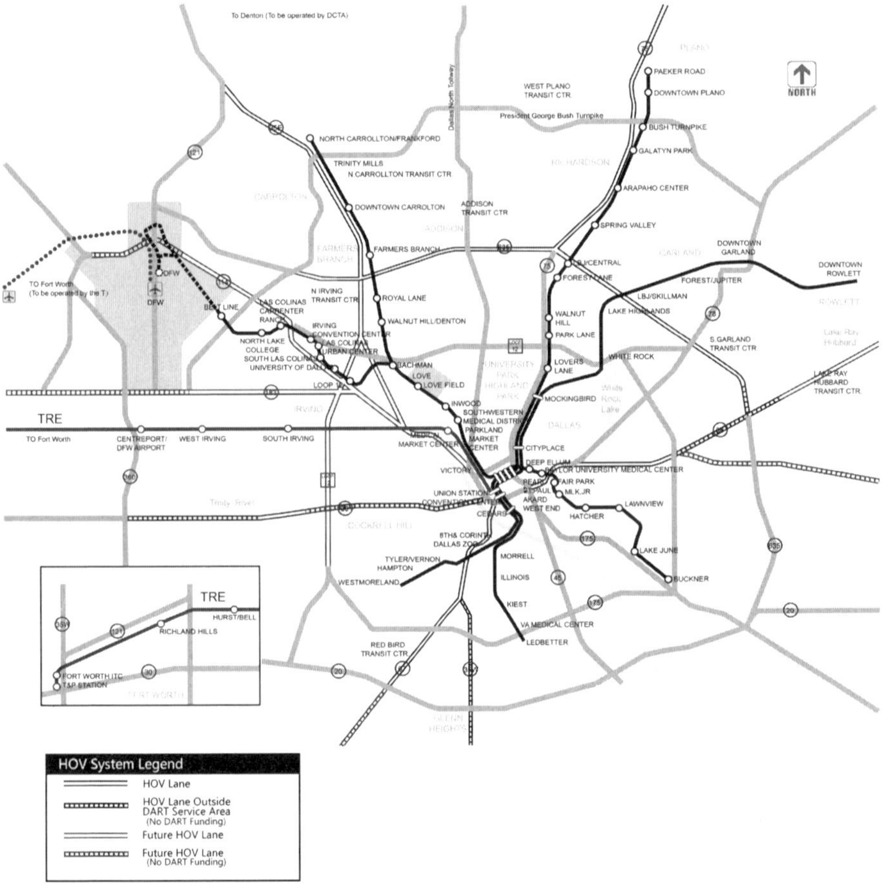

图 3-26　达拉斯捷运公共交通系统图

（资料来源：作者改绘自 http://www.DART.org）

通勤铁路“特里尼第铁路快线（Trinity Railway Express）”与轻轨系统相连接，日均客流量约 1 万人次。通勤铁路是连接沃斯堡和达拉斯两大城市的轨道干线，它从达拉斯市中心区的联合车站出发向西开往沃斯堡市中心区。乘客可在联合车站换乘轻轨系统。在联合车站，乘客还可乘坐美国全国铁路客运公司（Amtrak）铁路前往沃斯堡及其他各地。

轻轨线路和通勤铁路途经许多人流密集的购物中心和文化娱乐场所，如达拉斯博物馆、达拉斯会议中心、Reunion 体育馆、动物园、北公园商业零售区、Mockingbird 站商业娱乐区、西城娱乐区等，同时通达各个郊县大型居住社区。同时，很多站点都配有免费的换乘停车场，并配套公共汽车线路，通往其他片区。轻轨线路的开通显著提升了达拉斯地区居民生活和工作出行的便利性，而通勤铁路也使达拉斯和沃斯堡两市之间的联系更为紧密。

公共汽车也是达拉斯捷运的主要运营项目，达拉斯捷运大部分的客流都是由公共汽车系统承担的。到 2006 年，达拉斯公共汽车线路达 130 多条，包括 120 条固定公共汽车线路和一些循环线路以及穿梭巴士，日均客流量达 15 万人次。这些线路中，32 条为地区线路（Local routes）在市区穿梭，或连通市中心和郊区；29 条为郊区线路（Suburban routes），连接郊县居住社区与当地公交枢纽；18 条为城镇线路（Crosstown routes），在达拉斯周边城镇间穿行；30 条为支线线路（Rail feeder routes），终点站设置于轨道交通车站；另外，还有 11 条为快线（Express routes），为来往两个地区间的乘客服务，中间无站点或仅有少数站点，行驶时可利用高速公路的高乘（HOV）车道。公共汽车系统中还设有 9 个公共汽车交通中心和 5 个换乘车站。达拉斯捷运与许多地区部门机构达成协议，如南卫理公会大学（Southern Methodist University）、西南医疗中心（UT Southwestern Medical Center）等，开设循环线路和穿梭巴士。此外，达拉斯捷运还协助 McKinney 大道公交机构（McKinney Avenue Transit Authority）运营 M 线电车，运行于市中心区，并连接轻轨站点。

为提倡资源节约，改善交通状况，达拉斯捷运推出共乘计划。这个计划为有共乘意愿的驾驶人提供一份列有其居住地点邻近、上下班时刻相同的驾驶人的资料，并为每天有固定出发时间、地点以及目的地的通勤乘客群体提供可容纳 8 ~ 15 个人的小客车，使他们可选择共乘上下班。

达拉斯捷运目前共有 84mi 长的高速公路 HOV 车道网络，只有公共汽车或拥有两个以上乘客的共乘车辆才有资格使用。该网络通过一系列动态标志、车道控制信号和摄录机进行有效的管理。

1983 年，达拉斯市民投票通过征收 1% 的营业税，用于现代化的公共交通系统建设。但仅仅依靠本地营业税的资助远远不够，达拉斯捷运也积极寻找其他的资金来源，如通过降低工程成本和调整财务计划以节余更多的短期建设资金，以及寻求公私合作（PPP）、政府拨款和增加广告收入等资金来源。达拉斯捷运将车费收入和联邦政府拨款作为抵押，获得 29 亿美元的长期贷款资金，以完成轻轨建设项目。

此外，由于轻轨交通客流量持续增加和燃料成本上升，达拉斯捷运的运营成本也不断上升。达拉斯捷运已经尽可能提升内部工作效率，避免通过车费提价等措施来弥补运营成本。

根据北得州大学（University of North Texas）一些经济学家的最新研究，达拉斯捷运轻轨各条线路的扩展建设在2009年到2014年间将促生超过40亿美元的经济活动，亦将创造32095个年工作岗位（即未来5年内平均每年6400个岗位）。同期，运营中的各类公共交通线路每年将产生6.63亿美元的经济活动，以及超过5300个工作岗位。另外，一些研究表明，在达拉斯捷运轨道沿线，超过80亿美元的公交引导型开发项目正在建设或规划中。在经济低迷时期，公交系统的建设无疑给城市经济注入了一剂强心针。

3. 公交导向型发展

1）发展背景

1990年代中期，达拉斯的UC Urban房地产公司主席Ken Hughes决定在达拉斯中心开发一个项目。该项目位于南卫理公会大学的东面，处于两条主要道路的交叉口处，在Mockingbird车站旁边。该车站当时还处于利用不充分的状态。当达拉斯捷运将轻轨引入达拉斯，Ken Hughes看到了机会，即对位于I–35路和Mockingbird路的主要交叉口的轻轨车站周边地区进行开发。这个轻轨站点是极佳的TOD开发地点。该用地面积不大，但已经具备了TOD开发的必要条件。该用地将吸引当地人和从周边各地区来的旅游者。

这块用地面积约10英亩，建设了购物和娱乐建筑群，以及一些居住单元。“这块地不但拥有看上去古色古香的老车站，也是这类开发项目中首个可以直接通达DART轻轨的项目”（Tanner，1）。从达拉斯中心商务区搭乘轻轨到达Mockingbird车站只需要8min的车程，该项目包含了多项混合功能设施，包括：

Angelika艺术电影院——拥有八个独立的放映厅；

办公/可出租空间——除了30万ft^2现有的办公空间外，还有14万ft^2空间；

loft型的公寓——211套，具有奥林匹克标准的游泳池；

零售商店——包括高端商品和追求潮流年轻化商品的店面，共90间，面积达18万ft^2；

餐馆/酒吧——7～10个。

这一混合功能的项目于1991年开始建设，吸引了北达拉斯、东达拉斯以及附近地区的各地人群。Ken Hughes与Simpson住宅团体合作，他们的销售理念是“达拉斯混合使用开发的一流物业”。但他们未能对目标客户指出该地邻近轻轨车站这一重要特征。该项目开始销售时的售卖情况并不尽如人意，但随着轻轨成为达拉斯的一种重要公交方式，它便逐渐成为住房和商业投资者的追逐目标。

2）规划 / 土地利用

该项目土地利用多样，综合体设计独特。经过精心安排，构建一条从东侧的车站通往西侧电影院广场中心的通道，并延续至南端的地段中心（图3-27）。

零售、餐饮、居住和办公等功能之间取得了很好的平衡。这个内聚性的混合体邻近车站，且营造了适宜步行和居住的氛围。该项目投资达1亿5000万美元，由两个住宅建设公司共同开发，目标定在创造一个“受欢迎的城市村庄”（Perez and Giddens，1）。该项目也提供了相当数量的地面和地下停车位，公寓、办公和车站分别拥有独立的停车场。据Hughes介绍，公寓居民常使用轻轨出行，公寓停车场的使用率不超过50%。因此，公司正考虑对车站东面的停车场进行下一步的开发建设。Slow Ride的作者Jim Shutze指出：

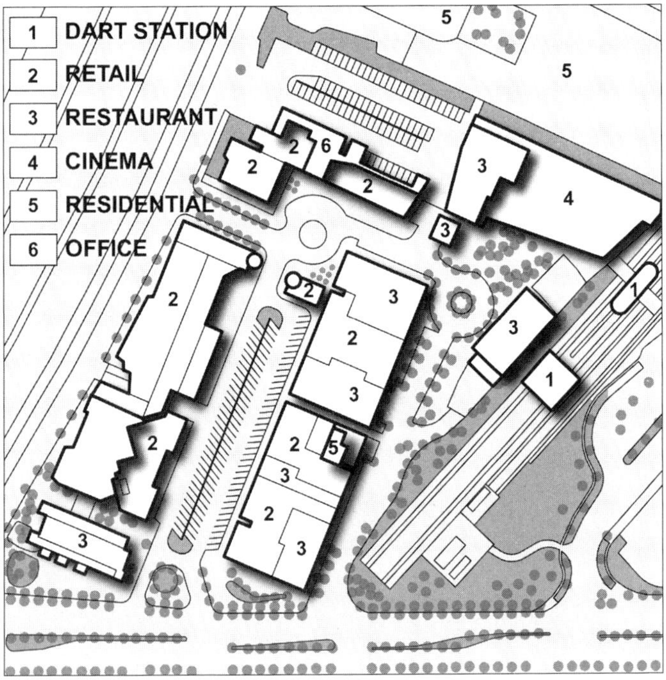

图3-27 Mockingbird站项目综合楼设计平面图
（资料来源：作者改绘自 http://www.DART.org）

"比起洛杉矶以外的美国其他城市，TOD 住宅在达拉斯将有更快的发展。从 2000 年到 2025 年，洛杉矶的 TOD 住宅量增长了 364%"。Mockingbird 车站与另一 TOD 案例爱迪生环岛一样，考虑到了未来居住需求的增长，将住宅设在公交沿线。Mockingbird 站项目也将在车站东侧继续发展。

3）实施

该项目的实施参与者包括：

Ken Hughes，该项目的发起者，供职于达拉斯 UC Urban 公司。

丹佛 Simpson 住宅集团，与 Hughes 合作共同开发该项目，这两家公司是综合体的所有者。

达拉斯捷运，轻轨的建议实施和运营者，当 1991 年 Hughes 向目标客户建议开发这一项目时，鼓励该 TOD 项目的实施。

RTKL 设计事务所，是以洛杉矶为基地的建筑设计公司，与达拉斯 Selzer 设计事务所合作设计了这群建筑综合体。

得克萨斯州联信银行、加州联合银行和加州银行与信托公司，作为项目的融资合作伙伴。

DeShazo，Tang 事务所，为车站建设提供专业的交通运输工程分析服务，包括交通研究、通道设计以及停车调查和布局。

以上参与者合作创造了一个具有凝聚力和活力的环境，满足了达拉斯对 TOD 的需求，也为得克萨斯州未来 TOD 的发展提供了一个成功的案例。2005 年 5 月 26 日，Hughes 和 Simpson 公司将 Mockingbird 车站项目卖给了纽约房地产资本合伙人公司（RECP），但是交易量并没有被公布。Christine Perez 在她的文章（Dallas Business Journal：June 2，2005）中说："纽约公司买下了 Mockingbird 车站项目。RECP 公司去除了住宅部分，只要求与 UC Urban 和 Capstar 商业地产服务公司交易零售和办公部分。"获得该项目后，RECP 公司期望通过加入一些特色元素，如主厨餐厅（chief-driven restaurant）和年轻时尚商店，他们相信通过加入这些元素，这一综合体将更加成功。

4）运作表现、建筑体验

通过 RTKL 的前卫设计，结合 Mockingbird 车站，该 TOD 项目为东达拉斯增加了一种新的生活形式，巧妙地将内聚性的建筑形式、土地利用规划与车站特征结合。当 Hughes 设想这个综合体的时候（他本人是建筑师出身），他设想了一个空间序列，从地面的列车到楼梯或扶梯，到平面的广场，再到城市村庄。现在游客可以愉悦地体验这连续的层级关系。

Hughes 的梦想是，一个居民可以在清晨醒来后，走下楼梯喝杯咖啡，然后跳上列车去到工作地点，下班回家在一个很好的餐馆里享用晚餐，之后看个电影，而这一切都能很方便地在自己所居住的住宅综合体中进行。这也是所有 TOD 实施者的梦想。但这个梦想没有公交系统和私人融资的支持是不可能完成的。Hughes 没有寻求公共资金帮助开发该项目，完全依靠私人投资。轻轨乘客也对项目的成功作出了贡献。在 Mockingbird 站，DART 大约每天乘客量达到 38000 人次，列车每 10 ~ 20min 开出一趟。Hughes 利用 DART 公交系统来营销他的 loft 公寓，"我告诉潜在住户，车站就是这个地段的门户，一旦人们认识到 Mockingbird 车站有多么近，他们就会看到乘搭列车出行以替代自驾车的可能性（摘自 www.dart.org.）"。这一综合体也创造了一个良好的步行环境，它离南卫理公会大学和当地的 Kroger 超市都只有 10min 步行距离。该项目将日常生活的必要元素与公交车站结合起来，在一个相当依赖汽车的城市里强调了公共交通的作用。

该项目的建筑设计注重步行环境的创造，设计了一系列可以从综合体各个地方通往车站的步道。

Mockingbird 站项目有许多与众不同的特色。人们下车后第一个看到的是沿着站台墙面布置的艺术作品（图 3–28）。由于南行的列车要进入一个隧道通往市区，车站设置在地下。人们乘着一个长长的扶梯到达人行天

图 3–28　Mockingbird 站实景图
（资料来源：作者自摄）

桥和Angelika电影院前面的公共广场。不同于其他电影院综合体中人们被霓虹标志和大型开放式停车场所包围的氛围，这里的电影院停车场利用地下或购物广场的停车场，使得人们可以搭乘电梯从停车场进入剧院。看完电影，人们可以走下带有美丽水景的“西班牙阶梯”，它可以将人们的目光引导至主要购物广场。该综合体中最主要的实体建筑由1940年建成的仓库改造而成，被再利用作为混合功能建筑。该建筑层数原为四层，改造后加建了3层loft公寓。Hughes喜欢这个仓库的形象，希望这个综合体的建筑设计能够加入更多的工业风格。

办公塔楼也被重新利用了，RTKL在其周边设计了一些建筑并将其融合到整体设计中来。当时，它的实际利用率很低，仅有30%。自2003年以来，两家大公司陆续进驻，使之重新焕发了生命。建筑师Leo Daly认为，将其作为办公地点是一个很好的商业决策，在经济上这是一笔划算的交易，也使公司更加为人所知，这不仅因为从中心快速路上可以看到建筑上的公司标志，也因为这一项目在市场上的良好声誉。综合体的设计在很多方面都鼓励步行活动，在其中游览是一种令人愉快的体验。

Mockingbird站项目将各种元素结合在一起，包括适合各种年龄段的零售商店、各种口味的餐馆（图3–29）、有个性的酒吧、放映独立电影的影院、办公塔楼和居住建筑，它们都与公交车站有密切的联系。开发商Ken Hughes创造了一种TOD的成功模式，成为可以供其他地区借鉴的范例。

图3–29 Mockingbird站实景图
（资料来源：作者自摄）

在现有的车站东侧停车场上开发新的居住区是一个好的TOD扩展策划，因为该地段居住需求具有继续增长的潜力。该地段位于市区中心，具有良好的社区环境，能使之成为成功的公交导向发展站点区域。

参考文献

[1] http://en.wikipedia.org/.
[2] http://www.bea.doc.gov/bea/regional/reis/.
[3] http://www.tctd.net/America/200612291354548687.htm.
[4] http://www.dallas-ecodev.org/images/corporate_expansion/international/dallas_investment_in_chinese.pdf.
[5] Chinese Student Handbook of University of Texas at Dallas[M]. 2nd Edition，2008.
[6] http://www.dfwbuynewhomes.com/resource_dallaseco.htm.
[7] http://www.DART.org.
[8] http://www.kyrealtyinc.com/bart.pdf 达拉斯捷运（DART）简介.
[9] 张雪磊，张良辰．美国达拉斯轻轨面对新挑战［J］．轨道交通，2008（11）.

TOD廊道案例：美国华盛顿特区Rosslyn–Ballston走廊

华盛顿特区（全称“华盛顿哥伦比亚特区”，Washington D.C.）拥有美国第二繁忙的地铁系统，仅次于纽约地铁。阿灵顿县（Arlington County，Virginia）位于华盛顿特区西南部，依托地铁线成功发展Rosslyn–Ballston走廊（以下简称R–B走廊）地区，打造出在美国这个以小汽车出行为主的国家成功发展TOD的范例。这个范例出现在TOD名词概念正式出现（1993年）之前。尤其独特的是R–B沿线一串5个节点构成TOD走廊，在过去的30多年里，沿R–B走廊功能混合土地的开发，在美国没有任何一个地方可以比拟。

R–B走廊是一个以交通走廊引导城市复兴的典型案例。现在，阿灵顿县26%的人居住在这个仅占县域总面积8%的走廊上。走廊5个地铁站周边的建设项目数量不断增大，现已净增11000个居住单元、1600万ft^2的办公空间、95万ft^2的零售店和1900个酒店房间，并使土地评估价值提升了81%。其中，克拉伦登（Clarendon）地铁站是最成功的站点之一。该站位于两条主干道（克拉伦登大道和威尔逊大道）的交会处，在R–B走廊的中部可达性最高，已成为阿灵顿的经济引擎。

1. 城市发展背景

华盛顿特区是为纪念美国开国元勋乔治·华盛顿和发现美洲新大陆的哥伦布而命名的，既是美国的首都，同时又是联邦区域，在行政上由联邦政府直辖，不属于任何一个州。

华盛顿特区在美国的东北部，用地跨越马里兰州和弗吉尼亚州，位于两州之间的波托马克河与阿纳卡斯蒂亚河交汇处。华盛顿特区总面积177km^2，其中陆地面积159km^2，水域面积占10.16%。据2010年统计资料，特区人口总数约为60.17万人，市区陆地人口密度约3784人/km^2。

华盛顿原为一片荒芜之地。1789年，美国联邦政府正式成立之后，对首都选址问题发生了争执。南北双方都希望把首都设在本方境内，最终双方作出让步，决定在南北方的天然分界线——波托马克河畔长宽各为16km的地区新建一个城市作为美国的首都。

法裔美国建筑师皮埃尔·朗方（Pierre Charles L'Enfant）主持华盛顿的总体规划和设计。华盛顿成为全世界著名的美丽都市之一。

现在，华盛顿特区已是美国乃至于全世界的政治与权力中心，白宫、国会、最高法院以及绝大多数政府机构均设在这里。这里也是众多的国际组织总部所在地，包括世界银行、国际货币基金组织和美洲国家组织等。

阿灵顿县位于波托马克河西岸，华盛顿特区的正对面。阿灵顿县原来是华盛顿特区的一部分，但当地居民一直反对脱离弗吉尼亚州。在当地居民多次请愿后，美国国会于1846年7月9日通过法案将其划回给弗吉尼亚州。阿灵顿县成为弗吉尼亚州东北部的一个“城市”县，面积仅为67.7km^2，是美国面积最小的县级行政单位。据统计，2006年，阿灵顿县人口超过20万，人口密度达2957人/km^2。

2. 以地铁系统为主体的公交系统

华盛顿特区公交系统以地铁系统为主，包括地下铁路、地面铁路以及连接地下与地面铁路的公共汽车系统。该系统从特区延伸至周边的马里兰州和弗吉尼亚州部分近郊地区，承担着在1500mi^{2}土地上320万人口的出行任务，非常高效。

早在1960年，华盛顿特区已制定了建立大规模的高速公路系统以舒缓交通的计划。但该地区的市民很有远见，寻求其他途径以长久地解决交通出行问题。因此，国家首都运输办事处（NCTA）成立了，将原本拨给高速公路系统的款项转投于发展特区的地铁网络：建设一个轨道公交系统服务整个特区大都会地区，包括弗吉尼亚州和马里兰州的部分地区。

华盛顿地铁于1976年建成通车，现已发展成5条营运线路，包括红、橙、蓝、绿、黄五线，轨道总长171km，共有86个车站，第六条线路——灰线正在规划中（图3-30）。以特区为中心，5条线路呈辐射状分布，联系各郊区与特区，使服务范围从特区扩展到马里兰州的乔治王子县、蒙哥马利县，以及弗吉尼亚州的费尔法克斯县、阿灵顿县、亚历山卓市。

华盛顿地铁及公共汽车统一由华盛顿都会区运输局（Washington Metropolitan Area Transit Authority，WMATA）管理。不同于纽约市、费城及波士顿的地铁系统，华盛顿地铁采取分区计费方式，即依据所乘距离和时间计费，不固定票价。

由于州际高速公路的发达，华盛顿特区绝大多数的联邦政府部门和其他机构工作人员都不住在特区里，而是住在邻近的三个州。在工作日里，

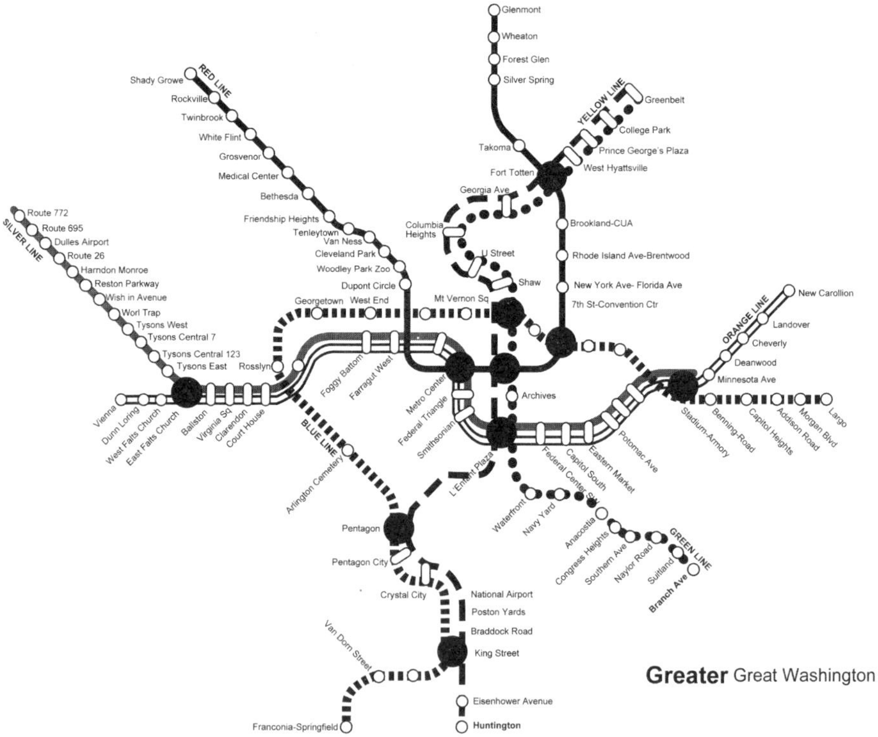

图3-30　华盛顿地铁线路图
（资料来源：作者改绘自 www.greatergreaterwashington.org）

每天有大量工作人员开车进城上班。据统计，华盛顿特区目前常住人口只有60多万，而每天在华盛顿市内上班的人数超过200万，即每天有140多万人进城上班，其中近75%的人以驾车为主，每个工作日进城汽车超过30万辆。因此，每个工作日的早上7～9时和下午4～6时是华盛顿交通拥堵最严重的时段，几十条进出市区的公路上都会排起长长的车龙。

为了缓解交通堵塞，华盛顿特区政府综合采取多种交通管制措施，以鼓励人们多使用公共交通工具，少用私家轿车，如改变一些主干道的交通规则、关闭市内与州际公路的衔接段道路、提高停车收费水平、安放更多摄像头和增加交通违规罚款数额等。除此之外，华盛顿特区政府还制订“保证回家计划”，在周一到周五早晚的下班高峰期，安排大巴和地铁专列接送不开私车上班的工作者，如有意外事情必须临时回家的，可以免费使用出租车（图3-31）。其目标是到2020年使73000人放弃开车上下班。

3. Rosslyn-Ballston 走廊的公交导向型发展

阿灵顿县的Rosslyn-Ballston走廊位于华盛顿地铁系统中地铁橙线（Metrorail Orange）的最西端。地铁橙线跨波托马克河，沿威尔逊林荫大道旧址在阿灵顿县内发展了5个站点，从与特区衔接的罗斯林站（Rosslyn）出发，途经法院区站（Court House）、克拉伦登站（Clarendon）、弗吉尼亚广场－乔治梅森大学站（Virginia Square-GMU），最终抵达巴尔斯顿－玛利曼大学站（Ballston-MU）。

1）发展背景

阿灵顿R-B走廊的发展并不是偶然的，而是与当时的郊区化发展现状以及当地政府及规划官员的远见密切相关。

图3-31　华盛顿Rosslyn站点周边
（资料来源：作者自摄）

在1920年代以后，由于高速公路网的建设、私人小汽车的广泛应用、经济结构向后工业经济的转变等原因，美国开始出现郊区化发展趋势。阿灵顿县也不例外，尤其在第二次世界大战期间，由于州际高速公路系统的建设，大部分市民迁向郊区，导致市中心地区逐渐衰落。

为了振兴市中心区，当地的规划者一直在积极寻求城市良性发展的模式。早在1961年，阿灵顿县委员会已经通过了Rosslyn重建的土地利用规划。适逢联邦政府通过法案，决定在华盛顿特区建设总长158km的地铁系统。在此地铁系统兴建之初，阿灵顿县意识到这可能是一个重要的新的交通通道。他们认为高性能的公共交通能为未来城市空间塑造提供前所未有的机遇，开始积极争取融入此地铁服务体系中，并于1972年发布了《RB'72：R–B走廊土地利用模式可选方案》。

地铁橙线原计划利用洲际快速I–66沿线的中间绿带，阿灵顿县多番游说，认为地铁橙线应改为威尔逊大道地下，并规划调整沿线的土地使用性质，将走廊沿线规划发展为紧凑开发、混合功能的TOD。同时发行债券，为因地铁改线而增加的建设成本融资时值3亿美元。七年后，随着地铁橙线开通至巴尔斯顿，R–B走廊成为现实。

2）规划设计

阿灵顿县为了把原来死气沉沉的走廊地区重新开发成为住宅、办公和零售等功能混合、充满活力的地区，自1960年代起就开始对R–B走廊进行一系列规划设计的研究和探索：

1961年，阿灵顿县委员会通过了为Rosslyn重建的土地利用规划；

1970～1971年，编制《蓝色报告》，探索走廊适宜的土地使用方案；

1972年11月，发布《RB'72：R–B走廊土地利用模式可选方案》；

1974年5月，美国PMM（Peat，Marwick，Mitchell & Co.）研究阿灵顿的增长模式；

1975年5月，县主导开展《走廊初步规划》；

1975年6月，发布R–B走廊委员会报告（RBCC I）；

1975年12月，《县改进长期规划》获得通过；

1976年3月，县主导的《走廊总体规划汇编》发布；

1976年9月，发布关于总体规划的R–B走廊委员会报告（RBCC II）；

1976～1978年，举行关于走廊土地使用性质方案的听证会；

1977年7月，罗斯林地铁线开通；

1977 年 10 月,《罗斯林公交车站区域规划》获得通过，并于 1992 年进行增编；

1979 年 12 月，地铁橙线开通至巴尔斯顿；

1980 年 5 月,《巴尔斯顿片区规划》获得通过，并于 1991 年修改；

1981 年 4 月,《法院区片区规划》获得通过，并于 1993 年进行增编，2000 年修改；

1983 年 8 月,《弗吉尼亚广场片区规划》获得通过，并于 2002 年修改；

1984 年 5 月,《克拉伦登片区规划》获得通过，并于 2006 年修改；

1989 年，开展《R–B 走廊前期研究》以及《R–B 走廊中期审查》；

2001 年，开展《R–B 地铁走廊——零售行动规划》；

2003 年，开展《罗斯林至法院区城市设计研究》；

2007 年，开展《R–B 地铁走廊——街景标准》。

其中，值得关注的是，阿灵顿县规划者在《蓝色报告》的基础上，为 R–B 走廊重建所制定的《RB’72：R–B 走廊土地利用模式可选方案》。该规划描述了三个可选模式，分别进行了独立的增长模式和交通研究，以此为基础制定走廊发展的政策指导方针：

（1）“有限增长”选择，旨在维护走廊里的独户家庭和花园公寓，同时提供办公、公寓及酒店用途有限制发展的可能性；

（2）“均衡发展”选择，保留初期办公用地，进行有限制的高密度开发，在走廊的整个中央地带大量增加住宅密度；

（3）“就业增长”选择，围绕地铁站进行最高密度的发展，为办公空间发展提供大量空间。

以上三个备选方案都有两个共同目标：

（1）保存独立住宅和公寓社区的建设；

（2）在地铁站附近约 1/4mi 半径范围，即“靶心”区域，进行高密度混合功能开发（图 3–32）。

为达成上述两个共同目标，当地政府制订了 R–B 走廊地区的“靶心概念规划”，即沿威尔逊林荫大道延伸地铁橙线，并建设 5 个地铁车站，围绕站点，在步行距离之内进行高强度的混合开发，建设住宅和商业设施以刺激经济增长。这项规划为 R–B 走廊的未来发展奠定了基石。阿灵顿县的开发以《土地利用总体规划（the General Land Use Plan）》作为规范文件，具体限定所有分区和土地利用需求。该规划作为一个详细的场地规划，

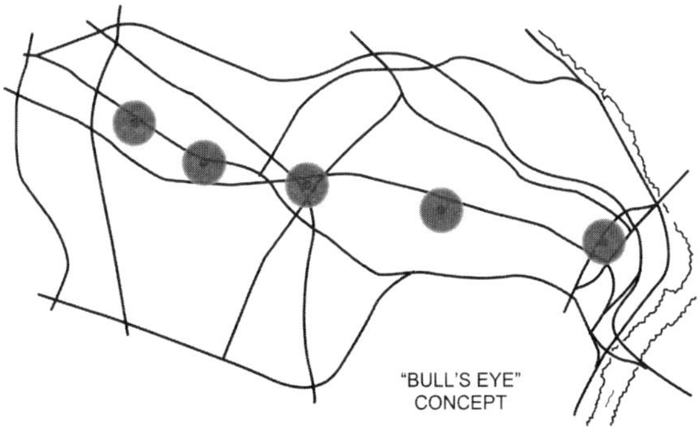

图 3–32　弗吉利亚州阿灵顿县：Rosslyn–Ballston 走廊的"靶心"规划
（资料来源：Arlington County Department of Community Planning, Housing and Development）

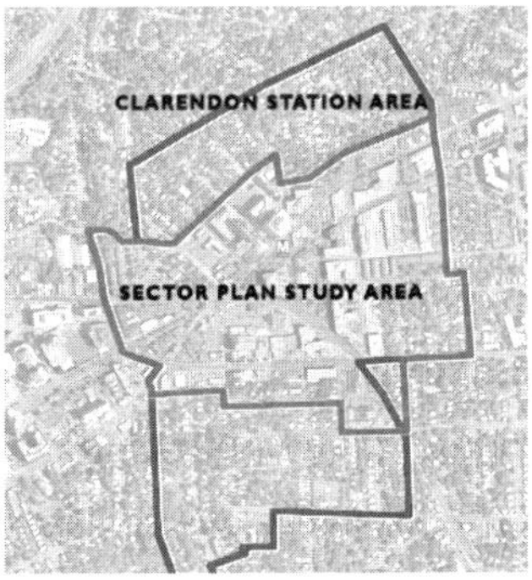

图 3–33　克拉伦登站区范围
（资料来源：《2006 克拉伦登片区规划》（2006 Clarendon Sector Plan））

比典型区划条例要求更高的开发密度，并允许开发者参与工作人员和其他利益相关者的磋商。为了在 R–B 走廊地区实现适当的混合土地利用，该规划允许把走廊地区，尤其是在站点周边区域，划定为特殊区域，提出通过改善该区的基础设施、实施奖励性的区划措施等，吸引大量的私人投资。30 年来，得益于特殊分区政策，R–B 走廊地区得到快速发展，并且住宅建筑与办公、零售建筑的占地面积相当。

克拉伦登站区是特殊分区的一个典范。它分为两部分，一部分是 TOD 的核心部分，也就是《克拉伦登片区规划》的规划区域；另一部分由低密度的住宅开发组成（图 3–33）。片区规划（Sector Plan）是县《土地利用总体规划》在每一个站区的深化，第一个《克拉伦登部门规划》直到 1984 年才通过，比地铁开始服务该区晚了近 20 年。该规划支持《土地利用总体规划》，试图为克拉伦登地区发展提供设计导则和城市政策，以利用大运量公交带来潜在的经济增长。其拟议的建设密度，受到了低密度社区居民的质疑。但是规划的支持者克服了这些挑战，并在 22 年后，即 2006 年，通过《2006 克拉伦登片区规划》。

该规划为克拉伦登站区未来 15 ~ 20 年的发展建立了一个框架。它把克拉伦登的远景定义为"都市村庄"，并提供 47 条政策以引导其未来的发展及重建，政策包括具体的建议开发密度、适用场地、功能结构、建设维护、建筑物高度、公共空间、交通及停车等方面内容。它还包括定量的开发控制和定性的城市设计导则，有助于达到规划愿景、目标和概念规划要素的鼓励措施，以及评估个别项目所采取的方法政策。

这项规划的开发中涉及的利益相关者包括五个社区的管理人员、就业者、商业产权业主和开发商，规划、交通、住房和公园及休闲委员会，历史事务和地志审查委员会，行人咨询委员会以及克拉伦登联盟。大量的参与者无疑使规划过程变得漫长而艰难，但最终共同促使阿灵顿县委员会采纳 32 项政策方针以形成了《2006 克拉伦登片区规划》。

3）克拉伦登站区土地利用

克拉伦登站区的范围在最初片区规划中约为离地铁站 0.25mi 半径范围内，包括约 212 英亩的土地，而 2006 年规划扩展了范围，包括第十三街北部（13th Street North）、北柯克伍德路（North Kirkwood Road）、第九街北部（9th Street North）和北丹维尔街（North Danville Street）。

为了使克拉伦登发展成为“都市村庄”，其片区规划提出三个目标：

（1）提供一个高质量的公共空间；

（2）提高地块的可达性和相互连通性；

（3）充分混合的土地使用。

因此，依靠地铁站形成紧凑开发、混合使用的土地利用是克拉伦登站区的主要特征。在这里，人们可以通过步行到达家庭、工作、购物目的地和达到休闲娱乐、体育健康的目的。该地区还为居民和游客提供种类多样、内容丰富的活动、设施和服务，而减少不必要的出行。

如图 3–34 所示，克拉伦登站区用地主要规划为“中等密度的混合使用”，遵循“靶心规划”的原则，地铁站点周边地块规划开发密度最高，随着用地与地铁站距离的增加，与现有低密度住宅区距离减少，地块规划建筑控制高度逐渐下降，与现有的历史社区融为一体，并保护其风貌。

克拉伦登站区倡导土地混合使用，包括住宅、办公、零售、酒店、休闲 / 娱乐用地。如图 3–35 所示，靠近地铁站的 10 个地块，即蓝色地块，被规划为主要的办公用地，并可混合商业用途，以建立一个有活力的商务区。这些地块至少有一面面临中央公园和主要街道，交通非常便利。此外，这些未来的办公地点可以在非高峰时间为公众提供停车空间，将有效推动实施“停车空间共享”的策略。

除了地铁站点周边划定的办公用地外，克拉伦登的其他地块也是可选的办公用地。如果这些用地建设为办公建筑，包括仓库空间和小到中等规模的办公租赁空间，将有助于丰富 R–B 走廊地区的服务，并促进形成新

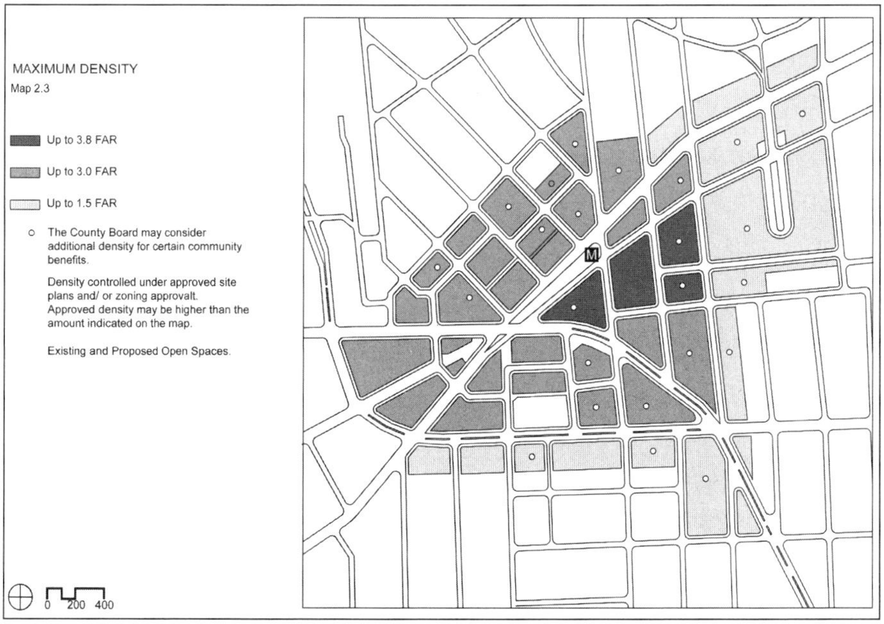

图 3-34　克拉伦登站区建设密度规划图

（资料来源：《2006 克拉伦登片区规划》（2006 Clarendon Sector Plan））

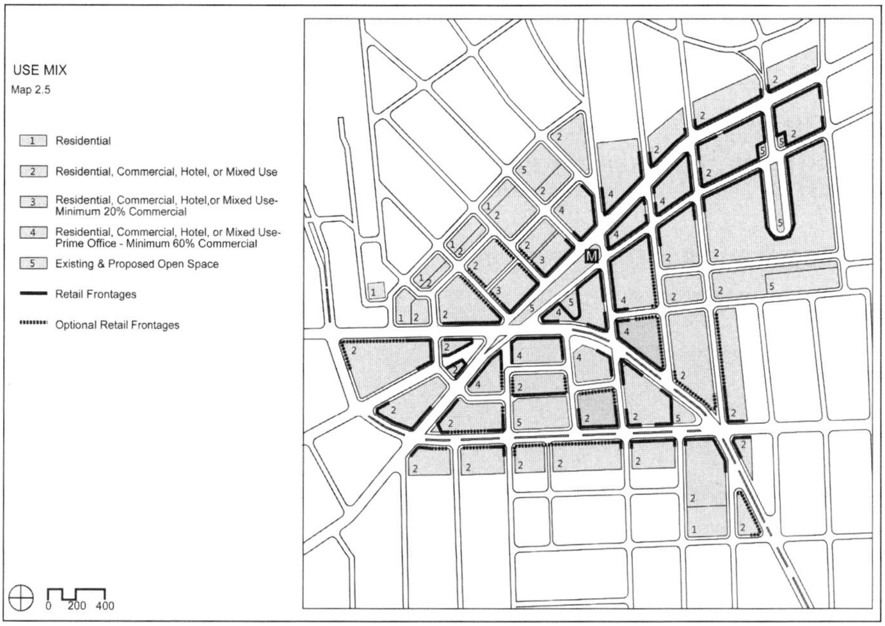

图 3-35　克拉伦登站区土地利用规划图

（资料来源：《2006 克拉伦登片区规划》（2006 Clarendon Sector Plan））

的提供生活和工作需求的“利基市场”。在克拉伦登站区供给这些办公用地，可以鼓励更多人在这里生活和工作，并且吸引小投资者集聚到这样一个活动多元、服务便利的地铁站地区。

除了这些被划定为办公的用地，克拉伦登地区还需要居住、商业或混合用途的土地开发。为了实现与周边环境适应的建设模式，规划提出在以上两个特定区域以外发展低密度住宅区。

各种用地之间的合理平衡将促生较长时间的街头行人活动。因此，克拉伦登站区除了大力发展轨道交通外，还十分重视步行系统的建设，使行人可以方便地沿着人行道享受零售商业服务，并划定特定区域用作停车区域，促进新的停车资源共享。

4）绩效指标

（1）公交乘客量增长

在 1991 年到 2002 年，R-B 走廊的地铁乘客量增加了一倍，而且整个走廊的居民中，近 50% 都使用公交出行。[①] 在地铁服务开始的头 30 年，除华盛顿特区外，R-B 走廊里的公交乘客量比其他任何地方都高。R-B 走廊的快速发展仅仅使本地街区产生了少量的额外交通流。[②] 阿灵顿县政府官员期望借此使本县领先于其他具有类似环境的地区，如马里兰州的贝塞斯达（Bethesda）和银泉（Silver Spring），弗吉尼亚州的阿纳科斯蒂亚（Anacostia）和亚历山大（Alexandria）。

（2）沿线土地增值

华盛顿特区被认为是美国城市中生活最昂贵和最受欢迎的城市之一。因此，在该区房地产价值的增加是可预见的。一项详细调查证实，在 R-B 走廊地区房地产价值已经提升，并超过其他地区的土地价值，这表明临近地铁的区位及阿灵顿实施的规划设计提升了其土地价值。在 2002 年，R-B 走廊的评估价值是 888 万美元，比 1992 年评估价值增长了 81%，年均增长为 6.1%，这远远超过通货膨胀率。同样在 2002 年，该县的不动产税收达 2.77 亿美元，其中 1/3 来自 R-B 走廊地区。而且阿灵顿县的不动产征税率还

① Smart Growth Online-A Service of the Smart Growth Network [EB/OL]. http://www.smartgrowth.org/pdf/cs_014_RosslynBallstonVA.pdf Accessed: October 24, 2006.

② Hank Dittmar, Gloria Ohland, ed. The New Transit Town[M]. Washington D.C.: Island Press, 2004:132-157.

是弗吉尼亚州北部的第二低，仅次于费尔法克斯市（Fairfax）。

（3）市场对住宅和商业空间的需求

另一个绩效指标是该区对住宅和商业空间的市场需求。住宅单元在开售的几天内就全部卖完，而且价格往往比售价高，这在走廊地区并不罕见。与华盛顿特区市中心相比，该地区的房产空置率保持在5%，而且新办公和居住空间的建设速度很快。截至2006年5月，仅在克拉伦登车站地区就有超过100万ft^2的办公空间、330万ft^2的住宅和74.5万ft^2的零售建筑正在建设。

通过税收产生、低空置率和大规模建设这些现象，显而易见，在R–B走廊地区，尤其是克拉伦登车站，投资已经获得成功。

（4）宜居性的提升

今天，R–B走廊已经是美国最适合居住的地区之一，尤其是克拉伦登车站已成为受欢迎的目的地，部分原因是其方便的轨道交通。此外，克拉伦登还有弗吉尼亚州北部最好的一个农产品市场和食品市场。这里有很多好的餐馆、很棒的音乐表演和酒吧、书店和健康、多元化的社区，而且零售商业和多样的住宅单元在该区蓬勃发展。但是其住房价格上涨速度较快，居民对价格的承受力可能成为一个重要问题，但这也是一个社区成功的迹象。表明住房需求已经超过供应能力，越来越多的人希望生活在这样一个适宜居住的社区。

4. 成功因素

阿灵顿县具有区位优势，与美国的首都华盛顿特区跨波托马克河相望。工业革命期间，美国快速发展，其首都城市随之发展。带来的经济增长是很容易预测的，因为越来越多的人为了得到联邦政府提供的服务，将继续涌入这个地区。联邦政府在该区雇佣将近40万人，与联邦政府做生意的所有私人公司、游说者以及人们需要的所有服务等将提供成倍的就业岗位。这促使该区在1960年代就开始建设地铁系统，而不是一直等到有足够数量的人聚居在此。从经济发展规划的角度来看，人口增长的恰当预测是关键。阿灵顿县政府表现出惊人的远见，对TOD理念很有信心，游说地铁服务延伸至R–B走廊。如前所述，很多地区并没有意识到这个机遇。然而，让一个城市人口快速增长，并且可以预见这种人口增长趋势将持续时，就可以消除经济发展中需求不足的顾虑。因此，阿灵顿可以将发展的重点转向为提升居住、办公、零售商业等空间的供应能力。

另一个促使走廊成功的原因是阿灵顿县悠长的发展规划历史。在18

世纪初，阿灵顿开始规划建设，当时美国还延续欧洲规划的方法。这种规划模式与现在所做的TOD设计非常类似。因此，在地铁开始建设之前150年，阿灵顿已经发展成为一个步行友好的环境。而其他典型的美国阳光地带城市在转变发展方式，发展大运量公交方面则有更多的困难，因为这些城市主要是以小汽车为导向建设的，形成了宽广的交通网络和低密度的住宅开发形态。地铁开始服务时，阿灵顿已占有先天优势，能够提供高密度、混合功能的土地开发，而不必大幅度改变原来的城市街道景观。

5. 结论

设想阿灵顿在交通选择中若没有地铁，要试图开发像目前状态的住宅类型和商业密度，那必将导致一个交通恶梦，类似于在国会环路（the Capital Beltway）每天发生的情况。在这里，居民仍可以自由地使用小汽车，如果他们选择小汽车出行，仍然可以到达华盛顿特区大部分主要目的地，同时，他们可以居住在阿灵顿，还能够在步行范围内满足大部分的日常生活需求。阿灵顿实施的地铁公交措施不仅能够减少小汽车出行量，而且还降低对环境的污染，提升社区环境，降低阿灵顿县基础设施建设费用，并且有效利用廊道内的物业。为在该走廊地区生活、工作或者娱乐的人们提供宜居环境方面发挥了很大作用，使R–B走廊地区成为美国公交导向型开发最好的案例之一。

参考文献

[1] Arlington Economic Development [EB/OL]. http://www.co.arlington.va.us/Departments/CPHD/planning/data_maps/pdf/MSA_datatable.pdf Accessed:October 24, 2006.

[2] Smart Growth Online-A Service of the Smart Growth Network [EB/OL]. http://www.smartgrowth.org/pdf/cs_014_RosslynBallstonVA.pdf Accessed:October 24, 2006.

[3] Hank Dittmar, Gloria Ohland, ed. The New Transit Town [M]. Washington D.C.: Island Press, 2004:132-157.

[4] RB '72:Rosslvn-Ballston Corridor Alternative Land Use Patterns.

[5] The Rosslvn-Ballston Corridor Early Visions.

[6] 2006 Clarendon Sector Plan.

TOD 区域案例：巴西库里蒂巴

1. 城市发展背景

库里蒂巴（Curitiba）是巴西南部帕纳拉省的首府，政治、经济和文化中心，是巴西南部最大的城市。2010 年，库里蒂巴城市用地面积达到 430km^2，人口规模在 180 万人左右，而整个库里蒂巴大都会的人口则达到 317 万左右。库里蒂巴的国际机场是巴西最现代的机场之一。库里蒂巴的经济发展十分繁荣，2012 年，大都会人均国内生产总值（GDP）为 20154 美元。它的私人汽车拥有率在巴西城市中处于第二位，1997 年平均每 1000 个家庭已拥有 295 辆汽车，2010 年超过 500 辆。

1960 年代到 1980 年代期间，库里蒂巴人口以每年 4% 的速度快速增加。1940 年代中期所制定的城市规划蓝图已无法适应人口增长和经济发展对城市功能提出的更高要求。因此，1964 年库里蒂巴政府推出了新的城市规划——《巴西库里蒂巴发展初步规划》（the Preliminary Urban Curitiba，Brazil 2 Development Plan），后来更新成为《库里蒂巴城市总体规划》（Curitiba Master Plan），指导了库里蒂巴之后 30 年的城市发展。库里蒂巴总体规划将交通和土地利用进行了整体的考虑，主要宗旨是对全城的土地使用进行管理和控制，将城市主要“结构轴线”上的土地使用与公共交通以及道路系统统筹考虑，从而鼓励带状城市发展，同时进一步刺激城市经济发展，以实现土地使用目标、增加就业人数、减少城市中心的交通堵塞，并保护历史悠久的中心城区。库里蒂巴的总体规划还对城市住房、环境、废物循环使用以及社会等方面的问题作出了相应的引导。

库里蒂巴规划中对土地使用、道路系统和公共交通三个城市发展的重要因素统一考虑的方法，为城市公共交通系统的成熟发展奠定了坚实的基础。如今库里蒂巴拥有世界闻名的经济而高效的公交系统。库里蒂巴的五条主要城市“结构轴线”上，设有巴士专用道（Median Busway），在轴线平行的干道上设有快速巴士服务，这些主干线巴士服务和各类高密度支线巴士一起构成了完整的巴士服务网络。在巴士服务网络内的土地开发密度远高于其他区域。库里蒂巴的巴士系统包含 60km 的巴士专用道，每天客运量大约 200 万人，高峰期最繁忙的巴士专用道仅一个方向的客运量就达到 11100 人。库里蒂巴 70% 的上班族使用城市巴士服务。

2. 公交系统构成

尽管库里蒂巴是巴西最富有的城市之一，私人汽车拥有率在巴西城市中位于第二（每一百个家庭55辆），但是它却有非常高的公共交通使用率（大约人均每天使用一次）。库里蒂巴的人均汽油消费量是巴西大城市中最低的。它的公交系统将巴士专用通道、快速巴士服务、铰链式大容量巴士、车外售票方式、管式车站设计，以及与高承载巴士走廊配合的土地使用分区条例融合在一起，提供了效率高、收益大、十分受欢迎的公交服务。库里蒂巴的公交系统是公共交通服务的一个典范，也是实施新城市主义设计理念的一个优秀案例。

1）历史发展

库里蒂巴的公交项目从1960年代末期兴起，当时的城市人口是40万左右。1971年，城市中心开始建设第一条巴士专用走廊，即后来的快速公交（BRT）。巴士专用通道确保了巴士便捷的行驶，而不必与其他车辆竞争。它覆盖了城市里高密度住宅与商业发展的轴线走廊，与城市特有的发展规划相辅相成，显示了库里蒂巴城市公共交通与土地使用整体统一的特点。1983年第一条巴士走廊建成，贯穿全城，设有13个转换车站，迅速成为巴士网络的主干。1992年，库里蒂巴实施了管式车站、车外售票、水平登车以及在主要通道上使用铰链式巴士等措施，都为巴士服务树立了典范。如今，库里蒂巴拥有72km的巴士专用走廊（Exclusive Bus Corridor），服务于整个城市，并计划继续扩建。城市里的步行街越来越多，街上还有24h营业的酒吧和餐馆。

2）系统基本结构

库里蒂巴的公交系统是建立在土地使用政策和交通发展政策统一考虑的基础之上的。这些政策着重强调了库里蒂巴的线性结构轴线。每条轴线都包含3条主要道路，形成一个“三重系统”（Trinary System），如图3-36所示。

其中，中间的道路设有双向的巴士道，直接通达大型公交站。这条道路限制车道的数量，一个方向通常只设有一或两条车道，既避免了别的车辆的穿行，又可为道路两旁的发展提供交通通达。两侧的道路分别距离中间道路一个街区，为单行道，允许行车方向相反，通常设有3～4条车道，私人汽车等主要使用这两条道路。在这个“三重系统”中，中间与两边道路之间的街区鼓励高强度和高密度的土地开发。

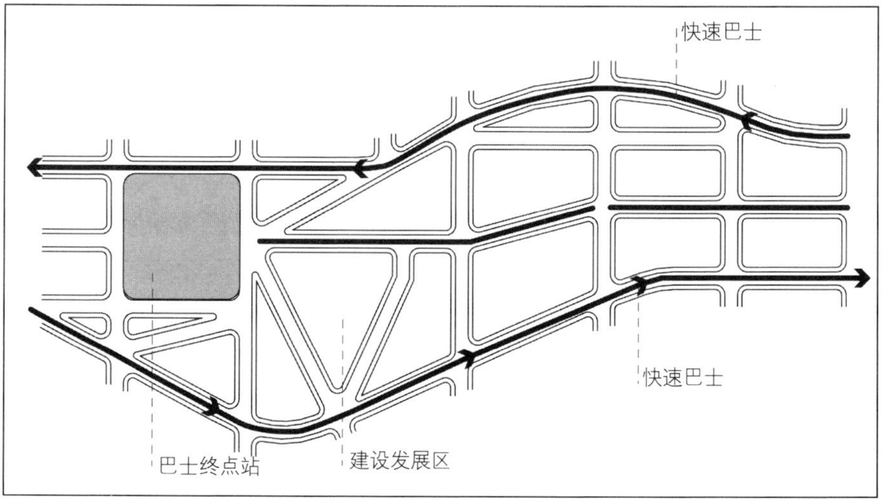

图 3–36　库里蒂巴的线性结构轴线

（资料来源：作者改绘自《TCRP Report 90，Volume，BRT Case Studies》）

因此，在发展轴线上，由于高强度的土地使用，产生了大量的公交服务需求，而巴士通道可以高效地满足这种需求（图 3–37）。临近巴士通道或者有巴士通道穿过的中心商业区，可以通过车流控制措施，如停车控制、限制小汽车行驶或建立步行区等，进一步提升片区对巴士服务的需求。同时，支线巴士服务使整个巴士服务系统更加完善，也有效地增加了人们使用巴士的次数。库里蒂巴使用双铰链型巴士为全城提供公车服务，整个巴士系统有 114 辆双铰链型车辆（bi–articulated vehicles），车辆身长 24.52m，有五个乘客上下车门，可以载客 270 人。

库里蒂巴的公交系统被称为“一体化公交网络（RIT–Intergrated Transport Network）”，在统一的票制系统下，为整个城市提供了不同层次的巴士服务。其中，库里蒂巴五条主要结构轴线是巴士网络的骨架。同时，其他线路密切配合这五条主要线路，使人们可以通过巴士到达城市的各个方向。不同的线路在巴士线路终点站或者街道的车站处交会，乘客一次付费，即可方便地换乘不同的巴士。

根据提供服务的特性，库里蒂巴的巴士线路可分为主轴快速线——红线（truank line buses operating on the axes/busways）、快速线——灰 / 银线（express）、支线——橙线（feeders to/from terminals and stops serving trunk line or express buses）、区际联络线——绿线（inter–distruct）、常规街道线——

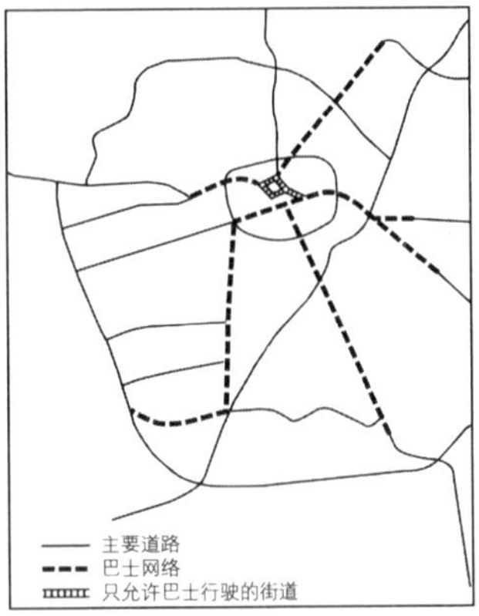

图 3-37 库里蒂巴的主要结构轴线
（资料来源：作者改绘自《TCRP Report 90, Volume, BRT Case Studies》）

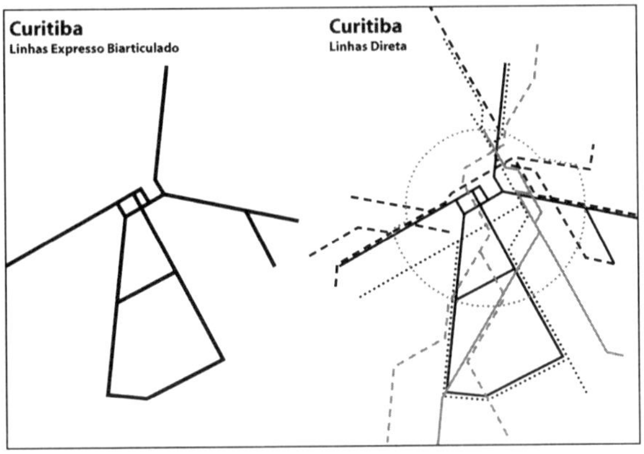

图 3-38 库里蒂巴的主要巴士线路
（资料来源：作者改绘自 http://pt.wikipedia.org/wiki/Rede_Integrada_de_Transporte）

黄线（operating regular services on normal roads where other service are not justifies）、市中心环线——白线（serving the CBD）、郊区线——蓝线（serving out of city destinations）七类。图 3-38 显示了库里蒂巴的主要巴士线路。

库里蒂巴市中心是巴士服务的一个交会点。巴士专用道通过五条结构轴线到达城市中心，图 3-39 显示了轴线截面的建设布局。

库里蒂巴的巴士服务为库里蒂巴构架了整体的、以巴士为主的公共交通系统。这个综合公共交通系统共有 340 条线路，1550 ~ 1600 辆巴士，

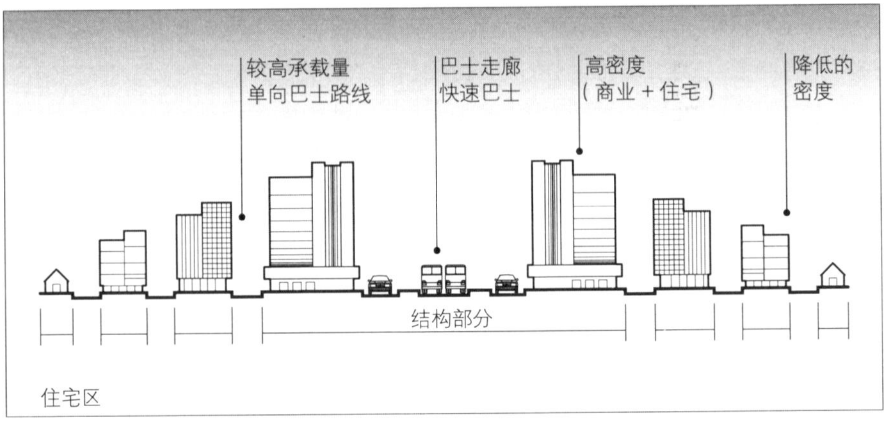

图 3-39 库里蒂巴的轴线截面的建设布局
（资料来源：作者改绘自《TCRP Report 90, Volume, BRT Case Studies》）

覆盖了城市 1100km 的道路，其中巴士专用道 60km，主要的大型公交站有 26 个，巴士日行驶里程约为 38000km，日客运量达 200 万左右。

3. 快速公交（BRT）

库里蒂巴的巴士专用道是实现快速公交运行的一个成功范例。30 年间，库里蒂巴的巴士专用道不断扩张：最早的巴士专用道，长约 20km，于 1972 年设计，1973 年修建，1974 年投入使用。到 2001 年，库里蒂巴的 5 条结构轴线上运行了 40km 的巴士专用道。在市政府的统一监控下，巴士由私人公司运营，但使用共同的颜色信息系统。乘客换乘不同的巴士线路时只需付一次费用。

1）巴士专用道

如上文介绍，库里蒂巴的结构轴线包含三条道路，中间的道路就是巴士专用道。库里蒂巴五条主轴上共有 58km 的巴士专用道。图 3-40 以及表 3-12 展示了巴士专用道的断面宽度及布局形式。

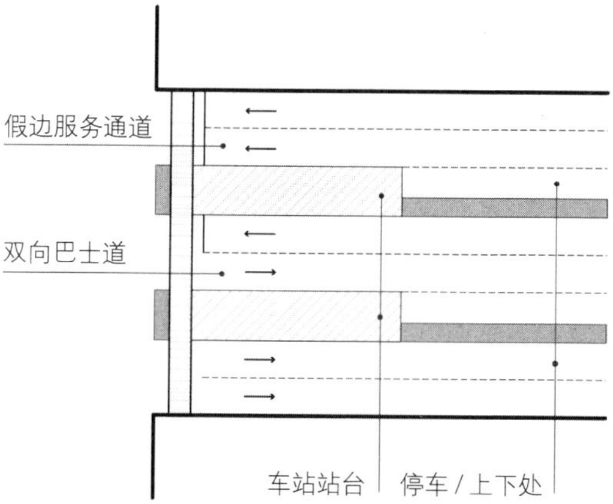

图 3-40　库里蒂巴的巴士专用道界面布局

（资料来源：作者改绘自《TCRP Report 90，Volume，BRT Case Studies》）

库里蒂巴的巴士专用道指标　　表 3-12

巴士车站站台处		中间段	
服务车流通道	1~2 条车道（4~6m）	服务车流通道	1~2 条车道（4~6m）
巴士车站站台	大约 3.5m	停车 / 上下处	大约 2m
巴士专用道（双向）	每个方向一条车道（7m）	分隔巴士车流	大约 1.5m
巴士车站站台	大约 3.5m	巴士专用道（双向）	每个方向一条车道（7m）
服务车流通道	1~2 条车道（4~6m）	分隔巴士车流	大约 1.5m
总宽	大约 22~26m	停车 / 上下处	大约 2m

续表

巴士车站站台处		中间段	
		服务车流通道	1~2 条车道（4~6m）
		总宽	大约 22~26m

资料来源：作者翻译自《TCRP Report 90，Volume，BRT Case Studies》.

巴士专用道只允许快速线的巴士使用，在专用车道与侧边服务车道间有连续的安全岛（physical islands），或者巴士车站站台阻隔带，确保了巴士行驶不受其他车辆的影响。专用道与其他道路的交叉口，通常是由红绿灯控制的地面平交。由于专用道并不容纳城市主要车流，乘客来往于车站的时候不需要穿越高速和高密度车流的道路，提高了乘客步行的安全性。在这种环境下，人们也更加愿意搭乘公车。

2）车站设置

库里蒂巴的快速公交系统内共设有三类车站，即管式车站（Tubular Bus Station）、大型终端公交站（Interchange–integration terminal）和传统中转车站（Mid–route terminal）。管式车站是一种便利的巴士车站，在 58km 的巴士专用道上，每隔 450 ~ 500m 设有一个管式车站；大型终端公交站位于五条轴线末端城市边缘处；传统中转车站设置在巴士专用车道主要的节点，通常每 2km 设置一个，供人们换乘使用。

（1）管式车站

管式车站是库里蒂巴公交系统的一个标志性设施（图 3–41）。管式车站间距在 500m 左右。一个管式车站可以容纳一辆普通巴士三倍数量的乘客。库里蒂巴巴士专用道线路以外的快速线上也使用管式车站。

图 3–41 库里蒂巴的管式车站

（资料来源：作者自摄）

管式车站带有一个升高的平台以及顶棚，可使乘客免受气候条件的影响，其进出门与巴士的上下门吻合。巴士上下门的自动升降装置使巴士入口与站台之间没有间隙，乘客可以水平登车。乘客在进入车站的时候购买车票，每个车站还带有检票十字转门，由验票员控制，通常乘客登车的时间小于 20s。管式车站大大加快了乘客的上下车速度，而车站附带的小型升降设施使老年人和残疾人也可以方便地使用公交系统。

对于双向的巴士道，管式车站一般设于道路两侧对应位置，且靠近道路交叉口。由于车站坐落在“三重体系”（见上文）中间的巴士专用道上，与其他车道车流的相互影响很小，车站的安全性大大提高。

（2）大型终端公交站和中转车站

大型终端站和中转站功能类似，规模不等。大型终端公交站位于结构轴线的末端，多位于城市边缘。其作用是作为综合站点，衔接城市周边地区与市中心的公交换乘客流。因此，大型终端公交站周边建设多为各种市政基础设施，并进行多样的商业开发。中转车站为不同线路的换乘点，大、中型车站不同类别的公交和线路间有地下或地面专用通道连接，以方便换乘。

车站在使用上属于“内闭式”（closed），即乘客付费进入了巴士系统后，任何转乘都无须再付费，车站可以一体化处理费用信息。同时，车站区设计有各种绿化、小品以及商店，十分适宜乘客步行、等候、乘车。

3）公交车辆

快速公交系统使用双铰链柴油车辆（图 3-42），这种巴士于 1992 年开始使用，车长 23.52m，宽 2.5m，高 3.415m，车辆的右边有 5 个双开的车门。车辆的承载量是 270 个乘客，但是由于主干线从终端公交站到城市中心时间较短（只需 20min 左右），车内的固定座位只有 57 个。车辆的车门设有自动升降设施，使乘客可以无障碍水平登车。车内没有售票验票设置，所有付费在车下完成。这种车辆的使用保证了在主干线上大量快速运送乘客的目的。

4）服务功能

库里蒂巴的快速公交（BRT）提供“快捷服务”，即巴士专用道上及干线旁边单向道路上的“直达”（direct）服务。快速公交系统贯彻“主线—支线”体系的原则，即在主干线上使用大型巴士，支线配合主线将乘客送往不同的地方。但是，支线巴士服务并未给予道路优先权。巴士专用道上

图 3-42　库里蒂巴的快速公交系统
（资料来源：作者自摄）

的快速服务在高峰期可以保持公交班次间距 90s。便捷线路服务在城市结构轴线两边单向车道上运行。便捷线路服务从 1991 年开始运营，到 1995 年，已发展为 12 条线路，日载客 225000 人次。

为了辅助快速公交的流畅运行，库里蒂巴的公交系统还加强了对车流的控制以及对巴士专用道的监控。当巴士专用道与别的道路相交时，巴士享有红绿灯的优先权。城市中心的一些主要街道限制为步行街，而中心商业区只允许巴士车辆到达。库里蒂巴轴线上专用巴士车道特殊的三重体系设计，便于对其他车流进行管控，避免对巴士行驶形成干扰。

此外，巴士系统采用车下购票制度，在车站上下车处设有十字转门，由验票员监控。智能卡车票系统即将投入使用，以减少人工费用。

5）运行速度及时间

巴士专用道上的巴士运行速度约为每小时 19 ~ 20km。巴士完全与其他车流分开，根据车速，车站可以控制在每 500m 一个。在专用道两边单车道的便捷路线服务车辆，车速可以达到每小时 30km。

6）保护环境

库里蒂巴的快速公交（BRT）吸引了大量的拥有私家车的乘客。1991 年进行的出行民意调查（travel survey）显示：28% 的公交使用者以前需要自驾车出行。快速公交服务每年可以减少 2700 万人次的小汽车出行，每年节省 2700 万 L 汽油。公共交通的大量使用，使库里蒂巴的人均汽油使用量比巴西同等城市低 30%，是空气污染最低的城市之一。

4. 公交系统的运营

世界各国的公交系统通常都处于亏损状况，难以保持收支平衡，原因除了其规划公交网络与城市公交需求不适应之外，公交系统运营管理不良也是很重要的因素。库里蒂巴成功的公交运营机制则确保其公交系统能够顺利地发展。

1）市场形象

库里蒂巴的整体公交系统十分注重推广自身的市场形象，易于市民的认知、识别和使用。首先，巴士根据不同的功能分成不同的路线，通过不同的颜色显示线路信息，便于乘客辨认。其次，库里蒂巴提供高质量的公交服务，并通过媒体宣传报道其世界典范形象，增强市民对公交系统的自豪感。在公交运营过程中，库里蒂巴政府十分注重树立公交系统的形象，或者无论是高效率的服务，还是新颖的管式车站，或者双铰链式公车，以及即将使用的智能卡售票系统，都体现了库里蒂巴的公交系统良好的形象。这种良好的市场形象帮助库里蒂巴的公交系统在与其他交通方式竞争时立于不败之地。

2）管理机制

1994年，巴士专用道的管理维护费用平均为每公里150万美元，包括管式车站的费用。库里蒂巴的整个公交系统不需要政府补贴，巴士运行的收费在支付车辆消耗费用后仍有盈利。

库里蒂巴公交管理机构以IPPUC和URBS为核心。IPPUC是1996年由政府建立的城市规划研究所，主要职责是对库里蒂巴的城市总体规划进行监控和完善。而URBS是一家公私合营的城市公交公司，它还同时管理出租车、停车场、公交站以及公交周围的商家、市场等。库里蒂巴的公交管理机构有法定的自治权，可以独立地规划制定城市公交线路，并有充分的权力去执行其决定。因此，公交计划可以较快地付诸实施，不会因冗长的审查讨论过程而延误。

库里蒂巴公交系统的管理运营权为公有和私有并行。URBS管辖10家私人公司，这些私人公司从URBS得到持有公交车辆和提供公交服务的运营许可，拥有车辆并负责具体的运营。这种公私结合的方式可以避免因过分关注局部利益而降低整体网络的合理性，造成资源浪费。由私有方投入主要的建设运营资金，可以减轻政府负担。州政府也给这些私人公司提供了许多支持，例如私人公司的银行贷款由州政府担保。

库里蒂巴的公交票制系统采用共－私合作机制，市政府管理运营线路和里程，私人公司完成运营，基金会管理票务、发售车票。管理由一个整合的公交系统基金会负责。URBS 定期检查调整票制，使票务收入可以支付公交运营、设备维修、管理以及设备更新等全部费用，且确保一般收入的乘客出行使用公交的交通费用不超过工资收入的 10%。库里蒂巴的公交系统建立在平价票制（flat fare）基础上，低收入市民也可以选择在离市中心和工作地点较远的地方居住。最新的数据表明，库里蒂巴的票价在 0.6 美元左右，按照一个乘客一天换乘 2.4 次来看，这个票价是南美城市中最低的。

3）乘坐率

库里蒂巴的公交系统高效便捷，使其在城市交通系统中占据非常重要的地位。全城巴士日客运量在 190 万～210 万人次之间。在城市南北向走廊上，巴士专用道的日客运量达到 188000 人次，Boqueirao 走廊上日客运量是 80000 人次，东向走廊上达到 52000 人次，西向走廊为 19000 人次。

客流量最大的走廊上，单方向小时客流达 11000 人次，巴士车辆的发车间距为 90s（headway of 90 seconds），且车辆是每辆可容纳 270 个乘客的双铰链型巴士。双铰链车辆的发车间距较小，乘客上下车成为影响公交运输效率的关键。库里蒂巴采取了多种措施，如宽敞车门、水平登车、五门上下、车下付费验票等，提高乘客上下车效率。在大型的车站，双铰链巴士的乘客可以在 15～20s 内完成上下车。因此，高于每小时 11000 人次的客流量仍然可行，按照保守的方法，如果车辆的发车间距缩短至 60s，保证 85% 的车辆载客率，单向每小时可运输客流量达到 14000 人次。

在库里蒂巴整体公交系统建成投入使用的 30 年来，公交乘坐率持续增加。1971 年，每天的乘客量是 58 万人次，到 2000 年，每天的乘客量增加到 190 万人次，增长率约每年 4.5%。1974 年，快速公交开通，沿两条主要巴士专用道运行时，每天的乘客量是 54000 人次，1982 年，五条结构轴线上的快速公交日客运量为 40 万人次。在票制改进以及路线延伸后，巴士专用道日客运量超过 100 万人次。库里蒂巴公交系统的交通分担率一直保持在 70%～75% 之间，这个数据表明在库里蒂巴人口不断增加，私人汽车不断增多的情况下，公交系统一直保持着强大的生机和重要的位置。

5. 公交系统相关政策

快速公交，作为一种公共交通方式，相较于轨道交通，具有更加灵活、投资小的特点，更有利于中等规模的发展中城市。30 年来，库里蒂巴城市发展与快速公交发展相结合的成功，与土地使用、道路网络、公交管理政策和社区的积极参与是无法分开的。

1）土地使用政策

库里蒂巴的城市总体规划，以及制定、完善、监督实施这个总体规划的城市规划研究所（IPPUC）与库里蒂巴公交系统的发展密切相关。IPPUC 属于独立的研究所，相比起政府所属的部门和机构，受政府影响小。

IPPUC 坚持对土地使用和交通系统统一考虑的规划原则。高密度人口需要具有高运输能力的交通方式运送，而高容量的交通网络也需要足够的交通需求来保证运输效益。基于这一理念，库里蒂巴沿城市结构轴线进行高密度的土地开发，增加公交需求，并提高使用公交的便利性，为公交的发展奠定了良好的基础。反过来，公交站点的建设也为高强度的土地使用奠定了基础，沿结构轴线库里蒂巴城市被分为若干区域，实行不同的开发强度。在公交站两个街区内的土地属于商业和住宅混合发展区，密度最高，两个街区向外，住宅密度逐渐减小。表 3-13 显示了 1992 年库里蒂巴结构轴线周边不同区域的住宅密度。

1992 年库里蒂巴结构轴线上不同区域的住宅密度　　表 3-13

	居住人口		住宅
分区	人口数量	每公顷人口数量	每公顷住宅数量
混合使用高层住宅（公交站 2 街区内）	130700	294	93
中到高密度住宅	217300	164	40
中等密度住宅	240800	76	22
低密度住宅	416506	63	17

资料来源：作者翻译自《TCRP Report 90，Volume，BRT Case Studies》.

最重要的是，为了实现规划分区的发展强度，库里蒂巴政府不仅进行监控，同时还提供了各种激励措施，包括对按照规划进行的发展给予奖励，鼓励转让开发权利，对于大规模的开发进行严格控制，提供有利条件激励开发商在靠近公交线路的地块提高住宅密度，在大型公交站周围加强建设基础设施等措施。

在这种土地使用与交通系统共同发展的规划思想引导下，巴士专用道大大促进了周围土地的开发，也加强了城市轴线的凝聚力。

2）鼓励公交的措施

（1）停车措施

停车措施在很大程度上影响人们出行的交通方式选择，特别是当人们需要前往城市中心区的时候。库里蒂巴政府采用了一系列停车措施以减少路面停车。在市中心，路边停车有严格的位置和时间限制，停车场和停车库收费十分昂贵，且数量保持稳定，并未随私人汽车数量的增加而增加。市中心部分街区还禁止非巴士车辆进入。这些措施确保了库里蒂巴公交交通分担率保持在70% ~ 75%。此外，库里蒂巴政府还规定出租汽车只允许在指定的出租汽车停靠站停靠，路段间和交叉路口处明令禁停上下客，以保证快速公交行驶畅通。

（2）自行车和步行优先

库里蒂巴建设有系统的自行车道，同时在市中心商业区设有成片的步行区。自行车和步行区是库里蒂巴城市道路和公交网络系统不可分割的一部分。

（3）经济政策

库里蒂巴政府有较人性化的政策支持，鼓励市民，尤其是弱势群体使用公共交通。政策规定65岁以上的老人和5岁以下的小孩乘坐公共交通免费。其他市民，如果花费在公共交通上的费用超过工资的6%，其超出部分也由政府补贴，而低收入的居民可以通过社区服务，如垃圾清理等来换取巴士车票。

3）社区和市民的参与

公众参与对于库里蒂巴公交系统的发展十分重要。库里蒂巴政府重视鼓励市民参与城市的发展建设。在公交系统的开发过程中，URBS积极回复市民关于公交建设的问题，正是由于公众的大力支持，市中心划定了大面积步行区，低收入居民用清扫偏远地带的垃圾来换取巴士车票等便民措施得以顺利实施。库里蒂巴政府遵循信息公开准则，所有市民都可以了解到城市发展中每一块用地的数据信息。

6. 成功经验

库里蒂巴的公交系统取得了很大的成功，为各国的BRT发展树立了榜样。库里蒂巴城市的总体规划有效地将土地使用、交通系统和道路网络结合在一起，公共交通的发展顺应了这种整体协调发展的思想，在交通线路选择、站点设置及周边的土地开发上都体现出协调发展的特征。库里蒂巴的公交系统使用巴士专用道设计，在投资较小的情况下达到最大的效率，同时采用了灵活的建设和管理方式，引进了各种先进公交技术，实施了有利于公共交通发展的政策，不断提高乘坐率，保持公交系统的活力，并与城市发展相协调。

总结起来，以下几点经验值得其他城市借鉴。

1）土地使用和交通发展的协调

由于库里蒂巴的城市总体规划在一开始就贯彻了土地使用与公交结合的整体思想，库里蒂巴的公交系统才能够不断地健康发展。高密度的土地使用为公共交通带来足够大的客流量，便于公交站点选址；而公共交通又同时刺激沿线土地的开发利用，为市民创造方便、友好的城市环境。

2）政府对公共交通的大力提倡

城市的发展很大程度上取决于政府政策的导向。库里蒂巴政府实施了一系列有利于公共交通使用的政策，如与公交发展协调的土地政策、巴士的优先路权、市中心停车的限制、步行街的建设、政府对公交线周边土地开发的扶持、对人们乘坐公交平价的保障等，都有效地引导了人们选择公共交通。

3）灵活自主的公交管理机制

库里蒂巴公交系统的管理机制也是其公交成功的原因之一。公交机构拥有法定的自治权，公有和私有并行管理，运营与票制系统的分离，都确保了库里蒂巴公交发展计划得以快速有效地实施，这对公交运行能否成功有至关重要的决定作用。

4）快速公交

库里蒂巴的公交系统采用快速公交（BRT）。快速公交不需另外铺设轨道，投资小，设计灵活，十分适合发展中城市。库里蒂巴结构轴线上“三重系统”的道路既确保了巴士顺畅的行驶，又保证了行人的安全，是成功的设计方案，但是其他城市在借鉴该系统时应该根据城市道路的具体情况进行设计，而不应该生搬硬套。库里蒂巴对于管式车站、水平登车、车下购票验票等技术的使用都有效地提高了乘客上下巴士的效率，同时双铰链巴士的使用可以提供宽裕的载客空间，巴士的运行也可以达到较高的速度。这些都证明了快速公交可以与轻轨等轨道交通一样，为城市提供快速、高效的交通服务。另外，库里蒂巴快速公交的“主线—支线”系统将干线上的大型巴士与支线巴士顺畅衔接在一起，提供了比轻轨更灵活的服务。这种体系十分适合有主要发展走廊的城市。

5）市民对城市发展和公共交通的了解和认同

市民的意见在城市发展中是不可忽视的因素。库里蒂巴政府在城市发展以及公交建设的过程中十分重视公众的参与，采用发展信息完全公开的原则。同时，还努力树立公共交通形象，使“公共交通典范城市”的理念深入人心，也倡导公交使用的有力方法。

参考文献

[1] Curitiba City [EB/OL] .www.curitiba.pr.gov.br/inglis/solucoes/transporte.

[2] “Creating a Linear City with Surface Metro-the Story of Curitiba,” Robert Cervero，NTAC，Institute of Urban and Regional Development，University of California，1995.

[3] TCRP Research Results Digest 33:International Transit Studies Program:Report on the Spring 1998 Mission:Private Urban Transit Systems and Low-Cost Mobility Solutions in Major Latin American Cities，T. E.Dunleavy，Eno Transportation Foundation，Inc.，Transportation Research Board，National Research Council，Washington，D.C.，1999.

[4] TCRP Report 90，Volume，BRT Case Studies.

[5] Instituto de Pesquisa e Planejamento Urbano de Curitiba at www.curitiba.pr.gov.br/ippuc/grp03//htm.

[6] Issues in Bus Rapid Transit at www.fta.dot.gov/brt/issues/pt3.html.

第4章
TOD实施措施

TOD/TID地区的空间范围与边界受多种因素影响，在不同站点有所不同，且极少有与现存的行政区划或统计单元一致的。实施TOD/TID，除公交建设和运用部门外，还不可避免地牵涉多个社区或土地持有者、多个政府管理部门、多种类别的土地开发机构。这使得TOD/TID建设远比行政或经济权属相对单一的其他街区地段要复杂。本章通过以下四个案例介绍实施TOD/TID的几类方法与措施。

4.1 TOD/TID 实施的组织与机构

1. 公共管理部门

在中国的现行体制中，政府是市政建设最主要的投资和建设管理主体。城市交通建设作为城市基础设施建设的一部分，由市政府负责。市政府既是城市交通的管理者，也是最大的投资者。城市交通建设资金的主要来源仅限于城市建设税和城镇公用事业附加收入的一部分，以及地方政府自筹、国内贷款及国有土地使用权的有偿使用收入。

2. 公交建设与运营企业

在中国绝大多数城市公交公司负责非轨道公共交通建设与运营管理。轨道公交多由地铁总公司负责，专职地下铁道和轻轨等城市轨道交通系统的建设、经营和管理的国有企业，它还兼营地铁沿线物业的开发和经营，同时发展多种经营业务。其中地铁沿线物业的开发和经营主要由地铁总公司下属的物业发展经营处负责。针对每一个项目，由地铁公司与发展商（主要是外商）组成相应的项目公司，项目的运作以外方为主。由地铁总公司向市政府征得沿线物业发展地块的开发权，然后与开发商签订合作协议，共同开发，按商议的比例分享收益。但是在中国城市轨道交通的建设中，除了香港地铁在北京、深圳的项目外，大多数城市采取了政府财政出资本金，缺口部分靠银行贷款解决的融资方式。

3. 房地产开发公司

房地产开发公司是开发项目的主体和经营人。在联合开发的项目中，房地产开发公司通常与政府部门共同组建一个联合开发公司来运作和管理开发。

由于不同的参与者有着不同的职权范围与目标，多个部门和开发实体需相互协调合作完成开发项目，一套行之有效的组织机制和管理办法至关重要。在我国现行体制下，地铁总公司一般对快速轨道交通的建设有主导作用，政府管理部门则对土地使用性质和土地开发控制享有支配权。地铁总公司完成快速轨道交通规划；规划部门则应在快轨线网确定后，制定沿线的土地利用规划。在开发时机成熟时，房地产开发公司介入。这种条块分离的机制优点在于责权明确。对实施 TOD/TID 当然还有整合完善的空间。

4. 社区或土地持有者

对于位于城市建成区的公交站点，TOD/TID 建设势必与现有社区的居民和业主相关联。对于经过乡村的站点，必涉及土地征用、流转和开发。这些社区居民或村民的作用不可轻视。如能有效地得到他们的支持，TOD/TID 实施会顺利得多，有利于开展创新的实施模式。否则会形成极大的阻碍，导致 TOD/TID 建设成本增加甚至建设失败。

4.2 财政与法规

财政的可行性是轨道交通站点周边地区开发的基础和原始动力。财政因素又包括两个方面：市场和资金。

1. 市场

市场是影响轨道交通站点周边地区开发的一个关键性因素。开发商对开发的兴趣主要在于公交导向的居住、就业和商业的市场，特别是在交通越来越拥挤的大城市。人流量的变化对商业的影响尤其重要，人流量的增加带来更多的商业活动，提高了商业的销售收入，自然引导商业开发的加强。轨道交通的建设提高了可达性，进而改善了市场环境，促使开发强度的提高，可以提供更多的经济适用的住房给消费者。轨道交通带来的可达性提高可以在一定程度上改善市场条件，但市场总体供求关系才是周边地区开发的决定性因素，影响着开发商的投资意愿。

2. 资金

解决财政问题关键在获得可行的融资渠道和规模。融资的能力主要是受市场影响。绝大部分情况下，投资额是由项目的规模、类型（住宅、办公、商业、工业）、公司的规模和信用等级等因素决定的。

在美国，TOD 的融资渠道主要来自四个公共利益相关者：交通部门、市政管理部门、重建机构和区域规划组织，同时也有私人投资运营。在不同的 TOD 实施运作中，各投资渠道的融资比例不尽相同，资助贷款、个人投资资金和非盈利机构基金占据了比较大的比重。交通运营和实施的投资通常主张全权代理，交通部门的预算投资主要用于辅助改善街景的升级；政府市政资金使用比例较低，一般市政局提供的资金用于改善车站及周边地区的人行道和其他配套设施。对于站区配套设施改善的基金一般由类似税收增额融资（TIF）这样一个典型的重建机构措施来操作，可以降低私营部门发展可能会承担的成本，但 TIF 存在一定的政治争议，并不适用于所有国家。基于税收的各种融资手段（TIF 是其中之一）在土地私有国家应用广泛，本书后续相关章节会作具体介绍。

在我国开发项目的主要资金来源是：国内外银行和政府机构的贷款、中央和地方政府的资金补助、企业房地产经营和其他商业经营的收入、联合开发公司发行的股票和债券、联合开发公司可预收房地产开发租金等方式。不管是哪一种融资方式，银行和投资方看重的是投资的效益情况，因此更注重开发商的经验、能力和对市场的开发前景的预测。

政府对开发项目提供政策和法律上的支持，能够激励开发活动。政府可以通过立法、提供优惠甚至是直接提供财政支持来鼓励轨道交通周边地区的开发。例如，美国马里兰州通过实施了针对国家基础设施和市区重建补助的精明增长法规。政府可以提供初期的财政支持，主要是降低地价和前期准备费用。一些轨道交通线经过农村地区，规划车站用地为农村集体所有。那么，待开发的土地权属就要从农村集体转移到联合开发公司。按照现行的法规，首先要由政府来征地，然后再将土地使用权转让给联合开发公司。联合开发公司支付征地补偿费，政府为了在财政上支持联合开发公司，可以不收或缓收出让金和管理费。在土地转让和前期准备费方面的支持，也可以以贷款和抵押的方式补助联合开发公司，由联合开发公司在项目投入运营后 10 ～ 20 年内偿还。如本章案例所介绍的台湾区段征收方法也是值得研究借鉴的实例。

现有的土地开发控制法规也可成为 TOD/TID 实施的手段。例如，特别制定 TOD/TID 控制性规划，如第 2 章里介绍的美国奥斯汀 TOD 法规。同时，也可采取容积率奖励等政策。

4.3 TOD/TID 实施困难

TOD/TID 实施概括来说有四个方面的困难。各个国家或地区因体制或经济等因素不同而面临的困难大小有所差异。

1. 经济和财政困难

有一系列因素会构成 TOD/TID 实施的经济和财政阻碍。首先是相对较高的开发成本。站点周边土地一般来说比其他地段土地要昂贵一些。在靠近城市中心地区，开发强度和建筑密度已较高，TOD/TID 再提高密度开发会造成一些额外的费用和难度，如建造成本的增加、场地清洁、环境维护、基础设施的改善等。从公共部门的角度来看，这些困难最终都可能导致财政预算的增加。TOD/TID 设停车位往往是地下车库而非地面停车场，而地下车库造价一般是地面车场造价的 2 ～ 4 倍，增加了建设成本。同时，TOD/TID 区内人行道、景观设施等要求较高也导致成本增加。另外，TOD/TID 要求混合使用（水平和纵向），这比单一功能的建筑设计和建设都复杂，因而建造成本高、投资回报风险也高。因此，银行借贷的利息一般也相对较高。而公共部门一般会尽量采用各种措施来降低成本支出。例如，轨道交通选择沿废弃的货物运输路线、电力线路或者高速公路开发等。但是线路所经地区可能并不具备足够的市场支撑，可能会大大降低站点周边开发的价值。应对 TOD/TID 实施的经济和财政困难有多种措施，本章及后续章节案例会详细介绍。

2. 社区实施困难

在我国围绕 TOD/TID 实施的社区实施困难主要来自拆迁和征地补偿。在西方国家这种阻碍主要表现在“邻避”现象，高收入社区担心公共交通和高密度住房引入低收入家庭而影响其社区生活质量。“邻避”现象在我国也已出现并呈增长趋势，方式和花样也越来越多，其中有合理合情的诉求和抗争，也有无赖般的索要。公众的反对意见有其存在的依据，能够帮助完善站点周边的开发项目，因而加强公众的参与是十分必要的。随着中国改革的不断深入和轨道交通大规模的建设，类似的问题也可能会出现，这就需要决策者和开发商耐心听取公众的意见，分析利弊，协调解决问题。

应对 TOD/TID 的社区实践困难或者更大范围的邻避问题要从三个方面考虑。一是知情，二是经济，三是法律。知情既是利益相关者的权益，也是化解或者减弱未来可能会出现邻避抗争的最有效手段。做好知情可增加决策透明度、减少误解、避免相关信息被片面地利用。知情不仅仅限于结果或决策的通告，更重要的是过程的参与。目前在我国规划教育和学术界，关于公众参与的理论、方法和应用的学习研究有待加强。同时也要加强公共宣传与教育、强化个体的公共责任。经济手段在实践中较常使用，但经济补偿如何计算、实行何种机制，都还需要完善。在目前不健全的体系下，经济补偿是一把双刃剑，可能会诱发更多的、非正常的邻避事件。通过法律途径解决邻避问题必须有法律基础来保障。在法律体系相对完备的国家，法律手段通常是解决应用邻避问题的主要方法。中国的规划或开发管理多是基于行政法给予行政部门权利的基础上（有别于如美国的州宪法给予地方政府的警察权力），而通过法律途径应对邻避问题在中国是个亟待研究的新课题。

3. 行政体制困难

如前所述，TOD/TID 实施涉及多个部门，所面临的行政体制困难显而易见，也是最难解决的。多个职能部门、多个利益相关者如何能够达成共识，一般会采取协商的办法，虽然这可能是最好的方法和手段，但同时也是最耗时、最需要耐心和需要非凡协调能力人员牵头才能够完成的。而且，法律保障和诚信是协商成功的前提。这种种制约因素都造成了TOD/TID实施过程中的行政体制困难。

4. 功能阻碍

TOD/TID地区内部存在相互矛盾的功能需求，也可能造成TOD/TID实施的困难。例如，高密度势必增加局部节点拥堵。另外，从交通工程角度，公交站内外应力求人们停留时间越短越好。但从TOD/TID的场所营造角度，又希望人们"流连忘返"。如何妥善处理这对矛盾，对TOD/TID场地内外、交通建筑的室内外规划设计的要求都很高且精细。

在功能整合、机制协调方面，香港的实践乃世界范例。在下一节作具体介绍。

案例1 "地铁+物业"模式：香港青衣站案例分析

1. 城市发展背景

中国香港坐落在中国海岸的东南端，珠江入海口处（图4-1）。香港地区用地总面积1098km^2，居住人口681万，其中95%是华人（根据2003年数据）。1997年地区香港由英殖民地统治转变为中华人民共和国管辖的特别行政区，继续保持其世界经济自由港的地位，并享有高度自治权（除

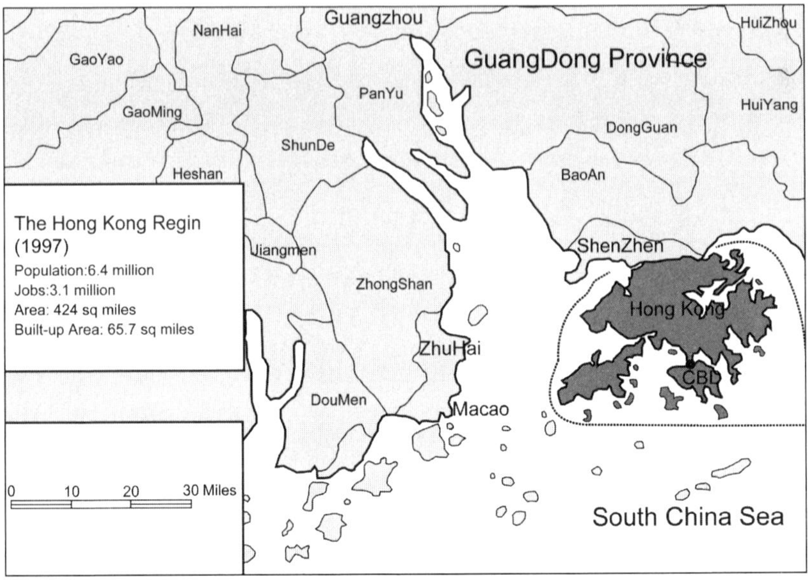

图4-1 中国香港特别行政区的地图
（资料来源：作者自绘）

军事防务和外交外），香港地区有着和中国内地独立的海关及移民行政区，行使自主的行政权、立法权和独立的司法权。

香港是一个国际金融、贸易及商务中心。1980 ~ 1990 年代以来，香港经济突飞猛进，（地区）生产总值（GDP）平均每年以 6% 的高速递增，使香港成为世界上最发达的经济区之一。1990 年代初期，中国香港的人均国内生产总值已经超过英国，2012 年，其人均国内生产总值达到 285193 港元，约 36800 美元（表 4-1）。

中国香港的（地区）生产总值 表 4-1

年份	GDP（亿港元）	人均 GDP（港元）
1999 年	12460	188622
2003 年	12200	179336
2012 年	20410	285193

资料来源：香港政府统计处。

香港行政范围内多山体，自然资源有限，仅拥有一个深水港。土地是香港最缺乏的资源，在 1098km^2 的领土中，灌溉土地不到百分之二（大约 20km^2）。原材料必须进口，日常消费用新鲜食品及淡水主要来自濒临的广东省。受陡峭的山地地形限制，很小部分的香港土地适于城市开发，大约 170km^2 被开发或者被定为可开发土地，不到总土地面积的 16%。数年来，很多新增城市开发用地来自于填海造田和土地改良。从 1887 年香港开始土地改良，至今共增可用土地 62km^2（占原城市可开发土地面积的 36%），用于住宅、商业、交通设施及其他城市开发。

2. 成功典范——以公交为基础的机动化供给

香港山地地形及高密度人口，为交通规划及交通管理带来了极大的挑战。克服了种种困难后，香港的交通实践已被验证是成功的。作为一个公交城市，香港为市民提供了高度的机动性及通达性，不亚于很多发达国家基于家庭私有汽车的交通模式。

在香港，城市的交通流和空间通达主要由公共交通支撑。至 2013 年年底，香港共有 5716 辆公私营大巴及电车，618 条固定大巴及缆车线路，以及 4350 辆路线灵活的小巴。香港还拥有轻重轨道列车服务，轨道全长 177km，共有 84 个重轨车站和 141 辆轻轨机车。14 个持照的轮渡公司运营 32 条常规客轮轮渡线路，连接香港岛、九龙岛及周边各岛。除此之外，

18088辆出租汽车在全港提供服务。

私有汽车在香港的城市交通中居次要地位。1992年调查显示六分之一的香港居民拥有驾驶执照，13%的香港家庭拥有汽车或摩托车，1.6%的家庭有两辆以上的机动车，2.9%的家庭拥有通勤用货车。在2013年，香港私人小汽车为464595辆，占香港机动车总量的70%。

香港共有2090km的道路（不包括街区小路），包括高速专线及城市干道。按照注册的665640辆汽车来算，香港的平均交通密度为每公里道路318辆车，居世界前茅。然而，香港车辆的平均行驶速度较其他国际城市相比反而更快。以曼谷为例，曼谷的人均道路供给是香港的两倍，但是香港的道路交通流速（包括小汽车和巴士）却是曼谷的两倍。香港整体交通系统的性能，交通流速达平均28.1km/h，超过东京的25.3km/h，接近于多伦多的28.7km/h。

香港城市公交的最独特之处，是它（特别在轨道列车交通环节）良好的财政业绩。与香港相比，几乎世界上其他城市的轨道列车系统都需要政府补贴支持其运行及系统扩建，或者两者之一。

3. 香港的轨道公交系统

香港有三种类型的轨道公交服务：香港地铁、新兴城镇区的轻轨列车、郊县通勤九广铁路（现已合并到香港铁路）。香港地铁采用重轨地铁网络，有8条地铁线，84个车站，网线全长175km。香港地铁为政府所有，于1979年年末建成运营。东涌线和机场线于1998年年中投入运营，线长35.2km。九广铁路，建成于1910年，线长34km，有13个中间站，由九龙的红堪站北上至深圳的边界。这条双线铁路在1983年实现全部电气化。从北京和上海到香港的直达列车也行经九广铁路。香港轻轨于1988年开通运营，由九广铁路公司所有并运营，目前的轻轨网为新界西北的新市镇提供服务。香港轻轨系统包括36.2km的双线轨道、68个车站和141辆单层轻轨列车（图4–2）。

1975年，为了监管铁路建设，香港政府建立了香港地铁公司，为政府所有。香港政府计划削减其在各项公共事业的股权，2000年香港地铁公司实现私有化。新成立的香港地铁有限公司（以下简称港铁）于2000年6月30日开始私有化运作，之后，港铁在香港股票交易所成功上市。目前，港铁是香港上市公司中股票持有人最多的公司，但香港政府仍然持有港铁最大的股份份额（76%）。

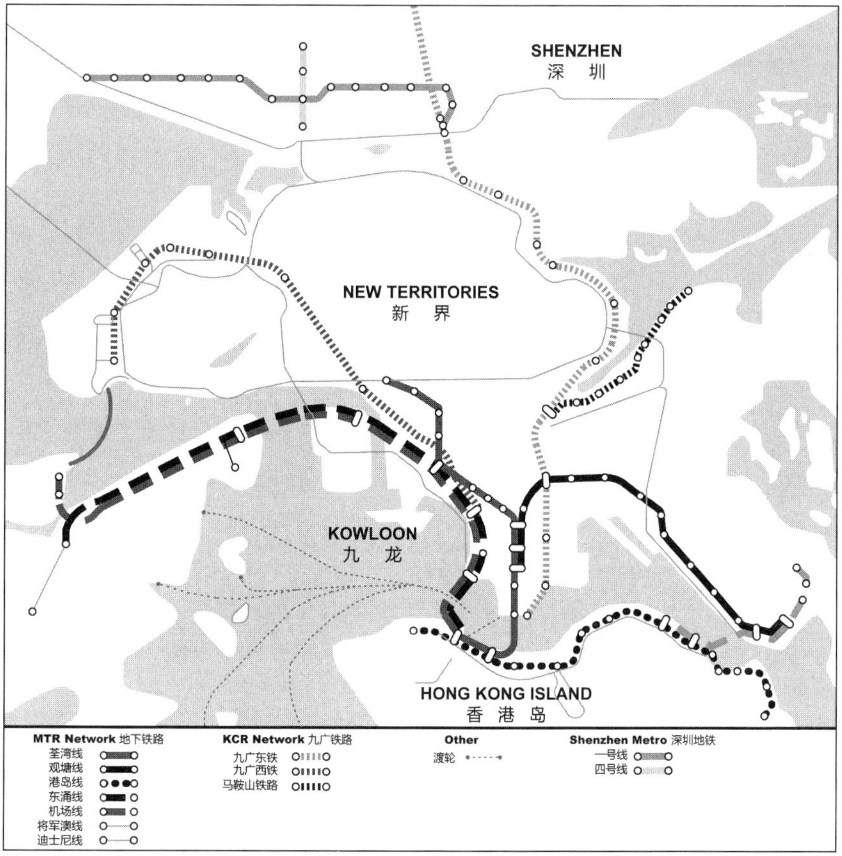

图 4–2　香港公交网络

（资料来源：作者改绘自 http://www.johomaps.com/）

1982 年，九广铁路公司成立，性质为公营机构，目标是提供高质量公共交通服务。九广铁路公司的核心业务为轨道列车服务，除此之外，还设计开发新的铁路线路，并积极投资物业开发及相关商业活动。根据九广铁路公司年度报告，在 2003 年和 2004 年年底其员工总数分别为 5871 和 5874 人。

为了提高铁路系统运营的效率，香港政府于 2007 年将港铁和九广铁路公司合并。

4.“地铁 + 物业”——香港公交导向式土地开发（TOD）模式

港铁是世界上少数能够自己负担系统建设及运营费用的公交机构。港铁运行采用“地铁 + 物业”的经营模式。“地铁 + 物业”模式的中心理念就是将地铁的建设运营与沿线的物业开发相结合，将物业开发所得利润用于支付轨道交通系统的建设和运营成本。主要工作程序如下：首先，港铁分析拟规划开发的站点周边约500m范围用地的开发潜力；然后，港铁从政府手中获得可（再）开发物业的土地发展权，以没有铁路为基础的地块价格向政府支付土地费；接下来，港铁制定具体的开发计划，确定物业的功能定位（居住、零售、绿地、交通等）、密度（或容积率），以及其他必要的设施；规划获得政府批准后，港铁就开始新建铁路，同时与开发商合作开发物业；轨道交通建设，促进沿线物业升值，港铁将物业按市价出售给私人或企业，与开发商、政府共享利润；最后，港铁将物业升值所获得的利润用于维护和发展轨道交通服务。目前，港铁已在其近一半的站点中实行了这种地铁＋物业的模式（图4-3）。

香港地铁荃湾线、观塘线与港岛线总建设成本约260亿港元。建设资金主要有三个来源：政府以股本形式投资，约占两成；房地产开发收益约占一成半；其余来自借贷。除了股东资金外，尚有出口信贷、债券、银团贷款、利率和信贷置换融通、商业票据、银行透支便利等资金来源。机场铁路总投资340亿港元，主要来源有三个：政府提供的资金237亿港元；开发房地产与车费等收益；借贷。车费收益是地铁公司的主要收入来源，占全部收入的80%。车费收益提升的原因有两方面：一是车费在一定时期内随通货膨胀而上调，即“无实质增长的长期票费政策”；二是乘客使用率提高。

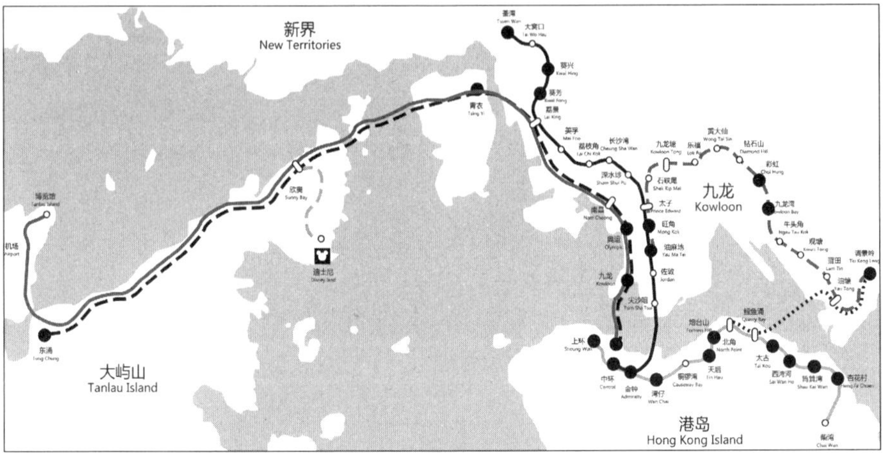

图4-3　港铁“地铁＋物业”的经营模式实施地点

（资料来源：侯，2006）

地铁公司就上盖物业与地产商合作，建造费用和风险由地产商承担，而地铁一般可分享五成利润。此外，地铁公司其他收益来源包括商场租金、广告和物业管理等。建于 1975 ~ 1986 年的 3 条铁路线上，香港地铁公司开发了 18 处房地产，包括 10 处不动产（共计 28000 套公寓）、3 个购物中心（150500m² 零售店）及 128500m² 写字楼。3 个购物中心分别建于 3 个地铁货仓之上，是地铁公司长期投资项目。这些房地产都是地铁公司管理，地铁公司成为目前香港最大的不动产管理机构之一。

3 条城市地铁线的总建设成本为 250 亿港元，而 18 个房地产开发项目的收益为 40 亿港元，约占总建设成本的 16%。香港机场地铁线的建设成本为 351 亿港元。房地产开发的总投资估计为 1500 亿～ 2000 亿港元，将为地铁公司带来 180 亿～ 200 亿港元的收益，超过机场地铁线建设成本的 50%。

地铁公司出售物业所得利润全部用于地铁建设，成为香港地铁发展重要的资金来源之一。香港地铁是随香港经济高速发展而发展起来的。在大的经济环境下，香港实行有别于西方地铁系统的补贴政策，明确地铁公司是政府的全资公司，主要目的是适应香港公共交通的合理需求，根据审慎的商业原则兴建及经营一个公共运输铁路系统。这个体制的确立，明确向地铁公司传递两条重要信息：一是地铁系统是政府全力支持的，应对地铁建设有信心，政府对地铁公司财政上是有支持的，但不是花完即止，而是作为股份注资在公司里；二是公司运作按商业原则，成本—效益核算将是基本要求。这两条规则便是地铁公司考虑建设和经营地铁的出发点和着重点，与实行补贴政策的情况完全不同,经济效益将放在一切考虑的首位。而客观上，这种考虑完全符合城市发展的要求，因而奠定了香港地铁成功的基础。

港铁的“地铁 + 物业”模式应是涨价归公概念实施的最成功案例，尽管他们不用“涨价归公”一词。

港铁的“地铁 + 物业”模式证明轨道交通行业可以实现“多赢”，至少在港铁的服务范围之内。首先，港铁可以得到稳定的资金来源来运营地铁服务及扩展。其次，普通市民可享受高质量的公交服务同时维持较低的交通花费（低于家庭收入的 9%）。对于开发商，港铁扮演了协调人的角色，帮助减少开发商的初期成本（如申请、报批及相应的时间费用）。香港政府也是一个大赢家。自 2000 年港铁上市以来，“地铁 + 物业”的实践模式使得港铁可以提供高质量的轨道服务而无须依赖政府补贴，香港政府已从它所占得港铁的 76% 股份中获得超过 1030 亿港元的净利润。

5.“地铁 + 物业”模式在香港成功的因素

1）土地使用

香港多山地，适宜城市发展用地局促，人口规模达到700万，香港是世界上人口最密集的地区之一。港岛全地区人口密度为每平方公里6350人，而建成区的人口密度超过每平方公里41000人（约每英亩166人）。一半以上的人口（1998年为52%）聚集在大都会区，亦即香港岛和九龙半岛。在香港岛北岸沿海一些地区，以及九龙东西沿海地带，人口密度更高达每平方公里50000人（每英亩超过200人）（图4-4）。如此高的人口密度为公交运营提供了天然优势。香港在过去半个世纪的快速发展中，由于地形条件和传统土地权益等种种因素，采取了公交导向的高密度发展模式，已开发用地仅占16.7%，保护了约40%的土地，未受发展影响。现有23个郊野公园，64个具有高度生态研究价值的区域和4个海岸公园。根据1992年的分区人口统计分析，全港约有45%的人口住在距离地铁站仅500m的范围内。如果仅以居住在九龙、新九龙及香港岛的居民计算，这一比例高达

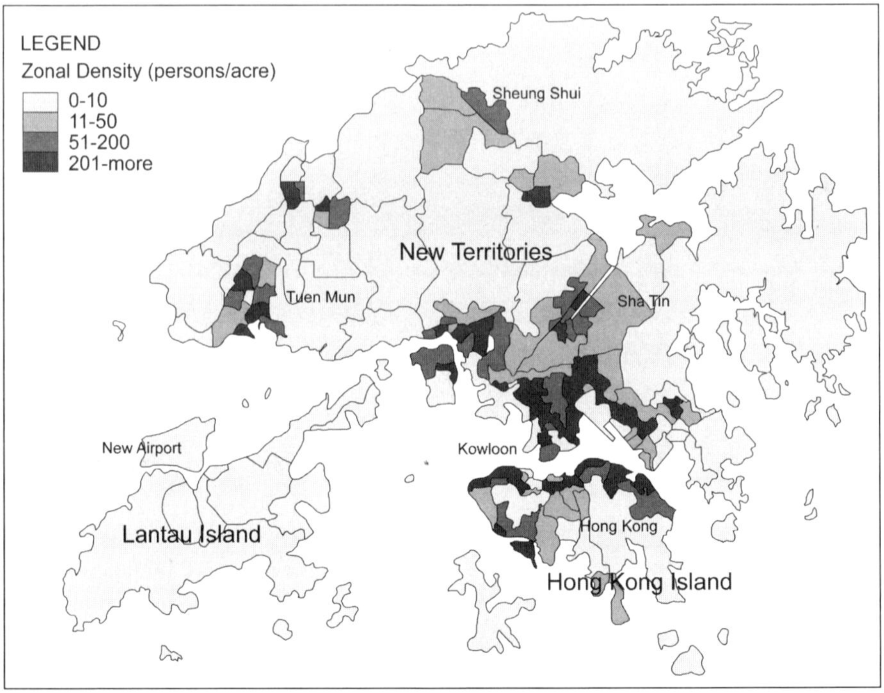

图4-4 香港人口密度

（资料来源：香港政府，2006）

65%。香港的就业岗位空间布局也采用类似的模式。在新界，约有 78% 的就业岗位集中在 8 个位于铁路车站附近的就业中心内，其用地面积之和仅占新界总面积的 2.5%。商务中心更是高度集中在各类公共交通汇集的大型枢纽处。其中，中环—金钟—铜锣湾地铁沿线的平均就业密度超过每公顷 2000 人。香港岛北部海岸线狭长的城市发展带，长 17km，平均宽度 1.3km，面积仅为 22.5km^2，却有居住人口 94.7 万人，居住的就业人口 47.8 万人，就业人口 71.2 万人。

高密度的发展，不单保留了大面积的绿地，更有助于公共交通的发展。香港地铁高效率的轨道交通服务，使地铁站上盖物业更有吸引力。而地铁沿线的物业，也为地铁带来更多的乘客，从而提高地铁公司的投资回报。地铁每日运载乘客约 230 万人次，约 17 万名市民在地铁所管理的物业中工作，地铁公司管理的商场每日吸引 16 万名顾客。同时，来自土地的收益是香港政府重要的财政收入之一。

尽管如此，高人口密度只是增加公交使用和反对驾车的必要但非充分条件。很多其他的因素必须共同发挥作用，才能造就香港公交导向式的出行模式。

2）协调的地区交通策略

香港交通发展政策的目标为：使香港路路畅通，确保最经济高效的客货运输，满足香港经济发展需求，并支持土地使用的多样化（香港交通署、香港特别行政区政府，2000）。在不断投资建设交通设施的同时，香港政府认识到，由于地形限制，香港的交通不可能无限制增长。因此，香港政府运用其集中权限来管理控制交通业。

香港特区的交通规划实践及政策策略来源于数十年来多次的交通研究及公众协商，特别是在 1976 年、1987 年和 1999 年分别完成的三次全面的交通研究。

1960 年代，出口促进香港经济繁荣，引发了机动车数量的持续增长。与此相应，香港政府在 1973 ~ 1976 年授权开展第一次香港综合交通研究（CTS-1）。主要研究目的是制订一系列措施，确保香港客运交通机动化程度在可接受范围内，并保持到 1991 年。这是第一个对香港交通系统发展及政策开展的长期规划和全面研究，研究对象包括香港道路及公共交通网络。这次研究有一个惊人的发现，即香港 3/4 的道路空间仅仅服务于 1/4 的出行人口（汽车及出租车乘客）。基于地理条件的限制，香港必须经济高效地利用道路空间，这个研究提出了一系列的政策策略：改善道路网络，拓展现有的轨道公交线，改善其他公共交通系统，更有效地利用现有道路空间。

提高道路空间利用率的重大措施之一，是施加财政措施来抑制汽车的拥有量。香港通过两种财政措施来抑制汽车的拥有率：首次登记税（即购置税）和年执照费。1974 年 3 月，私人小汽车和摩托车（不包括货车）的首次登记税提高到汽车成本、保险和运费价（CIF）总数的 15%。车辆年执照费约提高为原来的三倍，其中，针对私家小汽车的费用最高。到 1975 年 12 月，私家汽车和摩托车的首次登记税再次提高至 30%，而对货车和出租车则征收 15% 的首次登记税。CTS-1 最深远的影响是港府意识到建设香港地铁将是抑制私车旅行所必需的举措，决定建设香港地铁。

1986 年，由于香港的城市空间不断扩张（由于新界的不断开发），经济高速增长（从 1976 年到 1986 年，香港的实际国内生产总值平均每年以 8.4% 的高速增长），香港政府决定展开第二次香港综合交通研究（CTS-2）。CTS-2 的目的包括：首先，建立道路基础设施和公共交通的详细开发程序，保证到 2001 年香港具有适宜的机动化水平；其次，开发一个分析工具，用来协助制定新的交通政策，并快速反馈政策改变对本地区交通基础设施产生的影响。CTS-2 在 1990 ~ 1993 年被再次修正更新。

CTS-2 提出建设三条重要高速公路：3 号高速、7 号高速及红磡环线延伸线，总投资达 230 亿港币。在公共交通方面，CTS-2 提议了一个列车轨道投资计划，总造价达 90 亿港币。同时，到新市镇的轨道交通延长线也列入议程。除此之外，CTS-2 还提出在 1990 年代末建设提交造价约 200 亿港币的市区铁路干线。

除了上述提高交通供给措施外，CTS-2 还提出了四条政策建议：①提高私有汽车所有税，即再次提高车辆首次登记税至 50%；②燃油税加倍；③把货车的首次登记税由 15% 提高到 70% ~ 90%，以期减少 15% 的货车数量；④以地区定价为长期方案。与这四个政策建议相配合，CTS-2 还提出一系列的补充措施，包括：限制小巴及出租车数量，控制停车位和收取隧道通行费等，（但由于公众的反对，上述政策措施并没有完全得以落实）。

在 1997 年 8 月，香港政府授权开展第三次长期的香港综合交通研究（CTS-3），于 1999 年完成。在 CTS-2 完成之后的十年里（1988 ~ 1998 年），香港人口数量逐年增长（每年 1.9%），人均国内生产总值每年约增长 1.8%，私有车辆每年快速增长约6.9%。CTS-3研究的总体目标是：至2016年，保持香港的客货运输（包括各种运输方式）保持在一定的机动化水平，并尽可能地保障社会及经济可持续发展（香港特区政府，1999）。延续前两次CTS制定的基础设施扩建政策，CTS-3更加侧重以下方面：①发展以轨道为基础的公交系统；②将土地使用、交通发展及环境可持续性相结合；③跨越内地和香港边境的交通衔接和发展；④运用智能交通系统（ITS）等先进技术来进行路况监测及车流管理。

CTS-1到CTS-3都将三条基本的政策原则作为依据。这三条基本政策原则是：①改善道路系统和交通基础设施；②拓展和提升公共交通系统；③有效地利用道路空间。在过去的几十年里，这三条原则为香港地区交通政策的制定导引了方向，正是由于香港政府迄今为止制定的一系列增强交通供给和提升交通管理的综合政策措施，才使得香港交通路路畅通（侯，1999）。

3）多样化的公交系统

香港已经建立了一个高效运作并经济自足的公交体系。一直以来，香港政府给予公共交通很多政策优势，并且鼓励不同公交模式的健康竞争，以提高服务效率，避免政府直接补助。多样化的服务，几乎涵盖了当地市场的各个环节，成为香港公交系统的重要特征之一，除了轻重轨列车及有轨电车外，多样化的公交服务还包括大小巴士、轮渡和出租车。

大巴：香港的巴士服务，运营时间从早上六点至凌晨三点，服务范围覆盖了香港绝大部分地区。共有五大公司运营香港的巴士系统：①香港城巴是一家在香港岛的私营巴士公司，运营108条巴士路线，包括65条香港岛线、26条跨湾路线和16条至东涌／机场路线，城巴共有960辆持照空调巴士；②新世界第一巴士服务有限公司，运营58条香港岛线和33条跨湾路线，共有722辆持照巴士；③九龙巴士有限公司（九巴），在九龙和新界共有大约312条巴士路线，并运营60条跨湾路线，共有3777辆持照巴士（大部分为双层巴士），九巴是东南亚最大的客运公司之一；④龙运巴士有限公司提供到北大屿山和机场的巴士服务，运营19条巴士路线，共有167辆双层空调巴士；⑤新大屿山巴士有限公司在大屿山运营23条巴士路线，共有108辆单层巴士，主要为夏季、周末及公众假日的消闲旅行提供服务。

小巴：小巴指乘客少于16人的小型巴士，香港全区的小巴最大数量限定为4350辆。红线小巴营运时间机动可变，可以在任何路线运营，除特别限定外，票价灵活。截至2013年年底，香港共有1263辆红线小巴。绿线小巴有预订的营运计划，路线及票价固定，票价一般比大巴高。香港岛有71条绿线，九龙有78条绿线，新界有197条绿线，共有3087辆小巴运营。红线小巴每天客流量约34.8万，绿线小巴每天客流量约151万。

有轨电车：1904年起，有轨电车开始在香港运营。香港电车有限公司在沿香港岛北岸16km长的轨道上运营八条线路，共有161辆双层电车。另外一家是电缆牵引列车，自1888年由山顶缆车有限公司运营，这条1.4km长的缆车路线由中环花园道总站到山顶凌霄阁总站，途经四个车站，主要服务于旅游者及当地观光游客。

轮渡：香港共有14家持照轮渡运营公司，提供32条常规客轮服务线路。从1898年起，天星小轮有限公司提供来往于香港岛和九龙之间的天星小轮服务，定期在早上6:30和晚上11:30之间运营。香港小轮（集团）有限公司，则提供其他定期廉价轮渡服务，往来于香港岛和九龙半岛其他部分及周边岛屿。

出租汽车：在香港公交系统中，出租汽车地位至关重要，提供便利个人化点到点交通服务。2013年，香港共有18138辆出租汽车，其中15250辆为红色市区的士（服务于香港岛及九龙），2838辆为绿色新界的士，50辆为蓝色大屿山的士。

轨道交通：1979年，香港第一段地铁投入运营。到现在，每天乘客434万人次，早上繁忙时段，每小时的单向轨道列车载客量超过75000人次。香港一年约有8亿人次搭乘地铁，地铁成为香港市民及外来旅客往来港岛及香港各区不可或缺的交通工具。若以每公里地铁线路接载的乘客量计算，香港超过5万人次，东京为3.7万人次，首尔为2.7万人次，新加坡为0.91万人次，伦敦地铁只有0.64万人次，从这个意义上讲，香港地铁是世界上效率最高、也是最繁忙的地下交通线。香港每天有超过30%的本地客运依赖铁路，而利用铁路过境的旅客更超过80%。

4）车辆限制政策

居民在享受充足公交服务的同时，在香港拥有和使用私有汽车的费用非常昂贵。香港是世界上私有汽车（购车后）拥有及使用花费最高的城市之一，这些花费包括首次登记税（亦即购置税）、年执照费、保险费、燃油费和泊车费。

香港没有本土的汽车工业，所有车辆都是进口车。所有香港进口车辆不论是公司用车或私人用车、新车或旧车，都不征收海关税。然而，按照香港机动车法规（330章，购置税），所有在香港公共道路行驶的车辆都需要注册并领取牌照，表4-2列举了香港各类汽车的购置税，牌照费每年或每四个月起征收，香港的车辆登记税平均为50%。

香港的车辆首次登记税，2006年 表4-2

车辆种类	首次登记税/车辆税收价值
私有小汽车	35%~100%
摩托车	35%
货车	15%
厢式轻型货车（载重不超过1.9t）	35%~85%
厢式轻型货车（载重大于1.9t）	17%
其他车辆	4%

资料来源：中国香港政府，2006.

注：一般而言，车辆的税收价值是车辆的公布零售价格，或者香港海关临时估价。然而，任何安装的豁免部件（比如空调、防盗设施或音响设备）或者附带的非厂家保修服务不被计算在车辆的税收价值内。

研究者（Hau，1999）研究了财政限制措施对于私家汽车及摩托车拥有率的影响。在绘制出汽车数量随时间变化的曲线之后，他观察到当实施重大私车拥有限制措施（不包括货车）时，曲线分别在1974年和1982年有大的波动。在1974年，车辆数量开始下降，并在1976年到达低谷。1976年后，这种下降的趋势有所扭转，汽车数量开始回升，在1978年超过1973年高峰时的汽车数量。1982年后的曲线显现了类似但持久的下降趋势。从1982年起，香港的汽车数量开始从顶峰下降，直到1990年才得以恢复，为时已经是实施财政限制措施（1982年）的八年之后了。很明显，由于1974年及1982年实施的两大私车限制拥有措施，战后香港私车数量的上升势头才得以抑制。

上述研究同时发现，通过征收车辆首次登记税及年执照费等财政措施来抑制私车拥有率，主要在中短期有效。随着收入的提高，这些财政措施的效力逐渐减小，为了保持其影响力，车辆首次登记税及年执照费必须随收入水平提升而增加。这也正是香港交通部门一直执行的政策。另外，动态的道路使用管理，如电子道路收费等，也在研究中。

5）车票制度

公交车票的定价技术和政策也对"地铁+物业"模式的成功起到积极作用。港铁和九铁的票价都是由距离决定的，起点站和终点站之间的每个中间站另有加价。成人票价从4元到36元港币不等。儿童、老人和学生可以享受特价车票，一般是成人票的一半，票价从3元到18元港币不等。轻轨系统按区间对单票乘客确定票价，共有六个区间，成人票由4元到5.8元港币不等，特价车票由2元到2.9元港币不等。

关于车票制度方面，值得一提的是八达通卡。八达通卡是一个遥控智能卡，1997年9月起投入使用，在香港公交系统得以广泛使用。八达通卡不仅可以用于港铁和九铁，还可用于公共汽车、轮渡、部分小巴路线、有轨电车及山顶缆车。为了鼓励居民使用八达通卡，除了机场专线外，其他线路票价都对八达通卡用户有所优惠（相对单票乘客票价）。

6）综合规划和支持的土地批准政策

1990年代初期开始，香港就将铁路拓展作为整个市区发展计划的重要内容。新铁路线被延伸到欠发达地区，以推进规划新区的发展，安置不断增加的人口，实现城市的协调发展。例如，中国香港地区政府在新界规划建设的新市镇，选址于正在开发的通勤铁路线的新站点上。这种综合规划降低了香港小汽车的拥有量，并在最大程度上提高了就业中心的通达性。这种做法使更多的土地得以预留给新站点发展区，提供了更多的发展机会。不仅如此，香港行政部门还授予港铁规划、开发和管理车站周边地产的权利。港铁这样的铁路公交机构已经不单是公交营运者，同时变成了有力的土地开发商，并在香港城市规划及开发中扮演了重要角色。

7）高质量的设计：拓宽TOD（公交导向式土地开发模式）的界限

一般而言，TOD的范围是以行人由站点往外发散步行5～10min（400～800m）的距离来定义的。通过创新的设计，香港的实践打破了这个传统的模式。港铁几个车站周围的人行道系统提供了绝佳的实例。图4-5和图4-6所示的是湾仔地铁站及其北面的街区。该站位于香港岛北面密集开发带的中部。车站北部是居住、商业服务、行政及公共建筑混合用地，主要建筑有香港移民大楼、湾仔区政府以及香港会展中心；站点南部则主要是商业、服务业及居住用地。受香港岛地形因素影响，该区主要干道为东西走向，地铁站的可达性沿东西方向也较好，南北向的步行可达性则较差。湾仔站到香港会展中心直线距离约为400m，但心理距离远大于

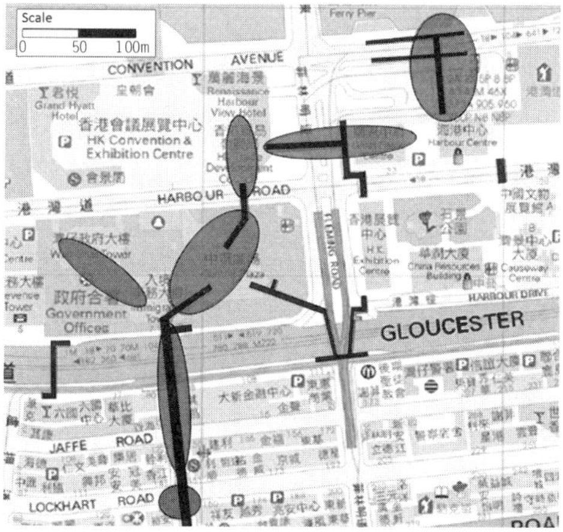

图 4–5　港铁湾仔地铁站及人行道系统

（资料来源：作者自绘）

图 4–6　香港湾仔地铁站，站区人行道

此，因为其间有 5 条城市干路穿越。为减少地面层步行与机动车交通的冲突，并改善湾仔站南北向的步行可达性，逐步建立和完善了一个立体的步行道网络系统。这个系统利用政府大楼或商店、宾馆等建筑物的大厅和走廊，与人行天桥等设施衔接成一体，提供了一个连接站点与相邻地区设施的全天候步行环境。乘客可通过该系统从湾仔站步行至渡船码头，乘坐轮渡到九龙。尤其值得注意的是，政府和商业建筑内的电梯、自动扶梯和厕所都是对公众开放的，极大地改善了步行环境与舒适度。

金钟地铁站也有类似的步行系统，它与地面机动车交通分离，并连接商店、办公楼大厅（图 4–7）。当距离站点很远时，乘客也能够看到地铁标志、地图或导引。这些设计元素让地铁乘客生成一种“到达感”，有助于减少步行心理距离。

图 4–7 香港金钟地铁站

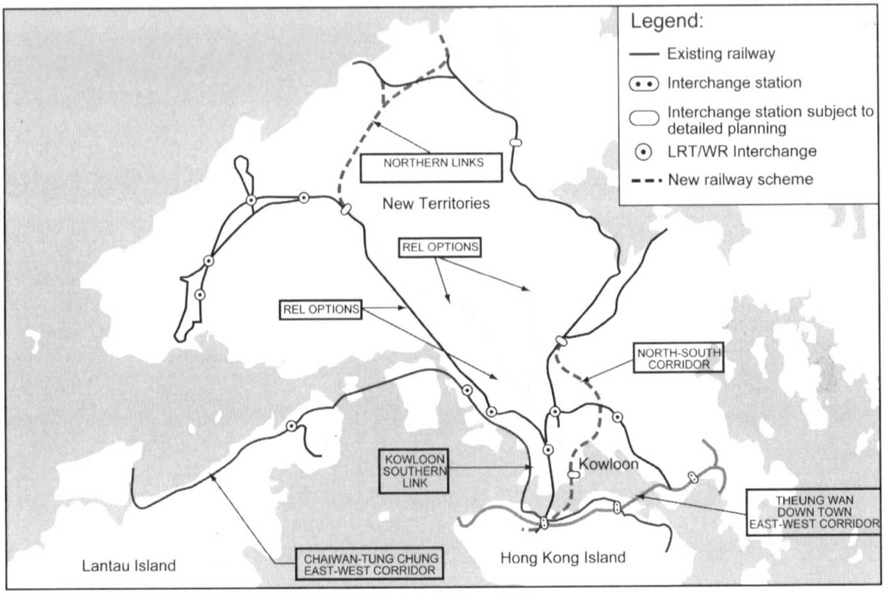

图 4–8 香港未来铁路公交规划
（资料来源：香港政府，2006）

6. 未来系统计划

2000 年 5 月 16 日，香港地区政府公布了《2000 年铁路发展策略》（图 4–8），为下个阶段铁路拓展规划和实施描绘了蓝图，并预计在 2008 ～ 2016 年之间完成。这个蓝图计划用近 1000 亿港币的总投资，建设 5 条新的客运列车线，分别是：九龙南线、沙中线、港岛线延线、北环线、区域快线和一条港口货运铁路线。根据这个计划，规划的铁路拓展项目竣工后，香港的铁路系统将在250km的铁路线基础上增长至少70%，超过70%的居民和超过80%的工作岗位将会在铁路车站步行距离之内。铁路客流在公交系统总客流中所占的比重将会比2000年提高近45%。

7. 典型的“地铁＋物业”模式的应用——香港青衣车站案例分析

香港青衣车站（Tsing Yi Station）是香港港铁东涌线和机场快线上的一个换乘站（图4-9）。

青衣站原址为船舶修理厂，有油库、船坞等设施。在香港地铁路线中，东涌线和机场快线都经过城市新区，可以充分发挥轨道交通对城市功能空间拓展的引导作用，促进地铁站周边土地大幅增值。因此，港铁公司通过联合开发，把青衣站与上盖物业共同开发成为大型的商住综合体。

青衣站的建设与物业开发息息相关，在很大程度上地铁站的乘客同时也是上盖物业的客源，两者相互促进。据统计，在青衣城未开业之前，该站的客运量每天仅为1万人次，而商场开业后逐渐增加至每天4万多人次，不仅带动了商场的客流，还增加了地铁的营运收入。可以说，青衣站是香港“地铁＋物业”模式的一个典范。

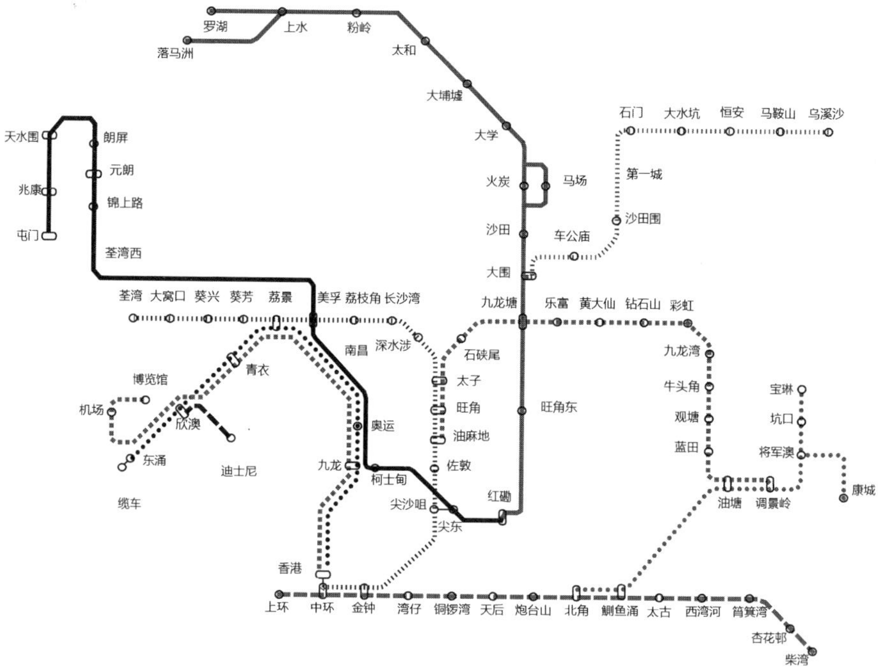

图4-9 香港港铁线路图

（资料来源：香港铁路有限公司网站 http://www.mtr.com.hk/）

1）车站发展状况

青衣站位于青衣岛上。青衣岛是香港新界葵涌西面的一个岛屿，面积约 10.69km^2，是香港市区中的一个大型住宅区，人口约 20 万人（图 4–10）。1998 年 6 月 22 日，港铁东涌线通车，青衣站正式启用，同年，连接赤鱲角新机场的机场快线也建成通车，与东涌线合线途经此站。

地铁线的通车使得青衣岛与其他城区连通性增强。青衣站是岛上唯一的轨道交通站点，为岛上 20 万居民提供服务。约有 4 万名居民住在离车站 15min 的步行距离内，其余的岛上居民通过便捷的转驳巴士往返此站。

青衣站位于赤鱲角机场与港岛中环的中点，也是游客从赤鱲角机场去往香港市中心的必经之处。由青衣站乘搭机场快线前往位于中环的香港站只

图 4–10　青衣城区位图

（资料来源：作者改绘自青衣城网站）

需11min车程，往机场也只需12min。由于青衣站位于青衣市中心，其上盖物业青衣城作为岛上最大型的购物中心，对游客具有极大的吸引力，使得青衣站成为通往新机场和香港各区的交通枢纽。游客可以利用青衣站换乘东涌线，直接往返于机场与港岛、九龙、新界、离岛区及亚洲国际博览馆等地。

由于青衣城商场人流旺盛，加上周边住宅楼宇林立，目前，青衣站的乘客量已居于东涌线之首。

2）青衣站大型商住综合体

青衣市中心大致上位于青衣地区东北面，与新界葵涌隔江对望。结合青衣站，市中心汇集了区内重要的公共设施、商业设施及交通设施，如青衣城、公共图书馆、综合大楼、青衣公园、海滨公园、运动场、渡轮码头以及巴士总站等。

青衣站作为岛上唯一的地铁枢纽站，其交通设施十分密集，而且位于市中心，地价昂贵。为了更有效地利用有限的土地资源，需要将各种设施的功能综合协调。港铁公司采取紧凑集约的开发模式发展青衣站物业，以公共交通枢纽为核心发展上盖物业，建设一体化的大型商住综合体，希望以联体建筑的模式，提供可容纳近万名居民的理想住所（图4–11）。

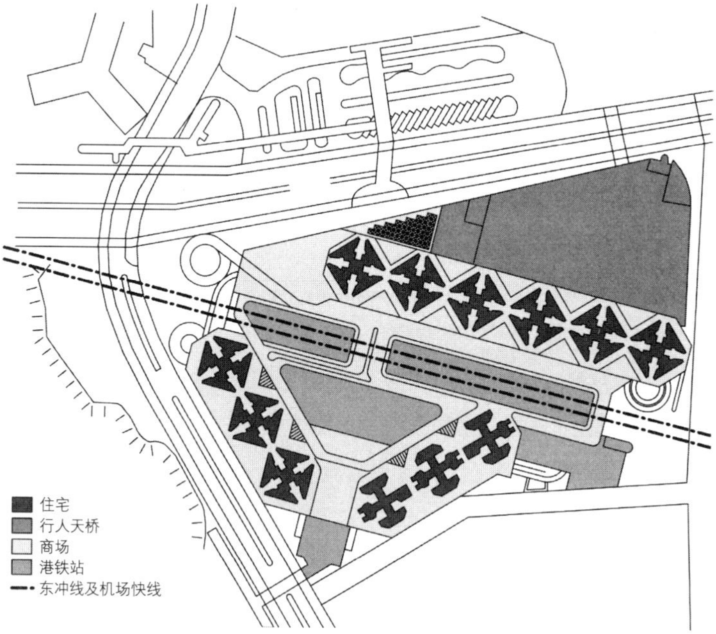

图4–11　青衣站平面图

（资料来源：改绘自MTR，2008）

青衣站物业发展总占地面积约 5.4hm^2，总建筑面积达 291870m^2，容积率高达 5.4，主要建筑分为两大部分：

（1）青衣城（Maritime Square），一个 4 层的购物中心，占地约 55544m^2，建筑面积达 46170m^2，其每层均与地铁站连通，使地铁与商场的连接非常紧密。在青衣城，可以一站式完成餐饮、购物、娱乐等活动。

（2）盈翠半岛住宅小区，以青衣城为基座在其上方建设 12 幢住宅大厦，提供 3500 个住宅单元，呈围合状分布，拥有面积宽阔的平台花园，融合了公共空间、小区设施和康乐设施。

青衣城和住宅小区之间设置有停车场，提供 920 个停车位，地面还设有巴士、小巴和的士的交通枢纽点，使之与周边设施更为紧密结合。

自 1999 年年初青衣城开幕以来，已成为岛上最大的购物中心，也是最靠近大屿山旅游景点的大型购物商场，无论对附近居民还是来自区外的消费者都极具吸引力。每逢假日，青衣城里必然人山人海。

而盈翠半岛住宅小区公共康体设施配套完善，周边地区有游泳池、运动场、大型公园和海滨公园等设施，且直接位于地铁站上盖，楼价得到大幅增值，已于 2000 年全面入住。

目前，青衣站已发展成为大型的商业活动中心，是青衣岛的主要地标。

3）以地铁站为核心的立体交通系统

青衣站的交通十分便利，不仅是东涌线和机场快线的交会处，在其北面还有巴士总站，周边有众多的小巴站，约有 20 条巴士和小巴线路途经青衣站周边。

为适应这个大型商住综合体产生的复杂交通流，为周边居民营造便利的步行环境，提高公交设施的可达性，青衣站物业发展以地铁站为核心，建构起一体化的立体交通系统，形成紧凑、高效、有序的交通组织模式。

青衣站是一个架空车站，总共有 6 层，其中 1 ~ 4 层均与青衣城商场共设。为增加商场的客流，地铁公司特别在站厅加设与商场的连接出口，即在青衣城的一楼及三楼设有通道连接青衣站，加强了青衣站与青衣城之间的横向联系，发挥“1 加 1 大于 2”的协同效益，造就了青衣城的繁荣。

此外，青衣站还通过横向和竖向的交通组织，以地铁站为空间组织核心，加强与周边设施的联系。各层均以扶手电梯连接，并设有四部升降机。

（1）地下层，设有私家车上下客区及地铁站 C 出口，主要服务于周边的青敬路、香港小童群益会、海欣花园和翠怡花园。

（2）一楼，北面为巴士总站，是该区主要的公交换乘站，设有东涌线服务大厅。作为青衣站的地面层，分设有3个出口——A1出口、A2出口和B出口，分别与巴士总站、青衣城和青衣运动场连通。由于车站出口处即是公交车的汇集之处，使得出行与换乘都十分方便。

（3）二楼、三楼，是机场快线和东涌线的月台。由于机场快线与东涌线设有两套独立的收费系统，所以虽然两条路线轨道并排排列，但其月台及大堂都不互通，之间的换乘采用上下层方式。二楼设有机场快线大堂，三楼设东涌线大堂，并以F出口直接连接青衣城。

（4）四楼、五楼，分别设有停车场。

（5）六楼，以花园平台的形式与盈翠半岛相连，居民可以通过青衣站四楼的上层出入口进出青衣站。

4）成功经验

青衣站是香港“地铁＋物业”模式的成功典范。对于中国一些发展用地局促的地区发展公共交通枢纽，青衣站紧凑集约的开发方式，具有很好的借鉴意义。成功经验可总结为以下两点：

首先，高开发强度的商住综合体建设，大幅提升了土地价值。

青衣站物业建设用地是青衣岛市中心的一个地块，面积仅5.4hm^2，物业发展为高强度的综合建筑体，这是一种真正意义上的地铁上盖物业。香港地铁广泛采用此种开发方式，它们都具备相似的特征：底层可换乘公交车站或者铁路站，与之相联或上面二至三层为商业建筑，在建筑的裙房上是围合的高层居住建筑。

青衣站整体物业就是结合地铁站建设青衣城，使地铁与商场的连接非常紧密，混合发展餐饮、购物、娱乐等功能；并以青衣城为基地，在其上方建设由12幢住宅大厦组成的盈翠半岛住宅小区，从而使青衣站发展成为商业和住宅的综合建筑体，容积率高达5.4。这种高强度综合建筑体的开发模式，有利于以轨道交通车站为核心，利用有限土地资源，并紧密联系周边各种设施。

其次，以轨道交通建设促进城市的旧城改造。青衣站原为船舶修理厂，轨道交通建设站点周边土地增值。由于在青衣站采用了浮动铁轨技术，地铁穿越住宅区也未造成噪声污染。通过青衣站物业综合一体化开发，与原有周边的公共设施紧密结合，使地块重新获得活力，逐渐成为青衣岛市中心大型的商业活动中心。青衣站的开发在香港旧城改造方面起到了先导作用。

参考文献

[1] 维基百科——青衣站.
[2] 维基百科——盈翠半岛.
[3] 香港铁路有限公司网站 http://www.mtr.com.hk/.
[4] 港铁公司. 青衣站车站指南 [M].
[5] 青衣城网站 http://www.maritimesquare.com/.

案例2 私营投资模式：日本东京中城案例分析

与中国香港地区政府部门主导的“地铁+物业”模式不同，在东京都市区轨道沿线的土地开发大部分由私营财团独立投资开发。由于铁路运营和土地开发均会带来丰厚的利润，日本私营财团向来热衷于在东京投资修建城市铁路并开发沿线土地。这种由私营财团主导的城市铁路与郊区土地联合开发的模式被称为“东京模式”,使公共部门和私营财团都能从中获益，达到双赢效应。

在日本城市铁路和公共交通的运营可使财团获得一定的收益，但更大的利润来自于铁路建设所产生的沿线土地价值的增加。尤其是在东京中心区，城市铁路沿线土地开发非常活跃而且收益显著，吸引私营财团竞相投资，与六本木地铁站直接相连的东京中城项目（Tokyo Midtown Project）就是这样一个投资热土。

1. 城市发展背景

东京，是日本首都，日本的政治、经济和文化中心。东京总面积为2162km^2，约有1255万人口。在这个占日本总面积1/100不到的土地上，却居住有日本总人口的1/10，可见东京是一座人口高度密集的城市。整个东京都市区（包括横滨等周边都市）总人口更高达3375万，是全球最大的都市区。

东京位于日本本州岛东部，东南濒临东京湾，通连太平洋，一直是日本的海陆空交通枢纽，同时是亚洲金融、贸易等经济活动要地，近年来还成为亚洲流行文化的传播中心，是各种物资与各类资讯的集散地。

东京还是日本最大的工业城市，全日本资本在50亿日元以上的公司，有90%集中在东京，日本各大银行或总行或主要分行都设在东京。

东京在发展的同时，注重保留其有价值的历史文物和古迹，以及一些传统仪式、活动，使现代与传统得到共存，也使东京成为世界著名旅游城市之一。其中，市中心的银座、新宿、涩谷、原宿、池袋等繁华商业区和东京湾的台场都是东京主要的旅游区。

按市区人口计算，2004年度东京市的GDP为7848亿美元。英国罗兵咸永道会计师事务所的调查表明，东京已成为世界上最富有的城市之一。

2. 以私营轨道线路为主的公交系统

与东京发达的经济环境相适应，其公共交通系统极其发达，尤其是轨道交通系统。目前，轨道交通已成为整个东京都市区公共交通的骨架体系，在市区与郊区的连接及远郊区的放射线方向上，更是占据主导地位。由于路面交通堵塞严重，公车巴士仅能作为辅助性工具。

1）轨道交通系统

东京共有35条轨道交通线路，作为城市公共交通的骨架体系，纵横交错，覆盖东京的每一个角落（图4-12）。其轨道交通线路也是世界大城市中最长的，约有2100km，年运量在100亿人次以上，承担了东京全部客运量的86%。而在高峰时段，城市市中心区91%的人乘坐轨道交通工具，而小汽车的分担率仅为6%。

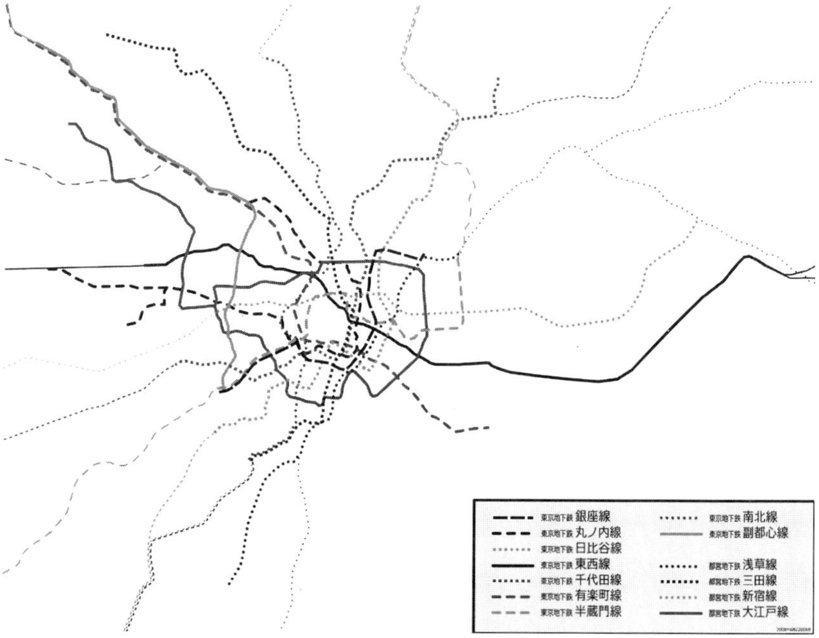

图4-12 东京地下铁路线图

（资料来源：互动百科 http://tupian.baike.com）

与其他很多大城市不一样，东京轨道交通系统的经营并不是一家公司独营，而是由30家经营者共同经营，其中13家是私营企业，私营线路约占52%。在追求利润的企业动机下，这些企业利用各种新颖的设想积极建设和运营城市轨道网络，并在服务质量上相互竞争，带来了东京轨道交通的繁荣发展。

主要轨道交通工具有三种：JR线、地下铁和私铁。线路分布已形成三圈层形式：在内圈层，即都心范围，由众多的地下铁路线提供服务；都心外围以JR线环绕行驶；外圈层是在环绕都心行驶的JR线外侧呈放射状的多条私营铁路线。

（1）JR线（Japan Railway Line）

原本简称为国铁，由国有企业管理，后因长年亏损，于1987年4月改组为7家公司私人经营。共有9条线路，其中环绕都心行驶的是呈环状的山手线，穿越东京大部分主要城区；而京滨东北线部分走向与山手线一样，主要连接南边的川崎、横滨和北边的浦和、大宫；中央线和总武快速线则贯穿山手线这条环状路线，横贯都市区中心；连接中央线和总武快速线之间的是中央·总武缓行线；另外，还有东海道线、埼京线、京叶线和武藏野线。各条路线的车辆以不同颜色进行区别，有助于搭乘民众辨识，方便乘车换车。

（2）地下铁

共有13条地下铁路线，主要服务于中心区域，分别由两个不同的企业经营，其中由东京地下铁股份有限公司（东京地下铁株式会社）所经营的路线为“东京地下铁线”（原称“营团线”），包括银座线、丸之内线、日比谷线、东西线、千代田线、有乐町线、半藏门线、南北线和副都心线等共9条路线；由东京都交通局经营的路线则称为“都营线”，有4条路线，包括浅草线、三田线、新宿线和大江户线。

（3）私铁（私营铁路）

私营铁路与JR线相对，是由私营铁路公司经营的，主要联系都心与外围郊区，呈放射状分布，共有13条线路，包括西武铁道、东武铁道、东京急行电铁、京滨急行电铁、京成电铁、京王电铁、小田急电铁、东京临海高速铁道（临海线）和首都圈新都市铁道（筑波快线）。

除此以外，还有新都市交通的新交通百合鸥号无人驾驶电车路线，以及东京单轨电车、多摩都市单轨电车和迪士尼度假区线3条单轨铁路。

2）公车巴士

公车巴士的主要作用是为JR和地下铁无法行驶的地区提供公交服务，

路线众多，且站和站之间距离较短，大多以铁路车站或重要地点为端点站或主要换乘站。但由于道路经常堵塞，难以控制出行时间，越来越少的乘客选择乘坐巴士。

3. 东京中城的私营投资模式

东京中城项目位于东京都心繁华的六本木地区，是一个多功能都市开发计划区，也是近年来日本“城市再生”计划的一次大规模实践。经过以日本最大的地产业者——三井不动产为首的六家私营财团的联合开发，东京中城发展成为一个由大面积的绿化和6栋建筑构成的新型复合型城市，汇集商务、居住、商业、文化娱乐等多种城市功能。

1）项目发展背景

东京中城项目所在地原先由日本防卫厅（the Japan Defense Agency）所占用，直到2000年5月防卫厅搬迁，空出了这块约7.8hm^{2}的用地。中城位于东京赤坂区九丁目，赤坂（Akasaka）地区一直是居住与商业中心——大量的公司总部和一些外国使馆都设在该地区。而且中城与永田町(Nagatacho）区、东京政府中心和著名的夜生活区六本木（Roppongi）毗邻，并与通行三条不同的地铁线路的“六本木地铁站”直接相连（图4-13）。因此，中城

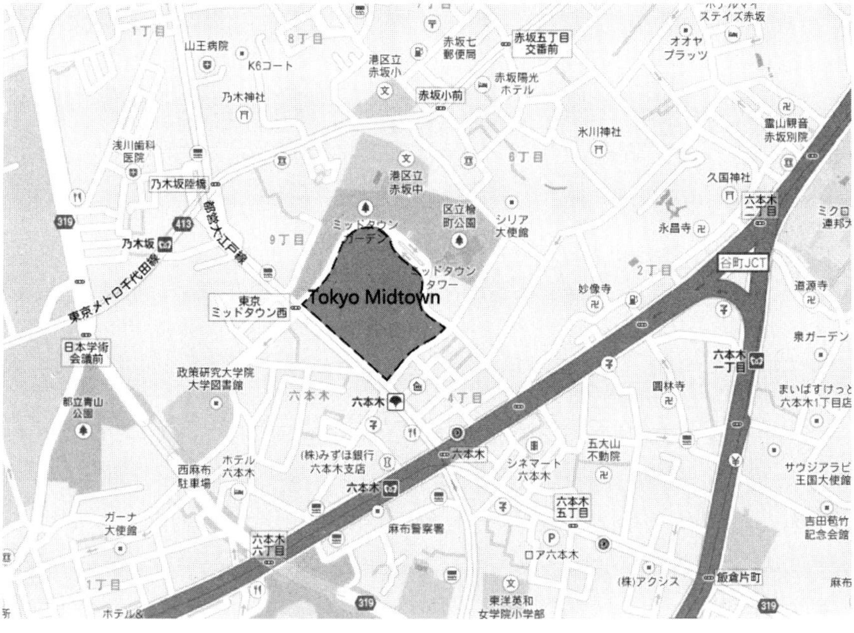

图4-13　东京中城区位图

（资料来源：http://www.tokyo-midtown.com/cn/maps_directions/）

是东京市中心区难得的一块可开发用地。2001年4月，政府确定了包括该旧地在内的10.1hm^{2}的东京中城项目，作为东京“城市再生”项目的一部分。

2）私营财团投资开发历程

“城市再生”是日本政府为复苏经济及纠正市区发展不良的问题，于2001年起推出的一项旨在提升包括经济、文化、环境及居住方面在内的城市功能的政策。为刺激国家经济复苏，城市再生项目必须吸引私营财团投资，因此，为了鼓励私营财团参与东京中城项目投资，政府在制定的土地利用基本构想基础上，于2001年5月邀请有意向的私营公司/发展商提交招标书，出价最高者最终获授重建地区的权利。同年9月，最终确定以三井不动产为首的六家公司联合体中标。这六个公司包括三井不动产、全国共济农业协同组合联合会、安田生命保险（现在的明治安田生命保险）、富国生命保险、积水房产和大同生命保险（现在的大同人寿保险）。

该联合体中标的发展计划被称为东京都政府的“赤坂9丁目地区规划”。中标后，土地所有权于2002年2月由政府所有转移到该联合体。同年7月，东京都政府指定9丁目地区（曾经是日本防卫厅的位置）为“优先城市发展区”（PUDA）。并于2005年5月确定为“私人市区再开发项目”，并开始建设，2007年1月完成该项目（表4-3）。

东京中城项目的时间轴　　表4-3

时间	进程
2001年9月	截止投标和竞标
2002年2月	转让土地所有权
2002年7月	指定优先城市发展区
2003年9月	开发许可证颁发
2003年10月	开始对现有树木进行移栽
2004年3月	指定园景区
2005年5月	确定为“私人市区再开发项目”开始建设
2007年1月	完工

资料来源：Tong Suk Chong.The Urban Redevelopment Policy in Tokyo：Case Studies of Roppongi Hills and Tokyo Midtown Projects [Z]，2007：10.

Mitsui Fudosan Co., Ltd. History and Development [EB/OL]. Tokyo Midtown Official Website，2006. http://www.tokyomidtown.com/en/about/development.html.

联合体全程负责东京中城的开发建设。在东京市区的再开发项目中，私营部门都必须与项目有关的利益相关者进行谈判，特别是当地居民，以获得产权，并在没有任何公共部门调解的情况下执行发展计划。这需要获得与项目有关的2/3土地业权人的同意——《都市再开发法》赋予了他们这项权益（Minerbi，1986）。[①] 然而，东京中城项目并不用经过这个痛苦的过程，因为从一开始这片土地就是归政府所有，供军方办公之用。并且划定为“优先城市发展区”（PUDA），也推动了开发进程的顺利开展。

但是项目的建设费用很高，估计总费用为30亿美元[②]，全部由联合体承担。其中前日本防卫厅场地的交易费用排在日本最昂贵房地产交易的第十五位（15.38亿美元）。[③]

3）土地利用规划与设计

东京中城整个规划区面积为10.2万 m^2，其中建筑占地约6.89万 m^2。

以三井不动产为首的联合体自中标以来，就一直有强烈的意愿，把该项目建设成为一个能够代表日本最高水准的项目，因此举办了国际设计竞赛，以引入更多的国际设计理念。

最终，采用城市建筑一体化的设计方法，由地块南面6栋相互连通的建筑楼构成了城市综合体（图4-14）。其中中城大楼（Midtown Tower）为地标建筑，这是一座地下5层、地上54层的摩天大楼，总体高度达248m，超越了六本木新城森大厦和东京都厅舍成为东京都内最高的建筑物。

（1）多种城市功能混合

这个综合体中包括医疗中心、设计中心、会议中心、奥克伍德总理（Oakwood Premier）公寓式酒店、三得利（Suntory）美术馆、拱廊街（Galleria）、中城公寓、丽思卡尔顿（Ritz-Carlton）酒店、21/21 Design Sight美术馆等多种设施。

东京中城总体土地利用涵盖居住、购物、医疗、绿色/开放空间、商业、办公和艺术等多种城市功能。其中，办公用地和居住用地为主体，分别占总体用地的55.2%和20.8%（表4-4）。

---

① Minerbi Luciano, et al. Land Readjustment, the Japanese System: A Reconnaissance and a Digest[M]. Boston: Oelgeschlager Gunn & Hain in Association with the Lincoln Institute of Land Policy, 1986.

② Sankyo Estate. Location Spotlight: Roppongi Hills and Tokyo Midtown[EB/OL]. 2008. http://www.sankoestate.com/market_info/roppongi/html.

③ Nikkei Publications Business Press Release. Top 30 Deals in Japanese Real Estate Market[Z], 2007: 2.

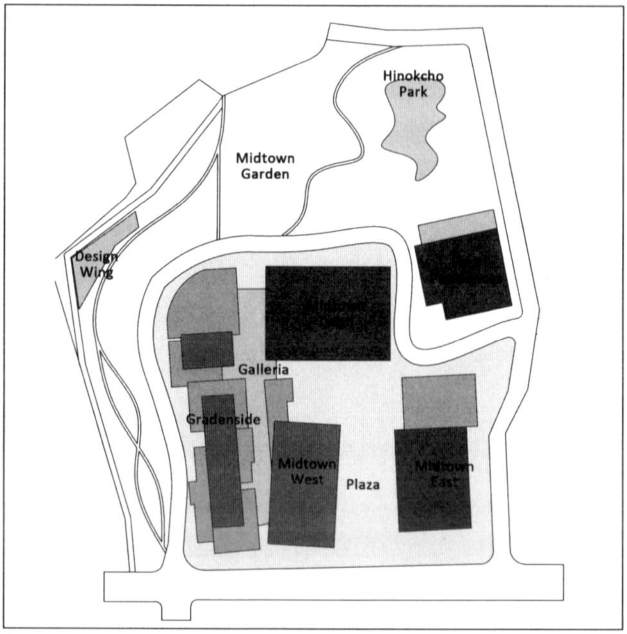

图 4-14　场地规划图

（资料来源：作者改绘自 http://www.mitsuifudosan.co.jp/）

土地使用占地面积　　表 4-4

用地类型	面积（万 m^2）	百分比（%）
办公	31.12	55.2
居住	11.75	20.8
酒店	4.38	7.8
商业	7.10	12.6
其他	2.03	3.6
总计	56.38	100

资料来源：Mitsui Fudosan Co., Ltd. Tokyo Midtown：Complex Redevelopment at the Site of the Former Self Defense Agency in Roppongi [Z], 2007.

中城的三座建筑——中城大楼（Midtown Tower）、中城东楼（Midtown East）、中城西楼（Midtown West）均提供了大量的办公空间。办公室租户有很多种，从医疗部门到FIRE企业（包括金融、保险、房地产），主要租户是思科（Cisco）系统公司、雅虎（Yahoo）日本公司、RGA美国再保险有限公司、格唯尔（Goodwill）人力公司、富士（Fuji）胶片公司、施乐（Xerox）有限公司和科乐美（Konami）公司（表4-5）。

办公单元的租户构成 表 4–5

中城大厦	思科系统公司（Cisco Systems Inc.） 史密夫律师事务所（Herbert Smith LLP） 三井不动产销售有限公司（Mitsui Real Estate Sales Co., Ltd.） 日兴资产管理有限公司（Nikko Asset Management Co., Ltd.） RGA 美国再保险有限公司（RGA Reinsurance Company） 道富信托银行有限公司（State Street Trust & Banking Co., Ltd.） 骏河银行有限公司（Suruga Bank Ltd.） 格唯尔人力公司（The Goodwill Group Inc.） USEN 公司（USEN Corporation） 雅虎日本公司（Yahoo Japan Corporation）
医疗中心	KRAFT 公司（KRAFT Inc.） 东京中城医药有限公司（Tokyo Midtown Medicine Co., Ltd.）
设计中心	九州大学（Kyushu University） 日本平面设计师协会（Japan Graphic Designers Association Inc.） 日本工业设计促进协会（Japan Industrial Design Promotion Organization）
Town Support	理索纳银行有限公司（Resona Bank Ltd.） SBS 有限公司（SBS Logitem Co., Ltd.）
中城东楼	科乐美公司（Konami Corporation）
中城西楼	富士胶片公司（FUJIFILM Corporation） 富士施乐有限公司（Fuji Xerox Co., Ltd）

资料来源：Mitsui Fudosan Co., Ltd. Tokyo Midtown: Complex Redevelopment at the Site of the Former Self Defense Agency in Roppongi [Z], 2007.

关于居住用地，根据 2002 ~ 2003 年东京都政府对港区（Minato-ku）——东京中城所在地的土地利用调查，该区有 58.3% 的用地是用于城市活动的。而在这些城市活动地区，相较于商业比例（38.8%）和公共用地比例（26.6%），只有 29.5% 的用地用于住宅用途。

但东京中城内却提供了 410 个住宅单位和 107 个服务型住宅单位——居住用地面积为 11.75 万 m^2，主要位于公园公寓的丽思卡尔顿酒店及东京中城东楼（图 4–15）。这两栋大楼都配备有各种住宅服务设施，如健身中心、礼宾服务、宠物美容区、天台花园等。五星级酒店提供的高端服务以及与地铁站的邻近（通过地下室与地铁站直接连接），成为这些住宅单位突出的吸引点。

而为了促成热闹繁荣的氛围，大部分建筑的低层部分与被称为“拱廊街”（Galleria）的购物中心都提供了大量的商业空间，共拥有 130 家店铺和餐馆。

图 4-15　东京中城

（资料来源：http://www.tokyo-midtown.com/en/）

（2）高达 40% 的绿化率

然而，东京中城最显著的地方并不是这些建筑，而是在于如此寸土寸金的东京市中心拥有高达 40% 的绿化率。

即使在以前日本防卫厅占据此地时，桧町公园就一直是周边地区的市政公园。在项目开发之初，政府列出的条件之一就是在重建项目竣工后须对公园进行保育，发展商可获地公园的土地权，但公园须向公众开放。因此，该项目保留了原有的公园，并把其他一些额外空间融合起来创造更多的绿色空间，形成地块北面近 $5hm^2$ 的绿地，包括桧町公园、中城庭园和草坪广场。在 2003 年项目建设前，原防卫厅办公大楼周围的樱花和樟木等 140 棵古木也被保留原地或被移植在中城庭园里。

桧町公园建筑物的设计也突出“自然精神”，通过巧妙的建筑设计与绿地融为一体，营造出远离都市中心的郁郁葱葱之感，创造出心旷神怡的空间。在这里，市民可以在城市中享受大自然。

（3）“设计”的开发概念

此外，为了达成开发联合体“建设代表日本最高水准项目”的意愿，整个项目的设计通过举办国际设计竞赛，组成强手云集的设计团队——

Skidmore、Owings & Merrill（略称 SOM）为总建筑师，日建设计负责配合实施，EDAW Inc. 主导景观设计，商业设施设计由 Communication Arts. Inc. 和隈研吾建筑都市设计事务所承担，而住宅楼设计由坂仓建筑研究所承担，其外观设计由青木淳建筑规划事务所指导。另外，安藤忠雄建筑研究所和日建设计共同设计“Design Wing”。众多建筑师、设计师的加盟，使东京中城的建设汇集多种出类拔萃的个性，具有独特的艺术气质。

而且该项目入驻众多艺术设计机构，包括三得利美术馆、21/21Design Sight 美术馆、东京中城设计中心（DesignHub）和富士 Xerox 艺术空间等，都是享誉全球的艺术机构。项目内还有九州（Kyushu）大学、日本平面设计师协会、日本工业设计促进组织和国际设计联络中心等多个设计相关机构。由此东京中城被誉为“日本设计的发源地”。

（4）便利的公交系统

东京中城与现有的六本木地铁站直接相连，可便利搭乘四条不同的地铁线路——东京地下铁日比谷线（Hibiya Line）和都营大江户线（Oedo Line）通过“六本木站”向中城直接开口连接；而东京地下铁千代田线（Chiyoda Line）的“乃木坂站”和南北线（Namboku Line）的“六本木一丁目站”可经过 3 ~ 10min 的步行路程到达中城（图 4–16）。地铁线运输频率为平均每 2min 一个班次。

为便利出行，中城还提供了 800 个车位。[①] 它们都采用地下或塔式车库停车场，这种形式对行人的通行不会造成阻挡。一个有趣的现象，在东

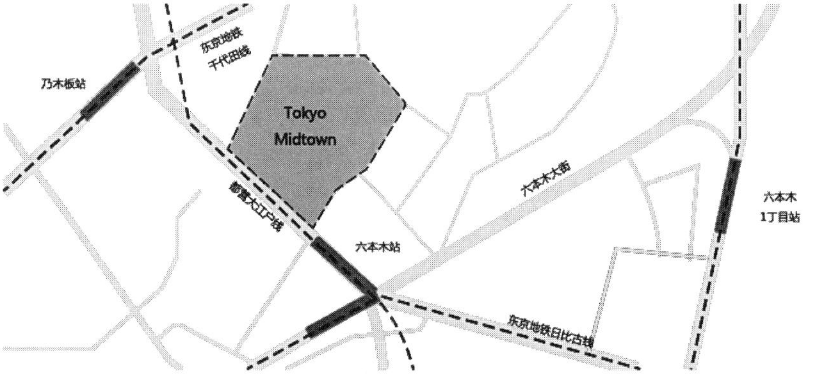

图 4–16　东京中城周边地铁站分布

（资料来源：作者改绘自 http://www.tokyo-midtown.com/en/）

① http://www.mitsuifudosan.co.jp/english/home/news_20050201.html.

京中城的官方网站是不可能找到任何有关私家车停车或行车路线的信息的，他们更乐意为公共交通提供信息通道。

4）项目建设成效

东京中城从2007年3月开业后，仅2年多的时间，已经成为日本东京的商业和文化创意的发源地，也是21世纪东京的新地标，创造了一年20亿日记的总营业额。

东京中城的发展使所处的六本木地区发生了很大变化。六本木地区曾经是一个夜生活中心——以丰富多彩的夜生活及西方人聚集而闻名。但在2003年，东京"城市再生"计划建造了六本木新城，让六本木呈现出新面貌，演变成为办公室及高级消费场所林立的地区。而2007年建设的东京中城，通过提供宽敞的绿色／开放空间、顶端建筑、博物馆、设计中心和高档商业设施等设施，已成为东京热门的观光景点，也使得六本木跃升成为东京重要的中心商务区之一。

现在，周边的居民真实感知到这些街道和夜景的变化。由于开发，东京都警察开始巡逻和调查，关闭提供非法服务的夜总会和酒吧。此外，当地居民在确保六本木地区的安全方面开始发挥更重要的作用，并成立"心灵平静巡逻队"（Peace of Mind Patrol），组织志愿者清理街道和支持警察的夜间巡逻。①

4. 成功经验

通过东京中城的成功开发，我们可以认识到，对于TOD项目来说利用私营企业的活力可以激活一个庞大的投资项目。拥有雄厚资产的私营企业参与城市建设，不仅扩大了市政府的财政能力，更重要的是私营企业为了得到最大的投资回报，将通过多种手段使土地经营效益最大化，极大地激发了对项目发展的创造力。

以三井不动产为首的多家私营企业的联合开发，是东京中城项目发展的活力源泉。在逐利的动机下，中城所有设施均反映了"以人为本"的规划设计思想，表现在精心设计的环境、多种城市功能的混合、与地铁站方便、直接的连接和生活服务设施的提供等方面。这种以市民的真正需求为出发点的设计，很自然地使土地开发与轨道交通设施保持协调，不仅公众可从

① Japan Today: Tokyo Midtown Continues Roppongi Transformation [EB/OL].，2007. http://archive.japantoday.com/jp/feature/1211.

这种高效的公共交通与土地利用联合开发中受益匪浅，由于吸引更多的人在此消费、居住和办公，私营企业也可获得高额的投资回报。

但是，因为私营企业趋利性的本质，有可能在某些方面损害公众利益。因此，其开发行为还需要在政府部门的监管指导下进行，东京中城在这方面做得很好。在2001年公开招标前，东京市政府已反复探讨此地块的具体利用，制定了“赤坂9丁目地区规划”，在地域规划、开发手法、参与者的责任等方面有了明确规定。其中，对现有公园进行保留并向公众开放，是政府提出的开发条件之一。在开发商决定把人与自然的共生作为开发理念之后，整备了更多的绿地对公众开放，以用作休憩之地，并成为东京中城开发的亮点。

因此，在必要的政府部门指导下，TOD项目应酌情考虑让更多的私营开发商参与，追逐利润的私营企业可与心系公众的政府部门相互联合，带来双赢的效果。

参考文献

[1] Brule Tyler. Tokyo Urbanism is Hard to Top[J]. International Herald Tribune, 2007.

[2] Japan Today Tokyo Midtown Continues Roppongi Transformation[J/OL]. Japan Today, 2007. http://archive.japantoday.com/jp/feature/1211.

[3] Minerbi Luciano, et al. Land Readjustment, the Japanese System: A Reconnaissance and a Digest[M]. Boston: Oelgeschlager Gunn & Hain in Association with the Lincoln Institute of Land Policy, 1986.

[4] Mitsui Fudosan Co., Ltd. Mitsui Fudosan Website, 2002[2008-09-30]. http://www.mitsuifudosan.co.jp/english/index.html.

[5] Mitsui Fudosan Co., Ltd. Tokyo Midtown Official Website, 2007[2008-09-30]. http://www.tokyo-midtown.com.

[6] Nikkei Publications. Top 30 Deals in Japanese Real Estate Market[J]. Business Press Release, 2007: 2.

[7] Sankyo Estate. Location Spotlight: Roppongi Hills and Tokyo Midtown [EB/OL]. 2008[2009-09-30]. http://www.sankoestate.com/market_info/roppongi/html.

[8] Tokyo Metropolitan Government Bureau of Statistics General. Survey of Landspace Use[Z]. Statistics, 2003.

案例3 PPP模式：台北市案例分析

1. 城市发展背景

中国台湾台北市坐落盆地中，四面环山，占地 271.79km^2。2013 年，台北市人口达到 2635766 人，是世界上最拥挤的城市之一。目前，台北市人口密度达每平方公里 9698 人，男女人口比例为 100：96.85。老年人口（年龄在 65 岁及以上）占城市总人口的近 10%。

台北的经济支柱主要为第二和第三产业，尤其是第三产业，在就业人口份额中比重最大。经济构成显示金融和服务业正变成台北市的支柱产业。至 2002 年年底，台北市共有 207684 个注册公司，其中有 121818 个为商业公司，28969 个从事金融业、保险业、房地产业和服务业。2002 年统计数据表明，第三产业就业人口占总就业人口的 79.8%，第二产业就业人口占总就业人口的 19.8%，第一产业就业人口仅占总就业人口的 0.4%。为了适应世界经济全球化的趋势，第三产业生机勃勃的台北市，正大力增强其在金融、经济、传媒及信息技术通讯业的竞争力。

台北市的发展历程如下：

1）开拓时代（1683 ~ 1895 年）

1790 年代，台北的拓建阶段——艋舺（现称万华）是最早的城市发展地区，并成为台北盆地的物流分配中心和唯一的商业码头。

1885 年，台北被命名为新建立的台湾省的省会。

2）日本占据时代（1895 ~ 1945 年）

1895 年，日本殖民政府建立——台北保持其台湾之重的地位，并继续建设现代建筑、商业区、交通系统、学校、公园和电力供给设施。

1904 年，拆除台北市城墙——由于经济快速增长，台北市的发展突破了城墙范围。因此，台北市旧城墙被推倒，为城市向东、南和北方向发展提供了空间。

1905 年，城市规划方案《Proper Modification Plan》被提出，为拥有 150000 人口的台北市绘制了蓝图，这是台湾第一个运用了城市综合发展理念的发展计划。

1932 年，大台北区发展新规划——日本政府公布了这个计划，并把台北人口预定为 600000。到 1945 年，台北人口已达到 335397 人。

3）战后复兴时代（1945 年至现在）

1967 年，台北市成为台湾的地区政治、经济和文化中心，总面积拓展为 272.14km²，人口达到 1569000。

1990 年，台北市 2010 年综合发展规划出台，这个规划融合了社会生态的可持续发展、人性化环境和全球化的理念，并且支持中国台湾有关政府部门把台北发展为亚太中心城市的政策。

台北市的指定规划区域即为它的行政辖区，27179.97hm²。截至 2002 年 12 月，大约有 13403hm²（占总面积的 49.3%）被指定为市区开发区，13777hm²（占总面积的 50.7%）为非市区开发区。

2. 台北轨道公交系统

和世界上其他的大都会一样，随着经济快速发展，台北的小汽车拥有量增加，交通压力增大。日益增加的私人汽车数量使得台北市的交通拥挤及泊车问题与日俱增。到 2003 年 10 月，台北共有 692756 辆汽车和 991472 辆摩托车，比上年分别增加了 1.8% 和 2.5%。因此，推动公共交通和改善步行设施已经成为台北交通政策的首要任务。

轨道公共交通在台湾称之为大众捷运系统或捷运。台北大众捷运系统于 1986 年开始筹建，当时台湾行政部门完成了对大众捷运网络的初步规划并且批准了它的实施。这个最初的网络，目前已投入运营 67.2km，另外有 67.7km 尚在规划及建设中（图 4–17）。

表 4–6 列举了当前的台北捷运轨道路线以及开始营运日期。

当前台北捷运轨道网 表 4–6

路线	长度（km）	车站数目	投入运营日期
淡水	23	20	1997 年 12 月 25 日
新店	10.5	11	1999 年 11 月 11 日
中和	5.5	4	1998 年 12 月 24 日
板南	28	24	1998 年 12 月 24 日
木栅	11	12	1996 年 3 月 28 日

资料来源：作者总结 .

1987 年，台北市政府捷运工程局成立，隶属于台北市政府，负责台北都会区捷运系统的规划、设计和施工。捷运工程局由局长挂帅，下设三个副局长、一个总工程师和一个秘书长。该局包括若干个规划设计工程处，若干个行政办公室，若干机电系统设计处，以及北、东、南、中四个工程处。台北大众捷运股份有限公司由台北市政府捷运工程局监督运营，经济独立

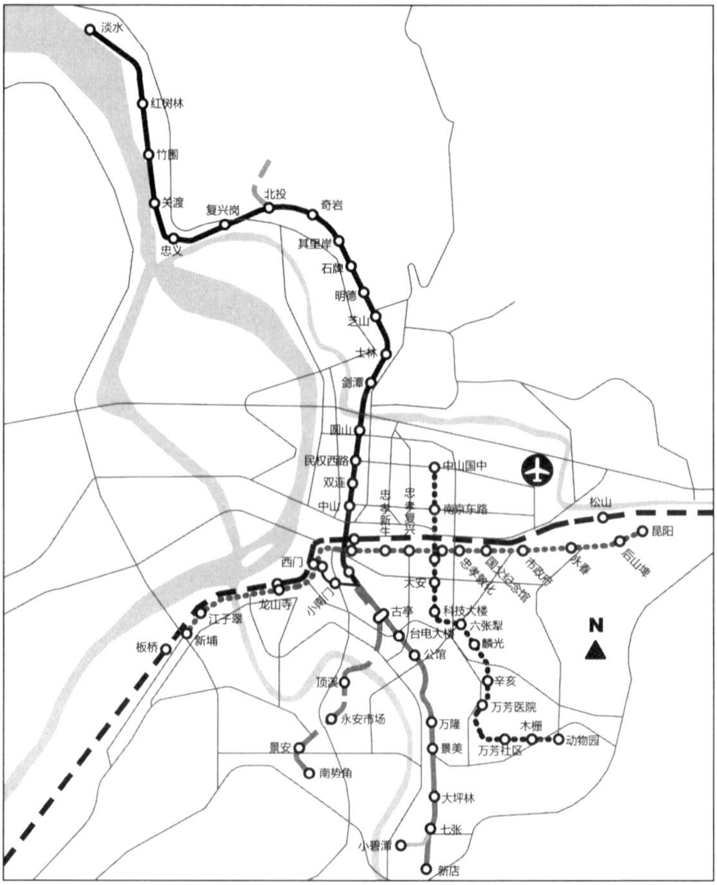

图 4–17　台北轨道公路网络，2006 年
（资料来源：修订自 http://www.johomaps.com）

核算。目前台北大众捷运股份有限公司有 1700 名员工。

对现有线路的扩建正在进行中，介绍如下（图 4–18）：

松山线：对新店线和西门线的扩展，向北向西穿过市区，8.5km 长，8 个车站，可换乘南港、淡水、新庄和木栅等线路。

环线：一个近似圆形的外环线，几乎和目前运营及建设中的各线路均交会，目前计划为 VAL（无人驾驶）高架线路，长 34.8km，有 31 个车站。

三莺线：土城线（蓝线）往西南方面的进一步延伸，到达三峡和莺歌。

新宜线：淡水线向东延伸，穿过市区，长 6.4km，有 7 个车站。

安坑线：尚未定线，规划为通往西南部安坑的轻轨线路，目前在可行性研究阶段。

图 4-18　规划中的台北轨道公交网络
（资料来源：作者改绘自台北市政府捷运工程局）

涉止线：交叉的轻轨线，一条东西走向，另一条南北走向，位于涉止地区（界于淡水线和淡水河之间）。东西线将长 8.5km，有 11 个车站，1 个主维修场。南北线将长 8.7km，有 9 个车站和 1 个次维修场。

万达线：尚未定线，将会是 VAL（无人驾驶）线或者轻轨线路，服务于中和线与新店河之间的地区，目前在可行性研究阶段。

树林线：万达线的进一步延伸，设计为 VAL（无人驾驶）高架线路，链接万达线和新庄线。

名胜 / 汐止线：两条考虑中非常相似的线路，服务类型尚未确定，将会服务于邻近中山高速公路的地区，延伸至汐止，东西走向转而向北（平行于松山线和南港线）。

3. 台北 TOD 实施措施

1）溢价回收原则

与世界其他大城市相比，中国台北的 TOD 实践最具特色的是其基于溢价回收原则而制订实施的一系列公—私协作（Public-Private Partnership，PPP）措施，最主要的是联合开发和区段征收。在台湾地区土地大部分是私有的，其开发发展受政策法规和规划规范限制。政府拥有的土地约占

10% ~ 30%，主要用于公益事业。公共设施建设所需土地或者来自政府已有土地或者向私地拥有者征购。政府按照城市规划法规及城市再发展政策来配给土地。土地的功能分区由重新开发和联合开发规划建议提出。在台北很多车站地区是在市政府和民间投资的合作下开发建设的，功能各异，包括购物广场、写字楼及住宅区，公共设施比如公园、健身场所及社区中心。台北市的土地使用功能分区规定，位于公交站点500m以内的地区允许较高的建筑密度，但不能超过标准城市规划准则（无公交线路情况）允许的最高建筑密度的30% ~ 50%。

轨道公交属于公共设施工程，开发建设遇到了与其他公共工程项目差异较大的土地所有权问题。地价上涨、市民维权意识增强因素，使得土地的征用愈来愈难。为了确保公共设施工程建设公正透明，同时也有助于工程项目顺利进行，台北市政府出版了一本标准，用于指导土地征收时对业主的补偿。

无论是规范法规政策、还是经济补偿标准，其制定都尊崇溢价回收（Value Capture）的原理，在台湾具体表达为“涨价归公”。涨价归公一词源于孙中山先生的“三民主义”。孙中山先生于19世纪末访问美国，深深地受到了美国经济学家亨利·乔治（1837 ~ 1897年）的思想影响。亨利·乔治的思想主要体现在他的论著《进步与贫困》中。他指出：“土地价值不表示生产的报酬，它不是土地占有者个人创造的，而是由社会发展创造的。因此，社会可以把它全部回收”。此思想在孙先生的“民生主义”之“平均地权”论述中直接体现。平均地权的实施包括四个具体步骤，即“规定地价，照价征税，照价收买，涨价归公”。孙中山在阐述“涨价归公”的理由时指出，“土地价值之增加，咸受社会进步之影响，应归社会公有，庶合于社会经济之真理”。“地价高涨，是由于社会改良和工商进步。这种进步和改良的功劳，还是由众人的力量经营而来的……所涨高的地价，应该归之大众，不应该归之私人所有”。最典型的例子之一就是公共投资于交通基础设施，如城市公共交通，铁路、公路、航运、航空等会带来设施周边地区土地增值，其增值部分，按溢价回收原则应回收用于公共服务。原理如此，具体回收方法因项目类型、所在社区背景不同而差别很大。

2）联合开发

联合开发是灵活利用公共资源如土地或空权，通过各种形式的PPP，共同完成项目开发，分担成本和分享利益。在台北，常见的方式是公交机

图 4-19　台北捷运站附近联合开发的范例——新店站
（资料来源：作者自摄）

构和私有土地所有者进行协商，共同负担公交设施建设以及地产开发（如综合大楼）的成本。作为回报，土地所有者获得政策或开发红利。

目前，台北捷运网共有 48 个站点处于联合开发中，另外还有 30 个筹建站点计划使用联合开发（图 4-19）。科技大楼站和大安站是土地资源被高效利用、城市发展和捷运车站相得益彰的两个典范。当地方社区获得了商业发展机遇，相应的公众对捷运的抵制就减弱了。

到目前为止，已经竣工的联合开发捷运项目有：大安车站、科技大楼站、中山国中站、台北车站和景美车站。未来捷运车站的联合开发项目将获准由投资方承建，开发密度和土地功能分区被允许根据公交线路周边城市规划的变化来调整。

另一个例子是捷运系统出入口设施，规模不大但有典型性。常规做法是将这些出入口设在十字路口四个街角的人行道上，公交机构承担这些设施的费用。公私协作的方式是，通过协商把这些出入口安放在相邻的建筑或物业中，相邻土地所有者承担设施的建设费用。作为回报，相邻物业可以直接连接捷运大厅，同时得到额外的建筑密度许可来补偿损失的建筑面积。如此做法也方便了乘客，不至于占有人行道空间。

3）BOT（建设－运营－转让）

台北市在轨道公交的建设运营方面很有创意，成功地应用了建设－运营－转让（BOT，Build-Operate-Transfer）模式。轨道运营机构，即台北捷运公司，是由台北市政府、台北相关财政部门、台北县政府、唐荣铁工厂股份有限公司、台北富邦银行、交通银行和农民银行公私合办的公司（图 4-20）。

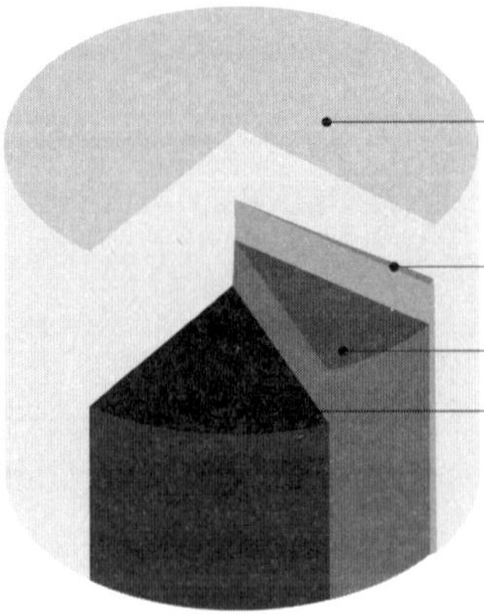

图 4–20 BOT 模式

捷运线路建成后，捷运工程局把线路的运营承包给了捷运公司，并在头三年象征性地收取每年一台币的承包金。台北市政府承担基本运营花费，捷运公司可以用运营所得收入来改善服务。三年之后，捷运公司要自己承担运营费用，并需要把年收入的 4% 付给捷运工程局。

这个运营政策被证明是成功的。运营三年后，捷运公司在五条公交线路上获利，乘客数量稳步提高。1999 年，平均每天 340000 人次使用捷运。到 2000 年、2001 年和 2002 年，日平均乘坐率分别提高到 730000、790000 和 880000 人次。2004 年，日乘坐率超过百万人次。按照每人次票价 20 ~ 60 元台币，捷运会带来 2000 万 ~ 6500 万元台币的客票收入。

除了客票收入之外，捷运还会创造非营运收入，包括链接两三个车站形成的四个购物区的获利，和购买车站周边空地改建停车场的获利。其中，停车场收入可达每年 48 亿元台币，维修站的游泳及课室设施出租每年另会带来 3.5 亿元台币的收入。如果把这些外围收入加起来，台北捷运每年收入可达 300 亿元台币，大约是捷运系统总投资的 10% ~ 15%。

在联合开发建筑以及其他公交设施（比如,入口及通风口）的建设中，这种建设—运营—转让模式的高效率在远期捷运网的规划中也被运用。通过联合开发，65 亿元台币的购地款被节省下来。另外，已经购买的 55 万 m^2 的土地价值达 150 亿元台币。通过地权奖励，总面积增加了，是原批准建筑面积的 2 ~ 3.5 倍。

“区段征收”是地方政府基于新都市开发建设、旧城改造、农村社区更新或其他开发项目的需要，对于一定区段内的土地全部予以征收，重新编制规划整理和开发，项目完成后，由政府和私人重新分配土地。区段征收是通过共—私协议协定，帮助公交部门获取建设用地、降低前期征地费用的有效方法。区段征收用于捷运开发的具体做法是在捷运沿线划定联合开发征地范围。在此范围内,由公私合作组成股份公司,即“土地管理公司”,范围内的私人业主出地，捷运公司保证公交服务。开发后分三部分，一部分为车站和其他公共设施用地；另一部分为保留用地，以后出售后用以支付土地开发费用；第三部分返还给原地主（不少于原有土地量的58%）。如此协作公私双赢，捷运部门不用大量前期资金投入而获得了所需建设用地，原土地所有者得到已开发的、价值更高的土地。新店线车站用地和站点地区开发用地的获得即为采用“区段征收”方式的典型案例。

4. 新店实践

自1970年代以来，台北人口郊区化趋势日益明显。市中心区人口增长力度逐渐衰减，新发展区及邻近主要卫星市镇则迅速成长。新店是位于台北向南增长扩展方向的主要市镇之一。未来各市镇的发展态势，将因捷运路线以及建设的优先次序而不同，因捷运将改变沿线空间地域的可达性。

1）新店线捷运系统沿线规划研究

（1）现状问题

新店线捷运系统线路总长10.3km,共有12处车站,分为四个区段（城中—古亭—景美—新店）。新店站是该捷运线的终点。规划前期调研集中在四个方面：界定各车站地区的研究及规划范围；土地使用与活动现状，具体包括土地使用、公共设施、建筑物状况、地区活动及社会经济人口基本资料；地价、房价、不动产存量与流量；交通设施及计划，包括道路系统、交通设施和服务质量。根据此四项内容的调查分析,从土地使用、交通系统、公共设施、开放空间及捷运设施四方面开展沿线及各车站的发展规划。

规划研究总结了新店沿线发展所面临的10个方面的主要问题：①新店市未来对住宅用地需求将十分迫切；②新店市现有的工厂及工业区与居住功能发展相冲突；③新店市现行都市计划中商业区应有的功能亟需优化和增强；④新店市的道路系统计划与建设未能有效配合实际发展需要；⑤应土地使用规划与管理要求，新店亟须引进更积极有效的土地使用管制方法；⑥景美老街商业区计划规模量超过实际需求很多，应视地区特色与实际发展酌情调整；⑦公馆地区的商业已过度膨胀，须设法控制并改善其环境品质；⑧古亭地区的土地利用效率亟须提高，商业功能、管理技能亦须强化；⑨新店市、景美地区均为台北市的重要居住卫星市镇，对于公共设施的需求十分迫切；⑩对于台北市未来的整体发展，亟须有一套完整的发展政策作为指导原则，各地区所扮演的角色及发展方向须予以明确的定位。

（2）捷运建设用地取得方式

①公地或私地一律采取区段征收方式予以取得，并将全线划为同一区段征收范围。根据建议的征收范围，在提供公共设施用地后，地主至少尚可领回原面积58%的土地。

②“土地管理公司”方案，是由公私合组而成的股份公司，即由联合开发范围内的地主出地，而捷运公司提升交通可达性，该公司除依契约提供车站用地、公共设施，并缴纳规定的经营权利金外，其余的营运完全自主。如以七张站为例，地主每年每股（一坪土地为一股）可分红8万元台币，不但每股市价将上涨5倍多，且以后每年尚以6%的成长率上涨。

③“发展权转移”办法。如以新店站为例，开发单位若能代新店市开辟新店市十号公园（面积1万6000m^2），则可在新店站联合开发增加容积率138%。此外，亦可不征收车站用地，由民间地主免费提供，但捷运局所使用的部分不计入容积率，民间至少仍可按原有容积率进行开发。

（3）联合开发优先次序

根据平衡区域发展、都市建设需要、用地取得难易、车站基地特性、市场供给需求、都市计划检讨及财务可行性分析等评估准则，新店线11处车站及1处机厂，建议联合开发优先次序如下：

①新店、七张与公馆三站为最优先开发地区，其中又因新店站是空权开发，必须事先规划兴建，最为迫切。

②新店机厂、江陵里与景美三站为次优先开发地区。其中新店机厂是空权开发，须在机厂工程设计时妥为预留，且可配合沿线拆迁户的安置进行住宅开发。

③中华、万隆、三总、古亭、中正纪念堂与新公园六站暂不开发。可以在捷运局所取得的用地上，预留建筑基础以供来日再行开发（如中华站）；或在车站的结构上预留弹性，供民间申请通道以进行开发（如古亭站），或与附近的公共设施配合进行非营利性的开发（如中正纪念堂站可设置文化走廊）。

（4）优先联合开发车站预测潜力

新店站：预测捷运系统开通后，地价可达每平方米75000元，法定容积率4.15，引入功能有商场、专卖店、餐饮店、速食店、超市、商务旅馆、办公室及公共设施等，容积率以5.0为规划标准。

七张站：预测有捷运系统后的地价可达每平方米55000元，法定容积率4.0，引入活动有专卖店、餐厅、速食店、办公室、公共设施等，容积率以8.0为规划标准。

公馆站：预测有捷运系统后的地价可达每平方米194000元，法定容积率9.0，引入活动有商场、文教专卖店、餐饮店、速食店、电影院、超市、办公室、公共设施等，容积率以6.3为规划标准。

新店机厂：预测有捷运系统后的地价每平方米37000元，法定容积率3.0，引入活动有住宅、幼儿园、社区中心、商店、店铺住宅及停车场等，容积率以4.2为规划标准。

（5）新店线联合开发财务可行性分析

①通过出售、出租两种方式的财务分析评估结果显示，新店、七张与公馆三站的联合开发在财务上均为可行。而此三站采用出租方式较为有利，收益较大。

②经过财务分析的计算结果，三个车站的联合开发，若以年利7厘折现，并全部采取出租方式，可为捷运局带来约台币59亿元净利（新店34亿元，公馆17亿元，七张8亿元），三个车站联合开发的内部报酬率在10%～15%。土地开发公司的收益约台币135亿元的净利（新店72亿元，公馆47亿元，七张16亿元）。

③假设联合开发由捷运局取得土地后，交予土地开发公司执行，后者须负责筹措所有建筑费用与营运管理，双方以初期开发负担费用的比例分账，捷运局负责土地成本8.6亿元台币，土地开发公司须自筹资本6.6亿元台币，贷款13亿元台币。

2）土地取得方式分析

（1）捷运车站用地范围内土地的特性

捷运车站用地除了公共设施使用目的外，还具有盈利性质，且包括其他不属于公共用途的使用项目，如商业大楼、办公大楼等，或为安置拆迁、补偿原土地所有权人或地上物所有权人等目的，则是作为纯属私人住宅使用者。因此，捷运车站用地的取得无法完全比照传统公共设施用地多以征收方式取得，而必须考虑具备多元化功能的其他征用途径。

依照新店线捷运车站及其定线范围研究，捷运系统范围内用地具有以下特征：

①因长久实施都市规划，使用方式已定型，在原有都市规划下，许多土地所有权人已作法定上的使用，因此变更都市计划的阻力将倍增；

②沿线土地多已高密度发展，建筑物密集，拆除成本高；

③沿线地价高昂，且多面临主要交通干道，具有高额商业利润，除非有利可图，所有权人不可能提供土地或自动联合开发；

④产权分散，土地持分零碎，权利人及关系人数较多，以协调方式取得土地非常困难。

传统公共设施用地取得已经困难，捷运车站用地的取得则更不容易。然而，用地如果无法顺利取得，捷运工程即无法兴建。因此，捷运车站联合开放的策略，在车站用地取得前，根本无法发挥效力。即使车站用地得以取得，与内心极不平衡的土地所有权人共商联合开发及分配利益的办法，也将困难重重。因此，捷运车站用地取得及联合开发策略的运用，必须是先确保车站用地的取得，再谈联合开发。

（2）土地取得方式的选择

按照台湾地区目前法律规定，捷运车站及相关设施用地的取得，因土地权属为私有而有不同的途径。土地权属为私有时，取得方式主要有：①征收；②区段征收；③保留征收；④市地重划；⑤协议购买；⑥照价收买；⑦合建式联合开发。土地权属为公有时，取得方式有：①无偿拨用；②有偿拨用；③让售；④由私人或团体申请公地管理机关租用。表4-7比较了这些方式的优缺点。

台湾捷运车站及相关设施用地土地取得方式优缺点比较 表4-7

土地取得方式	优点	缺点
私有土地		
征收	1）以征收方式取得，快速有效，立即可使用土地； 2）征收价格依据法律有明确规定，无争议，亦较市价低； 3）他项权利为征收标的之一，可以征收方式取得地上权或地役权	1）捷运系统大部分位于都市计划范围内，都市计划如未经依法变更，便不得征收土地； 2）征收取得他项权利时，权利价值很难估计，易起争执； 3）如征收土地所有权，必须一并征收其地上物，补偿数额非常庞大

续表

土地取得方式	优点	缺点
区段征收	1）区段征收并不限于单项公共设施，亦不仅限于公共设施用地才能征收，范围可包括整个新设都市或旧市区的开发，规模较大，有利于整体规划或开发； 2）区段征收地区可透过都市计划规划合理的公共设施及土地使用计划，因规模较庞大，对投资的收回较有利； 3）征收可以强制力量取得土地所有权，避免施工期间土地所有权人的异议与阻扰； 4）区段征收范围选定后，即可公告禁止土地移转，或限制建筑物的新建、增建、改建或重建	1）区段征收对新设都市地区土地所有权人较有利，旧市区则因受限于抵价地领回比例仅占原面积的40%~50%，开发后地价如无法提高2~2.5倍，土地所有权人会强烈反对； 2）沿线地区介于新设都市与旧都市地区间的已开发地区，征收名义可能遭致责难； 3）拆除建筑物需计入开发成本，增加成本负担，如成本不敷，需由政府自行负担
保留征收	1）在未需用土地以前，预为呈请核定公布征收范围，可禁止妨害征收的使用； 2）保留期间，不发给补偿费，可免一次拿出太大经费而负担不起，并可配合计划进度逐步实施征收	1）依照土地法令，捷运系统沿线位于都市计划内者，仍需变更都市计划后才能够办理保留征收； 2）办理保留征收后，仍需再办理征收才能取得土地。如经费充足，可不必浪费时间多办一次保留征收手续
市地重划	1）重划所有建设经费均由土地所有权人负担，所需公共设施用地均由所有权人提供，可不费分文取得用地； 2）将重划工作交给重划机关办理，捷运单位可免除用地取得的困扰； 3）配合联合开发计划，亦可奖励土地所有权人自行办理重划，无偿提供土地	1）捷运系统经过的地区公共设施均已完备，且土地大部分建筑建成使用重划后土地所有权人需负担45%用地，否则要缴差额地价，易遭土地所有权人反对； 2）重划区建筑物的拆除与补偿费用均列入共同负担，如需拆除大型建筑物，重划负担可能过重； 3）重划期间未取得土地所有权，易因所有权人的异议，阻扰而延误重划完成时间； 4）土地所有权人可能要求变更都市计划，提高使用强度才同意重划，恐因都市计划无法如愿变更而遭否决
协议购买	1）符合联合开发的理念； 2）不需经过强制取得土地的行为获取土地，亦能符合土地所有权人的意愿； 3）可与土地所有权人研究两者均得利的开发构想，亦可借助私人去协调其他土地所有权人同意； 4）协议的范围包括取得土地所有权、地上权或地役权（通行证）等他项权利，较为灵活运用，且利于开发设计	1）土地所有权人如不同意，旷日费时，延误开发时效。 2）土地所有权人的需求往往需透过法定程序的配合（如变更都市计划，放宽建筑率等），该等程序如未完成，土地所有权人便不同意。但如法定程序完成在先，土地所有权人亦可能事后反悔，使其取得的权益无法实现。 3）土地所有权人可能希望保留部分产权，因此无法取得全部土地。 4）须备有强大的说服或协调人力

续表

土地取得方式	优点	缺点
照价收买	1）可享受奖励投资条例的税捐减免，有利于营运； 2）可作多目标使用，并得享受省市所规定奖励兴办公告设施办法规定； 3）照价收买具有强制效力，易取得土地； 4）收买的地价水平较低（为当期公告现值），故土地取得成本较低，易拦阻土地所有权人协议时的不当需求，或促使其进行投资使用	1）仅适用于私人股份有限公司，由政府机关取得时不适用，因此在车站作联合开发前，便需由私人公司来进行土地获取工作； 2）限于公用事业及公共设施兴建业，因此所需用地在照价收买前便应变更都市计划； 3）目前尚未执行过，因照价收买的受益人为非土地所有权人的其他业者，易遭图利他人之议
合建式联合开发	1）可借联合开发收取捷运系统开发利益； 2）由私人团体投资办理，节省政府人力及行政负担； 3）由私人团体出面协调，免除政府与人民的对立	1）无法突破以开发计划代替都市计划的瓶颈，建筑密度及使用项目仍需都市计划定案后才能办理； 2）需用土地由私人或团体自行协议取得，必因某部分土地所有权人不愿提供土地或参与联合开发而拖延时日，或随时变更范围； 3)联合开发自取得用地至建设、营运、管理、使用及维护，乃一贯作业，费时较长，又因在台湾尚属初创，如制度不佳，或法令、契约不完备，容易发生争执而停滞
公有土地		
无偿拨用	1）不需负担经费，无偿取得土地； 2）可就捷运系统所需公地一次报请行政院核定拨用，节省作业时间	1）拨用后土地仅限公务或公共用途，不能作有收益的使用； 2）仅取得公地的管理权及使用权，不能处分土地； 3）捷运系统备有特种基金及购地经费，恐原管有关机关不同意无偿拨用； 4）拨用后土地无法发挥使用潜力，降低利用价值； 5）需都市计划配合变更
有偿拨用	1）取得公地所有权，有自由使用、收益、处分的权利； 2）配合联合开发，都市计划变更及土地使用程度的提高，有利于资金的回收与运用； 3）地价按公告土地现值计算，较一般市价低	需在都市计划变更后，才能办理拨用，取得时效性差
让售	1）专案让售不受都市计划变更的限制，可在都市计划变更前先取得公地所有权； 2）兴建单位无论是政府机关或事业团体均可适用	公产让售要依照国有财产计划方式计收地价，比有偿拨用价格高

续表

土地取得方式	优点	缺点
由私人或团体申请公地管理机关租用	配合联合开发，由私人或团体租用公地，可免一次拿出庞大资金，财力压力较小	所需土地为公共设施用地，应配合变更都市计划后才能租用

根据对各种土地取得方式的评估以及捷运路线车站土地使用的具体情况，区段征收方式可以用来取得并开发捷运车站及联合开发有关用地。但是其中新店机厂用地如也以区段征收方式取得，进行联合开发，则因基地周围均已发展无法划出足够的征收范围，而如用一般征收方式取得，依法不得作其他用途。因此，新店机厂相对适合以合建方式进行联合开发。

3）新店线区段征收与联合开发实施

（1）区段征收的改良重点

①区段征收后由地主领回的抵价地，可用开发后的可建地抵偿征收地价，政府不需于征收时支付地价补偿，大量减轻开发成本及利息负担。

②地主负担及配地比例，尽量参照市地重划标准。依平均地权条例规定，市地重划的共同负担，以 45% 为最高限，区段征收领回抵价地则以 50% 为原则，最低不得低于 40%，其配地比例已相当接近。使地主分享开发建设的成果。

③为确保原土地所有权人能保有开发土地所有权，规定不申请领回抵价地者，可先领取征收地价补偿费，于开发完成后再按开发成本优先买回土地。买回土地面积比例与领回抵价地相同。这种方式有利于减轻因征收补偿费过低而可能形成的反对力量，政府补偿估计的困难及都市计划的不公平。

（2）区段征收的土地分配原则

①公共设施用地：征收地区各项公共设施用地计入成本开发，由征收地区的地主共同负担。

②抵价地：订定领回抵价地的比例。抵价地面积，以征收总面积的 50% 为原则。其因情形特殊，经上级主管机关核准者，不在此限，但不得少于 40%。

③优先买回土地：地主不领回抵价地者，可先领取征收地价补偿，等区段征收开发完成后，可按开发成本价优先买回开发后的土地。

④前三项以外的土地，可让售、有偿拨用或标售。

（3）新店捷运系统相关建设用地采用区段征收作业的运用

①将新店线全线各车站及有关用地划为同一区段征收地区。区段征收的可行性及合理性在于征收后可配地于原土地所有权人，使其分享开发后利益。因捷运系统各车站范围内，不一定均有可建地分配给原土地所有权人，因此应以取长补短的方式，划全线为同一征收地区，将完全作为公共设施用地，周围无适当地方可分配的车站用地内的土地所有权人调至他站配地。

②公有土地位于公共设施用地上，且将来完全作公共使用者，办理无偿拨用，其他公有土地一律办理有偿拨用。

③捷运车站属交通用地部分的，一律由征收区内土地所有权人提供负担，但原属公共设施用地部分，可抵充交通用地，土地所有权人不必承担负担，交通用地车站等工程建设费用，亦不列入其中。

④拆除征收区内的农作物与建筑改良物，一律由用地机关按征收补偿标准支付改良物补偿费或迁移费。上述费用不列入领回抵价地的负担，原地主除优先买回土地应列入上述开发成本计划外，其余费用均由用地机关自行开发后吸收承担。

⑤原土地所有权人领回抵价地比例计算公式如下：

$$抵价地比例=1-\frac{捷运公共设施用地总面积-原公共设施用地面积}{区段征收总面积-原公共设施用地面积}$$

$$=1-\frac{33635-8342}{68914-8342}=0.58$$

⑥原土地所有权人优先买回土地的计划，按原征收补偿地价，加计征收区内改良物补偿费或迁移费，及上述各费用的贷款利息计算（按此条件，优先买回土地不如领回抵价地，预留土地所有权人将会选择领回抵价地）。

⑦抵价地的位置，尽量参照市地重划分配原则，采用原位次分配的精神。分配后位置发生变动者，则按分配前后位置的地价差异折算面积，并尽量将抵价地的位置调配到区位较佳的土地，以减少土地所有权人的反对。

⑧依照上述计算及分配原则，捷运机构于新店捷运沿线可取得联合开发的土地面积计有：a）公有土地可分配面积 11647m^2；b）公营事业可领回抵价地面积 7585m^2；c）公共设施用地（交通用地）上空可供开发面积 32249m^2；合计 51476m^2，私有土地领回抵价地面积为 14815m^2。

5. 小结

台北的联合开发、区段征收措施为TOD实践提供了一系列值得广泛推介的成功案例。小到地铁通风口或出入口的设置，大到车站综合楼的合建分租，联合开发中各部门间的协调，财政风险和效益的分担，相关利益者个人和部门利益的法律保障以及土地和城市管理政策的灵活性等方面的经验都值得深入研究和总结。

联合开发方式的主要缺点在于用地取得范围及方法的不确定。这种不确定性可以通过区段征收方式确定和取得开发用地范围后消除。但是此后征求联合开发的对象，应当为拥有巨资的财团或资本家，而非领回抵价地的私有土地所有权人。

因此，联合开发以区段征收后政府可掌握的公有土地及公营事业所有土地为主。私有土地以发回抵价地为原则，但鼓励地主以等价交换方式参与开发，并运用综合设计的规定，增加容积率，以改善都市设计与景观。采取区段征收取得公交建设用地有一系列优点：能够确保用地的取得，减少纠纷，均衡分配开发利益。私人业主领回抵价地，政府不需支付地价补偿费，减轻开发利息负担。

参考文献

[1] http://www.johomaps.com.

[2] Shinichi Takahashi. From Functional Integration to Structural Readjustment:Taipei-Beijing Relations and the Role of the United States[J].Rinsho Shinkeigaku，2012，51(11)：1032-1035.

[3] Kuang-chieh CHEN，Chien-yuan LIN.Taipei:A Creative City Based on Innovation and Traditional Culture[J].城市规划（英文版），2013(3)：46-55.

[4] Karim S. Rebeiz. Public-Private Partnership Risk Factors in Emerging Countries: BOOT Illustrative Case Study[J]. Journal of Management in Engineering (IF 0.72)，2012，28(4)：421-428.

[5] Tsai L.-K.，Liao H.-H. Capital Structure Decisions and BOT Concessionaire's Financial Risk—the Case of Taipei Medium-Price Hotel Project [J]. Journal of the Chinese Institute of Civil and Hydraulic Engineering，2009，21(4)：503-514.

案例4 特别税区模式：美国杜勒斯走廊案例分析

杜勒斯（Dulles）走廊，位于美国弗吉尼亚州（Virginia）北部，首都华盛顿哥伦比亚特区西侧，穿越华盛顿大都会地区中最具活力、增长迅速的几个活动中心。为了在杜勒斯走廊内提供高品质、大容量的公交服务，政府计划兴建一条华盛顿特区地铁系统的延长线，即地铁灰线。该线路始于弗吉尼亚州费尔法克斯县的西瀑布教堂地铁站，延伸至劳登县的772干线。这个总长23.1mi的走廊包括了泰森斯角（Tysons Corner）的高密度办公大楼和区域购物中心、雷斯顿－赫恩登区的住宅区、商场和郊区办公区，以及迅速增长的杜勒斯机场和劳登县东部一个新兴的住宅和办公中心。

预期该地铁线的建成将会对弗吉尼亚州北部地区当前的交通问题产生极大的改善作用，杜勒斯走廊沿线的利益相关者积极支持地铁的建设。为弥补政府资金的不足，沿线的商业、工业业主自发组织设立“特别税区”，业主按照收益比例缴税以筹集地铁建设资金。这一融资措施，是重大设施建设吸引广泛投资资金的一个创新范例。

1. 城市发展背景

弗吉尼亚州位于美国东部，是美国最初建立的13个州之一，隔波托马克河与首都华盛顿相望。弗州面积10.57万km^2,人口约764.29万人(2006年)。弗州交通发达，拥有公路9万km，铁路6000km，机场95处。其中，重要的机场有华盛顿－里根国家机场、华盛顿－杜勒斯国际机场和里士满国际机场等。

由于弗州拥有得天独厚的地理位置、完善的基础设施、高素质的人才储备和优惠的政府投资政策，2006年《福布斯》杂志将弗州列为美国最佳商业环境州。弗州的传统经济以农业为主，现已逐渐转变为工业和第三产业，高科技行业、物流行业和医疗行业在其产业构成中占据主要地位。2007年，弗州的国民生产总值达3830亿美元，拥有18家财富五百强企业，居全美各州第十位。

弗州分为5个区，包括中南多山谷区、阿巴拉契亚山区、中部、沿海和北部地区。由于弗州处于美国南北方的分界处，其北部地区与该州其他地区有明显的差别。北部地区邻近首都华盛顿，是华盛顿城市带向南的延伸，被称为华盛顿郊区，其他地区则仍以乡村为主。

华盛顿－杜勒斯国际机场建于杜勒斯北部，距市区40km处，1962年开始投入使用，1980年代成为美国联合航空公司的转运中心后，运量开始迅猛、持续地增长，也引发了该地区机场交通走廊沿线高密度办公楼的蓬勃发展。2012年，杜勒斯机场年旅客吞吐量达2260万，排名在全球50个最繁忙机场之列。

而位于弗州北部地区、华盛顿特区西南部的费尔法克斯县（Fairfax County）现今已发展成美国的首富县。费尔法克斯县原是弗州的牛奶基地，县内的商业区泰森斯角当时只有几家汽车交易市场、一个购物中心及一条通向首都的干道。在1970年代期初，得益于华盛顿周边地区的开发，费尔法克斯县以高技术为核心力量，获得了飞速发展，使得以达拉斯国际机场和泰森斯角为两端点的公路沿线地区（杜勒斯走廊的核心部分）发展成为全美领先的高技术区和现代商务区。

2. 华盛顿特区地铁系统延长线——杜勒斯走廊地铁线

美国被称为“车轮上的国家”。弗吉尼亚州的城市交通虽然也是以私人小汽车为主，但其由地铁、公共汽车和远郊火车组成的公共交通系统同样发达。早在1888年，世界上第一条投入商业运行的有轨电车系统就产生于弗州的里茨门德市。

如前在“美国华盛顿特区Rosslyn–Ballston走廊”案例中所述，华盛顿特区地铁系统包括5条线路，即红、橙、蓝、绿、黄五线，其中橙线直接连接华盛顿近郊地区，服务的范围包括了费尔法克斯县、阿灵顿县和亚历山卓市。

由于杜勒斯走廊的快速发展，弗州北部地区的交通堵塞问题越发突出。2004年，美国铁路和公共交通部门联合费尔法克斯县和劳登县的华盛顿都会区运输局（WMATA）以及华盛顿都会区机场局（MWAA），共同计划兴建一条华盛顿特区地铁系统的延长线。

如图4–21所示，这条长23.1mi的地铁延长线将把地铁服务区从现在的费尔法克斯县橙线，延伸至从泰森斯角到赖斯顿（Reston）、赫恩登（Herndon），再到华盛顿—杜勒斯国际机场，并穿越机场直到劳登县的772干线（Route 772）。这条延伸线的大部分将在杜勒斯国际机场高速公路和杜勒斯机场联外道路的中部区域上建设。同时，线路也为泰森斯角和杜勒斯机场之间的地区提供直接服务。延长线上将新建11个地铁站、一个杜勒斯机场专用地铁站，并改善现有的西瀑布教堂站。

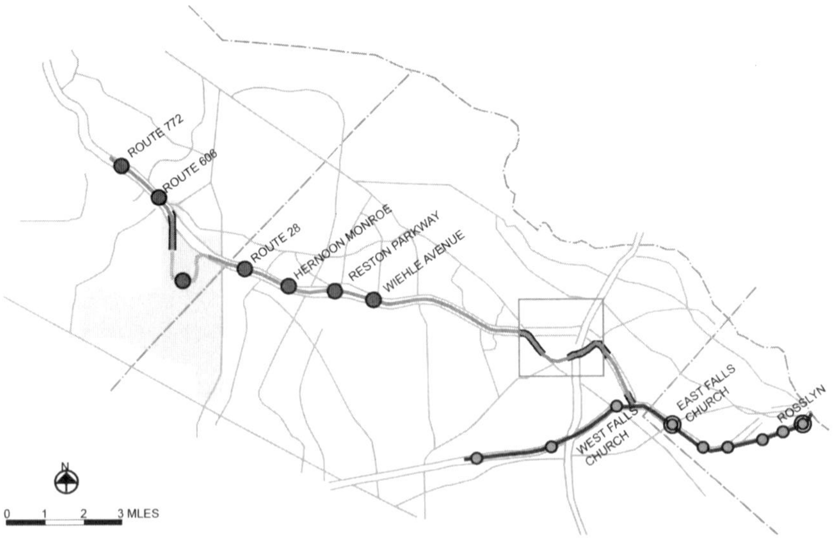

图 4–21 杜勒斯走廊地铁延长线

（资料来源：Fund 121 Dulles Rail Phase I Transportation Improvement District）

这条地铁线路共分两期建设。第一期工程已从 2009 年 3 月开始，建设从地铁橙线至赖斯顿的 Wiehle 大道部分，包括 5 个新车站，预计 2013 年开通；第二期工程是从 Wiehle 大道通过杜勒斯机场到劳登县 772 干线，将于 2016 年开通。

3. 杜勒斯走廊地铁项目的“特别税区”融资政策

1）开发背景

近年来，由于弗州北部地区经济发展状况良好，吸引了大量人口涌入，使得该地区的房地产市场蓬勃发展。随着杜勒斯走廊作为居住和工作所在地的吸引力日渐增长，相对应的交通量也在过去 15 年一直稳步增加。这种出行需求的增加使现有交通网络的运力变得紧张，导致走廊中活动中心与和该地区之间出行时间的增加。目前，走廊的中部和东部地区交通堵塞较为严重。

在未来的 25 年内，杜勒斯走廊将会成为一个地区性的就业目的地、成熟的住宅社区，商业服务也将得到进一步发展，预计其发展速度将会远远超过整体区域增长。由此产生的出行需求增长预计将超过走廊现有运输系统的运载能力。目前，业已不堪重负的走廊运输系统中，将有许多路线面临更加严重的交通堵塞，空气质量可能进一步恶化，并威胁到杜勒斯走廊内民众的生活质量。

然而根据评估，在走廊内增加道路并不能彻底缓解目前的拥挤问题，而且道路交通容量的进一步扩大受到联邦空气质量标准等方面的限制。因此，除进一步扩展道路之外，如何在杜勒斯走廊增加运输容量和改善交通，一直以来是该地区公共和私营部门研究的重点议题。诸多研究表明，大运量的公交系统是解决走廊交通问题的最佳方案。随着走廊地区的日益发展，杜勒斯走廊地铁项目日显端倪。

地铁的引入将为杜勒斯走廊内的居民、就业者和游客提供另一个出行方式选择。作为华盛顿地铁系统的连接线，杜勒斯走廊地铁项目将提高整个华盛顿地区的通达性。通过为游客提供一个高容量的公交系统，增加交通选择，这个拟议项目也将能够更好地应付预期增加的出行需求，并有助于缓解走廊内将面临的交通拥挤。此外，该地铁项目能够提高长距离客运通行能力，从而取代汽车的出行量，这将有助于减少走廊的出行车辆和汽车尾气的排放。

2）规划研究

在杜勒斯走廊发展捷运的最初设想源于1950年代，当时将捷运作为杜勒斯机场规划的一部分进行了探讨，提出在杜勒斯国际机场高速公路的中部保留将来的公交入口。

随后，在1960年代后期，《区域性地铁系统规划》评估了在走廊发展公交系统的必要性。此规划虽然没有将地铁连接到杜勒斯机场，但是把快速公交服务延伸到机场作为了区域交通的发展措施之一。

1990年代，在《杜勒斯走廊交通研究（1997年）》和《杜勒斯走廊交通研究修编（1999年）》中，评估了建设快速公交系统与杜勒斯机场连接的可行性，并初次提出了利用杜勒斯国际机场高速公路中间隔离带区域发展一条连接地铁橙线和772干线的轨道路线的建议。

在此基础上，2002年6月发布的《杜勒斯走廊捷运项目环境影响报告书（EIS）草案》进一步评估了这个建议，综合公众意见反馈和相关机构协调。2002年年末，联邦运输局（CTB）和华盛顿都会区运输局（WMATA）董事会把这条轨道路线确定为推荐选择方案，但不建议分阶段实施以及发展过渡性的BRT系统。

2004年，进一步结合更多的机构和公众意见，有关部门对推荐方案进行了修改，包括路线和设施设计修改、开放年限的调整和分两个阶段建设的日程安排等，最终确定为“杜勒斯走廊地铁项目”。

许多相关的地方和区域规划都明确了杜勒斯走廊地铁项目，把它作为未来交通网络的一个组成部分。相应地，对走廊沿线的土地开发作了规划调整，并就支持措施以及可能的资金来源进行了协调，作为适应未来交通体系和发展目标的重要内容，举例如下：

（1）《费尔法克斯县综合规划》（2000年，2002年修订）：交通规划部分将杜勒斯走廊定位为一个公共交通走廊，快速轨道交通将在此得到发展；规划中包括了支持改善运输条件的具体措施，要求在走廊内采取紧凑发展方式；在泰森斯角和雷斯顿拟建的地铁车站附近，允许采用高密度、混合使用的开发方式。

（2）《劳登县总体规划》（2001年，2005年修订）：允许在杜勒斯绿色通道沿线毗邻公交车站的地区采用高密度的开发；建议在走廊地区提高公交服务的接驳水平，如合伙用车、中型客车共乘、使用巴士和轨道运输及其他方式，并为巴士服务提供具体的资金支持。

（3）《劳登县交通规划》（2001年）：确定杜勒斯走廊公交项目为本地区的优先发展项目，并鼓励杜勒斯绿色通道东南端公交节点周边的高密度、混合使用开发，以支持在走廊发展轨道交通。

（4）《华盛顿都会区交通改善规划（2006—2011年）》，明确该项目的第一期建设范围是从东瀑布教会地铁站至Wiehle大道路段。

（5）《美国州实施规划》（2004年）中的"华盛顿—马里兰—弗吉尼亚地区空气质量改善规划"定义该项目为控制废气排放的交通改进计划，旨在缓解该地区的臭氧层破坏。

3）协调机制

公众参与程序全面贯穿于杜勒斯走廊地铁项目的开展和修改过程，为项目决策赢得了公众支持。2005年8月宣布项目修改的同时，也正式开始了相关的公众宣传。至2006年1月，走廊地区的利益相关者共举办了60多次会议，这些会议由选举产生的官员、商界领袖、走廊居民和业主们共同参与。除此之外，公众参与还通过多种通信渠道进行，包括直接邮寄资料给当地居民、针对企业用户逐个宣传、电子邮件宣传以及项目网站展示等。公众也提出了诸多具有价值的反馈意见，如扩展人行道以便与地铁站更好地连接，地铁站周边停车场不足，缺乏到地铁站的接送服务等。

此外，联邦、州和地方各机构在整个项目进程中都进行了广泛协调。包括美国联邦高速公路局（FHWA）、美国联邦航空局（FAA）、弗吉尼亚州运输部（VDOT）、华盛顿都会区运输局（WMATA）、华盛顿都会区机场局（MWAA）和费尔法克斯县在内的相关机构一直积极参与项目的决策。而项目的一些设计变更也是应这些机构的要求而作出的。机构间的协调渠道主要是每两周至少一次的正式技术咨询会议。

4）融资政策

杜勒斯走廊公共交通解决方案得到联邦层面的认可："安全、负责、灵活、有效的运输公平法案（2003，SAFETEA-LU）"确定了杜勒斯走廊地铁项目成为联邦资金资助的候选项目；而以前的授权法——"21世纪交通运输公平法案"（TEA-21）也包括了该项目；联邦法律授权联邦政府向该项目提供资金支持直至2009年。

杜勒斯地铁项目建设的预计总成本约为52亿美元。一般情况下，地铁代表着重大的公共利益，因此政府往往在地铁融资过程中发挥主导作用，即联邦资助是美国发展地铁的主要资金来源。但由于联邦政府的财政能力限制，为解决地铁建设资金短缺问题，必须吸引多方投资。总建设成本由联邦政府、弗吉尼亚州联邦、费尔法克斯县、劳登县、华盛顿都会区机场局和杜勒斯收费高速公路的收益共同承担。

项目分两个阶段进行，第一期工程预计将耗资约26.4亿美元，资金构成如图4-22所示：

华盛顿都会区机场局（MWAA）——杜勒斯收费高速公路收益，占41%；

弗吉尼亚州联邦（VA）——包括弗吉尼亚州运输法案、国家债券和STP基金，占10%；

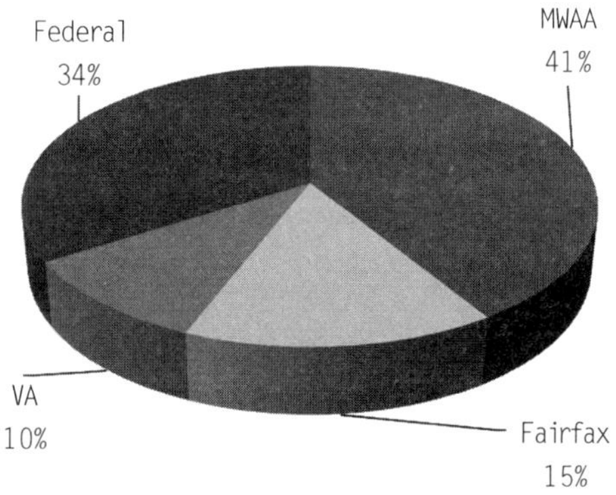

图4-22　杜勒斯地铁项目第一期投资资金构成

（资料来源：Fund 121 Dulles Rail Phase I Transportation Improvement District）

费尔法克斯县（Fairfax）——特别税区征税约 4 亿美元，占 15%；

联邦政府——资金拨款 9 亿美元，占 34%。

费尔法克斯县作为地方筹资机构，创新性地提出“特别税区”的融资政策，即按照第一期工程所在地区的利益相关者提出的通过自愿缴税方式筹集建设资金。

2004 年 1 月 21 日，泰森斯角的商业、工业业主向监事会递交了一份请愿书，要求监事会按照《弗吉尼亚州州典》为杜勒斯地铁第一期建设设立“特别税区”（Special tax district），要求该区内的商业、工业业主按照收益比例缴税以筹集资金用于该区的交通改善。

当业主请愿者的比例超过 51% 时，“特别税区”就可以提上议事日程。经过公众听证会，监事会于 2004 年 2 月 23 日批准在泰森斯角设立特别税区。

请愿书中对纳税的各相关事宜给出了具体建议：

（1）明确需要纳税的区域包括泰森斯角城市中心大部分区域、Wiehle 大道拟建地铁站附近的商业和工业用地以及杜勒斯机场通道必要的交通用地。

（2）组建一个地区委员会（由四名董事会成员和联邦运输局的主席（CTB）或他 / 她的指派人员组成）负责管理该区。

（3）明确规定具体的缴税时间、税率、费用总额和收入与支付费用之间的比例。税率上限为评估价值的 2.2/1000（即 22 美分 /100 美元）。鉴于每年价值评估所导致的周期变化，该计划设想用 2005 年开始早期征收的税款成立一个收入稳定基金（RSF），作为合理的储备资金，帮助维持稳定的利率参数。

（4）在征税前，如果联邦不执行关于第一期工程建设的全面津贴协议（FFGA），那么该特别税区内超过 51% 的商业、工业业主就可申请解散一期税区，并可以要求归还之前缴纳并存入稳定基金里的税款。

（5）征税前地区委员会必须确定该地区通过特别税区筹措资金的实际数额不超过 4 亿美元，且税率不超过评估价值的 29 美分 /100 美元，在假定的评估价值 1.5% 的增长率下，这个税金将足以满足第一期建设资金。当区委员会预计任何一个参数将超出预定时，在继续征税前，他们必须获得一期税区内超过 51% 的商业、工业业主的同意。但是，在获得同意后，一期税区的税率除了评估价值的 40 美分 /100 美元的法定上限之外，没有硬性上限。因此，在法定最高限额下将会有充分的空间以确定税率。

通过一期税区内商业、工业业主的自愿缴税，将为杜勒斯地铁的第一期建设筹资达4亿美元，约为总费用的16.1%。这也是各筹资机构的协议规定，费尔法克斯县特别税区所能承担的最大份额。

同样，对于杜勒斯地铁项目的第二期建设资金，雷斯顿—赫恩登地区的商业业主已有计划通过设立“二期特别税区”来筹措资金。预计可以筹资约2.14亿美元，计划分三个阶段缴税。

4. 成功经验

为适应走廊内不断增长的客流交通需求而提出的杜勒斯走廊地铁项目，虽然目前尚未完工，但可以预见将会大大缓解走廊地区的交通困境，对走廊沿线的土地利用起到积极的引导作用。由于多年来缺少稳定的政府投资，华盛顿地铁系统改善建设进程缓慢。为解决资金短缺、投资缓慢问题，杜勒斯走廊地铁项目提出了多方融资策略以筹集建设资金。作为多方融资的一项重要组成部分，基于自身利益设立的“特别税区”政策开创了一种新的融资模式。目前，在我国还没有类似的“特别税区”政策出现，该政策的成功运作值得重视，其中体现出的公众性、公平性、合理性及法定性等尤其值得借鉴。

（1）公众性——广泛的公众参与为融资策略的提出奠定了基础。

从杜勒斯走廊地铁项目提出到方案修改的全过程中，一直贯穿着多种形式的公众参与，为项目的发展获取了公众支持，尤其是使走廊沿线的居民清楚地了解到此地铁延长线对他们的重要性，从而为他们自愿提出“特别税区”这一融资策略奠定了坚实基础。

（2）公平性——缴税人群仅针对直接获益者。

特别税区有明确的征税范围，即杜勒斯地铁线路的服务范围，这是与地铁线路建成有直接利益相关的人群范围。缴税人群又进一步限制于地铁服务可明显提高其收益的商业和工业业主，而不会有额外收益的住宅物业业主则不需缴税。

（3）合理性——税收总额的确定合理且税率可调整。

特别税区作为多方融资的一部分，在征税前必须首先确定其占整体工程建设资金的实际份额，明确恰当的税收总额，并且征税率应该具有可调性，以适应较高或较低的建设费用需求。

（4）法定性——特别税区的管理具有法律保障。

杜勒斯走廊地铁的特别税区政策是按照《弗吉尼亚州州典》的相关规

定而提出的，为税区的运作及管理提供了强有力的法律保障。它在1988年就授权了劳登县的董事会和监事会创建位于两县之间的28干线高速公路特别税区（28干线区）。

参考文献

[1] FY 2009 Advertised Budget Plan (Vol.2)-285—Fund 121 Dulles Rail Phase I Transportation Improvement District [Z].

[2] New Dulles Rail Financing Plan Unveiled [EB/OL]. http://voices.washingtonpost.com/fairfaxfocus/2005/09/new_dulles_rail_financing_plan.html.

[3] 驻美使馆商务处. 弗吉尼亚州投资环境和政策 [EB/OL]，2009-06-11. http://us.mofcom.gov.cn/aarticle/ddgk/zwjingji/200906/20090606324698.html?664210438=1934802483.

[4] 现代开发造就美国大华府创新区 [N/OL] 中国宏观经济信息网，2001-04-30. http://www.macrochina.com.cn/zhzt/000054/002/20010430004157.shtml.

[5] 杜勒斯地铁网站 http://www.dullesmetro.com/.

第5章 TOD发展实践

本章节在全球范围内选取了12个TOD实践成功案例，对其特点和优势进行详细分析与总结，具体内容如下。

区域性规划成就：哥本哈根案例分析；

城郊联系：温哥华案例分析；

公交引导新城发展：新加坡案例分析；

辐射式公交网络：多伦多案例分析；

全自动系统：意大利佩鲁贾Minimetro案例分析；

快速巴士系统：哥伦比亚波哥大市TransMilenio BRT系统案例分析；

多种公交方式换乘中心：香港九龙车站案例分析；

机场TOD形式：波特兰Cascade车站区案例分析；

市内巴士中心：阿迪森环案例分析；

郊区市镇中心1：科罗拉多州丹佛市案例分析；

郊区市镇中心2：英格伍德城市中心案例分析；

滨水区再开发：阿姆斯特丹东港地区（East Docklands）案例分析。

5.1 区域性规划成就：哥本哈根案例分析

哥本哈根的区域发展规划被著称为“手指形态规划”。哥本哈根的城市开发是由城市中心向外延伸，形成放射性的城市走廊，森林、农田以及绿地等分隔了这些城市走廊。每条城市走廊都以一条城市轨道交通作为其发展脊梁，轨道线路周围，特别是站点附近的城市土地被高密度的开发利用，结合了公交发展与土地开发。大量公共建筑和高密度住宅区集中于公交车站周边，居民出行可以方便地使用公共交通。哥本哈根政府还通过不断鼓励公共交通、自行车以及步行的出行方式，来限制私人汽车的使用，不仅有效地缓解了城市交通堵塞问题，同时也节约能源、保护环境，哥本哈根也因此成为公交体系支撑区域良性发展的典范。

1. 城市发展背景

哥本哈根是丹麦的首都，也是丹麦的第一大城市，是其政治、经济和文化中心。哥本哈根还拥有丹麦最大的港口，优良的港口位置大大促进了城市的经济发展，同时也使其成为北欧最重要的城市。自1970年以来，大量的移民从挪威、瑞典等欧洲国家来到哥本哈根，使得哥本哈根有着相当数量的移民。如今，哥本哈根大都会区人口超过120万，其中哥本哈根市政区居民接近60万。而更广义的“哥本哈根地区”包括34个市政区，2013年总人口为197万。哥本哈根地区面积为2926km^2，占丹麦总面积的6.9%，但是却拥有丹麦34%的人口，因此哥本哈根的人口密度远远大于丹麦其他地区，平均约673人/km^2。

哥本哈根还是丹麦的首要交通枢纽。在哥本哈根，公路和铁路都可以直达欧洲大陆和北欧的斯堪的纳维亚半岛。2000年夏季通车的厄勒海峡大桥跨厄勒海峡，将哥本哈根与瑞典的马尔默联系了起来。哥本哈根也可以通过轮渡连接挪威、瑞典等国。哥本哈根城市内部的公共交通十分发达，不仅为哥本哈根市区服务，还可以连接机场，甚至远及瑞典的马尔默。

2. 公交系统

哥本哈根的公交系统由通勤火车（S-Trains）、巴士和地铁组成。其中，通勤火车是交通网络的基础，从公交系统的中心——哥本哈根中央车站出发，通勤火车的线路遍布哥本哈根大都会的各个角落。人们乘坐公共交通出行时，可以在一定的时间内免费换乘（包括不同模式之间的换乘）。哥本哈根被誉为全球自行车文化的中心，是世界上最适合骑行的国家。在市区内哥本哈根市政府设置了多处免费的自行车租界点，为行人提供借用服务。有单独的自行车道，有些地段还专门为自行车流设有信号灯系统。

图 5-1 所示是哥本哈根的通勤火车与地铁路线图。

1）通勤火车（S-Trains）

通勤火车网络连接了哥本哈根的城市中心与郊区。第一条通勤火车线路建成于 1934 年，此后其网络不断发展，日客运量 240000 多人，是哥本哈根公共交通系统的核心骨架，并由地铁和巴士配套服务进一步完善。

结合哥本哈根的“手指形态规划”土地利用，通勤火车网络由城市中心向六个不同方向延伸成为放射型轨道线，轨道铺设在城市高密度的发展走廊上。在城内这些放射型的轨道路线则由环线轨道连接在一起，部分通勤火车路线和丹麦城区间铁路线平行，但是有自己独立的铁轨和信号系统。通勤火车的车站

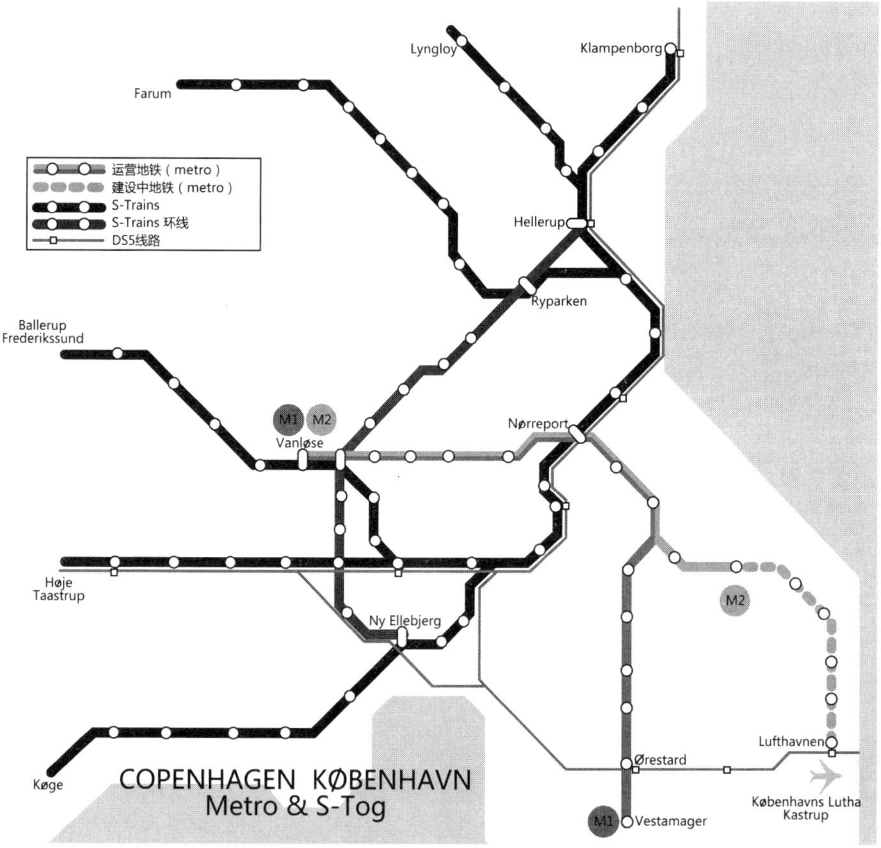

图 5-1　哥本哈根的通勤火车与地铁路线

（资料来源：UrbanRail.Net（R.Schwand））

也成为城市重要的节点，同时巴士和地铁的站点也多集中于此。通勤火车线路通过城市中心的时候是在地下运行，到达郊区的时候则在地面运行。

通勤火车由丹麦铁路公司（DSR）运营，共有 11 种类型的服务列车。列车在放射型的轨道上每 20min 一班，而环线上日间每 5min 一班趟。通勤火车的服务包括基础服务车辆（basic services）和附加服务车辆（plus services），分别在不同的时间段服务，且在上下班高峰期还专门设有高峰期服务车辆（rush-hour services）。通勤火车的列车属于电力机车，一般有 8 节车厢，车厢长度比传统的火车稍短。在上下班高峰期，列车通常是两辆连行，以便大量快速地运送乘客。还有一种只有 4 节车厢的小型列车则在乘客较少的时候使用。

2）地铁（Metro）

哥本哈根的地铁建设计划始于 1992 年。当时哥本哈根南部的阿玛加尔岛（Amager）还没有全面开发，通勤火车的服务也没有覆盖这个区域。哥本哈根政府认为有效的交通网络服务是土地开发的前提，地铁尽管造价较高，但具有高乘坐量、高速、安全以及不影响城市环境等特点。1996 年哥本哈根政府通过了由城市中心通往阿玛加尔岛的地铁线路建设计划。地铁分三期建成，2002 年开通了两条线路共 22 个车站，到 2006 年地铁日客运量达 120000 人，准点率达到 98% ～ 99%。2007 年 9 月直通哥本哈根飞机场的地铁线路也已建成。2007 年 6 月 1 日还有一条城市环线地铁通过审批，这条线路规划包括 17 个站点，其中 3 个站点将与通勤火车车站合并，建设“火车 / 地铁”综合车站。这条地铁线路预计客运量将达每日 275000 人，包括 25% 至今从未使用过公共交通的乘客。哥本哈根政府希望通过地铁的建设进一步减少道路上的车流量。

哥本哈根地铁线路与通勤火车网络、巴士网络有机地结合在一起。两条地铁线路总长 16.8km，在城市中心区两条线路并行于地下，行驶到南部阿玛加尔岛时地铁则又分成东西两条分支线路改为在地上行驶。哥本哈根东西部地铁可以连接通勤火车网络，南部没有通勤火车网络的区域将由公交系统覆盖。

地铁使用的是无人驾驶型列车，由电脑系统控制。列车车长 39m，宽 2.65m，最高时速可达到 80km，平均时速为 40km。每辆列车有 3 节车厢，6 个自动上下门，车内设有 96 个座位，可以容纳 300 个乘客。哥本哈根地铁的宗旨是短途快速运送乘客，因为车辆的容量相对较小，所以在上下班高峰期地铁每 2min 一辆。地铁在多方面保障乘客安全性和舒适度：地铁站前均设有 5m 高的信息柱以便乘客了解换乘信息。地铁站通常长 60m，宽 20m，站台与列车平齐，保证了残疾人无障碍登车。22个地铁站中9个属于地下车站，其中6个是位于地下20m的深层车站，地下车站站台均设有屏蔽门，保证乘客安全，还设有玻璃顶以利用日光。每辆列车内还设有四处折叠座椅，以供轮椅、婴儿车或自行车停放。

3）支线巴士

哥本哈根的巴士由公交机构Movia运营。这些巴士车辆并不属于Movia，Movia通过租用车辆提供服务。哥本哈根的巴士密切地配合了城市的通勤火车和地铁，行驶在街区的道路上，为城市居民提供便利的服务，是整个公交系统不可缺少的一部分。

4）三种模式的统一

哥本哈根的这三种公共交通方式组成了一个整合统一的系统，以通勤火车为主要骨架，地铁服务弥补了通勤火车服务未能覆盖南部阿玛加尔岛的不足，带动了哥本哈根南边的土地发展项目，而巴士则更加完善了公交系统的末节服务。

这三种公共交通工具分别由三个不同的机构运营。通勤火车由丹麦铁路公司（DSB）运营及管理站点，DSB是丹麦最大的铁路运营公司，主要进行客运铁路运输。地铁系统的建设由弗雷斯德发展公司（Ørestad development coporation）全面负责，同时该公司还负责开发哥本哈根南部阿玛加尔岛的项目，包括建设弗雷斯德大桥等。地铁建成后则由地铁服务公司（Metro service A/S）负责运营。而巴士系统由公交机构Movia运营。

尽管通勤火车、地铁和巴士由不同的机构负责，但是三个机构合作制定了统一的票制系统，使这三种模式很好地结合在一起。乘客可以在一定的时间内，使用一张车票换乘不同的交通工具。哥本哈根地区的34个市政区被分为95个分区，以分区决定票价，车票跨越的分区越多，有效的时间就越长。同时，公交系统还发行乘车打折卡，包括一日通票或者乘坐10次公交有40%的折扣。通勤火车和地铁都属于车下购票机制，而巴士可以在车上购票（不包括打折卡）。这种整体的票制系统提升了人们使用公共交通的自由度。

5）自行车的使用

哥本哈根是著名的自行车之城，其公共交通系统也与自行车密切相关。40%的市民每天出行会使用自行车，而政府也为市民提供了良好的骑车环境。

自1980年以来，哥本哈根市开始将原有的机动车道和路侧的停车区改造为自行车专用道，共设自行车专用道约300km。自行车道完全为骑车的人设计，通常在道路的一旁，允许单向车流，与机动车道分开。自行车道宽2.2m，可以供两辆自行车并行，并在拥挤的地段扩建为3.5m。

哥本哈根在城市的一些主要活动场所，例如中心火车站等处，都设有自行车免费租借处，供人们在市区内使用自行车。很多旅馆和商店也有自行车租借的服务。在哥本哈根，居民大约五分之一的出行是依靠自行车完成的，其中有大约三分之一的居民使用自行车上班。自行车的大量使用以及政府对自行车推行的优先措施为哥本哈根营造了良好的城市气氛，也加强了公共交通的通达性。如今，自行车出行已经成为哥本哈根城市的标志。

3. 公交导向型发展

哥本哈根的城市发展以公交导向发展的城市模式为指导思想，将城市土地使用与轨道交通发展结合在一起，创造了特有的城市发展模式。哥本哈根是欧洲人均收入最高的城市之一，但是汽车拥有率却很低。

1）城市发展规划

哥本哈根的城市规划——“手指形态规划”于1947年提出。该规划根据城市自身的特点和城市轨道交通线路制定，明确要求城市发展要沿着几条走廊进行高密度开发，而走廊间则由低密度、限制开发的绿地隔离，坚持维持城市中心区原有的功能。

通勤火车的轨道网络将城市发展引导向放射型的模式。轨道由城市中心区分别延伸五个方向，形成了城市的发展走廊，城市发展主要集中在通勤火车的交通车站附近。各条发展走廊都集中交汇在城市中心区，通过轨道交通城市中心区与周边区域联系密切，城市中心因此成为一个强大的核心。在发展走廊上进行高密度的土地开发，走廊之间使用绿地分隔，不仅提高了土地的使用效率，而且节省了基础设施建设的费用，较好地保持了城市的生态环境。

这个富有远见的规划，很快成为哥本哈根城市区域发展普遍认同的准则，长期稳定地指导着其土地开发方向，确保了城市有序发展。尽管哥本哈根的城市发展规划通常按照由上至下、多层规划的模式进行，制定的规划需涉及多级政府，而且城市的政治形势不断变化，随之区域规划也常有变动，但“手指形态规划”的共识仍能够使城市的整体发展保持在稳定明确的状态。这种稳定明确状态对于城市土地使用和公共交通整体的平衡发展至关重要。

2）土地使用与公交系统的配合

哥本哈根的发展规划是建立在土地利用与公交系统综合考虑的基础之上的。正是这种结合，使哥本哈根的公交系统可以方便有效地服务于城市高密度的土地开发区域，而城市高密度的发展走廊又为公交系统提供了充足的客流，同时也创造出了适合乘坐公交的环境。

哥本哈根市政府对城市土地开发与轨道交通的结合发展进行了严格的监控，要求城市的开发必须集中在通勤火车的交通站点附近。1987年区域规划的修订版中规定，所有的区域重要功能单位都要设在轨道交通车站的步行距离1km范围内。随后1993年的规划修订版对此更加重视，在国家环境部制定的"限制引导"政策下，该规划要求在区域内所有轨道交通覆盖的地区，都要在距离轨道交通车站1km的范围内集中进行城市建设。哥本哈根的最新规划还要求每年约有3000栋新建的建筑全部集中在公交车站附近。

除了进行监控和规定，哥本哈根政府还实施了开发密度补贴等政策，以刺激鼓励开发商在交通站点附近进行商业开发，并持续增加交通站点附近的建设密度。而且公交车站在选址时也都保证周围有足够的可开发用地，以便满足区域未来各类土地使用的需要。车站附近的土地开发本着混合使用的原则，将居住、商业以及工作等不同功能有机结合在同一块土地中。这种混合发展的模式使人们愿意选择在交通站点附近居住或工作，更加丰富了车站发展区内的活动，也为公共交通提供了大量的客源。便利的公共交通带来大量客流的同时，又进一步促进了公交沿线的商业开发。哥本哈根西南侧的新城——哈城就是一个很好的例子，该城区的土地开发主要环绕通勤火车交通车站进行，注重就业与居住的平衡，开发轴由车站向外连接住宅小区，其间集中了主要的公共设施和商业服务。车站中心的位置不允许私人汽车的进入，人们出行依靠步行、自行车和巴士，而通勤火车又可快速方便地把人们运送到别的城区。

这样哥本哈根的各个放射型发展走廊内，土地利用与轨道交通间都是相互促进的，使整个城市健康发展。

4. 公交发展的基础和措施

哥本哈根的公共交通不是独立地发展的，除了与城市土地利用结合外，公共交通也与其他交通模式密切配合以提高公交服务水平和竞争力，同时政府采取多种措施，如提倡公共交通、步行以及自行车的出行方式，限制私人汽车的使用，保证了公交导向型发展的成功实施。

1）交通模式间的整合

如上文中所介绍，哥本哈根的公共交通网络由三个部分构成，其中通勤火车的轨道构架了公交的主要骨架，也形成了城市发展走廊。而通勤火车、地铁和巴士通过统一的票制以及综合车站有机结合在一起。由于通勤火车本身并不能直接提供"点对点"服务，为了更有效地提高交通站点的可达性，需要以步行、自行车和巴士系统完善网络的可达性。哥本哈根土地利用与轨道交通的互助发展使轨道交通覆盖了城市大量的活动区域，而完善的步行系统和自行车路网又进一步提高了轨道交通的可达性，同时轨道交通站点附近多设有支线巴士服务，可以满足更大范围内的乘客使用轨道交通的需求。

哥本哈根城市中心区保持着中世纪的街道布局和许多老式建筑，政府加强了中心区的公共交通服务，将公交、自行车和步行系统结合，为市民提供了良好的交通环境，并且很好地保持了城市中世纪的风貌。如今哥本哈根中心区的街道布局已经成为全球最大、最成功的人行路网之一，它还为人们提供日常活动的场所。上文已介绍，哥本哈根还是世界著名的自行车城市，其自行车设施网络有效地补充了步行设施。从1970年到1995年，哥本哈根的自行车专用道从210km增加到300多km，自行车出行数量增长了65%。1994年哥本哈根有关部门在15个城郊通勤车站进行的乘客出行方式的调查显示，在距离车站的1km范围内，步行是主要的接驳方式，其在各车站的到达总出行中所占的比例从38%～100%不等；在距离车站1～1.5km范围内，自行车接驳方式占据主导，约占40%的比例；只有在距离车站超过1.5km时，机动化的接驳方式才成为主导，其中公交车占40%～50%；即使在距离车站2.5km时，自行车出行在所有接驳方式中所占的比例也超过了小汽车：自行车出行占30%，而小汽车出行仅占19%。

由此可见，步行网络、自行车的普及以及支线巴士服务为哥本哈根的公交导向型发展提供了基本的依靠因素。

2）限制私人汽车使用的措施

哥本哈根在推行公共交通使用的同时，也通过多种措施限制私人汽车的使用，减少人们对私人汽车的依赖，缓解城市道路交通的堵塞。

哥本哈根一直通过“堵塞管理”的政策来控制城市中心区道路的机动车容量，调节私人汽车的使用，将城市道路资源分配给效率更高的非机动化交通和公共交通。哥本哈根现今的城区交通量（按年驾驶里程计算）已经比1970年下降了10%。在限制私人汽车使用的措施中，停车设施的供应和停车收费管理是关键。在过去的几十年间，哥本哈根的城市中心区的停车位每年减少2%～3%。目前，哥本哈根市中心区停车位的数量只有斯德哥尔摩市中心区的三分之一。此外，哥本哈根的停车费价格一直处于较高的水平，城市中心区路边停车的收费高达每小时4美元，这使得停车设施能够迅速周转。

哥本哈根政府还通过各种经济手段将私人汽车交通使用的外部成本（交通

堵塞、噪声、空气污染、环境破坏等）内部化，让私人汽车的使用者承担这些费用，保证交通的公平性。购买私人汽车时，购买者所需要缴纳的税款约是购车费用的 3 倍；同时，为了限制人们购买大型、高耗油车辆，购车缴纳的税款随着车重和发动机排量的增加而增长。购买私人汽车后，汽车的登记费也十分昂贵。

这些控制措施的实施有效地减少了私人汽车的使用，使哥本哈根成为发达国家中私人汽车拥有率最低的城市之一。

5. 成功经验

哥本哈根是实施公交导向型发展的一个成功实例。通过分析哥本哈根公共交通系统的发展，可以得出城市进行公交导向型发展的一些经验。

首先，哥本哈根的城市规划模式，即“手指形态规划”对其公共交通系统的发展至关重要。该规划配合其轨道交通的骨架，在城市的线性走廊上对集中土地进行开发，塑造以轨道交通车站为中心的紧凑、混合的土地利用形态，同时维护城市中心的原有风貌，加强郊区与中心的联系，保持城市绿地环境。土地利用与轨道交通相辅相成，统一考虑，为哥本哈根长期的发展制定了稳定的准则。值得注意的是，哥本哈根的发展模式不仅限于某一个走廊或区域，而是在整个区域范围内全面实施，能够充分地发挥规模效应，形成整体优势，显示了公交导向型发展的生机，促进了区域发展。

其次，哥本哈根的城市发展思想主要是以轨道交通引导城市的发展。轨道交通能够快速、可靠地运送大量乘客，因此可以满足周围土地高密度开发带来的大量出行需求。而轨道交通建设成本高，具有大量的固定设施，建成后不会轻易废弃，这种“永久性”的形象更容易吸引开发商在沿线进行商业投资。轨道交通适合有固定发展走廊的城市，但是由于其造价昂贵，不同的城市应该考虑自身城市的特点，灵活选用公共交通模式，例如选择快速公交这种比轨道交通更加灵活、投资小的城市公交模式。

此外，哥本哈根不同交通模式之间的配合，以及哥本哈根政府对于非机动车和公共交通工具的支持以及对私人汽车使用的限制，也从根本上树立了城市适合发展公共交通的形象。哥本哈根公交系统整体的统一票价制度为人们使用公交提供了便利，而完善的步行和自行车系统，以及常规公交的接驳服务，也增加了轨道交通车站的可达性。高质量的公交服务，对城市中心区停车位的控制，以及限制私人汽车使用的经济措施，在很大程度上促进了人们对公共交通系统的使用，从而建立了以人为本的城市环境。

参考文献

[1] http://en.wikipedia.org/wiki/Copenhagen_Metro.

[2] “Metro Copenhagen”. European Union Prize for Contemporary Architecture. Retrieved 8 April 2010.

[3] S-Trains in Copenhagen: S-Train Lines，S-Train Stations，Ringbanen，Frederikssundbanen，Nordbanen，List of S-Train Stations.

[4] “Copenhagen growing”. By&Havn. Retrieved 21 November 2013.

[5] “Copenhagen Neighborhoods and Towns”. U.S. News Travel. Retrieved 27 November 2013.

[6] “Statistics Denmark：Copenhagen City/Urban Area (Københavns Kommune，Hovedstadsområdet)，2012 (tables: FOLK1，BEF44)”. Statistics Denmark. Retrieved 17 August 2012.

5.2 城郊联系：温哥华案例分析

温哥华公交系统具有多样化的特点，不同于其他城市，温哥华的公交系统不仅仅服务于温哥华市区，还服务于大区域范围，形成以温哥华市为中心、辐射至整个大温哥华地区（或温哥华都会区）的区域性公交网络，从而不断加强大温哥华地区的“城—郊”联系。温哥华的公交系统是大区域尺度的TOD发展的成功范例。

1.城市发展背景

温哥华位于加拿大西岸的不列颠哥伦比亚省，距离美国边境仅50km，可以通过便捷的公路和铁路系统与北美大陆连接，交通十分便利，是北美洲与美国联系的西部入口。温哥华是加拿大西部最大的城市，规模仅次于多伦多和蒙特利尔，是加拿大第三大城市。

温哥华还是加拿大重要的海港城市，其地理环境优美，东依落基山，西向太平洋，气候温和，四季如春，风景秀丽，有“花园城”的美誉。2006年评选的世界最佳居住城市中，温哥华名列全球第三位。1986年为庆祝温哥华市建市百周年，世界博览会在温哥华成功举行，博览会以运输为主题，反映了温哥华作为加拿大的最大港口城市以及重要交通枢纽的地位。2010年冬季奥运会也在该地举行。

温哥华现已发展成为拥有200多万人口的国际大都会，不仅是加拿大重要的工业中心，也是加拿大经济发展最活跃的地区。这里所说的温哥华不是指温哥华市行政辖区，而是指创立于1967年的大温哥华地区（GVRD：The Great Vancouver Regional District，以下简称大温地区），包括温哥华市及周边的列治文市（Richmond）、本那比市（Burnaby）、高贵林市（Coquitlam）、新威斯敏斯特市（New Westminster）、北温哥华市（City of North Vancouver）和素里市（Surrey）等21个市镇和一个未组织地区，范围达东西约50km，南北约30km，面积为3260.5km^2（包括陆地和水域）（图5-2）。而温哥华市是大温地区的核心区域，行政区划并不大，共包括城区、温西和温东三个区，但聚集的人口最多，约有50多万人，是不列颠哥伦比亚省的金融中枢和加西地区的外贸、旅游枢纽。

大温地区的创建是为了满足该地区居民的需要，有助于提升地区整体的生活质量，并经济有效地提供服务。其规划与实施管理通过大温地区委员会（Board of Directors）行使，作为集体的声音和决策机构，大温地区委员会主要统筹解决区域性的问题，包括增长管理规划、供水系统、污水和排水系统、空气质量监测、区域公园等。

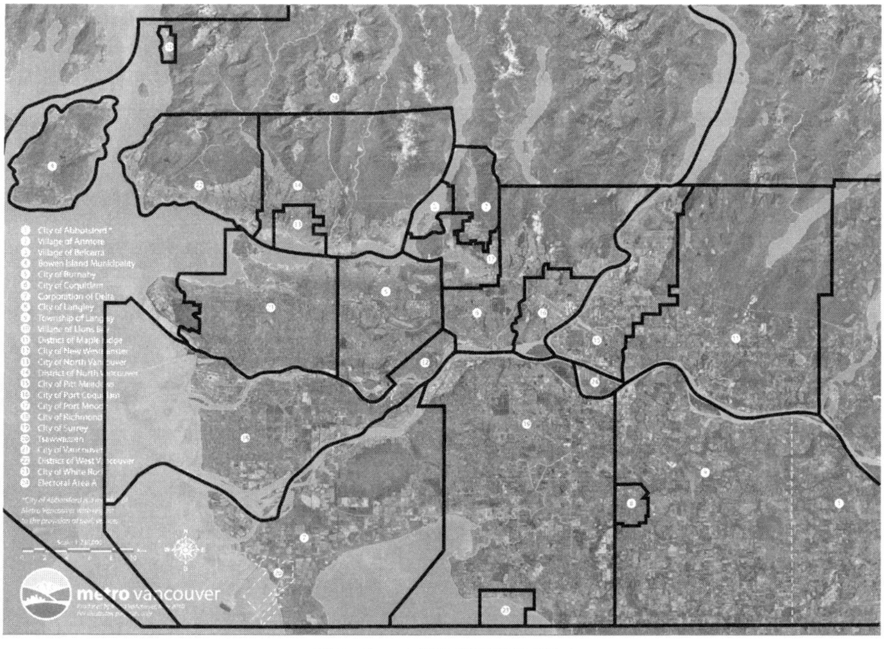

图5–2　大温哥华区域范围

（资料来源：http://www.metrovancouver.org/）

2. 公交系统构成

大温地区的综合公交系统是由架空列车（Skytrain）、快线（B-line）巴士、无轨电车、普通巴士、西岸快车（WCE）和海上巴士等组成。该系统现已具有高效运行、综合衔接的特点，每日客运量约 27.5 万人次。

1）架空列车（Skytrain）

Skytrain 因该系统大部分路段利用高架桥运行而得名，是一种无人驾驶、使用专用轨道线、采用直线电机驱动的捷运系统，Skytrain 连接着整个大温地区。从 1985 年第一条线路——博览线完工以来，现已建成三条路线：

（1）博览线（Expo Line）：为 1986 年世界博览会在温哥华市举办而开始建设，于 1985 年建成，1986 年 1 月 3 日正式开始运行。该线路从温哥华市中心出发，前往本那比南部、新威斯敏斯特及素里，全长 28.9km，设有 20 个车站。

（2）千禧线（Millennium Line）：于 2002 年 1 月 5 日通车，连接温哥华市、本那比北部及新威斯敏斯特东部，全长 20.3km，设 29 个车站，其中有 16 个车站与博览线共线使用。

（3）加拿大线（Canada Line）：于 2009 年 8 月 17 日通车，连接温市中心及列治文市，另设一条支线前往温哥华国际机场，全长 19.2km，共设 19 个车站，其中 16 个车站现已建成开通。

长青线（Evergreen Line）：规划线路，预计在 2014 年完工，将连接本那比的洛希镇中心站（Lougheed Town Centre Station）和高贵林市中心。

Skytrain 系统自 1986 年投入商业运营以来，就在大温地区的公交系统中担当重要的角色，已建成的三条线路共长约 68km，共有 49 个车站（其中共线运营车站有 16 个、换乘车站 3 个），目前 Skytrain 系统已是北美最大的完全自动的公交系统，也是全球最长的无人驾驶捷运系统（图 5-3）。

2）巴士系统

大温地区早在 1890 年就已建立有轨电车系统（Streetcar），但该系统已逐渐被无轨电车和柴油巴士所取代，于 1955 年全部终止运行。目前大温地区的巴士系统根据不同地区的需要，采用多种方式运营，包括无轨电车、普通巴士、B-line 巴士和高速长途汽车等。巴士路线大多与 Skytrain、海上巴士或 WCE 实现无缝衔接。

在温哥华市区内，因无轨电车发车间隔短且频繁，故以无轨电车为主要的交通方式，普通巴士作为补充；B-line 巴士和高速长途汽车因发车间隔较长且车速较快，则服务于温哥华市区与远郊之间。

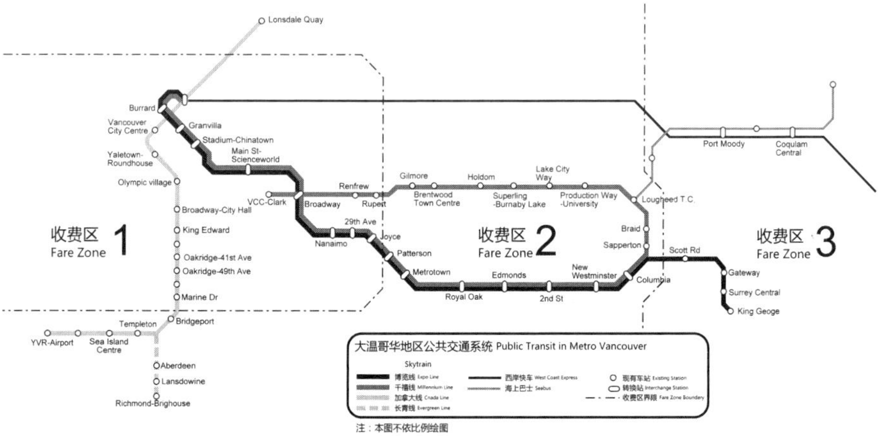

图 5–3　大温哥华 Skytrain2014 年路线规划图

（资料来源：作者改绘自 http://www.translink.ca/）

（1）无轨电车

温哥华市在 1948 年 8 月 16 日开通了无轨电车系统，以替代有轨电车。无轨电车在 1957 年达到了全盛期，当时车队的数量达到了 352 台。直到 1960 年代，由于私家车和柴油巴士的盛行，无轨电车开始没落。1970 年代全球石油危机以及环保意识的推广才使得无轨电车重新受到重视。1999 年温哥华市提出建设市中心电车系统（Downtown Streetcar system）的项目议案，计划分三个阶段建设（图 5-4），一期线路从格兰佛岛（Granville Island）至科学世界（Science World），长约 3km，是 2010 年冬季奥运会的示范项目；二期线路从科学世界北延至滨海站（Waterfront Station）；三期将分别由滨海站西延至斯坦利公园（Stanley Park），以及由科学世界沿太平洋大道（Pacific Boulevard）西延至格兰佛街。

2008 年 8 月 16 日，大温哥华运输管理局“运输联线”（TransLink）为温哥华无轨电车系统运行 60 年举行了隆重的庆典活动，以表彰无轨电车对温哥华的贡献，并表示将会继续支持电车在大温地区运行。

（2）普通巴士

普通巴士作为无轨电车的补充在市区运行，其线路密集，呈棋盘状分布，与无轨电车的南北走向不同，普通巴士大多行走东西路线。另外，还有在各居住社区间运行的社区短程穿梭巴士（Community Shuttle）。普通巴士在多处便捷地与 Skytrain 衔接。

图 5-4 温哥华 Downtown Streetcar 系统
（资料来源：作者改绘自 City of Vancouver Downtown Streetcar Project）

（3）B-line 巴士

所有的 B-line 巴士均采用大容量的车型，为高载客量快速巴士线，最初运行 97 路、98 路和 99 路三条线路，但随着 Skytrain 加拿大线的通车，98 号线已于 2009 年 9 月 7 日被取消。

（4）高速长途汽车

高速长途汽车（Express Coach）主要连接温哥华市中心与郊区社区，包括怀特罗克（White Rock）、南素里（South Surrey）和南德尔塔（South Delta）。高速长途汽车直接运行在高速公路上，可使乘客快速到达市中心。

3）西岸快车

西岸快车（West Coast Express system，WC）是铁路客运系统，专门为居民上下班服务。WCE 只在周一到周五的上下班高峰时期内运行，由米逊市往返于温哥华市市中心的滨海站，主要为大温地区的东北部社区提供快速的运输服务，共设有 8 个站点（图 5-5）。Skytrain 长青线的线路规划，布置了两个与 WCE 换乘的站点，以促进乘客在 WCE 与 Skytrain 之间的方便转换。

4）海上巴士

作为海港城市，渡轮对温哥华而言也是一种很有效的运输工具。在布勒特内湾（Burrard）上运行的海上巴士（Sea Bus），就是为了减少市中心与北温哥华之间的狮门大桥（Lions' Gate Bridge）上超负荷的巴士量，而建立的一种新型渡轮方式，可以便捷连接市中心和北温哥华。海上巴士在温哥华

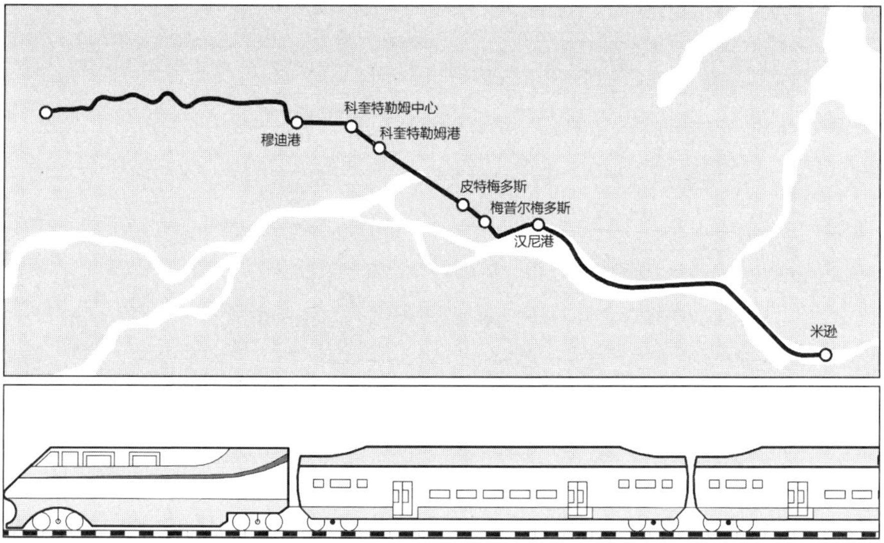

图 5-5　大温哥华西岸快车
（资料来源：作者改绘自“空中列车及大温哥华地区综合交通系统”）

市的滨海站与北温哥华的兰斯黛码头（Lonsdale Quay）之间以 11.5 海里 /h（21.3km/h）的速度航行，整个航程只需 10 ～ 12min，高峰时段每隔 15min 一班次，载客容量为 400 人，为两地之间建立了一条海上快速交通要道。

滨海站不仅是海上巴士的始发站，同时也是 Skytrain 和 WCE 的换乘站，不需出站即可在这三种公交方式之间方便换乘，此站还与加拿大卑诗邮轮码头（Canada place cruise ship terminal）非常接近。兰斯黛码头则是北温哥华的始发站，此码头与周边的酒店、公共市场和公交转乘站一起，可为游客提供周全服务，现已成为重要的观光点之一。

5）多种公交系统的综合衔接

大温哥华运输管理局的“运输联线”是大温地区委员会的下属机构，该管理机构为大温地区提供运输服务，于 1999 年 4 月开始运作，上述的各种公交系统都在 TransLink 的管辖范围内。大温地区各公交系统协调有序运行，基本实现了无缝衔接，这都有赖于 TransLink 在各种公交线路的衔接和票价统一两个方面的综合协调作用：

（1）公交线路的衔接

温哥华市纵横交错的巴士线路对各公交系统起到联系作用，大多数巴士路线均与 Skytrain、WCE 或海上巴士衔接（图 5-6）。由于 Skytrain 建设较晚，其他公交线路都根据 Skytrain 线路进行调整，以避免线路的重复。尤其是巴

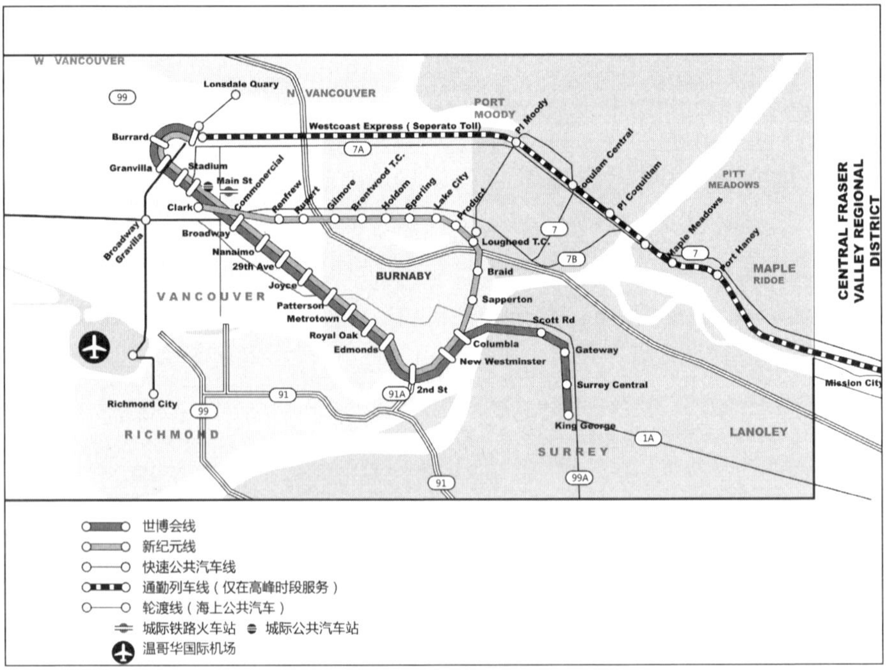

图 5-6 大温哥华地区公交网络系统

（资料来源：作者改绘自 http://www.cnki.net/）

士线路，如 B-line 巴士的 98 路，原本运行于温哥华市和列治文之间，但由于新的 Skytrain 线路加拿大线的线路大致与 98 路平行，因此在 2009 年加拿大线开通之后即取消了这条 98 路快速巴士线路。

而且各公交系统之间通过多个换乘枢纽站连接成为一个严密的网络系统。Skytrain 为吸引客流，非常重视与其他线路的衔接：Skytrain 在滨海站与 WCE、海上巴士连接；B-line 巴士的 97 路则在洛希镇中心站、99 路在百老汇站与 Skytrain 连接；在 Skytrain 的各个站点，基本上都配置了巴士站或大型停车场。此外，在高贵林中心站，97 路还可以与 WCE 连接。

（2）公交票价的统一

除了 WCE 之外，TransLink 对其管辖下的其他公交方式，包括 Skytrain、巴士和海上巴士三种方式，均采用统一的收费架构，即按区域、按时间的计费制。

整个大温地区划分为三个收费区（图 5-7）：

第一区：包括温哥华市和大学保留地；

第二区：包括西温哥华、北温哥华、本那比、新威斯敏斯特和列治文；

第三区：指大温地区其他市镇。

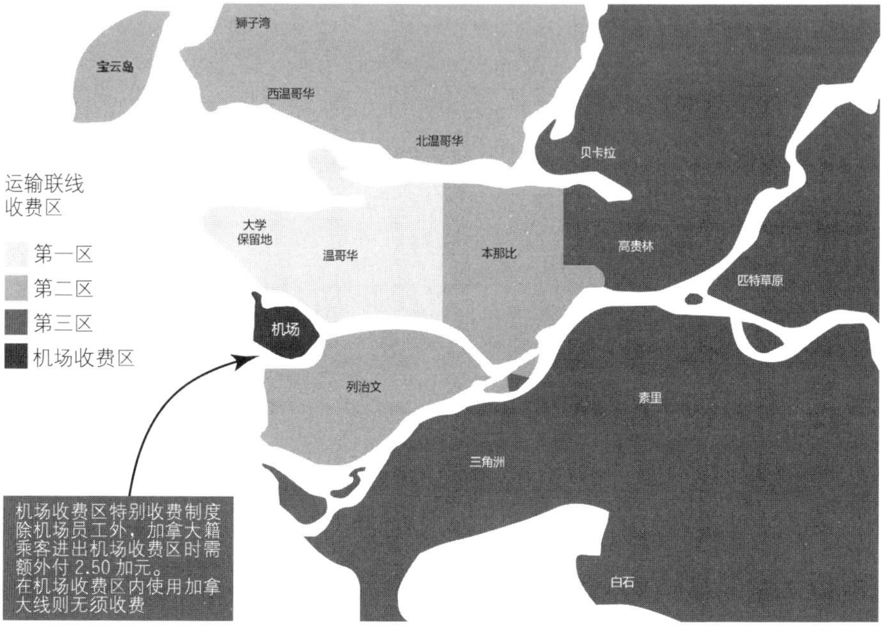

图 5-7 大温哥华运输联线收费分区

（资料来源：作者改绘自 http://www.translink.ca/）

白天同一区域内的各种公交费用相同，跨区加费。而在晚上 6：30 以后、星期六、星期日及节假日的任何时间，则以一个统一收费区的价钱计算。付费的乘客可以在 90min 之内无限次乘搭公共交通来往收费区内任何地方，并可任意在三种公交方式之间转乘。

WCE 虽然采用一套独立的收费架构，但乘坐 WCE 的乘客可免费转乘 TransLink 辖下的其他交通工具。

3. TOD 公交导向型发展

由于优越的自然环境、经济机遇和生活质量，大温地区吸引了源源不断的人口。1967 年，该区仅有不到 100 万的人口，到 1999 年已经增长为 200 万人口，而根据预测，至 2021 年人口将达 270 万，增长近 100 万。

人口的增长虽然是大温地区发展的一个有利因素，但同时也给大温地区的自然环境、居住和交通等带来了很大的压力。如果继续按照大温地区过去的发展模式，可以预见人口的增长将导致用地的低密度蔓延，导致农田和绿色空间逐渐减少，空气污染加剧，甚至增加居住和工作之间的通勤距离，从而加重对汽车的依赖。面对城市发展的压力，大温地区通过一系列区域规划的实施，为保护和提升地区的可持续发展提供支持，逐步实现以公交为导向的区域发展。

1）区域发展规划

大温地区有着悠久的区域规划传统，从1966年大温地区创建之初就已开始进行第一个官方区域规划（The Official Regional Plan）。该规划将整个大温地区视为单一中心城市（Monocentric City），鼓励开发商在温哥华市中心兴建多层住宅大厦，并提供大部分的工作岗位，从而构成一个紧凑的城市核心，而大部分住在郊区的工人需要通勤至市区。

（1）1975年区域宜居规划

进入1970年代后，面对市中心越来越严重的就业压力和交通挤塞的问题，大温地区设想在市中心周边开发“副中心”，把集中于温哥华市的工作岗位分散至各个副中心，吸引人们到副中心就业。

因此，与1966年的区域规划相对应，1975年温哥华通过了区域宜居规划（The Livable Region Plan），旨在将大温地区发展成为多中心城市（Polycentric City）。规划拟建6个市镇中心，每一个市镇中心均可容纳10万～20万的居民在此居住和就业，并提供高密度居住社区、商业活动、社区服务和公共设施。

与此同时，各市镇中心之间将产生大量的人流交通。自从1960年代以来，大温地区的政府和市民就一直在试图限制该区域高速公路的发展。因此，区域宜居规划明确反对建设高速公路，与此同时鼓励建立快速公交线路连接各市镇中心。并且各市镇中心通过修改自身的分区规划和社区规划，以鼓励围绕Skytrain站点区域的公交导向性发展。

这样，基于广泛的公民参与和长远预测，区域宜居规划提出了一个由公共交通服务连接的、多层次市镇中心组成的区域发展愿景（图5-8），并首次将以公交为导向的区域发展方法具体化。

1975年通过的区域宜居规划被认为是该地区发展史上的一个显著标志。它为随后几十年该地区的城市规划提供了指导。

而且，规划中确定的快速公交线路在1980年被确切地提上了议程。1980年，温哥华市成功申办“1986年世界博览会”。由于博览会会场设在市中心，而主办国加拿大的展馆位于城市中心的另一边，两者之间需要快速的公交线路连接起来，使博览会延伸到市中心。同时，为解决博览会所带来的额外交通，并迎合博览会“交通与通信”的主题，兴建快速公交系统的提议已成定局。

在此契机下建设的快速公交线路被称之为ALRT（Automated Light Rapid Transit），即全自动轻便快速公交系统，也就是现在的Skytrain博览线。该

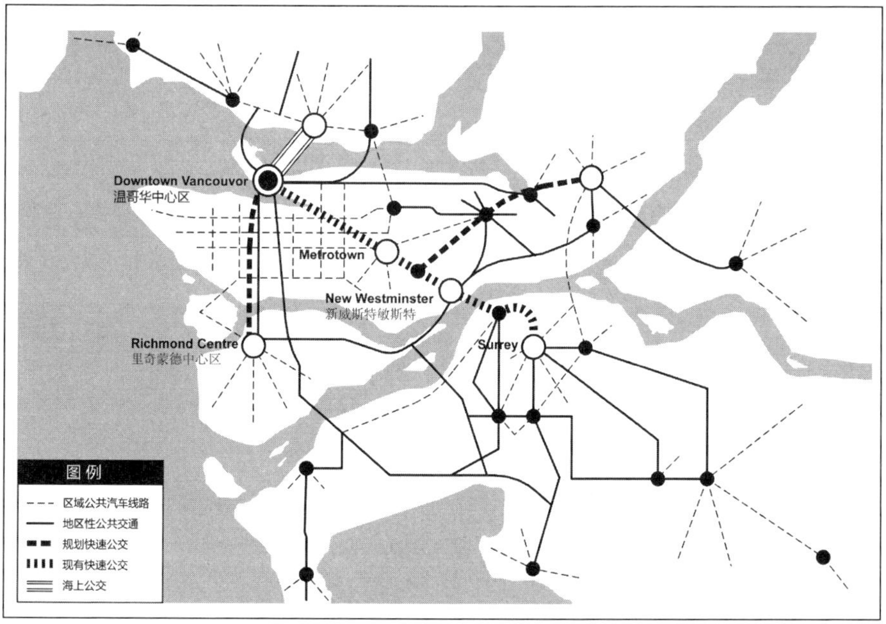

图 5-8　1975 年大温哥华区域宜居规划

（资料来源：作者参考：马强．走向“精明增长”——从“小汽车城市”到“公共交通城市”[M].北京：中国建筑工业出版社，2007）

线路于 1986 年年初开始投入使用，每小时载乘客达 3 万人。这条线路当时长 21.4km，连接着温哥华市与邻近的三个市镇中心，包括本那比的铁道镇(Burnaby Metrotown)、新威斯敏斯特市（New Westminster）和素里市中心（Surrey City Center)。

（2）1990 年“创造我们的未来”区域规划

1983 年由于规划实施问题，区域规划被取消了法定权力。但由于区域急剧的增长压力，为了恢复区域合作伙伴关系，1990 年大温地区委员会决定制定“创造我们的未来：迈向更适宜居住的地区（Creating Our Future：Steps to a More Livable Region)”的区域规划。在 1975 年区域宜居规划的基础上，“创造我们的未来”更强调关注快速的人口增长，以及由此对地区生活质量和环境质量所产生的威胁，并在此基础上提出了区域的长期发展远景：“大温哥华有能力成为世界上第一个实现全人类追求的都市区：一个人类的活动会改善而不是破坏自然环境的地方；在这里建筑物的环境质量与自然环境融洽；在这里居民文化和信仰的多元化是团结的力量，而不是斗争的根源；在这里人们掌控自己社区的命运；在这里每个居民衣、食、住、行、安全和有益活动等基本需求都得以保证”，并主要通过五个方面的行动来实现这个目标：

①保持健康的自然环境；

②节约土地资源；

③适应变化的人口需要；

④维持区域经济的健康发展；

⑤实施有效的区域发展管理。

（3）1996 年宜居区域战略规划

在“创造我们的未来”区域规划的基础上，1996 年制订了“宜居区域战略规划”（The Livable Region Strategic Plan，LRSP），通过建立土地利用政策和交通系统，以进一步落实区域规划的区域增长战略。

LRSP 的目的在于“帮助大温地区以在维护自然环境的同时引导城市活动的分布的方式发展，以营造高质量的社区生活”。为了促进区域的宜居性，LRSP 制定了以下四个基本战略：

①保护绿色地带；

②建设设施完善的社区；

③创建紧凑的大都市区；

④增加交通选择。

大温地区居民历来偏爱使用小汽车，与加拿大其他大都市区相比，该区拥有较高的人均汽车拥有率、较低的公交提供总量以及相对较低的公交乘客量。由于居住与工作地点之间的距离越来越远，而路上总挤满了私人小汽车，人们的通勤时间在不断增加。伴随着人口的不断增长，为了减少空气污染、交通阻塞、公共开支增加，人们必须减少对私人小汽车的依赖。因此，四大战略中的“增加交通选择”战略，旨在通过出行需求的最小化和交通需求管理，鼓励人们更多地使用公共交通、步行和自行车的方式，减少对私人小汽车的依赖。

为此，LRSP 提出以下的交通发展目标：

①联合市、省和联邦合作伙伴以及邻近区域，共同建立一个绿色保护地带、完善社区以及为紧凑的大都市区提供服务的运输系统；

②有效管理增长和发展，以减少出行距离并强调优先发展公交、自行车和步行方式；

③鼓励使用公交、拼车等交通方式，同时抑制私人小汽车的发展。

这些目标在“2021 年大温地区中长期交通规划”（Transport 2021 Medium and Long-Range Transportation Plans for Greater Vancouver）里有进一步

的深化。

在 1975 年区域宜居规划确定的公交线路的基础上，该战略规划将快速公交线路扩展到更广阔的区域中去，以温哥华市区为中心，连接周边 8 个区域性市镇中心以及多个市域性市镇中心。而且，公共交通线路的类型也更加多样化，包括主要联系区域性市镇中心的中等容量公交系统（轻轨铁路或巴士系统）、补充性巴士和建设多乘客车辆优先行驶的专用车道以及北部通勤火车专用线（图 5-9）。

LRSP 作为区域土地利用和交通决策的框架性文件，已被各级政府广泛应用。同时私营机构、市民和社会团体等也都使用 LRSP 去理解并实现大温地区的未来发展远景。在 LRSP 的基础上，大温地区委员会在 2009 年 2 月发表了“大温哥华地区 2040：塑造我们的未来”区域增长战略的草稿，进一步提出 5 个区域发展目标：创建紧凑型都市区，支持可持续的经济发展，保护该地区的自然资产，开发完整而富有活力的社区，以及支持可持续的交通选择。

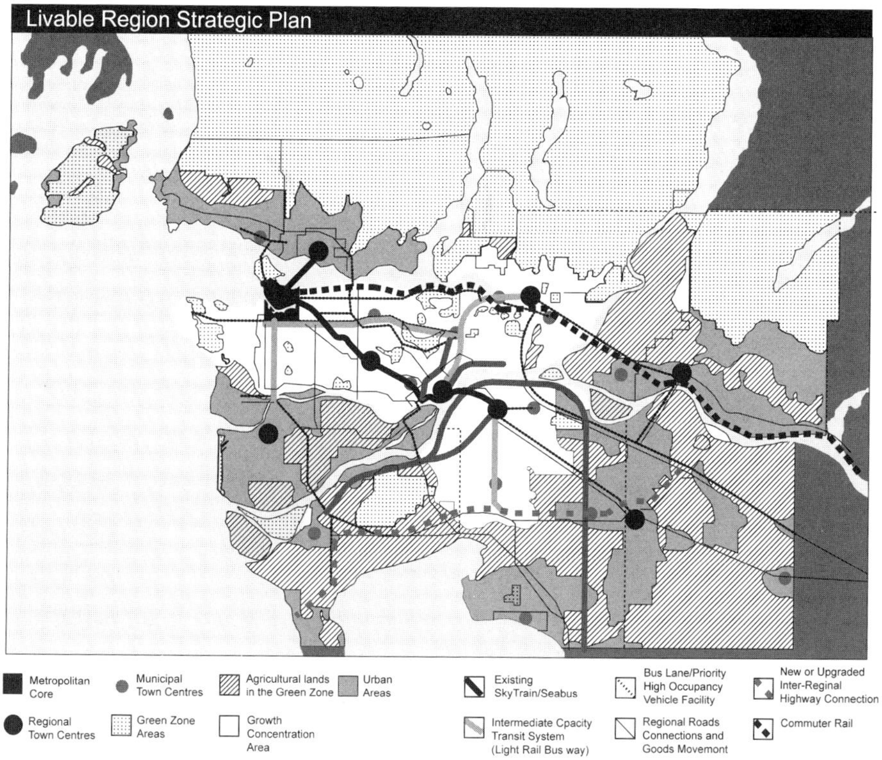

图 5-9　1996 年大温哥华宜居区域战略规划

（资料来源：Livable Region Strategic Plan）

为了对大温地区的交通规划提供区域性的控制、资金支持和管理，大温地区委员会和省政府同意创建大温哥华运输管理局“TransLink”。自 TransLink 1999 年 4 月运作以来，上述这些公交线路项目基本都得以实现，形成了当前大温地区以 Skytrain 为主体，巴士系统和 WCE 为辅的公交体系。

完善的公交系统将大温地区的市区与郊区紧密联系起来，现在，Skytrain 线路遍布大温地区，主要连接温哥华城区、温哥华东部、伯纳比、新威斯敏斯特和素里。伴随着巴士的连接，也将与科奎特勒姆、科奎特勒姆港、穆迪港、密西西比三角洲、怀特罗克和兰利市连接，并且凭借海上巴士连接温哥华北部。

2）土地使用与公交系统的配合

温哥华早在 1975 年区域宜居规划中就已提出了以公交为导向的区域发展愿景。随后，在 1980 年代，大温地区市政当局在区域宜居规划的框架下制定了一系列切实可行的地方条例，以鼓励快速公交区域周边的土地利用与公交系统协调统一。

针对规划中确定的 6 个市镇中心，规划采取了制定设计标准、密度转让和分区限制停车等措施。对应社区，还建立了广泛的分区政策和特殊的地区环境保护条例，包括建筑物特殊规格、建筑物位置要求和建筑设计标准等。针对车站区域则采取密度提高政策，促进了以公交为导向的发展，并通过这些项目的成功吸引更多的开发商。

其中有 3 个市镇中心当时已经连通了 Skytrain，包括本那比的铁道镇、新威斯敏斯特市和素里市中心。这些市镇中心旨在发展公交友好型的零售、办公和居住功能，这些中心在公交导向型开发上取得了不同程度的成功。为鼓励这些市镇中心公交和友好型步行的发展，市政当局和省运输公司对此采取了支持性的分区政策、停车限制、密度增加和其他相关措施。本那比和新威斯敏斯特市都通过改变自身已有的分区政策，来提高轻轨车站周边区域的建设密度。

本那比的铁道镇（Metrotown）的镇中心通过提高建设密度，更新成高密度的城市混合使用区而得到迅速发展。它被认为是所有市镇中心里，结合 Skytrain 发展最为成功的范例。铁道镇是距温哥华市中心最近的区域性市镇中心，两者相隔 6mi，铁道镇可为 17.5 万居民提供住宅。在 1980 年代中期，Skytrain 的铁道镇站（Metrotown station）在铁道镇的一个有许多废弃仓库的旧零售区设立。随着 Skytrain 开始服务，本那比制定了一项正式的铁道镇社区规划，把铁道镇划分为几个分区。每个分区都指定了潜在发展区域，并制定特殊地区的分区法规，规定特殊地区的建设性质、建设位置和建筑物。城镇中心的规划还包括了停车管理、行人和自行车的联系以及巴士服务的转变等。

根据规划，Skytrain 站点——铁道镇站周边区域的开发密度被提高了两倍甚至三倍。开发商在此建设了几个高密度、混合使用的重要设施，包括一个 90 万 ft^2、附有办公场所的零售商场，一个 110 万 ft^2 的办公 / 零售综合商场，以及其他包括住宅在内的混合使用建筑。

本那比还投资建设公园和其他基础设施，以吸引更多的私人投资在铁道镇发展。而卑诗水电公司（BC Hydro）和卑诗电话公司（BC Tel）也都把主要办事处放在铁道镇附近，进一步推动了当地的发展。

但密度增加的最大障碍之一是当地居民的反对，通常称为 NIMBY's（Not In My Backyard）——不可在我家后院或称“邻避”。居民的反对声音已经成功地游说议会放弃在一些地区提高开发强度，或者划定限制密度增加的分区界限。铁道镇就是一个典型的 NIMBY's 例子。在铁道镇车站的一边被建设为高密度区，而另一边则保留低密度住宅区，从而限制了这个重要区域站的最大化发展。

4. 经验与教训

大温地区地广人稀，其 TOD 发展的成功之处在于以区域视角，全面、均衡地发展“城—郊”联系的公交系统。在历次区域规划框架的指导下，为适应区域发展需求，大温地区发展了以 Skytrain 为主体的快速公交系统，以此连接区域核心和区域市镇中心，满足了人口增长较快的温哥华市区及周围地带的交通需求。

同时大温地区快速公交系统形式多样，为适应不同地区的发展特点，充分发挥公交系统的灵活性，温哥华市与近郊市镇中心之间依靠方便、快速的 Skytrain 联系，与远郊市镇则通过班次较少的 B-line 巴士和 WCE 联系。各公交系统在 TransLink 的统一管理下，通过统一票制、统一票价，形成了线网一体化，充分体现了综合交通的优势。

另外，在小汽车发达的大温地区得以成功发展 TOD，另一个关键因素还在于对发展契机的掌握。从 1960 年代以来，大温地区就开始限制高速公路的建设，1975 年区域宜居规划也提出了发展快速公交系统的设想，但一直以来都没有实质性的建设。直到 1980 年，借举办“1986 年世界博览会”这个契机，政府开始着力建设高智能、全自动无人驾驶的 Skytrain。建成后 Skytrain 以安全可靠、技术先进、自动化程度高、管理成本低而著称于世，也为以后快速公交系统的建设起了很好的开端。

针对大温地区快速发展的现状，其公交系统发展还尚未成熟，尤其是Skytrain系统。该系统仅联系少数的几个市镇，涵盖面积有限，还未形成路网系统，一些人口增长迅速的市镇如三联市、西温哥华市和北温哥华市等的Skytrain线网都还没有构成。而且，很多市民还是习惯于使用小汽车，优先使用公交出行的意识还有待推广。因此，在近30年来的发展过程中，大温地区的公交系统建设进度比较缓慢，需要进一步全面建设。

参考文献

[1] Transit-Oriented Development for the Greater Toronto Area:An International Policy Perspective, Stephan H. Nieweler, M.Sc.Pl. Candidate, University of Toronto.

[2] Peter Mitham. Hubs of Activity[EB/OL]. 2009-03-01. http://www.bcbusinessonline.ca/%5Bterm%5D-323.

[3] 魏庆朝，王英杰．空中列车及大温哥华地区综合交通系统[Z].

[4] Baker McGarva.Hart with SNC-Lavalin and Ward Consulting, for City of Vancouver[Z], 1998.

[5] City of Vancouver Downtown Streetcar Project [EB/OL]. http://vancouver.ca/ENGSVCS/transport/streetcar/index.htm.

[6] 运输联线官方网站 http://www.translink.ca/.

[7] 大温哥华区域局官方网站 http://www.metrovancouver.org/Pages/default.aspx.

[8] Creating Our Future:Steps to a More Livable Region[Z].

[9] GVRD. Livable Region Strategic Plan[EB/OL]. Vancouver:Greater Vancouver Regional District, 1996. http://www.metrovancouver.org/about/publications/Publications/LRSP.pdf.

[10] GVRD. 2005 Annual Report:Livable Region Strategic Plan. Vancouver: GVRD, 2005. http://www.metrovancouver.org/about/publications/Publications/LRSP-AnnualReport-2005.pdf.

[11] BC Transit. Getting to Know BC Transit[EB/OL]. http://www.bctransit.com/know/know.htm.

[12] GVRD. Metro Vancouver 2040:Shaping our Future [EB/OL], 2009. http://www.metrovancouver.org/planning/development/LRSPreview/LRSPDocs/DraftRGSFeb2009.pdf.

5.3 公交引导新城发展：新加坡案例分析

新加坡这个“城市国家”被公认为是东南亚地区城市公交导向型发展的“国家级 TOD”典范。其开发建设几乎完全以 TOD 原则为指导，尤其是新城开发和再开发，通常都基于大运量公交车站的选址，包括重轨车站、轻轨车站或是公交车站。同时，新加坡还严格实行控制私人小汽车的拥有和使用的政策。

1. 城市发展背景

新加坡位于东南亚马来半岛的南端，是一个岛国，由本岛和大约 60 个小岛屿组成（图 5-10）。新加坡 707.1km^2 的国土总面积中，本岛面积（东西长 42km，南北长 23km）占 88.5%，其人口多居住在城市中，是著名的集国家、首都、城市、岛屿为一体的“城市国家”。

1965 年独立后，新加坡进入了经济和产业的重建过程，经济成长迅速，由发展中国家迅速转变成为经济富裕的发达国家，并成为东南亚重要的金融和转口贸易中心，是著名的“亚洲四小龙”之一。其交通条件也非常便利，是世界多种交通运输中心之一，连接欧洲和澳大利亚之间的航运，是航空联络的理

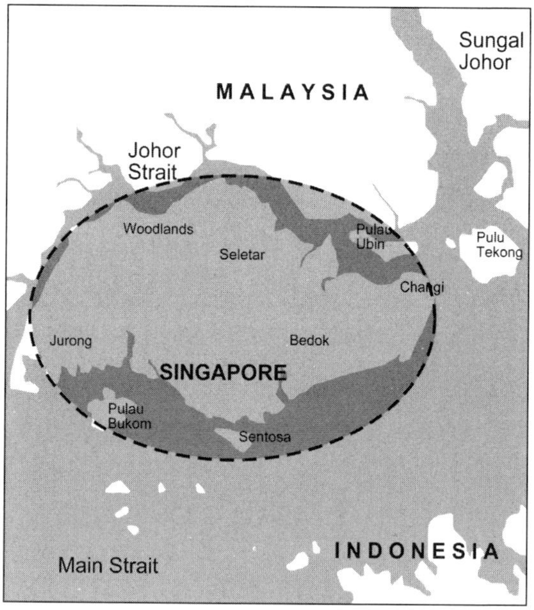

图 5-10　新加坡区域范围图

（资料来源：作者改绘自 CIA World Fact Book-Singapore，2003 [2005-11-06]. http://www.capitals.com/geos/sn.html）

想地点，拥有世界最繁忙的港口和机场。

作为“花园式城市”新加坡气候宜人、花园遍布、绿树成荫、市容整洁。其国家总人口为540万人（2013年统计数据），人口密度高达7638人/km^2，是除澳门和摩纳哥之外，世界上人口密度最高的国家和地区。此外，每日平均12000名的观光客也使新加坡成为国际旅游胜地之一。

2. 公交系统

新加坡的发展目标是为国民提供“世界一流的运输系统”，新加坡大多数的政策都在鼓励这个运输系统的发展。目前新加坡的公共交通系统由轻轨交通（LPT）、重轨交通（MRT）和公共汽车组成，拥有完善的公车服务和世界上最现代化、效率最高的快速公交系统。

1）地铁系统

新加坡地铁（MRT）始建于1983年，是继马尼拉的轻轨铁路运输系统之后，东南亚地区第二个兴建的地铁系统。自1987年地铁开通以来，新加坡已经建成了5条路线，基本覆盖全国主要地区，地铁已逐渐成为公交系统的主干。主要路线包括（图5-11）：

南北线（North-South Line）：连接滨海湾（Marina Bay）与裕廊东（Jurong East），路线长度超过44km，设有25座车站。在蔡厝港站（Choa Chu Kang）可接驳轻轨系统。

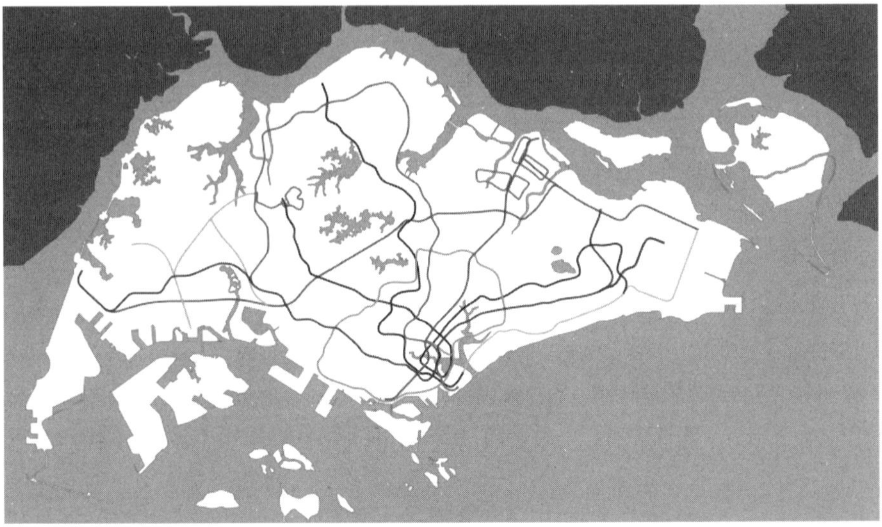

图5-11 新加坡轨道交通图

（资料来源：作者改绘自 http://zh.wikipedia.org/zh-tw/File：Singaporemrtchinese.png）

东西线（East-West Line）：主线连接巴西立（Pasir Ris）与裕群（Joo Koon），并于丹那美拉（Tanah Merah）设机场铁路支线，经过博览站（Expo）通往樟宜机场站（Changi Airport）。东西线共有29座车站，路线长度超过49.2km。

东北线（North-East Line）：连接港湾（Harbour Front）与榜鹅（Punggol），为无人驾驶的重型地铁路线。沿线共有16座车站，路线长度超过20km。在盛港站（Sengkang）及榜鹅站可接驳轻轨系统。

环线（Circle Line）：2012年已开通主线和滨海湾支线，共28个车站，连接多美歌至港湾及宝门廊至滨海湾。

滨海市区线（Downtown Line）：第一段已于2013年年底开通，连接武吉士与牛车水，已设5个车站。

另外，正在建设或规划中的地铁路线有市区线延长线、汤申线、大士延长线、滨海南延长线、东北线延长线、环线第六期、东区线、裕廊区域线、跨岛线等多条线路。

目前，新加坡地铁系统共有102个车站，地铁线路全长163km，其中有5个为中转车站，服务全国接近一半的人口（即200多万人），每天平均搭乘人数约为140万。

2）轻轨系统

新加坡作为一个城市国家，其居住点比较集中，因此居民的交通需求也相对集中，仅依靠地铁和巴士系统根本无法满足这种高密度的出行要求。为此，新加坡设想引进与地铁相连的轻轨系统（LRT），将人们直接送到家门。新加坡轻轨作为MRT的辅助支线，主要用于连接地铁车站与主要居住区、商业区。新加坡通过结合MRT站点布置LRT的起点和终点站，并在重要站点设置公共汽车换乘站，以实现LRT、MRT和公共汽车之间便利的换乘，大大提高了乘客的出行效率。

现已开通3条轻轨线路，每一条线路都连接着一个公共住宅区，为居民提供高效率的短程列车服务：

武吉班让轻轨（Bukit Panjang）——是新加坡第一条轻轨线路，始建于1996年，于1999年11月6日正式开通。此线在蔡厝港站与南北线连接，全长7.8km，共14个车站，服务于武吉班让和蔡厝港新镇8万户居民。

盛港轻轨（Sengkang）——由东西两条环线组成，两条环线都以东西线的盛港站为终始站，全长10.7km，共14个车站。东侧环线于2003年1月18日开通，穿行于康埔桦（Compassvale）和兰岗（Ranggung）；西侧环线，于2005年1月29日开通，穿行于振林（Cheng Lim）和仁宗（Renjong）。

榜鹅轻轨——同样由东西两条环线组成，以东西线的榜鹅站为终始站，全长10.3km，共15个车站。东侧环线穿行于海湾（Cove）和达迈（Damai），于2005年1月29日开通；西侧环线规划穿行于三记（Sam Kee）和树德（Soo Teck），目前还没开发。

3）公共汽车

新加坡的公共汽车系统是公交系统中服务范围最广的部分，其主要作用是为地铁和轻轨提供客流补给、完善公交服务网络，承担近距离交通。在新加坡500多条公共汽车线路覆盖了全国每个街区，总共3000余辆公共汽车，承担着每天约有300 万人次的客流量。

为了保证各种公共运输服务的有效结合，新加坡的地铁、轻轨与公共汽车系统，都统一由SMRT 和SBS Transit（新捷运）公司共同运营。

新加坡被公认是世界上公共交通系统利用效率最高的地区之一。目前，越来越多的白领工人出行使用公交系统，新加坡人52%的公交出行与上班相关，且至少有6%的上班出行不使用机动交通。使用轨道交通的居民人数也从1990年的12%上升为2000年的23%。

3. 公交导向型发展

在新加坡这个人口高度密集的“城市国家”中，实施高效便捷的公共交通系统似乎是不可能实现的。但新加坡经过30多年的努力，实现了这一目标，还塑造了举世闻名的“花园城市”形象。这都得益于新加坡政府制定并实施了一系列的概念规划及严格限制小汽车使用的措施，成功地整合城市公共交通系统与城市整体空间发展，实现全国性的公交导向型发展。

1）1971年环形规划与新城建设

新加坡交通系统的开发始于1971年，即其独立6年后，新加坡政府在联合国发展计划指导下，历时四年编制了新加坡全国范围内的概念性发展规划——环形规划（Ring Plan）。此规划在保证城市中心高度集约发展的同时，有序地发展以高密度住宅和工厂为主构成的城市次中心（即新城），这些新城由高速公路和大运量的轨道交通串联，呈环状围绕城市中心区。

这一概念规划为新加坡之后20多年的城市空间布局、交通网络、产业发展等提供了战略指导。尤其是在公共交通方面，新加坡着力建设了一个连接生活、工作和商业区的大运量快速公交系统，为以后公交系统的发展奠定了基础。

在当时，新加坡的主导运输方式是过时的人力车或由华人经营的所谓“蚊子”的小型巴士等。1971年后，这些由三大主要公司运营的“蚊子”巴士被政府接管，并最终合并成为一家国家企业。随着这些旧公共汽车和原始的运输工具的逐步消失，新加坡开始步入一个全新的现代化公交系统发展领域。

此公交系统计划建设一条联系各新城的地铁线路，虽然新加坡大多数新城都在地铁建设之前就已经完成，但在其建设时都充分考虑了地铁预期的影响。所有的新城建设都围绕即将出现的地铁站点展开，即采取以公交为导向的发展模式。

每个新城的规模约4km^2，围绕新城中心由5～7个居住邻里构成。地铁站点作为新城中心和重要的城市节点，建有商业核心区，以及配套的学校、银行等公共设施和娱乐设施。每个居住邻里提供约4000～6000个居住单位，邻里中心位置布置零售商店、学校和娱乐等设施，为居民提供在步行范围内的基本社区服务。新城中心、居住邻里、居住小区共同构成了新城等级分明的城镇体系。新城内部的公共交通也与这种层级系统相适应。多种公交方式（公共汽车、轨道和出租车）广泛连接各个居住邻里，而居住小区之间则通过相互连接的人行道和开放空间，连接主要的公交中心。

随着地铁、轻轨及巴士服务的扩展，这些新城取得了重大发展，成为明显的公交导向特性的城镇。但由于这些环状分布的新城仅以提供高密度的居住点为主要目标，并不曾考虑就业平衡。因此，到1990年，新城与城市中心区之间的往返通勤交通约占全国的79.3%，对公交系统造成了巨大压力。

2）1991年星群规划和轨道交通的完善

从1970年至1990年，新城的建设使得新加坡住宅单位增加了将近4倍，人口也随之增长了将近50%（从207万到301万）。为了适应未来的发展，新加坡政府在1991年制定了新的“星群规划”（Constellation Plan），以取代1971年的“环形规划”。

“星群规划”，顾名思义，是指新加坡的整体空间结构看起来就像众多行星（新城）环绕中心区，交错、放射状的大运量轨道交通串联其中，各新城之间以保护绿带隔离，从而形成组团式发展的星群空间结构。

在这个规划中，为了有效减少城市中心的交通压力，设置了市中心—次中心—副中心的层级结构，即以中心区为主体，在其四周均衡设置五个区域中心，并围绕区域中心把全新加坡划为55个小区进行建设。这些区域中心将更为独立，在强调创造更多就业岗位的同时开发功能齐全的小区，使其兼有居住、就业、交通、休闲等功能。规划将新加坡建设成为一个层次分明的多中心都市群，居民可以方便地就近就业、消费，以减少与城市中心之间的通勤交通。

在轨道交通方面，为适应星群空间结构，增加了从市中心放射至各新城的指状交通联系，形成包括 3 条环形路线和 5 条放射形路线的发达轨道交通系统，进一步加强新城的 TOD 导向发展。到目前为止，新加坡已建成三条主要的地铁线路——南北线（红色）、东北线（紫色）和东西线（绿色）。未来将有五条地铁线路从中心区延伸至全国各地，地铁站点将增至 130 个。

3）1996 年交通规划

与“星群规划”相配合，新加坡陆地运输局（LTAS）在 1996 年发表了白皮书：《一个世界级的陆地运输系统》，为大众运输及私人运输的服务愿景及执行计划提出前瞻性的规划，并提出了未来 10 ～ 15 年的运输系统建设目标与任务。

“一个世界级的运输系统”在白皮书中被定义为一个在自由交通流中提供高效率、舒适和便捷乘坐的通勤系统。其中“世界级的公共交通系统”是这个系统中的关键组成部分，旨在建立便捷、准点、舒适、方便的高质量大众运输服务，提供多种通勤方式供选择，包括大众捷运系统、轻轨捷运系统、公交车和出租车，并能在各个领域（包括住宅、商业和经济）有效地整合。

而整合土地利用和交通规划是公共交通系统建设的重点之一，旨在建立一个“重要的生活、工作、娱乐环境”，允许在地铁站周围高密度建设，为就业、商业、娱乐和居住节点的通勤提供最大的可达性，从而为该地区的 TOD 开发创造了条件。

在私人运输方面，在控制小汽车使用增长的同时，通过道路定价方式来调节道路使用空间，并提升主要道路及快速道路的行车速率。

4）控制小汽车使用的措施

为了实现“提供更好和更广泛的公交服务”的目标，新加坡政府一直致力于推行多种经济调控手段，以控制私人小汽车为主体的私人交通的增长。这些手段包括实行机动车辆配额制度，安装电子道路收费系统，征收车辆注册与附加注册费、关税、汽油税、路税、停车费等。

1975 年，新加坡政府推出了“地区通行证制度”（Area Licensing Scheme，ALS）。这项制度旨在减少私人汽车在中心区的使用，进而鼓励人们使用大运量公交。围绕中央商务区（CBD）6.2km^2 的区域是繁忙时段的禁区，在该区使用私人车辆必须购买日票或月票。通过 ALS 的实施，并配合其他措施，如提高汽车进口附加税，控制机动车辆的供应，提高车辆登记费用以及发展大运量快速公交系统等，使得新加坡与同等经济水平的国家相比较，小汽车的占有和使用率都要低得多，大幅减少了交通堵塞。

1990年，新加坡开始实施“机动车辆配额制度”（Vehicle Quota System，VQS）。这项制度通过限制机动车辆的持有配额，以控制车辆增长。所有车辆登记之前必须持有拥车证，而拥车证需要通过公开标售获得。由陆路运输局根据车籍注销情况及车辆增长率来计算可供申请的配额，市民以竞标方式来取得拥车证。

由于取得拥车证的成本相当高，而且在获得拥车证之后，车辆的登记和使用还需要缴纳诸多税费，包括登记费、附加登记费、关税、道路税等，费用较高。因此，在VQS执行以后，普通民众一般不会再购买车辆。

1998年9月，新加坡政府用电子道路收费系统（Electronic Road Pricing，ERP）取代了ALS。根据这个计划，所有车辆都必须安装带智能卡的车载单元设备（Electronic In-vehicle Unit），当车辆通过特定地点时将自动缴纳通行费。EPR专门针对使用快速道路、主要道路及进入市中心区的车辆收费，为了使快速道路在高峰时段能维持45～65km/h的行车速度，主要道路维持20～30km/h的行车速度，车辆通行费根据时间、车种、路段及时段收取。

ERP的实施费用远比ALS低，实施成效却与ALS相同，进入CBD的车辆数目，显著减少，由每天27.10万辆减少到每天20.60～21.60万辆，交通量减少了20%～24%。2003年，新加坡私家车数量为111辆/千人，2004年则为112辆/千人，私家车的年增长率仅有0.90%，但与其同时，人均年收入却有4.2%的增长率。这些数据显示了收入增长远大于私家车拥有率的增长。

5）公交导向型发展的实施与成功

上述这些概念规划和措施都是新加坡实现公交导向型发展的基础，但TOD的成功实施，自上而下的政府政策起到了很大的作用。新加坡政府实行“一党统治”，保障了规划高度统一的领导和稳定。因此，尽管世界银行的初步意见是轨道交通系统可能耗费大量资金，不支持其建设，新加坡政府还是坚持规划设计并实施建设轨道交通，最终成功使其成为目前世界上使用率最高、最普及的公交系统之一。

而且新加坡政府控制了大范围的土地，1985年就拥有全国76%的土地。土地开发自上而下的决策进一步简化了新城开发过程和交通系统建设，地铁车站的开发也同样受到重视。地铁车站的开发目标不仅仅是公交站点，而是成为公交导向型开发的一个基本要素。尤其是在区域性的地铁车站，往往结合建设商场，通过长廊或拱廊组成的廊式街道与车站周边主要的商店、餐馆和咖啡馆等连接成为一体。这使得大多数的地铁车站以及周边区域发展成为“地块”而不仅仅是“公交节点”。

表 5-1 表明了新加坡地铁车站的建设与土地使用之间的紧密结合。目前，新加坡将近 40% 的企业和工业区都集中在车站附近，并且有将近 50% 的居民居住在地铁线路 1km 范围内，其中至少有 30% 的人居住在地铁站点周边步行距离之内。地铁线路的建设为社区居民出行提供了便利，大约 65% 的乘客可以步行往返地铁站。

新加坡土地使用与地铁站的关系 表 5-1

描述	占全国人口 / 乘客的百分比
居住在地铁站步行距离内的居民	30.00%
居住在地铁线路 1km 范围内的居民	50.00%
地铁车站附近的企业和工业区	40.00%
步行往返地铁站的乘客	65.00%
在地铁站换乘巴士的乘客	35.00%
总计	100%

尽管道路基础设施建设不断完善、国民收入不断增加，新加坡全面的土地利用和公交政策依然成功地引导了公交出行的增加。

1984 年平均每位新加坡居民利用公交出行 304 次，1994 年已增加至 427 次。到 1990 年为止，大约有 66% 的新加坡就业人口改用公交通勤。目前，新加坡有很多人住在公租房，公租房通常是公交车站附近的高层建筑，因此公交通勤比例已上升至 72. 3%。如表 5-2 所示，在不同的居住类型中，公营高层住宅的居民使用各种公交工具的比例都是最高的。而在新城中则有超过 74% 的居民使用公交出行，其中约 37% 使用公交进行工作通勤。

根据居住类型划分的新加坡工作出行模式 表 5-2

		居住类型		
模式	所有职业	公营高层住宅	私人独立洋房	私人公寓、住宅
公共汽车	54.4	59.0	30.3	28.8
地铁	12.0	12.2	7.9	7.9
小汽车	18.5	13.9	50.1	52.1
摩托车 / 电动车	5.6	6.5	1.5	1.3
其他	9.5	8.4	10.2	9.9
总共	100	100	100	100

4. 成功经验

公共交通系统和TOD在新加坡国家层面的成功实现，被认为是多个“软硬兼施”政府政策的共同结果。公交优先的软性激励措施为建立全国性的公交系统提供了条件，而自上而下的政府控制力则促进了公交车站周围地区快速发展，确保居民均衡使用住房、医疗和其他设施。严格控制小汽车的硬性惩罚措施，如ALS、VQS和ERP的落实有效地减少了小汽车的使用。

除此之外，新加坡长期贯彻实施的城市规划中，都相当注重将城市发展空间与轨道交通建设紧密结合，尤其是新城的建设都采取TOD开发模式，目前已按照规划预期建成约50个与地铁直接相连的新城中心。这些新城中心与邻里中心、小区中心呈多层级结构，可以方便地把地铁服务通过轻轨和公共汽车延伸至每个小区中去。现在，新加坡已从零星的以公交为导向的发展，成为一个全面的公交导向型开发的国家。

参考文献

[1] Infrastructure. Public Transport“Singapore Mirror: A Comprehensive Business Directory and Information Guide”[EB/OL]，2003[2005-11-05]. http://www.singaporemirror.com.sg/ab_infr.htm.

[2] Cervero Robert. The Transit Metropolis: A Global Inquiry[M]. Washington D.C: Island Press，1998.

[3] Singapore. Presented to the Parliament of the Republic of Singapore. White Paper A World Class Land Transport System. Land Transport Authority of Singapore [EB/OL]，1996 [2005-11-05]. http://www.lta.gov.sg/corp_info/doc/white%20paper.pdf.

[4] Wikipedia-The Free Encyclopedia. Rail Transport in Singapore. Local Rail Network [EB/OL]. [2005-11-06]. http://en.wikipedia.org/wiki/Rail_transport_in_Singapore.

[5] Singapore Census of Population 2000. Advance Data Release No. 5-Mode of Transport [EB/OL]，2000 [2005-11-06]. http://www.singstat.gov.sg/papers/c2000/adr-transport.pdf.

[6] Singapore Census of Population 2000. Advance Data Release No. 7-Household Income Growth and Distribution [EB/OL]，2000 [2005-11-06]. http://www.singstat.gov.sg/papers/c2000/adr-hhinc.pdf.

[7] Organization for Economic Co-Operation and Development. Cities and Transport: Athens/Gothenburg/Hong Kong/London/Los Angeles/Munich/New York/Osaka/Paris/Singapore[M]. Paris: OECD，1988.

[8] Kenworthy Jeff. Model Cities: Asia. The Singapore/Hong Kong Success Stories and their Implications for Developing Cities. Institute for Science and Technology Policy，Murdoch University[EB/OL]，2000 [2005-11-06]. http://wwwistp.murdoch.edu.au/publications/e_public/Case%20 Studies_Asia/modasia/modasia.htm.

[9] Gwilliam Ken. World Bank. Urban Transport Strategy Review. Cities on the Move [EB/OL],2002 [2005-11-06]. http://www.worldbank.org/transport/utsr/cities_on_the_move.pdf.

[10] Urban Redevelopment Authority of Singapore. Draft Master Plan. Central Region [EB/OL],2003 [2005-11-06]. http://www.ura.gov.sg/ppd/mp2003/index.jsp?content=central&region=central.

5.4 辐射式公交网络：多伦多案例分析

多伦多原本只是北美的一个较小城市，得益于轨道交通的发展，多伦多已迅速成为国际著名大都会。其城市发展历经了以轨道交通带动沿线地区的开发，辐射式的地铁线路与定点土地开发结合，从而逐步形成当前的城市多中心发展格局，多伦多市也因此成为北美为数不多的 TOD 成功典范。

1. 城市发展背景

多伦多坐落于北美五大湖区的安大略湖西北岸，处于大多伦多地区[①]的心脏位置。多伦多市成立于 1834 年，当时名为“约克”（York），城市范围很小，人口只有 9000 人。由于便利的水陆交通位置，自 1980 年代以来，多伦多进入了高速增长时期，成为北美发展最快的城市之一。因城市发展空间有限，1998 年 1 月原多伦多与周边五个自治社区合并成为现在的新多伦多市，包括东约克、怡陶碧谷、北约克、旧多伦多、斯卡堡、约克六个区，多伦多一跃成为加拿大第一大城市（图 5-12）。

① 大多伦多地区（Greater Toronto Area，GTA）是包括多伦多市、约克区域、皮尔区域、达拉谟区域、哈尔通县、欧萨瓦 - 威比地区和柏林通市在内的一个统计地区。2006 年大多伦多地区的统计人口为 555.59 万人，土地面积 7125km^2。

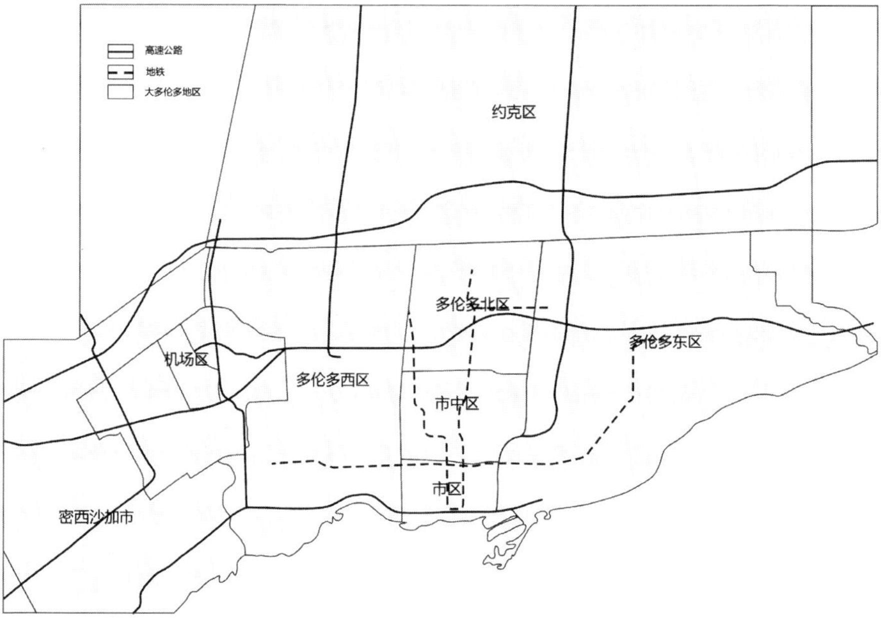

图 5-12　大多伦多地区图

（资料来源：作者改绘自多伦多政府网站图片）

现在，多伦多整体城市南北宽 20km，沿安大略湖东西长 43km，整体辖区面积达 630km²，人口稠密，2011 年统计人口为 262 万人，人口密度达 4159 人 /km²。多伦多市也由原来著名的水运中心，演变成现代化的海、陆、空交通中心，拥有两个飞机场（包括多伦多皮尔逊国际机场和市中心机场）以及两纵、两横的高速公路网络，市内道路纵横交错，道路总长约 5365km，覆盖了 27.4% 的城市面积。20 世纪以来，多伦多市不仅成为加拿大的金融和文化中心，还被誉为“世界上文化最多元、最宜居的城市”。

2. 公交系统

与北美大部分城市一样，多伦多的私家车使用比例很高，城市道路系统相当发达，但多伦多仍然十分重视发展公共交通，并且根据不同的空间距离提供多种公交方式：市内公交系统主要由地铁、路面电车和公共汽车三个系统构成，由多伦多公车局（Toronto Transit Commission，TTC）负责营运，多伦多市的公交系统是北美洲继纽约市和墨西哥城后第三大市营公交系统，2012 年平均每日载客量达 276 万人次；在市外，大多伦多地区则由 GO 运输系统（包括市郊铁路和市郊巴士）提供服务，由安大略省政府负责营运。

据统计，多伦多市中心约有 40% 的居民使用公交系统出行，而市中心以外

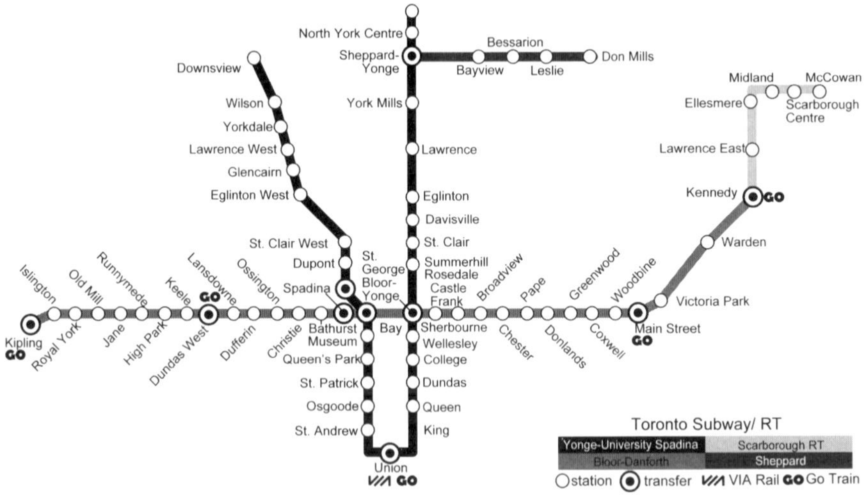

图 5-13 多伦多地铁系统

（资料来源：作者改绘自多伦多维基百科网站图片）

地区也有 15% ～ 20% 的居民使用公交系统。

1）地铁

多伦多地铁系统是市内公交系统的骨干，包括 4 条路线（其中一条为高架轻轨线路）和 69 个车站，路线总长度为 68.3km（图 5-13）。根据 2012 年的数据统计，每日乘客量为 90 万人次。地铁系统的线路以颜色来区分，分为黄线、绿线、紫线和蓝线。

黄线——央街－大学路－士巴单拿线（Yonge-University-Spadina line），是多伦多最早建设的地铁线，也是加拿大第一条地铁线。该线路贯通城市南北，主要连接市中心大部分地区，因此该路线也是四条地铁线中运量最高、最为繁忙的路线。黄线于 1954 年开通时，全长只有 6.5km，沿央街（Yonge Street）连接市中心联合车站（Union Station）至艾格连顿大道（Eglinton Avenue），1974 年向北伸延至芬治大道（Finch Avenue）。1963 年黄线开始从联合车站向北发展另一条支线路，即沿大学路（University Avenue）向北伸延至登士维站（Downsview Station），于 1996 年完成，逐渐形成了现在的“U”字形，全长 30.2km，拥有 32 个车站的地铁线。

绿线——布罗尔－单福线（Bloor-Danforth line），横穿东西，东起坚尼地站（Kennedy Station），西至基柏龄站（Kipling Station）。全长 26.2km，有 31 个车站，是与“GO”市郊铁路（GO Transit）换乘的主要路线。两条线路共有 4 个换乘站，包括基柏龄站、登打士西街站（Dundas West Station）、缅街站（Main Street Station）和坚尼地站。

紫线——雪柏线（Sheppard line），是另一条东西走向的地铁线路，东起雪柏一央街站（Sheppard-Yonge Station），西至当妙斯站（Don Mills Station）。紫线于2002年落成，是多伦多最新的地铁线，仅有5个车站，全长5.5km。

蓝线——士嘉堡轻铁（Scarborough RT），1985年建成，是高架轻轨线路，从坚尼地站至麦高云站（McCowan Station），是绿线的延伸，主要为多伦多东部的士嘉堡区提供捷运服务，共有6个车站，全长6.4km。

2）路面电车系统（streetcar system）

多伦多市有轨电车系统，可追溯至19世纪，历史悠久。TTC原计划全面淘汰电车系统，但由于该系统深受乘客欢迎，因此TTC保留原有的电车网络，还发展了两条新线路（图5-14）。

当前，多伦多部分电车线路已被地铁线取代，如地铁黄线与绿线就分别取代了原有的、市内最繁忙的电车南北线和东西线。而北部地区的电车线则被巴士取代。而现存的11条有轨电车线主要集中于南部的市中心和湖滨区，全长305.8km，2006年的全年载客量达5200万人次。

与现代的轻铁系统不同，大部分的有轨电车线并未与其他交通分隔，只有部分路线在专用路段上行驶，而且固定车站也很少，电车通常会像巴士一样，在各大路口停靠让乘客上下。

3）公共汽车

多伦多市的公共汽车主要作为有轨电车路线的补充，为避免同路面与电车

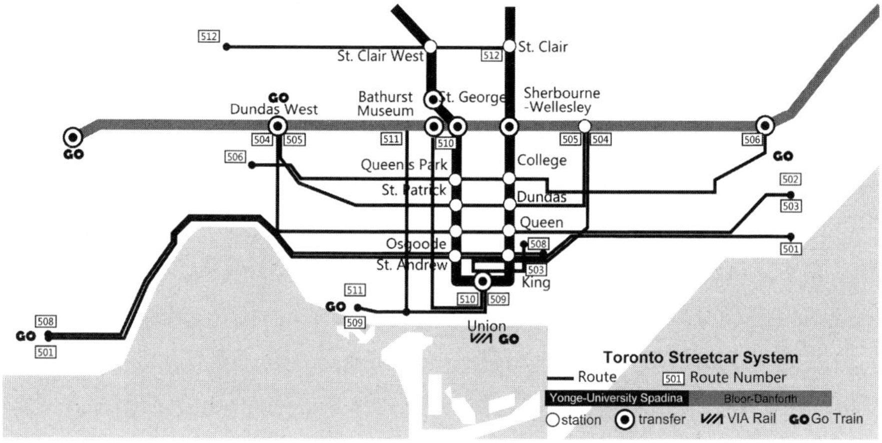

图5-14 多伦多路面电车系统

（资料来源：作者改绘自多伦多维基百科网站图片）

竞争，大多数公共汽车分布在市中心和湖滨区以外的地区。公共汽车也是地铁线路空白地区的补充性交通工具，其站点多设在地铁站附近，以方便乘客的换乘，间隔最小的换乘距离仅需 30m。错综复杂的公共汽车线路为市民的出行带来了很大的便利。

4）GO 运输系统

GO运输系统由两部分组成，包括"GO"市郊铁路(GO Transit)和市郊巴士(GO Bus)，主要为大多伦多地区提供通勤服务，每天的载客量达 16 万人次。

"GO" 市郊铁路有七条辐射状的线路，全部可以直接开进地铁黄线的联合站，并分别与绿线上的基柏龄站、登打士西街站、缅街站和坚尼地站连接，将多伦多市和周边的大多伦多地区紧密联系起来（图 5-15）。在公路系统还没完善、私人小汽车没有大量应用时，这种市郊铁路满足了当时的需要，发展迅速。但在 20 世纪中叶，许多市郊线路逐渐成为汽车的替代品，目前多服务于居住在多伦多市区周边，但到市区内上班的居民。

除此之外，还有多条市郊巴士路线，为市郊铁路之间的接驳提供服务。

需要强调的是，GO 运输系统由安大略省政府负责营运，与负责市内公共交通营运的 TTC 有着不同的管理权限和收费机制。TTC 管辖的地铁、路面电车和公共汽车是统一收费的，相互之间可以免费换乘；而 GO 运输系统的收费则按照距离长短计算，与 TTC 之间不能免费换乘。

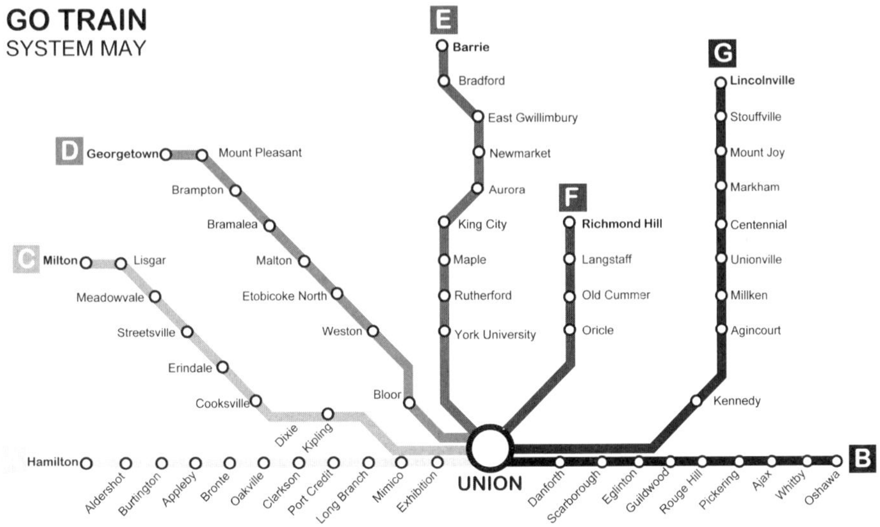

图 5-15　多伦多 GO 运输系统
（资料来源：作者改绘自 http://www.gotransit.com）

3. 公交导向型发展

1）“单中心”向“多中心”的发展模式转变

如前所述，多伦多在建市之初的规模仅仅只是现在市中心区的范围，城市发展空间非常有限，人口高度集中于城市中心，形成明显的“单中心”发展形态。在城市规模较小时，这种单中心发展模式，以城市核心作为经济和商业活动的主导，可以很好地发挥对周边区域的辐射作用，有利于保持城市的发展活力。然而，随着多伦多市的不断发展，城市中心区人口过度集中、居住和办公空间紧缺、交通集聚引发交通拥堵等问题日益严重。而私人小汽车的迅猛发展导致部分城市人口转向周边郊区居住，城市形态呈现低密度分布和蔓延趋势，使得土地资源极其浪费。同时，由于这些居住在城郊的市民大部分还在市区工作，他们使用私人汽车上下班也进一步加剧市区的交通拥堵。

因此，在1960年代初，为突破城市发展空间的局限，多伦多市提出“多中心”发展的概念，并于1970年代制定了区域规划，以多伦多市为中心，引导城市向东、向西和向北延伸。多中心的发展模式将有利于分散多伦多在原有范围限制下的城市负担，对城市功能进行分解和梳理，并带动周边区域的发展，提供更加舒适高效的城市空间，提高城市整体生态环境质量。

与区域规划相配合，多伦多市决定投资建设辐射状的轨道交通系统，沿东、西、北三个方向建设轨道线路。由于城市轨道交通具有大容量、快速、安全、准时等优点，能对服务区域产生巨大的聚集效应。因此，早在战后北美其他许多城市还在全力建设高速公路的时候，多伦多市就已认识到建设轨道交通的重要性，成为北美第一个建设地铁系统的城市，尽管当时多伦多的城市只有70万人口。而对于城市的区域性发展来看，轨道交通通过缩短平均出行距离，有助于出行区域的合理化分配，从而直接对城市人口起到重新分配的作用。因此，通过把轨道的引导作用与定点开发结合，将有利于多伦多的城市空间从一个单中心、全辐射发展的大饼形式转变为多中心、多级辐射的网络结构模式(图5-16)。

经过40多年的建设，多伦多市的轨道交通系统不仅为市中心区提供更为便捷的交通环境，同时也促进轨道沿线土地的开发，形成了以地铁线路建设引导的多中心格局：

（1）市中心区——多伦多从1954年开始建设的第一条地铁线，该线路从市中心的联合车站出发沿央街向北部延伸至艾格连顿大道，1963年从联合车站开始沿大学路向北发展另一条分支线路至圣乔治站。这条地铁线路为市中心区提供畅通的交通支持，活跃了市中心区的商业活动，并强化对周围的辐射作

图 5-16 多伦多城市空间从"单中心"转向"多中心"格局
（资料来源：作者改绘自：Robert Cervero 著 . 平衡的交通和可持续发展的城镇化——通过制度、需求管理及土地使用措施增强机动性和可达［M］. 戴彦欣译）

图 5-17 多伦多市中心区
（资料来源：多伦多政府网站）

用，使市中心逐渐发展成为中央商务区（图 5-17）。

（2）向北发展——多伦多分别于 1974 年、1978 年和 1996 年间继续向北延伸这两条由市中心出发的地铁线路，形成南北贯通的"U"字形的地铁线。自 1980 年代以来，该线路带动了北部地区的发展，使北约克区（North York）成为多伦多地理上的中心。

（3）向东发展——从市中心区往东边延伸的地铁线自 1966 年开始建设，到 1980 年延伸至坚尼地站，带动了东部的士嘉堡区（Scarborough）的发展。士嘉堡区是华人的主要聚居地，多伦多于 1985 年建设了专门为士嘉堡区内提供捷运服务的士嘉堡轻铁。

（4）向西发展——地铁线在向东边延伸建设的同时也往西边延伸至基柏龄站，从而带动了西部地区怡陶碧谷区（Etobicoke）的发展。

2）土地使用与公交系统的配合

在建设辐射状轨道线路网的同时，多伦多还注重土地开发利用与轨道交通的协调，促进了重要的轨道站点周边区域的开发，同时使城市交通设施得到最大的利用，因此多伦多被认为是北美 TOD 实践最好的大都会。

多伦多政府为鼓励沿主要地铁线地区的新建设，采用了提高强度（Upzoning）和密度奖励（Density Bonusing）的政策。

提高强度是促进 TOD 最行之有效的方法，政府当局通过对特定区域消除低密度的管制以促进该区的再开发。北约克区许多郊区就是这样被转换为高密度的城市混合使用区或单一使用区而得到发展的。提高强度的最大障碍之一是邻居的反对，通常称为邻避。居民的反对声音已经成功地使许多议会放弃提高发展强度，或者建设分区墙以防止强度超出特定的边界。

建筑密度奖励即开发者通过金钱补偿或者建设市政设施，来换取超出正常分区限制的密度以建设开发区域。建筑密度奖励是开发商和政府划分开发具有高可达性站区所获利益的有效措施。通过分拆增加密度所获得的收益，开发商可以降低投资风险，同时社会也可以获得新的服务设施。多伦多市已成功地运用这项措施来分享开发商收益。

在这些政策支持下，多伦多市政府对地铁沿线土地的开发实现强有力的控制，采取定点开发的形式，对主要的车站节点采用高强度开发措施，使有限的投资高度集中。城市围绕车站节点呈现簇状形态：沿地铁走廊高楼大厦林立，且在每个节点呈现出最高的建设密度。

最值得注意的是多伦多在 1960 年代至 1970 年代央街和艾格连顿地区的发展。这种发展大多是与央街地铁线（Yonge Subway Line）及其延伸线相关联的，以 TOD 理念发展主要的地铁站点，使当时多伦多市内约一半的高层住宅和 90% 的写字楼都集聚在距地铁站点 5min 的步行范围内。在沿着央街向北约克市区的地铁线路上，布罗尔的圣克莱站（St. Clair station）和艾格连顿站（Eglinton station）都是重要的 TOD 区域，在怡陶碧谷区布罗尔线路上的伊士灵顿站（Islington station）也如此。

随着 1970 年代末央街地铁线的延伸，多伦多开始了对北约克市中心的开发，以发展副中心。强度提高和密度补助措施推进了雪柏—央街站和芬治大道的终点站之间土地的大量重建。同时为提高北约克市中心的可达性，还在两站之间增加了第三个站点。该站的建设将提高周边的开发项目的可达性，因此开发商们也乐于为此站点的开发建设作出贡献。伴随地铁线路的建设，北约克区内大型住宅公寓、店铺和商用楼宇林立，其市郊面貌日渐淡化，逐渐形成一个小型的市中心。

在布罗尔－单福线沿线也进行了类似密度的开发。从 1997 年至今，在该区域可以看到一些重大的新购物中心、建筑物和超过 2 万个公寓住房新单位相继出现。

而 2002 年雪柏线的开通，还促进了沿北约克郊区走廊的重建。同样，强度提高和密度补助措施被用来吸引新的开发和设施建设，使在沿央街和当妙斯路之间的雪柏大道东上出现了一股公寓建设热潮。虽然近年一些 TOD 发展取得了成功，但还是有不少当地居民在为交通量的增加和其他消极影响而抗议地区开发，这也阻碍了一些重要站点地区的再开发。

3）市内公交服务的整合

多伦多市内实现了多种公共交通模式的联运，在处理公交系统的衔接和制定统一票价政策方面具有无与伦比的优越性，创建了更优越的公交环境，对各“副中心”TOD 的成功起到了相当重要的辅助作用。

TTC 是多模式联运的关键。TTC 是多伦多市唯一的公交经营者，提供巴士、路面电车、地铁及轻轨等公共交通服务，公交系统从规划、建设到运营管理都统一由 TTC 负责。统一的管理机构有利于从全局出发，统筹考虑整个公交系统相互协调，既避免了各个公交部门各自为政而产生的权利、利益冲突，也避免了各个公交系统衔接上的矛盾。

此外，公交系统采用联合票制的重要性也不可忽视。在 TTC 的统一管理下，多伦多市区内的公交系统实行“一票贯通”的政策。所谓“一票贯通”是指在多伦多市区范围内，无论从何地起程前往任何地，只要搭乘 TTC 系统的车辆，乘客只需购买一张车票，即可在地铁、巴士及电车之间自由换乘。概言之，其做法可叫做“固定价格，一票贯通”。通过“一票贯通”的政策，多伦多市有效地整合了地铁、路面电车和公共汽车的联运，扩大了乘客的范围。而且多伦多各种公共交通系统之间的换乘系统极其发达，几乎每个公交站点就是一个换乘网点，为此，美国《时代周刊》曾把多伦多的公交系统描绘成“运输展示屏”。

完善而又便捷的换乘系统为各种运输手段的高效发挥提供了根本保证，可以说多伦多市内的公共交通系统已达到真正的零距离换乘，极大地鼓励了市民出行采用公交方式。目前，在北约克和士嘉堡这两个次中心均有超过 25% 的出行采用公交方式，这对于北美的非 CBD 地区来讲是相当高的比例，而多伦多市中心的公交出行方式则占有 30% 的比例。

4. 成功经验

多伦多市是北美为数不多的 TOD 大都会成功典范，其成功最重要的因素是对发展公共交通的坚持。在小汽车交通非常发达的情况下，在北美其他城市都正在重点建设高速公路的时候，多伦多依然坚持发展公共交通，尤其是发展地铁系统，多伦多市民对这项决策也相当支持。30多年前多伦多曾经为是否新建一条高速公路进行公投，大多数的市民支持将重点放在优先发展城市公共交通上。多伦多市在这种坚持下，交通已经成功地从小汽车交通主导转变为以城市公共交通为主导，城市机动车交通大大减少，城市面貌也大为改观。

此外，多伦多市的轨道交通建设与城市发展息息相关，密不可分。为切合城市发展方向，多伦多通过建设从城市中心向周边郊区呈辐射式的轨道系统，并通过多种控制协调措施，引导城市建设沿地铁线路发展，将交通与土地利用融为一体、有机协调起来，使多伦多市实现了从单中心的城市空间向多中心形式的转变。

尽管多伦多市在公交导向型发展方面已取得很大的成功，但由于城市发展，大多伦多区域的交通需求仍在不断增长，相比之下，地铁线路还只有不到70km的长度，很显然人口与就业机会的扩张速度远远高于公共交通设施的建设速度。

因此，TTC和多伦多市政府在2007年宣布了一项“公交都市”计划(Transit City)，建议耗资61亿加元兴建一个全长120km的现代轻轨网络，共包括七条轻轨线，为市内较低密度的地区提供轨道交通服务，预计每年可承载乘客1.75亿人次。计划实施完成后，将使多伦多完全变成一座公交城市。但由于建设资金难以落实，该计划还没最后确定实施。

参考文献

[1] 多伦多[EB/OL]. 维基百科.

[2] 王福民. 从多伦多的发展看北美城市建设的方向[Z].

[3] TTC. Toronto Transit Commission Subway Ridership[Z], 2007-2008.

[4] Stephan H. Nieweler. Transit-Oriented Development for the Greater Toronto Area: An International Policy Perspective[M]. University of Toronto.

[5] EdwardJ.Levy著. 多伦多地区的公共交通：回顾与展望[J]. 尤文沛译. 国外城市规划, 2005.

[6] GO市郊铁路网站 http://www.gotransit.com.

[7] 蒋谦. 国外公交导向开发研究的启示[Z].

[8] Robert Cervero著. 平衡的交通和可持续发展的城镇化——通过制度、需求管理及土地使用措施增强机动性和可达[Z]. 戴彦欣译.

[9] 国外的公交优先[N]. 中国建设报.

5.5 全自动系统：意大利佩鲁贾 Minimetro 案例分析

具有复杂山地地形特征的佩鲁贾（Perugia）在公交方式上勇于创新，建设了一条迷你地铁（Minimetro）。该迷你地铁是世界上第一个为适应当地地形条件而创新性应用双动力系统的捷运系统，也是一个全自动、无人驾驶、中央控制的先进智能系统。迷你地铁体现了未来中小城市快速公交系统的发展方向。

1. 城市发展背景

佩鲁贾是意大利中部山地省份翁布里亚（Umbria）的首府。翁布里亚被称为意大利的“绿色心脏”，位于亚平宁半岛的中部，面积 8500km^2，是意大利面积最小的省份之一，总人口 85 万。而位于翁布里亚中部的佩鲁贾，面积约 450km^2，人口约 16 万，是意大利的中部城市，距离首都罗马和以文化、艺术及时装著称的佛罗伦萨均 150km，汽车、火车或飞机构成了十分便利的交通。

从艺术、文化和历史的角度而言，佩鲁贾称得上是意大利最著名的城市之一，吸引了世界各国游客前往参观。佩鲁贾是著名的“艺术之都”，也是一座拥有文明遗迹的“前罗马时代”都市，保留了中世纪和文艺复兴时代的一系列建筑，包括 5 世纪修造的圣天使环形教堂、10 世纪的圣彼得教堂以及圣罗伦佐教堂等。佩鲁贾的经济发展以农业为主，盛产巧克力和糖果，在每年的 10 月将举办一年一度的佩鲁贾欧洲巧克力节（Euro chocolate festival of Perugia），故其享有“巧克力城”的美誉。

佩鲁贾位于台伯河上游的山地丘陵，海拔 465m，是一个典型的山地城市，城市地形与中国山地城市——重庆市极为相似。因其地处山区，城市建设受到了自然条件的影响，整个城市依山而建，俯瞰台伯河山谷。市中心在山顶位置，并以其为中心，逐渐向下延伸，街道呈逐层下降的圈层结构，形成了曲折蜿蜒、高低起伏的城市空间（图 5-18）。

2. 以 Minimetro 系统为主的创新型公交系统

基于自身独特的地形条件，佩鲁贾在公共运输工具上向来勇于创新，不仅建造了意大利第一个能够徒步到达市中心的自动扶梯（在佩鲁贾，好几个地方都有与山顶市中心直接相连的自动扶梯），并于 2008 年 1 月 29 日开通了一个由地铁和轻轨组建的“Minimetro”全自动捷运系统。

意大利以滑雪缆车和高速电梯著称的工程公司——莱特娜（Leitner）公司

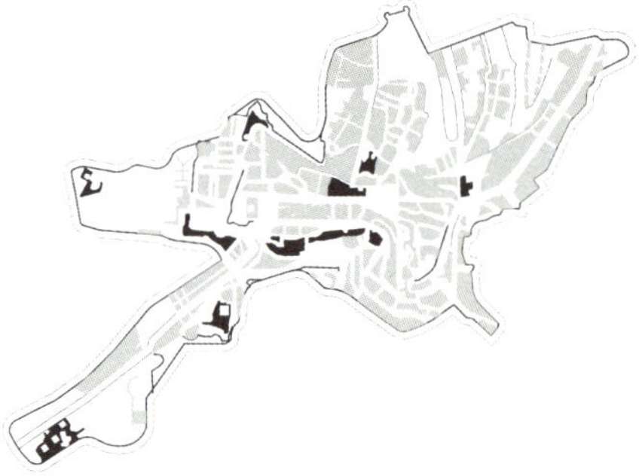

图 5-18　佩鲁贾城市平面图
（资料来源：作者改绘）

图 5-19　佩鲁贾 Minimetro 的轨道与车厢
（资料来源：孙一民拍摄）

开发了这条“Minimetro”。迷你地铁类似于索道，利用紧抓车厢底橡胶轮胎的钢索牵引车厢运行，钢索的发动机安装在车站 Pincetto 总站的上层。与此同时，整条线路采用双轨形式，使在金属梁上运行的列车能在 60s 以内启动（图 5-19）。

该系统现只开通了一条线路，从位于山脚一个大型停车场的 Pian di Massiano 站连接到位于山顶市中心的 Pincetto 站，整条路线约长 3km，共设 7 个站点。另外，第二条线路（从 Sant'anna 站至 Via Del Giochetto 站）还在规划中（图 5-20）。

Minimetro 系统正如其名，该系统采用的车辆非常迷你，每节车厢仅 5m 长，

图 5-20　佩鲁贾 Minimetro 线路图
（资料来源：作者改绘自 http://urbanrail.net/eu/per/perugia.htm）

能容纳25名乘客（图5-21）。整条路线可以同时运行超过25个车厢，每隔两分钟一班，运输能力达3000人/h。车厢的运行采用全自动无人驾驶系统，车速可达25km/h，整条线路运行过程仅需11min。而且系统简单易用，在每个车站都设有自动售票机，并提供多语种服务。一次单程乘坐费用为1欧元，多次乘坐有折扣优惠，乘客还可以购买通行证。

图5-21 佩鲁贾Minimetro的车厢空间
（资料来源：孙一民拍摄）

3. 佩鲁贾Minimetro系统的创新

佩鲁贾的Minimetro系统是世界上第一个用于公交服务的分离式缆索铁道，这是为了适应佩鲁贾地区独特的地形条件与历史文化保护要求所进行的创新，使先进的公交系统与历史城镇之间形成了和谐的发展关系。

1）提高市中心的可达性，以减少汽车的使用

佩鲁贾作为一个历史悠久的城市，分为老城区和新城区两部分。老城区由伊特鲁里亚和中世纪后期的两个城墙所围合，依山而建，就像一个庞大的城堡。由于佩鲁贾老城区是意大利著名的旅游胜地，每年均吸引了来自世界各地的大量游客，尤其是在巧克力节和爵士乐节期间。在Minimetro系统建设以前，要到达山顶的老城区市中心必须通过狭窄而蜿蜒的盘山公路，因此，在历史古迹旁停放的大量私人汽车已成为佩鲁贾令人头疼的问题，由此造成的交通拥挤也有碍游览。自1980年代初期以来，拥挤的车行交通给老城区带来严重的环境污染。为了保护老城区，佩鲁贾开始采取严厉措施以控制市中心的汽车流量。

首先限制部分私家车进入市中心。以划定交通限制区（Zona a Traffico Limitato，ZTL）的方式，规定在一天的某些时段禁止在此区域驾车，并通过智能系统自动监视进入该区域的汽车，对违反规定的车辆处以罚款。同时，在周边城镇提供大量的停车场，并在那里设置自动扶梯直接到达市中心。

这些措施对控制老城区的汽车流量起到一定的作用，但由于乘坐汽车仍然是进入老城区唯一的方式，无法从根本上减少车流量，因此佩鲁贾地方当局于1997年作出决定，建设一个创新的捷运系统，并使其成为进入老城区的一种新方式，便无须使用巴士和私家车，从而彻底解决老城区的交通问题。并授权莱特娜公司建设此Minimetro系统。历经一些延误后，该系统的实际建设工作

图 5-22 佩鲁贾 Minimetro 高架的轨道与地面道路交通相互分离
（资料来源：孙一民拍摄）

图 5-23 佩鲁贾 Fontivegge 站
（资料来源：孙一民拍摄）

于 2003 年开始，并于 2008 年开通。Minimetro 系统的路线设计与现有的城市交通网络完美结合，共同形成一个整体的公交网络系统（图 5-22）。

Minimetro 的起点站是处于郊区的 Pian di Massiano 站，附近是体育馆，而且在这里建成了一个可停放 3000 辆汽车的停车场，以方便周边城市的驾车者在此换乘 Minimetro。途经的 Fontivegge 站附近就是佩鲁贾主要的 FS（意大利国家铁路，Ferrovie dello Stato）火车站，世界各地的游客多是通过乘坐火车到达此地（图 5-23）。而终点站 Pincetto 站则位于山顶市中心附近，以自动扶梯直接联系市中心。

2）创新技术以适应山地条件

为了适应佩鲁贾老城区陡峭的山坡地形（坡度达 12%），其 Minimetro 系统与其他城市轨道交通采用不同的动力方式，即利用钢索牵引车厢运行（图 5-24），采用创新技术把滑雪缆车技术和登山索道技术结合在一起：登山索道技术的应用可以很好地适应地形的起伏，而普通的登山索道，钢索上只能附有两个吊舱，一个上升，一个下降；而结合滑雪缆车的技术，通过车厢在停靠站台时脱离钢索动力系统，可以同时运行 25 个缆车。这对于佩鲁贾特殊的山地条件来说，是一个很好的解决办法。

佩鲁贾这种公交服务开发的智能解决方案适用于中、短距离运行的全自动捷运系统（Automatic People Mover，APM）。具体来说，Minimetro 的动力系统分为以下两种。

（1）固定抓力可逆系统

这是车辆在站台以外的轨道上运行时所采用的动力系统。车辆以橡胶轮胎紧抓钢索，通过钢索的牵引运动控制车速。

图 5-24 佩鲁贾顺应山地条件蜿蜒起伏的 Minimetro 系统
（资料来源：孙一民拍摄）

图 5-25 佩鲁贾 Minimetro 系统终点站转向台
（资料来源：孙一民拍摄）

固定抓力可逆系统的技术数据为：

①单方向最大运输能力：8000 人 /h；

②最大坡度：12%；

③最小曲率半径（取决于线路速度）：50 ～ 70m；

④最小垂直半径：150m；

⑤最大路线段长度：3 ～ 4km；

⑥最高速度：36 ～ 43km/h。

（2）可分离抓力循环系统

这是车辆在运行过程中短暂脱离牵引钢索时所采用的动力系统。在临到站时，车辆会自动脱离钢索，转而使用站台提供的独立同步驱动系统，即利用导轨两侧排列整齐的小轮胎的转动，带动车辆经过序列减速而到站停车，并以加速度离站与钢索连接。车辆到达终点站时，通过转向台转向以循环运行（图 5-25、图 5-26）。

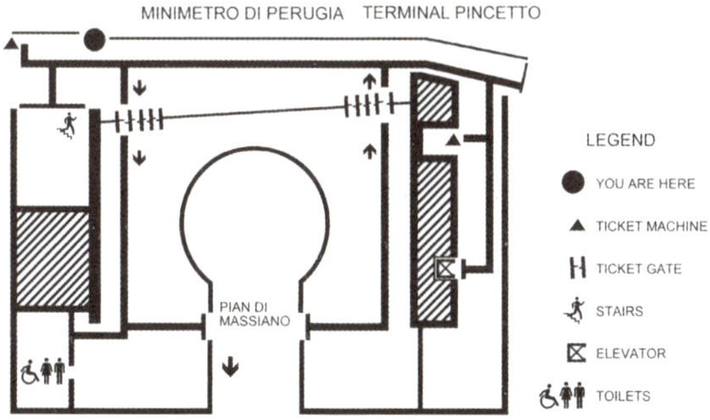

图 5-26 佩鲁贾 Minimetro 系统转向台布置示意图
（资料来源：作者改绘）

该系统允许在交通繁忙时，增添更多的车辆同时在路线上运行。

可分离抓力循环系统的技术数据为：

①单方向最大运输能力：3000 人 /h；

②最低发车间隔：60s；

③最大坡度：12%；

④最小曲率半径（取决于线路速度）：50m；

⑤最小垂直半径：150m；

⑥最大路线段长度：3 ～ 4km；

⑦最高速度：22 ～ 30km/h。

通过两种系统的融合，APM 具有相当程度的灵活性，允许适应最多样的城市空间，尤其适合用作城镇和小城市的主要交通方式，或用于连接繁忙地区如购物中心、大学或换乘处，与停车场或郊区之间。

同时，为了减少地形对路线的影响，佩鲁贾的 Minimetro 导轨建设以高架桥为主，局部采用地下隧道（图 5-27）。

3）迷你型车厢适合中小型城市的出行需求

中小型城市的人口总量较少，当地居民的出行特征也与大城市有很大区别，主要表现在出行次数多、出行距离较短、出行时间分散等方面，佩鲁贾的 Minimetro 系统在满足这种特殊的出行需求方面，可为中小型城市的公交模式发展提供借鉴。

佩鲁贾作为一个人口约 16 万的旅游城市，其城市性质决定了游客是公交系统的主要构成，出行目的以旅游为主，这与一般的城市捷运系统以上班通勤为主要出行目的显著不同，出行时间具有不确定性。基于这些出行特征，佩鲁贾捷运系统选择了与一般地铁相比，具有较小的规模、较短的区间长度、较小的运载能力、较低的速度和较低建造费用的 Minimetro 系统，全线同时运行 25 个车厢，每隔两分钟一班，每节车厢可容纳 25 名乘客。

图 5-27　佩鲁贾以高架方式为主的 Minimetro 系统
（资料来源：孙一民拍摄）

同时，Minimetro 的建设强调提升市中心的可达性而不破坏城市悠久的历史文化，采用单节车厢的紧凑型设计，可与现有的建筑物、构

图 5-28 佩鲁贾的 Minimetro 系统与周边环境和谐共处
（资料来源：孙一民拍摄）

图 5-29 佩鲁贾设计简洁现代的 Minimetro 车站
（资料来源：孙一民拍摄）

筑物和谐共处（图 5-28）。车厢外观为银色，内部则为亮红色，设计时尚，而且车站与红色导轨都是由屡获殊荣的法国建筑师让·努韦尔（Jean Nouvel）设计的，设计超现代化并引人注目（图 5-29）。

4. 成功经验

虽然目前在佩鲁贾这个历史老城区里发展现代化的 Minimetro 系统，还受到当地居民相当的质疑，但自 Minimetro 系统运行以来，乘客量已相当令人满意，仅在 2008 年夏天已售出 200 万份通行证。根据记录，日通行高峰发生在秋季——10 月份的两个周末里，正好是“欧洲巧克力节”这个世界著名的烹饪活动的举行时间，每天售出超过 35000 张通行证，甚至最多时超过 36000 张。尽管乘客量大增，但并没有给系统运行带来任何问题。

实践已证明，Minimetro 是一种安全可靠、方便快捷、环保无噪声的公交系统，其运行有效地减少了汽车的行驶数量，并很好地保护了老城区的建筑和城市生态环境。

Minimetro 系统在佩鲁贾的成功应用，为一般城镇和小城市中发展快速公交系统提供了一个方向，尤其是对在那些具有历史文化保护价值的地区中应用意义更是重大，如在莫斯科地铁系统规划中就已拟订在中心历史城区建造迷你地铁系统。目前，博尔扎诺（Bolzano）和哥本哈根（Copenhagen）也正在考虑类似的系统。

参考文献

[1] SlowTravel Italy 网站 http://www.slowtrav.com/italy/umbria/mini_metro.htm.

[2] http://urbanrail.net/eu/per/perugia.htm.

[3] Leitner 公司网站 http://www.leitnergroup.com/.
[4] http://www.apmperugia.it/.
[5] A Greener Way to Umbria's Capital[Z].

5.6 快速巴士系统：哥伦比亚波哥大市 TransMilenio BRT 系统案例分析

波哥大（Bogota）有着“南美雅典”的美誉。然而，哥伦比亚国内动荡的局势为波哥大市民带来许多困扰和不便，这样的困扰和不便具体反映在城市交通运营与服务上。1998 年首都市政府和市长恩里克·潘纳罗萨将 TransMilenio“快速巴士系统”（BRT）引入到波哥大市，希望利用它重新组织波哥大市零乱的交通系统，并且以此为契机为哥伦比亚带来转变。这套快速公交系统把公共汽车集中到专用路线内行驶，成功建立了全球城市快速公交的“波哥大模式”。

1. 城市发展背景

波哥大是哥伦比亚的首都，位于蒙塞拉特山和瓜达罗普山脚下的山谷盆地中，四季如春，景色秀丽，人口超过 700 万，是哥伦比亚最大的城市，也是世界第 23 大城市，总面积 1731km^2，人口密度达到每平方公里 22593 人。波哥大城内保存着众多名胜古迹，以 16、17 世纪所建的大学、博物馆、天文台和教堂等古老建筑为代表，是一座具有南美特色的历史文化古城，故有“南美雅典”的美誉。

波哥大最初是印第安人聚居地，1536 年成为西班牙殖民地。1538 年，殖民者在此兴建波哥大圣菲城，1886 年被定为哥伦比亚共和国的首都。由于哥伦比亚国内连年战乱，经济不景气，社会、政治、经济十分不稳定，居民饱受困扰，尤其在 1948 年，哥伦比亚全国各地不断发生动乱，许多难民纷纷逃往波哥大，许多农民也从农村逃到波哥大，希望在这里找到工作，并有更好的生活环境。波哥大的人口因此增长迅速，21 世纪初暴涨到了 700 万人，使得波哥大成为了南美洲发展最快的城市。现在波哥大已成为哥伦比亚全国政治、经济和文化中心以及交通枢纽。

作为哥伦比亚的陆空交通中心，波哥大拥有埃尔多拉多国际机场，并通过铁路和公路与哥伦比亚其他大城市相连，对外交通非常便利。市内街道体系采用棋盘式布局，但缺乏高效的公共交通系统，而且伴随不断增长的城市居民，城市边缘的贫民窟也不断扩大，但基本没有公交车可以到达这些区域，城市的公共交通状况十分糟糕。为此，从1998年波哥大开始引入一个独具特色的新世纪公交系统，以独特设计的公共汽车为骨干，结合自行车路网、公园设施和人行区域的建设，并每年举办“无车日”，为改善这种混乱的交通局面取得了很好的成效。

2.公交系统

1）历史上波哥大的交通问题

1990年代波哥大交通系统面临许多尖锐的问题，大量的资金被用于道路拓宽和跨线桥的建设，但这些举措并未改善交通拥堵。与交通问题同时存在的还有许多城市问题，例如高污染、高事故率、高犯罪率和基础设施的不足等。TransMilenio官网上对1988年的波哥大交通用了如下的关键词进行描述：

（1）缓慢——波哥大市内居民平均出行时间为80min，平均车速为10km/h；

（2）低效率——公共交通路线长，公共汽车老旧且使用率低；

（3）不平等——95%的道路系统被约100万辆私人汽车所占用，而这些私家车使用者仅占全部人口的19%；

（4）污染——70%的污染物颗粒排放来自私人汽车；

（5）危险——小汽车交通事故率高和伤亡人数均高居不下。

波哥大市当时交通系统由多个私营公司共同运营，互相间竞争极其激烈。公交路线上没有固定的车站，公共汽车可以随处上下客。公交系统的不规范使得路面上公汽数量过多，不但降低了平均交通速度，也增加了交通事故数量，加重了空气污染。1998年TransMilenio机构所记录的事故数量和因事故死亡人数分别达到52764起和1174人。

2）TransMilenio BRT系统的建设和实施

为了应对城市交通系统存在的重重问题，当地政府实施了一系列交通调整策略，其中TransMilenio BRT即是该体系中的一部分（图5-30）。除此之外，他们还希望通过改善和创造公共空间和新的步行区，并建设长达350km的自行车道，来促进非机动车交通，自行车网络计划可以吸纳城市内30%的日常交通（Targa，2004）。他们针对私人汽车在高峰时间的出行和较高的小汽车停车率制订了一系列订量的限制措施，并在特定节日期间强制实行无车日（TransMilenio S.A.，2005）。

几十年来波哥大一直梦想建设一个需要花费数百万元的地铁系统，最终市长潘纳罗萨（Penalosa）却决定学习其他南美城市，如巴西城市库里蒂巴的经验，建设一个更为节约资金的快速巴士系统（BRT）。BRT被定义为“一种利用

图 5-30　TransMilenio 系统图
（资料来源：波哥大政府网站）

公共汽车提供达到轻轨质量服务的公共交通模式”（Leal，2004）。BRT 结合了轻轨交通的优势和公共汽车交通的灵活性，使用的技术包括智能交通系统、交通信号优先、更加清洁安静的机动车以及快速方便的缴费系统，且其建设运营能与土地利用政策相结合（图 5-31）。因为一个 BRT 项目的成本仅为轻轨项目的三分之一，BRT 正在成为发展中国家争取用较低的成本改善现有公共交通设施的一个重要的选择（Leal，2004）。

TransMilenio 系统有两个主要目标，即改善市民的生活质量和提升城市的生产力，它的设计和实施有如下原则：

图 5-31　波哥大 BRT 车道及车站
（资料来源：摘自 Karl Fjellstorm.itdp-china.org）

（1）高质量和统一性——保证整个交通系统的设施都达到国际最高标准，并且预先设定365日的车次时间表；

（2）经济上可负担——保证低收入人群能够负担得起乘车费用，同时私人运营商能有利可图，政府亦有能力承担建设资金；

（3）尊重生命——降低事故率，减少空气污染；

（4）尊重使用者的时间——缩短一般的出行时间；

（5）尊重人的多样性——让不同身体状况、社会阶层、经济地位、性别和年龄的人们都可以使用该系统（TransMilenio S.A.，2005）。

整个系统建立于“我们建设自己的城市、组织城市生活方式，使其成为构建更加平等和团结的社会有力工具”的信仰之上（Nair，2005）。这也是支持包括公交引导型开发在内的精明城市设计的重要共识。

TransMilenio 系统的建造成本是每公里500万美元，建设历时54个月，于2000年12月开始运行，目前包括总长42km的3条线路，77个车站，其中8个为枢纽站，有560辆公共汽车投入运营（Nair，2005）。而计划最终将形成总长391km、包括22条线路的交通网络。波哥大的BRT系统具有安全的封闭式站台、专用公共汽车道、更加清洁且容量更大的车辆、进站前付费系统以及快速登车设施。该系统有三种类型的车站：沿线每隔500m设置的普通车站，联系支线的公汽和干线的换乘站，和位于线路起始或终点的入口站或干线站（Portals or Main Line stations）。目前，该系统日均客流达81.2万人，最大流量达到双向35000人/h。

TransMilenio 系统是公私合作的成功范例。负责该系统管理的机构是 TransMilenio S.A.，它是一个基于合约的综合控制调节机构，负责基础设施的建设管理、系统控制以及系统整体规划，而私营公司则负责系统运营。系统建设运营具有有效的公共参与程序，现有的私人交通运营商可以参与新系统的规划，并被给予参加新系统运营的机会。

为了鼓励公众选择不同的交通方式出行，政府建设了70mi 的自行车道，禁止部分街道通行小汽车，并将其转换为步行商业街。他们还设立了“无车日”，在该日整个城市地区仅允许自行车、行人和公共交通工具通行（图5-32）。第一个无车日是2000年2月24日星期四，当天80万辆小汽车闲置在家，而150万人使用自行车出行（Nair，2005）。这一举措被证明十分成功，2000年10月通过公民投票，64%的波哥大市民同意设立一年一度的无车日。

图 5-32　波哥大公共自行车停放处
（资料来源：摘自 Karl Fjellstorm.itdp-china.org）

3. TransMilenio BRT 走廊沿线的 TOD 规划

土地开发与快速巴士建设的联系是交通规划师所要考虑的一个重要问题，这也是公交引导型开发（TOD）的一个基本原则。虽然已经有了几个城市成功的 BRT 范例，BRT 系统规划连接了城市主要的活动节点，但对于如何深刻认识快速公共交通对土地开发的影响，BRT 如何促进沿线的高密度开发，理解城市基础设施这一因素是如何转换为土地价值的一部分，所有的这些问题的相关研究较少（Targa，2004）。在初期波哥大也并没有特别关注 BRT 走廊沿线的城市发展，但有证据表明，高质量的公交可以促进站点周边区域的住宅开发和房产租金的增加。波哥大政府计划在 2015 年以前增加更多的 BRT 线路，其最终的目标是使得 85% 的波哥大市民能够生活在公交站点 500m 半径范围内（TransMilenio S.A.，2005）。这一目标有助于建立起 BRT 站点周边 TOD 开发的发展框架。

有学者曾就波哥大的 TransMilenio 系统沿线地区进行过特征价格模型（Hedonic Price Model）分析，评估住宅房产可达性作为土地价值的一部分对其租金的价格影响。他们收集了两条 BRT 线路周边 1.5km 区域内房产的租金价格广告及其建筑物属性数据，发现对 BRT 系统可达性的评估已被折算成租金价格的一部分了。与 BRT 车站的距离每增加 0.1km，月租金就下降 1.87%。另外，到达 BRT 车站的步行时间每增加 5min，租金价格就下降 6.8% ～ 9.3%。也许这些评估并不一定与 BRT 系统的存在有直接联系，但确实显示土地市场将对 BRT 车站的可达性转换为其价值的一部分。这些研究为考察基于土地税收工具的有效性提供了经验数据。

因此推断，波哥大BRT系统未来的延伸很可能激发新的城市土地开发，开发商会发现在BRT站点周边进行开发有助于提高经济效益。加上城市本来就计划让85%的波哥大市民能够生活在公交车站点500m半径范围内，波哥大的TOD开发拥有无可限量的未来。

随着可达性被计入车站周边土地价值，公共交通所引导的住宅价值升高可能会为站区周边带来严重的住宅贵族化和住户置换。而在波哥大，三分之二的人口是低收入人群，22%的家庭居住在非正式的聚居点。市政府官员已经认识到这个问题，并制定了一些为穷人提供住宅选择的计划。其中一个计划叫做Metrovivienda，这是一个地区服务计划，旨在为低收入者提供邻近TransMilenio站点的基本住宅，但条件是他们放弃自己的非法占地。

4. 成效

随着BRT系统的实施，波哥大的城市交通问题取得了一些重要的成果：

由于公共汽车使用独立的专用车道穿行城市中心主要干道，其车速达到26km/h，比私人汽车和私用巴士要快得多。显而易见，越来越多的公众将会放弃私人汽车而选择公交和非机动交通工具出行。因此，公众每年平均可以节约300h的通勤时间，出行时间减少32%。

由于BRT的运行，还创造了一个更加清洁和安全的波哥大。数据显示，BRT运行后，超过2109辆公共汽车被废弃，使污染气体排放降低了40%；BRT交通走廊内事故率减少了90%，因事故死亡人数减少了92%，受伤人数减少了75%，撞车事故减少了79%；公交车站的意图抢劫事件也减少了47%；谋杀犯从1998年的84人/千人降至2005年的30人/千人，交通干道及其周边区域变得更安全了。且与其他大部分公交系统不同，TransMilenio实际上是盈利的。

5. 成功经验及教训

TransMilenio的成功有许多因素，其中之一是采用了巴西城市库里蒂巴的BRT建设经验，避免了一些不足。较低的小汽车所有率帮助波哥大建成了一个成功的公共交通系统，使公交乘客占所有交通乘客的73%；而且政府可以将老旧的公共交通设施置换为高效的新交通系统，同时又不对市民生活造成影响。

规划师和市政府试图利用高效交通系统的理念帮助解决国家的一些社会经济问题，因此他们特别注意细节设计。通过制定一些辅助性政策，以限制小汽车的使用；通过建设庞大的步行和自行车网络，促进步行和自行车交通，并使之与TransMilenio相连接，为人们提供多种交通方式的选择。

目前，世界其他城市还没有很多研究对BRT系统与其周边土地价值的联系进行分析，也少有证据证明BRT系统与轻轨系统一样，能促使周边地块价值增加。波哥大的BRT实践已足以使很多发展中国家的城市大开眼界，低成本、高质量快速巴士公共交通可以成为与地铁和轻轨一同考虑的技术选项。

参考文献

[1] 波哥大政府网站 www.bogota.gov.co.

[2] http://en.wikipedia.org/wiki/TransMilenio.

[3] PPP in Infrastructure Resource Center[Z].World Bank，2012.

[4] Bogota's Vaunted Transit System—Model for Transjakarta—in Distress [Z]，2012.

[5] TRB Online Case Studies. TransMilenio BRT[Z]，2001.

5.7 多种公交方式换乘中心：香港九龙车站案例分析

香港九龙车站(Kowloon Station)是香港机场快线沿线上规模最大的车站，位于远离市中心的西九龙新填海区（图5-33)。它不仅是一座超大型的商住建筑综合体，而且注重地铁与其他交通方式的接驳，融合建构多层次的立体交通系统，旨在把机场带回城市中。

这是一个结合建筑、交通设计和城市规划的庞大、复杂的工程，充分体现了交通设施一体化的崭新设计理念，被誉为香港著名的“超级交通城”。①

1. 车站发展状况

西九龙位于九龙半岛的西面，大部分土地都是由填海而来，面积达334hm^2，该填海计划称为“西九龙填海计划”，是香港机场核心计划的十项核心工程之一②，用以连接新机场道路（西九龙快速公路）与铁路（机场快线和东涌线），并作为城市发展备用地，将发展成为一个人口密集的新市镇（图5-34)。

---

① Terry Farrell 和 Partners 在1998年出版的《九龙超级交通城》里把九龙站称为“超级交通城”。

② “香港机场核心计划”是香港政府于1989年公布的一系列大型基建工程，主要是为兴建位于大屿山赤鱲角的新香港国际机场和其配套的基建设施。包括兴建香港国际机场、“机场铁路”（即机场快线及东涌线)、青屿干线、北大屿山快速公路、西九龙填海计划工程、西区海底隧道、三号干线（仅包括青衣段和葵涌段的部分)、西九龙快速公路、中区填海计划第一期工程、东涌新市镇第一期（即富东邨及裕东苑）等十项核心工程。

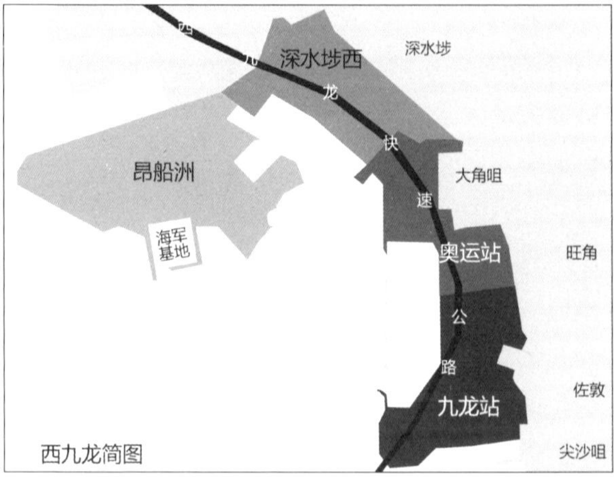

图 5-33　香港九龙站区位图

（资料来源：改绘自维基百科——九龙站）

图 5-34　香港九龙站区位图

（资料来源：http://www.mtr.com.hk/）

九龙站位于西九龙填海区，和青衣站一样，它也是港铁东涌线和机场快线上的一个换乘站，连接香港的核心地带和赤鱲角新机场，从九龙站往返中环只需 3min，前往机场只需 20min，前往中国内地最快仅需 25min。

九龙站毗邻维多利亚港的东面，可以直接俯瞰维多利亚港及著名的港岛空中轮廓线。其地理位置相当优越，同时周边地区将建设重要设施：西面是西区海底隧道（香港第 3 条海底隧道，连接西九龙填海区与香港岛）的入口以及西九龙快速公路（市区及机场的连接道路）；南面原计划发展西九龙文娱艺术区，但发展方案一直未得到香港市民的认可，现状建有西九龙海滨长廊；东面广东道附近将兴建九龙南线的一个中间站——柯士甸站，发展上盖物业，此外将兴建广深港高速铁路的香港终点站——西九龙站。

九龙站的上盖地区正在实施一个名为 Union Square 的物业发展计划，主要发展住宅及商业项目，其中最为瞩目的是建设全香港最高的环球贸易广场，预计将于 2011 年全部建成。

作为赤鱲角新机场建设的一部分，九龙站随着 1998 年机场启用而开通，由于其远离市中心，而且当时周边是新填海地，没有什么大型设施，因此自开通以来客流量一直较低。但自 2007 年上盖物业在九龙站开业以来，由于其物业功能多样，兼有君临天下和凯旋门等高档住宅楼，吸引了大量居住人口和工作人口，九龙站的客流量开始大幅上升，即将成为西九龙这座综合新市镇的核心枢纽。

2. 综合商住发展计划

九龙站的土地资源十分有限且极其宝贵，由地铁公司联同九龙仓集团有限公司、恒隆地产有限公司、永泰控股有限公司和新鸿基地产发展有限公司等四家发展商，以共同合作的方式在九龙站上盖发展“九龙站综合商住发展计划”(Union Square)，旨在实现地块的紧凑式开发。此物业发展计划集住宅、写字楼、商场和酒店设施为一体，旨在将九龙站打造成一个新的都会中心，从而把九龙中部及东部地带的过量人流分散到西九龙的新填海区，缓解九龙中部及东部地区的拥挤状况。

Union Square 四面分别被佐敦道、连翔道、柯士甸道西和雅翔道四条道路包围，是一个完整的地块，占地 13.54hm^2。这是一个规模庞大的综合商住发展计划，内设甲级写字楼、商场、住宅及酒店等设施，提供工作、居住、休闲及娱乐的环境，主要发展部分包括（图 5-35）：

（1）环球贸易广场，位于地块的西南角，是一幢 118 层高的摩天大楼，包

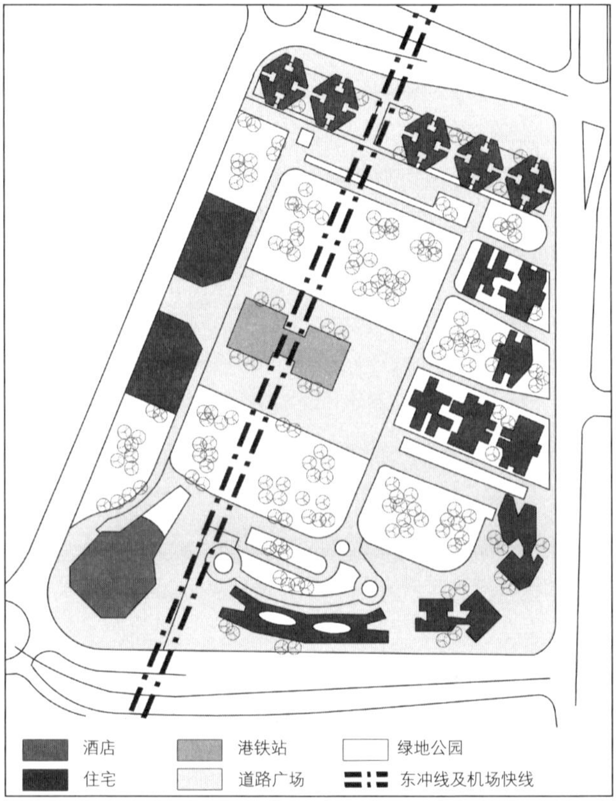

图 5-35 香港九龙站物业发展项目

（资料来源：作者改绘自 http://www.mtr.com.hk/）

括约 231778m² 的写字楼及一间豪华酒店，并附设观景台。大楼建成后将成为香港最高的建筑，与对岸的国际金融中心二期互相辉映，形成一道宏伟的维港门廊。

（2）圆方商场，位于地块中部位置，是地铁站上盖的具有国际水准的大型购物中心，面积达 82750m²。

（3）住宅楼，包括西面 2 幢高档住宅楼——君临天下和凯旋门，提供酒店、服务式住宅及住宅等混合用途，以及地块周边 16 座住宅大厦，提供约 5866 间住宅、一间豪华酒店及约 72472m² 的服务式住宅。

Union Square 的整个地面层就是一个综合交通交会处，包括巴士、小巴、的士、酒店穿梭巴士、旅游巴士、过境巴士及私家车等交通方式，提供约 5600 个车位。并且结合广阔的公共及私人休憩绿化区，设置一所 1050m² 的幼儿园和各类娱乐、社区设施。

Union Square 整个发展计划分七期建设:第一期到第四期主要发展住宅项目，包括漾日居、擎天半岛、凯旋门和君临天下，现已完成;第五期到第七期是商业、酒店及服务式住宅混合发展项目的开发，现已开业。目前，Union Square 已发展成为一个集饮食娱乐、购物休闲于一体的综合的、多元化的独立社区。

3.“超级交通城”多层次的立体交通系统

通常来说，在 Union Square 这样一个大型的建筑综合体里，交通组织是非常复杂的问题，但令人惊讶的是，Union Square 内的交通换乘非常方便，所有的交通换乘活动都可以在建筑群的内部空间进行，这都是得益于以九龙站为核心建构的多层次立体交通系统。

1989 年香港决定兴建赤鱲角新机场，决意采取一种全新的设计理念建设新机场，即发展完整的铁路和公路系统为机场服务，并在市区设置可以预办登机手续和行李托运的设施，使市区也变成机场的一部分。九龙站与香港站就属于承担这种预办登机手续和行李托运服务的车站。因此，九龙站在兴建之初就已设定为综合性的车站建筑群。在这里，乘客可方便地在地铁与其他交通方式之间换乘以完成出行。

九龙站共有 9 层，其中有 6 层属于车站范围公共开放的部分，由于车站与上盖的 Union Square 紧密结合为建筑共同体，所以车站大部分楼层均与上盖物业相连，并通过多层次的立体交通系统为 Union Square 提供便捷、多样、完善的交通环境。

Union Square 整体交通系统可分为以下三个主要公共楼层：

（1）地面及地下层，主要布置轨道交通设施、公交设施、道路系统以及停车场等。

①地下一层及二层为机场快线的大厅、月台和东涌线的月台。机场快线月台旁设有的士站，方便往返香港国际机场的旅客使用。机场快线的旅客还可以利用八达通卡免费转乘港铁前往其他车站。

②地面层为机场快线市区预办登机大厅及东涌线大厅，可以为旅客办理登机手续和行李托运，并设有上落客区。

③地面层设有地铁 A 和 B 出口，其中 A 出口与车站停车场相连，方便驾车乘客停泊，然后再转乘轨道交通往返香港国际机场；B 出口连接机场快线穿梭巴士站，机场快线的旅客可免费享用机场快线穿梭巴士往返九龙各间酒店。

④地面层还设有公共运输交会处，设有多条巴士及小巴路线往返港九各区。在圆方商场旁，更设有跨境巴士路线前往深圳宝安国际机场。

⑤中央大厅内设置了连接各种交通方式的扶梯、升降梯和楼梯，共有 34 部扶梯和 71 个楼梯，这里地处车站的核心地带，贯穿地面层和地下层。

（2）地上一层及二层是以圆方商场为主体建筑的购物层。

①中央大厅的升降梯延伸至购物层，每层设两个出口与圆方商场相连；

②圆方商场周边设有服务于平台上各大厦的车行道，与周边城市道路连接便捷；

③圆方商场还设有人行通道及佐敦道人行天桥，人行道与周边建筑连接，方便乘客前往公共运输交会处或渡船角一带。

（3）18m 高的平台层，连接 Union Square 的车站出口及空中花园，作为第二个地面层，它为上盖建筑工程的开发建造提供交通网络。

此外，Union Square 周边还有多种公交线路与香港各区接驳，包括在西区海底隧道巴士站有多条过海巴士路线通往香港岛；九龙站东面的佐敦（汇翔道）巴士总站设有一系列的巴士往返新界及香港其他各区。

由此，Union Square 里的各类公共设施、住宅、社区服务设施等都通过这样一个多层次的立体交通系统，经由广场、花园、停车场及步行系统等连为一体，形成地上、地下一体化的步行系统，乘客可以直接在 Union Square 里进行各种交通方式之间的换乘。

4. 成功经验

九龙站作为机场快线及东涌线的换乘站，是城市的一个重要交通枢纽，也是香港“地铁 + 物业”TOD 发展模式的成功典范，通过轨道交通的建设极大地促进了城市新开发区的发展。尤其值得瞩目的是多种公交方式与建筑群的融合，规划利用“三维建筑”的空间处理技术，营造出无缝衔接的交通环境，使轨道交通与其他交通方式实现真正的“零换乘”。具体表现在以下四个方面。

1）整体规划

九龙站作为一个新区开发项目，在建设前，港铁公司就已对站点和周边（包括上盖）的物业有统一的规划，充分体现了港铁的“地铁 + 物业”经营运作模式。

1992 年，港铁公司被赋予兴建及经营机场快线的权利，同年 10 月成立了由 Terry Farrell 和 Partners 为首的设计小组，开始对九龙站及周边地区进行总体规划设计，规划将九龙站建成一个内置于高楼大厦的底层平台，上盖物业发展成为集居住、办公、商业、休闲设施于一体的综合商住社区，使得车站、上盖物业和基础生活配套设施三者充分结合，而它们之间的空间渗透和交通联系是规划考虑的重点。

九龙站整体规划是灵活而具有弹性的。规划实施采取有计划的分期建设，以便上盖物业项目随着香港地产市场及建筑条例的更改而适当地作出调整。在九龙站建设期间，其规划已经进行了五次修改，但都是在整体规划下框架内进行局部调整，有效地保证建设在整体规划指导下，逐步实现九龙站的物业建设。目前，规划还在进一步进行修改，但大部分设施已完全按照规划建设起来了。

2）三维建筑设计方法

为满足西九龙未来高密度城市建设的需要，以及“把机场带回城市”的设计初衷，九龙站采用了三维立体规划设计方法，在三维空间层面把建筑分成不同的功能层，并围绕轨道交通核心组织各层之间的交通联系。如地面层及地下层是公共交通设施层，地上一层和二层是购物层，另设一个平台层，作为上盖物业 Union Square 住宅、酒店、办公室等高楼大厦的地基。九龙站通过中央大厅连接上盖物业，平台层车站入口的中庭屋顶作为车站入口的象征，也成为中央广场这一新城市街区的焦点。

这种三维建筑设计方法使地块的高密度建设成为可能。Union Square 总面积 109 万 m^2，容积率高达 8.14，在香港这个地少人多的城市中，必须通过有效地提高密度来增加土地使用效率。Union Square 内大部分建筑都高于 200m，形成了一个摩天大楼建筑群，将成为香港的新地标。

3）多样的公交方式

通过不同的功能布局，九龙站充分考虑了人们不同的换乘要求，尤其注重地铁与其他公共交通方式的接驳。

此外，九龙站内附设了预办登机和行李托运的服务，使车站成为机场的一部分，相当于把郊区的赤鱲角机场拓展到市区，让九龙站成为众多旅程的起点和终点。在这里，机场快线可与穿梭巴士、跨境巴士、市内巴士、东涌地铁线和的士等方便换乘，使九龙站成为一个综合性的地区交通枢纽。Union Square 周边也有多种公交线路接驳，为居民出行提供多种方式，减少了对小汽车的依赖。

与其他交通工具的紧密联系不仅方便了乘客，也扩大了地铁的影响范围，提高了地铁的运营效益。在每日的高峰时段，会有 43500 名旅客从该站台出发和到达。

4）宜人的步行环境

步行是 TOD 街区内最重要的出行方式。在 Union Square，所有建筑都围绕九龙站这个地铁枢纽站点进行布局，这种紧凑开发的模式结合周边完善的步行系统（如圆方商场有与周边连接的人行通道及佐敦道人行天桥），方便人们通过步行方式来往于家、工作地点、购物娱乐场所之间。同时还注重改善地铁车站的可达性，如通过设置自动扶梯使乘客更便捷地进出车站；在地铁车站与周边居民楼、商场之间设置全天候人行通廊，给乘客创造了一个不受气候干扰的乘车环境；此外，还设置人行隧道接驳系统、扩大地铁车站的辐射范围等，这些公共设施的建设鼓励了附近居民使用地铁出行。

配置有完善的交通、社区配套设施以及良好的生活环境，新城区对市民才有足够的吸引力。随着 Union Square 的逐步建成，2007 年开业的圆方商场成为香港新的购物中心，九龙站也已发展成为尖沙咀一个规划完善的商住新社区。

参考文献

[1] 香港铁路公司网站 http://www.mtr.com.hk/.

[2] Union Square 网站 http://www.union-square.com.hk.

[3] 圆方商场网站 http://www.elementshk.com/.

[4] 张平，陈志龙，侯占勇．国内外综合交通枢纽站地下空间开发利用模式探讨 [Z].

[5] Smith Steven，Terry Farrell，Partners.Kowloon Transport Super City [M]. Pace Publishing Ltd.，1998.

5.8 机场 TOD 形式：波特兰 Cascade 车站区案例分析

Cascade 车站是位于波特兰市（Portland）的一个轻轨车站，邻近波特兰机场，距离机场站仅两站距离。由于靠近重要的公共交通设施，Cascade 车站区拥有 TOD 开发的先天条件，围绕机场与两个轻轨车站采取混合用地开发，使 Cascade 车站区具有鲜明的特色，目前该区的开发为波特兰市创造了新的工作机会和大量税收。

1.城市发展背景

波特兰位于美国西北部的俄勒冈州，邻近维拉美（Willamette）河与哥伦比亚河交汇处，是该地区的水、陆、空交通要地，城市总面积 376.5km^2。最初它只是一个位于俄勒冈市和温哥华堡之间的小港，1851 年波特兰建市时，它是个仅有约 800 名居民的小镇。但由于地理位置和交通条件的优越，波特兰迅速发展为美国西北太平洋地区最大的港口，直到 1890 年代铁路延伸到西雅图深水港时，它的地位才逐步被西雅图所取代。

交通的便利使波特兰成为各种农牧产品的集散地，工业以木材加工、造纸、金属加工、罐头食品、运输机械、电气设备等为主。该市还拥有波特兰州立大学等多所高等教育机构，是俄勒冈州的文化教育中心。

现在，波特兰已是俄勒冈州人口最多的城市，2008 年城市人口数为 575930 人，其中约有 200 万人居住在波特兰大都市区（Portland Metropolitan Area，MSA）。此外，波特兰以严谨而强有力的城市规划以及对公共交通的大力投资而成为美国城市的典范，同时也以良好的绿化园林建设闻名于世。

2. 公交系统

波特兰政府特别注重城市规划与公共交通，强调公交引导型的用地开发，从而建立起良好的公共交通系统，为市民的交通出行提供更加多样化的选择。

此公共交通系统包括公共汽车系统、MAX 轻轨系统以及提升车辅助客运服务（针对残障人士），统一由俄勒冈地区三郡城市交通局（TriMet 或 Tri-County Metropolitan Transportation District of Oregon）负责运营，它是在波特兰和俄勒冈都市区内运营公共交通的主要机构。根据 2006 年 10 月的统计，波特兰公交系统在工作日的平均乘客量超过 30 万。

区内的短距离交通出行主要依靠公共汽车，其中贯通南北的第五和第六大街只允许公共汽车通行。2004 年，TriMet 已拥有 93 条公共汽车线路，超过 600 辆公共汽车，还有 6 辆特别穿梭巴士和 208 辆提升车辅助客运汽车。

同时，TriMet 运营 MAX 轻轨系统，并与西部铁路公司合作运营通勤铁路 Westside 快线（WES），这些轨道线路使市区与周边郊县有了方便的联系。目前，MAX 轻轨有蓝线、红线、黄线三条线路，三条线路在市中心一段并行；另有轻轨绿线正在建设中，2009 年年底通车；而轻轨橙线还处于规划阶段（图 5-36）。MAX 轻轨线车次为 15min/ 列，在市中心地段缩短为 10min 的发车间隔，平均日乘客在 10 万～ 11 万之间。至今波特兰对轻轨建设已经投入约 30 亿美元。

本案例所说的 Cascade 站位于轻轨红线线路上，离终点站机场站有两站距离。轻轨红线总长约 25mi，连接波特兰机场与比弗顿，于 2001 年 9 月启用。由于波特兰国际机场旅客服务量的增加，1990 年代中期，机场附近已经找不到地块兴建新的停车场，因此机场方面与 TriMet 协商，希望将轻轨线路延伸到机场。但由于市民投票反对动用公共资金兴建南北轻轨线方案，机场最终选择通过政府与私人合作的方式，与 Bechtel 公司合作共同建设该轨道线路。红线为通达机场提供了一种高效而又经济实惠的交通方式，乘客可以搭乘轻轨列车到机场站转乘飞机或火车去往别处，终点站机场站因此可以被视为一

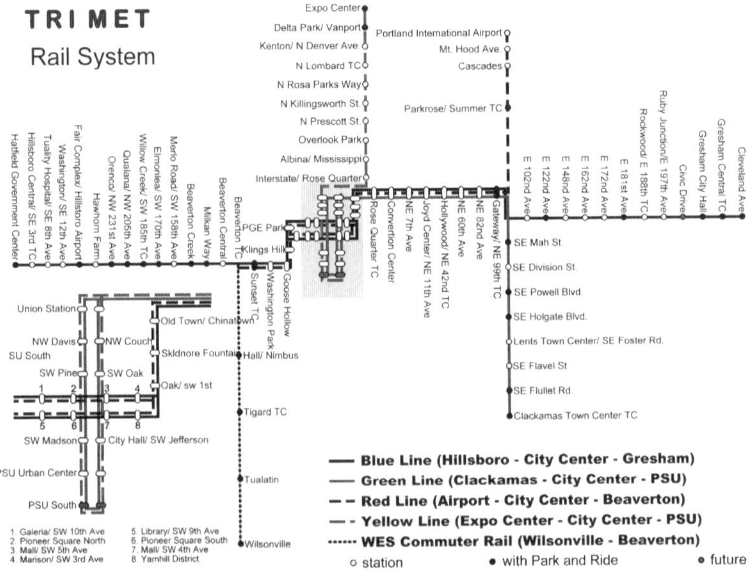

图 5-36　波特兰 Trimet 轨道系统图

（资料来源：作者改绘自维基百科—波特兰）

个换乘站。自 2001 年红线开始运作以来，TriMet 乘客数共增加了约 1200 万，约 35%；44% 的成年人“每星期数次”搭乘 TriMet 轨道交通，而 1997 年该数字还仅为 31%；66% 的乘客拥有私家车但选择搭乘 TriMet，5% 的乘客因为搭乘 TriMet 即可满足需求而选择不购买私家车；62% 的 TriMet 乘客选择轨道交通和公共汽车结合的出行方式，而 21% 的乘客只使用轨道交通。据此，TriMet 认为“比起美国其他城市中规模相当的交通系统，它能运送更多的旅客”。

TriMet 同时运营波特兰 Vintage 电车，但目前它仅在周日下午运行。TriMet 与其他城市的公共交通系统已经形成便捷的换乘联系，城际交通联系十分便捷。此外，波特兰良好的自行车道网络系统也为人所称道。

3. Cascade 车站区公交导向型发展

1）开发背景

波特兰国际机场是俄勒冈州最大的机场，州内 90% 的客流和 95% 的航空货运都通过该机场运输。轻轨红线在机场设终点站，从机场站出发经过的第一个车站 Mt. Hood Ave. 和第二个车站 Cascade 站，都位于 Cascade 车站区内。整个 Cascade 车站区面积共 120 英亩，位于 205 州际公路和机场道交界的西南一侧。波特兰港（the Port of Portland）拥有其所有权，并以 99 年的长期租约提供使用权。

Cascade 车站区地处机场道城市更新区（Airport Way Urban Renewal District）内（图 5-37）。机场道城市更新规划早在 1986 年 5 月便获得批准，期限至 2011 年 5 月，规划用地面积达到 2780 英亩，是波特兰市第二大的城市更新区。由于该区位于机场的飞行跑道区，不允许进行居住区开发，因此规划以零售商业和办公用途为主，又因其邻近重要的交通设施，使之具有相当的独特性。规划的首要目标是推动相关开发，创造一个城市东翼工作中心，在 2010 年之前提供超过 2 万个工作岗位。同时规划确定了几个次目标：提升基础设施系统；刺激私人投资；提升水质。这些要求和目标有效引导了波特兰发展委员会（Portland Development Commission，PDC）的开发和公共投资，为了达到这些目标，该委员会在经济上提出了多种鼓励与协助措施，并直接参与了部分基础设施的投资和开发。

目前，机场道城市更新区已经完成了部分项目，包括交通设施的改善，如机场道的拓宽与延长、MAX 轻轨红线延长线的建设等，波特兰发展委员会为此投资超过 3000 万美元。此外还进行了部分用地的开发，包括 Cascade 车站区的混合使用开发、河滨公园道公司中心（Riverside Parkway Corporate Center）的开发、哥伦比亚湿地步道的改造等，而波特兰发展委员会为这些用地开发的投资亦超过 2000 万美元。

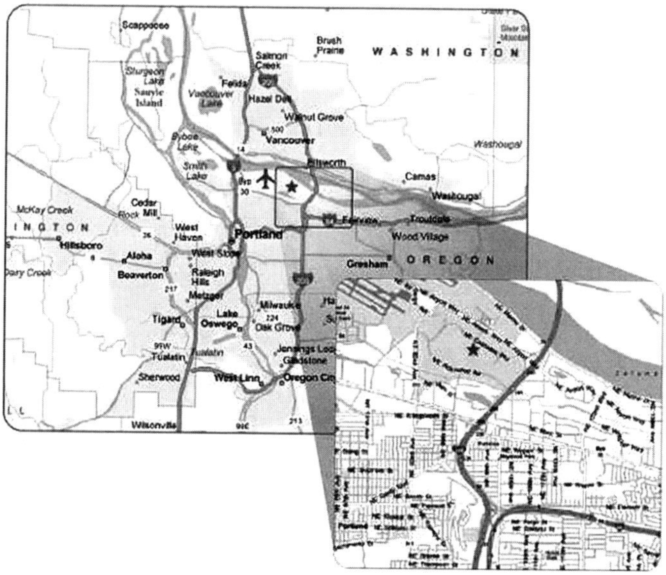

图 5-37　波特兰 Cascade 车站区区位图

（资料来源：作者改绘自 http://www.grubb-ellis-portland.com）

公共部门的大力投资带动了超过3亿美元的私人投资。经估算，机场道城市更新区的房地产价格以超过该市平均水平3倍的速度增长，自1986年以来年增长率平均为13.6%（OMF Urban Renewal Update,2001）。2000～2005年，机场道城市更新区内项目开发为地方增加了约29亿美元税收。未来房地产税也将返还到该税收管辖区内，税收增额用于偿还公共设施投资的债券。

该地区发展中最重要的项目就是Cascade车站区开发。Cascade车站区被规划为混合使用性质，包括零售、办公和旅馆等，并设有两个MAX轻轨车站。该项目还包括基础设施的改善，如建设新的公园、街道和市政设施等。据估计Cascade车站区开发可以创造8000个新的工作岗位以及3110万美元的城市税收。

在尝试寻求公共资金建设轻轨红线失败后，1997年波特兰市政府、波特兰港、TriMet公司、Cascade车站区开发公司（Cascade Station Development Company)、Bechtel公司与Trammel Crow公司组成了合作机构，并达成一个特殊的公共－私人合作协议来规划建造波特兰机场MAX轻轨线以及开发Cascade车站区。经过反复协商，波特兰发展委员会和波特兰港制定了一个总体开发协议，赋予波特兰发展委员会在该地区的某些开发权利。而Cascade站/Bechtel公司通过资助波特兰发展委员会购买2800万美元TriMet债券，出资设计建造轻轨红线延长线，并取得了波特兰发展委员会这120英亩地块的开发权。根据目前的信托协议和总体开发协议，波特兰发展委员会是Cascade站/Bechtel公司1400万美元下位债权（junior obligation）的持有人，其偿还依赖于该地块的成功开发。波特兰发展委员会为该项目投资860万美元。新建的5.5mi轻轨延长线路段耗资1.23亿美元，并使用了I-205路的中央分隔带，这不仅得益于TriMet和Bechtel公司的努力，也是波特兰市政府、波特兰港以及波特兰发展委员会共同支持的结果。

2）规划设计

1999年，波特兰市政府通过了Cascade站/波特兰国际中心规划区规划(Cascade Station/Portland International Center Plan District)，实质上它就是Cascade车站区的区划。由于受到公交以及机场交通的支持，且用地可达性良好，规划容许在机场附近地区以及轻轨线两侧建设兼容的商业、办公、旅馆和工业区。具体规划内容包括132.5万ft^2的办公空间、40万ft^2的零售商业（每层零售不超过60000ft^2)、1200个房间的旅馆、12个加油位的加油站以及设有24个放映厅的电影院。1999年的规划为该地区此后的开发确立了区划基础，提供了关于开发权利和设计准则的引导。然而，该规划不允许大型零售商（超过 6 万 ft^2）进入，在规划后期它被证明是个致命的错误，因为小型零售商并不愿意在没有大型零售商的情况下落户于此。

2000 年，市政府修订了 1999 年规划，重点改善 Cascade 车站区的基础设施规划和街道布局，并与机场 MAX 轻轨线协调。到 2001 年，MAX 轻轨延长线，公园和市政设施如供水、污水处理和雨水系统已建设完成。但由于随后几年房地产市场不景气，用地内的开发陷于停滞。

此外，2003 年 10 月波特兰港还发布了“波特兰国际机场自行车与步行规划”，提出了波特兰国际机场地区的自行车与步行交通规划。虽然相关规章制度仍不够完善，但从一定程度上践行了波特兰市政府对实施发展多种交通模式的承诺。

2004 年，波特兰发展委员会委托经济研究协会（ERA）开展一项名为“Cascade 站的零售影响评估”（ERA，2004）的市场研究。该报告表明，增加 Cascade 站地区的零售开发和允许一定数量大型零售商的进入，不会对其他地区的零售商业产生不利影响。因此，2005 年 2 月，市议会再次修订了 Cascade 站 / 波特兰国际中心规划区规划，允许一定数量的大型零售商进入 Cascade 车站区开发，试图唤醒社会对 Cascade 车站区的开发热情。大型家具连锁店宜家随即宣布准备入驻，许多小型零售商也闻风而动，相继签约入驻。同年，Trammel Crow 公司买下了 Bechtel 公司在该项目的股份，使项目得以重新启动。零售中心的建设始于 2006 年 8 月，2007 年 7 月宜家开业，其他购物店也陆续开始营业。除零售商业的开发外，还有一间旅馆正在建设中，另外有两间旅馆和两座面积共约 14.5 万 ft^2 的新办公建筑正在申请投入建设，此外还有 8 家餐馆正在规划中。

2006 年波特兰发展委员会以长期租约的形式获得了 Cascade 车站区 36 英亩土地的开发权，这是 Cascade 车站区项目的一部分。根据区划条例，规定该地块为办公或旅馆用地，除作为办公建筑的辅助部分外，不能作为零售商业使用。波特兰发展委员会为此发起了一个设计竞赛，并为符合条件的办公空间购买者提供优惠政策，最终 Grubb & Ellis 公司的方案被采纳。

2007 年 9 月，Cascade 车站区 / 波特兰国际中心规划区区划条例公布，开发的主要目的在于建设一个富有生气、交通便利、混合使用的空间环境。区划鼓励经济上可行的办公、商业、旅馆、娱乐和工业用地的混合使用开发，同时注重保护地方重要的环境和历史特色。

规划的主要空间特征是将开发集中在区内两个轻轨车站、公园和主要街道周边。其中最显著的是一条贯穿地块中心、基本呈东西走向的条形公园带，它将几条重要的街道以及两个轻轨车站联系起来，通过围绕这些核心空间的开发，可以提供富有吸引力的步行环境，有效地增加这些地区的人流密度，从而构建充满活力的城市空间。

规划将零售商业主要安排在地块北部与轻轨联系较紧密的地区，工业则安排在地块南部，办公和旅馆等功能穿插其间，形成一个混合使用区，但规划区内禁止住宅、宿舍、自助式仓储、社区服务、学校、医疗中心、宗教机构、机动车维修以及拘留设施等功能的建设开发。这样一来，规划就将整个地块分为分区 A 和分区 B 两个功能区（图 5-38）：

（1）分区 A 位于地块北侧，设有两个轻轨车站，规划将其定位为混合使用商业区，旨在创造一个以商业和办公为主开发的经济组团。该区商业用地接纳包括大型零售商和各类小型零售商在内的商户，为区域内职工和购物者提供商业服务。此外，地块内将建设公园带等大型开敞空间，可以举办各类文化娱乐活动。分区 A 内允许开发的用地功能包括：办公、旅馆、娱乐、展览、会议、零售商业、剧院等，但禁止工业、汽车销售以及出租产业的开发。分区 A 所制

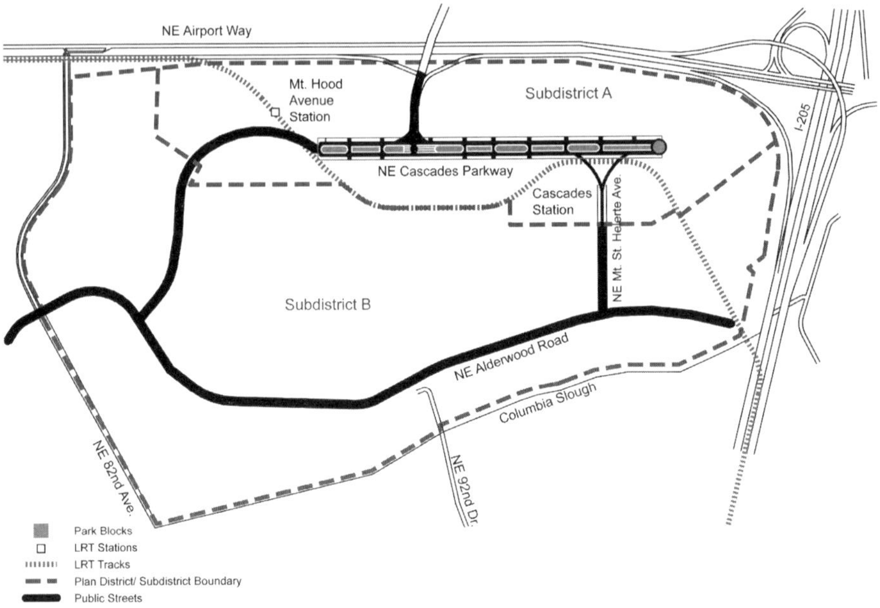

图 5-38　波特兰 Cascade 车站区分区图

（资料来源：作者改绘自 http://www.trimet.org/）

定的功能面积分配如下：

①办公及其附属会议、展览、日托和研究机构：111.5 万 ft^2（不少于 55.75 万 ft^2），每 370ft^2 办公空间可以置换为 1 间旅馆房间；

②旅馆及其附属会议和展览：不少于 250 间房间；

③快速汽车服务：1 处，包括 12 个加油位，但可以将其置换为 7.2 万 ft^2 办公空间；

④零售及相关服务（包括餐饮）：80.75 万 ft^2（不少于 40.375 万 ft^2），900ft^2 零售用地可置换为 700ft^2 办公用地，470ft^2 零售用地可以置换为 1 间旅馆房间。

（2）分区 B 的主要开发目标是鼓励各类工业及相关设施的发展，在现有和未来机场运营相结合的前提下，发展机场相关服务业。这种功能安排提供了大量的工作岗位，也提升了波特兰国际机场作为地区内主要航空交通枢纽的地位。分区 B 内允许开发的用地功能包括办公、航空与地面交通终点站、汽车出租、部分零售服务等，但区内禁止开发快速汽车服务。分区 B 所制定的功能面积分配如下：

①办公及其附属会议、展览、日托和研究机构：30.4 万 ft^2（不少于 15.2 万 ft^2），可以将部分办公用地置换为工业用地或旅馆；

②旅馆及其附属会议和展览：260 间房间（不少于 130 间房间），可以将部分旅馆置换为工业或办公用地；

③零售及相关服务（包括餐饮）：3 万 ft^2（不少于 1.5 万 ft^2），可以将部分零售用地置换为办公或旅馆用地；

④工业：210 万 ft^2（不少于 105 万 ft^2），可以将部分工业用地置换为办公或旅馆用地。

⑤汽车出租设施：占地 100 英亩。

值得注意的是，规划区内允许建设的用地功能都服务于机场运营及相关机场服务，从而最大程度地减少了地块内其他用地与机场运营使用之间的矛盾。规划还强调保护和利用区内重要的环境和开放空间资源。例如，规划区与哥伦比亚湿地和湿地步径邻近，因此规划特别制定了相关开发导则，建立了便捷的自行车及步行通道联系（图 5-39、图 5-40）。

4. 成功经验及教训

Cascade 车站区的开发是一个极具特色的项目，由于地块邻近重要的公共交通设施，开发者必须更多地考虑公共交通对开发的影响。事实上，该地区的

图 5-39 波特兰 Cascade 车站区规划效果图 1
（资料来源：http://www.pdc.us/）

图 5-40 波特兰 Cascade 车站区规划效果图 2
（资料来源：http://www.pdc.us/）

规划设计十分重视与两个轻轨车站以及枢纽机场的连接，整体功能布局考虑了与轻轨车站联系的便捷性以及与机场功能的融合及互相补充。此外，虽然用地由于靠近机场而缺少居住元素，但仍强调地块内混合使用的重要性，在规划中设置了零售商业、办公、旅馆、工业等功能，并使它们相互承接，以形成城市东部充满活力的工作和商业区。

Cascade 车站区开发在融资方式上也具有其独特性，特别是在轻轨红线延长线及其周边地区的建设开发上，公共部门与私人机构达成了良好的合作。私人机构通过提供建造轻轨的资金得到了周边部分区域的开发权，降低了公共部门的资金压力，同时私人机构也获得了很好的开发机会。

但规划和开发中还是出现了一定的问题，主要的原因在于项目之初没有意识到大型零售商对于整个零售商业开发的重要性，从而将大型零售商排除在零售商业开发之外，导致很长一段时期内开发停滞。但随着后期规划的调整，这一错误得到了纠正，开发也重新步入正轨。

参考文献

[1] http://en.wikipedia.org/.

[2] http://marketing.trammellcrow.com/portland/cascadestation/backgrounder.pdf.

[3] http://www.pdc.us/pdf/ura/airport_way/cascade_station/cascade-station-aw-ura.pdf.

[4] http://www.portlandonline.com/bps/index.cfm?a=53362&c=34563.

[5] http://factfinder.census.gov/servlet/SAFFPopulation?_event=Search&_name=portland&_state=04000US41.

[6] http://www.flypdx.com/SelfPost/A_200712393958Dec2006stats.pdf.

[7] http://www.flypdx.com/pdxaminer/pdxaminer_curr.aspx?contentFile=/Issue_2008_10/Content/Page1.ascx.

[8] http://www.bechtel.com/2001-09-12.html.

[9] http://findarticles.com/p/articles/mi_m1215/is_/ai_111269158.

[10] http://www.bechtel.com/assets/files/PDF/brief1200.pdf.

[11] http://www.pdc.us/ura/airport_way/cascadestation. asp.

[12] http://www.trimet.org/publications/index.htm.

[13] http://www.lvyou114.com/Nav/City_jiaotong.asp?CityID=646.

[14] http://www.grubb-ellis-portland.com/pdfs/Investment%20Flyers%20in%20PDF/CascadeStn.pdf.

5.9 市内巴士中心：阿迪森环案例分析

阿迪森环（Addison Circle）是一个城市郊区的高密度开发项目，它位于得克萨斯州达拉斯北部的郊区城镇阿迪森（图 5-41）。通过十余年的建设，它挑战了传统的低密度郊区开发模式，建造了一个高品质、混合使用、步行可达、富于魅力的社区，被认为是代表了得克萨斯州可持续发展和精明增长理念的创新实践，也是政府与私人开发商共同开发以及不同相关利益群体间良好合作的成功案例。

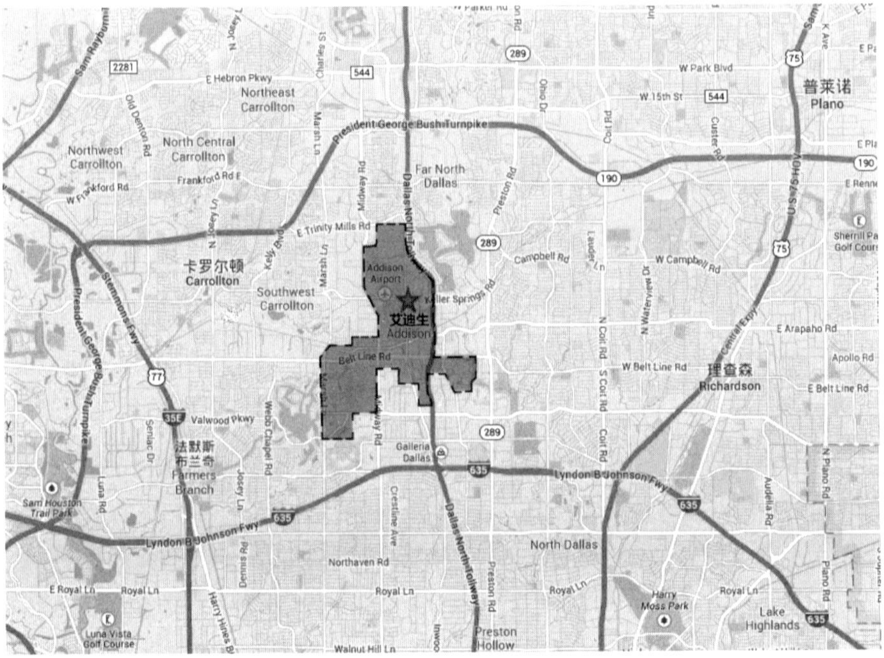

图 5-41 阿迪森区位图

（资料来源：作者改绘自 www.mapquest.com）

1.城市发展背景

阿迪森被认为是达拉斯的第一圈层边缘城市。根据 2012 年的统计，阿迪森市总面积 11.5km^2，人口约 1.5 万，人口密度为 1304 人 /km^2。1846 年这里开始有人居住，1902 年这里的居民给它取名为阿迪森（Addison），1953 年 6 月 15 日阿迪森市正式设立，1982 年这里曾改称为阿迪森镇。

阿迪森市交通便利，有数条高速公路通过。阿迪森机场占城市面积的一半，是达拉斯－沃斯堡都市区内的一个重要机场，也是美国国内最繁忙的小型通用机场之一。如今阿迪森的繁荣得益于其便利的交通条件，也是 1980 年代商业急剧发展的结果。阿迪森位于达拉斯北部收费公路的末端，其酒类饮料销售政策较为宽松，吸引了大量消费者。该市因此逐渐发展成为一个繁荣的商业娱乐城市。市内餐饮店超过 180 间，相当于每 79 个阿迪森居民就拥有 1 间餐饮店。此外还有 22 间旅店，内设超过 4000 个房间和各类会议设施。2000 年阿迪森居民仅有 1.4 万人，夜间人口为 5000 人，但日间人口估计超过 10 万，说明阿迪森当时还只是一个日间娱乐性城市，居民数量及其本身的活动较少。但随着北部收费公路继续向北延伸，通达许多过去难以到达的荒蛮之地，阿迪森的吸引力便有所下降，税收也逐渐减少。

在1970和1980年代，阿迪森市的房地产开发主要是以低密度的独户小住宅为主，直到2000年以后阿迪森环周边中高密度房地产的发展，才在一定程度上改变了这种局面。近年来该市住宅价格增长平稳，2007年单户住宅价格中值为350000美元。

阿迪森市经常举办各种活动和演出，为居民和游客提供多种娱乐项目，如水塔剧院（Water Tower Theatre）举办的戏剧表演和音乐会、Cavanaugh飞机博物馆的飞机展览以及每年7月举办的盛大焰火表演。阿迪森环项目中建成的阿迪森环公园（Addison Circle Park）是很多季节性户外活动的举办地。

2. 公交系统

综上所述，大达拉斯地区的公交系统由轻轨、通勤铁路、公共汽车、街车、有轨电车以及高效能行车线网络组成，由达拉斯捷运统一管理。其中公共汽车系统承担了大达拉斯的大部分客流，尤其在加强市区与郊区联系方面发挥了重要作用，是达拉斯捷运的主要运营项目。

公共汽车线路包括地区线路（Local routes）、郊区线路（Suburban routes）、城镇线路（Crosstown routes）、轨道支线（Rail feeder routes）以及快线（Express routes）等5种类型。

目前，达拉斯捷运为阿迪森提供以公共汽车为主的公交服务。位于阿迪森环项目南侧边界的阿迪森公交中心共运营13条公共汽车线路，其中有3条是地区线路，连接阿迪森与整个大达拉斯地区；8条是郊区线路，连接周边郊区主要活动地点；另有一条205快线，连接达拉斯市中心；还有一条线路是联系达拉斯轻轨系统的轨道喂给线路。

达拉斯捷运2030年交通系统规划中规划了两条经过阿迪森公交中心的轻轨线路，但目前仍处于可研阶段。就目前规划看，2020年之前应该不会有经过阿迪森的轻轨开通。

3. 阿迪森环公交导向型发展

1）开发背景

1970～1980年代，阿迪森开发建设了一批以独户住宅为主的居住社区，主要为在达拉斯工作的市民提供住宅。在这个时期，阿迪森的居住区开发是以私人汽车为主导的，很少考虑步行可达性问题。而且正如前节所述，由于商业娱乐功能所占比重较大，使得阿迪森几乎成为一个“日城”，夜间人口较少，城市的社区场所感很弱。

从 1990 年代初开始，阿迪森市政府希望改变这种情况。1992 年阿迪森成立了“2020 发展委员会”，该委员会确信阿迪森最合理的发展方向就是供应城市住宅，目标人群是那些喜欢居住在区位优越、环境安全以及有各种便利的商业娱乐设施的城市人，以此来适当地增加阿迪森的居住人口，并更好地支持该市的商业娱乐功能。同时，对阿迪森总体发展规划进行修订，增加了一个特别的混合使用居住区，这即是日后的阿迪森环项目。该用地位于阿迪森市中心，原为闲置地，面积 80 英亩，毗邻该市的历史主街，附近建有一个新的会议中心和剧院，距该市的工作、商业、娱乐中心都在步行范围以内；而且，该用地实际上已经作为各类活动的举办场地；另外很重要的是，Gaylord 房地产公司拥有该 80 英亩土地的所有权，产权关系简单清晰。因此，政府决定将该用地作为“特别城市区域”进行规划建设，创造一个混合使用、居住密度较高、适于步行、场所感强的社区。

阿迪森市议会通过了这一发展设想，政府随之聘请 RTKL 设计事务所作出初步规划，并用图纸的形式把这种设想表达出来。通过政府的协调和努力推动，具有丰富房地产开发经验的开发商 Columbus 房地产信托公司决定接手该项目的开发，进行项目启动相关的工作，并继续聘请 RTKL 作为项目的规划师和建筑设计师。此外，市政府还成功游说达拉斯捷运在用地南侧道路对面设置公交中心，为 TOD 的形成奠定了基础。

1993 ～ 1995 年间，开发商、设计师和政府协同合作构思阿迪森环新的区划准则，并进行第一期建设和基础设施的规划设计。项目首先是调查这一区域的潜在需求和城市住宅出租率，保证项目的公共投资是建立在合理的市场需求评估基础之上。随后开发商和规划师举办了众多的展示活动和公共工作坊，向当地官员和社区民众普及、宣传规划理念，并与各相关利益群体就该项目如何开发问题达成了普遍共识。接着，开发商和规划师建立起规划发展框架，提出一系列能被广泛接受的设计开发准则，并最终编入该地区的区划条例，对建筑密度、建筑覆盖率、城市形态、建筑外墙材料以及街道景观等一系列问题作出了规定。1995 年，市议会通过了“城市中心区区划分类”，将该项目用地重新划分为“城市中心区”用地。开发商聘请顾问进行成本收益分析，比较不同开发方案产生的影响，并就城市政府运营和资金预算问题提出分期实施的策略，概要评估潜在融资和资金缺口，使项目的开发更具可行性。

区划获批后，开发商与阿迪森市政府达成了实行公共设施改善基金策略的协议：市政府创立基金以建设高质量的公共环境，并从基金中提取资金分阶段进行公共事业的建设，包括标志性雕塑的设计建造以及公园、街道景观的改善和建设等；协议同时要求开发商相应地满足特定条件。协议的主要内容包括：

（1）市政府提供 900 万美元作为项目的种子基金；

（2）400 万美元作为基础设施改善的初始资金，开发商负责在 4 ～ 5 年内建设至少 1500 套住宅单元；

（3）500 万美元用于持续的住宅建设，使住宅单元增至 3000 套；

（4）另外提供 100 万美元作为阿迪森环中心标志物的设计竞赛资金。

基于阿迪森市政府投资的带动，吸引了大量开发商的私人投资，至今阿迪森环项目的私人投资资金已达到 3.2 亿美元。

1996 年阿迪森环开始建设，Columbus 房地产信托公司开发了 460 套多户住宅单元和 1 万 ft^2 的商业零售建筑。该用地后来又陆续由其他开发商进行开发。1997 ～ 1999 年间，Post 房地产公司开发了 874 套多户住宅单元和 6 套联体住宅，建设了 34 万 ft^2 的办公空间及 6.5 万 ft^2 的零售商业空间。同期，Aventura 共管房地产公司开发了 86 套共管式住宅。2000 年，一座名为“蓝图”的公共雕塑在“阿迪森环”建成，“蓝图”为该项目树立了醒目的标志。此时，阿迪森环公共环境和基础设施建设已卓有成效，步行系统得到了完善，汽车服务也有所提升——在一栋 6 层办公建筑附近建成一座设 1400 个车位的车库。从 2005 年至 2008 年，CityHomes 共管房地产公司、Fairfield 住宅公司、SNK 房地产公司以及 David Weekly/Savannah Homes 公司等开发商总共建设了 273 套共管式住宅、48 套联体住宅和 686 套多户住宅单元，此外 OPUS 西部集团开发了 21 万 ft^2 的办公建筑（表 5-3）。

1996 ～ 2008 年阿迪森环项目开发量总计　　表 5-3

类型	数量
多户住宅单元	2020 套
联体住宅和共管式住宅	413 套
办公	550000ft^2
零售商业	75000ft^2

资料来源：作者翻译自 http://www.rtkl.com/.

阿迪森环预计在 2010 年完成建设，届时用地内将共有 3000 ～ 4000 套住宅单元，并有大量的办公、商业、休憩等设施。

2）规划和建筑设计

阿迪森环的规划设计具有许多鲜明的特点，其中最为突出的是土地的高密度混合使用。规划将用地分为两个主要功能区：

一个区域以居住为主，包含约4000套出租或住户自有的住宅单元，住宅密度达到50个住宅单元/英亩。同时，该区限制发展大规模商业，但鼓励将建筑的首层作为商业用途，这些空间在项目早期作为居住空间，但随着项目的发展建设，当商业具有足够的居住功能支撑时，这些空间又可以转换为商业空间使用（图5-42）。

另一个区域靠近达拉斯收费公路，它被规划为混合使用区，包括400万ft^2的商业和办公空间。由于靠近公路，这一区域的视觉可达性很强，用地范围内的建筑层数一般在4～10层之间。目前30%的用地为开放空间和公园，项目建设完成后，办公、零售与居住的土地利用比例应为3.5：1：5.5。阿迪森环的土地利用规划图的表达重点在于居住功能（图5-43）。然而需要注意的是，规划要求居住建筑的临街面应有商业，但由于该图绘制上的限制，未能体现出这样的混合使用，所以居住功能所占比例显得较大，而商业功能未能完全得到体现。事实上，除了用地边缘靠近收费公路部分的少量商业空间外，商

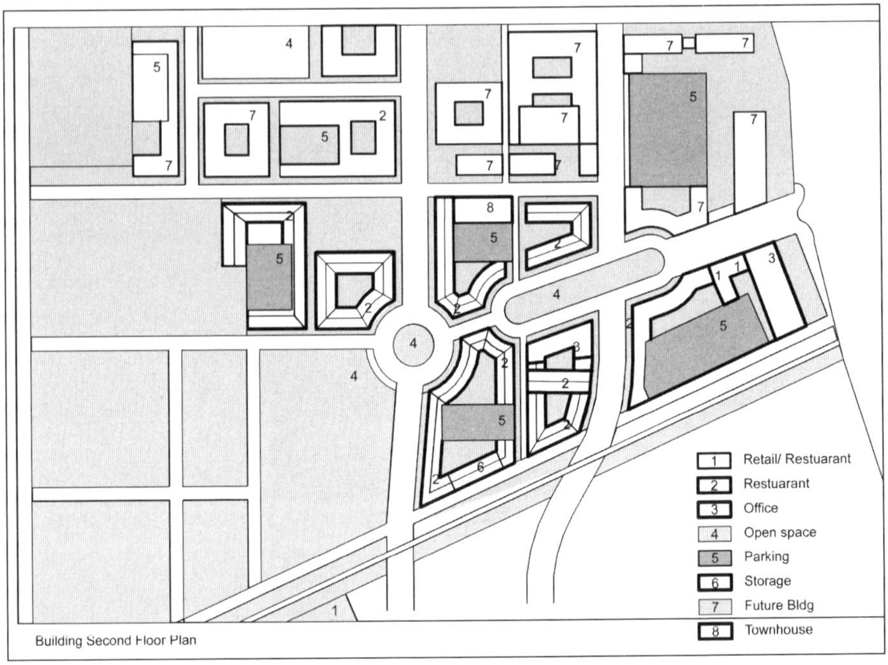

图5-42 阿迪森环规划平面与土地利用

业功能的统计还需要考虑这些临街面的建筑首层空间。

阿迪森环规划构建了层次分明的开放空间系统和街巷网络。开放空间系统包含城市公园、散步道和内部院落等，供市民和游人散步休憩并举办各类城市活动。街巷网络主要分为四个层次：第一层次是“庆典街”或称散步道，它是四车道的林荫街道；第二层次是两车道的居住区街道，两侧均有平行式停车带和宽阔的林荫人行道；第三层次是非常狭窄、没有路牙和排水沟的巷道；最后一个层次是穿越建筑的开放式走道。这些开放空间和街巷网络形成了社区生活的核心。

在拥有高质量开放空间和街巷体系的基础上，阿迪森环规划的另一个重要特点是鼓励步行和街道生活。在城市空间形态设计上，建筑边界紧贴街道，而不像一般的郊区居住区规划，建筑会后退一定距离，如此一来建筑对公共空间形成了明确的界定，可以说建筑是围绕着公共开放空间布置的，这种形态有利于场所感的形成，易于催发公共空间的活力。完整的步行网络规划以及完善的街道设计，如设有减速设施的狭窄车道和宽达 12 ～ 14ft 的人行道，还有街道家具的细致设计等，共同构成了富于人性化的步行环境。由于规划鼓励临街建筑的首层空间作为商业用途，使得街道上总是充满了各类日常活动。同时，规划使住宅和公共建筑面对公共街道，加上功能分层和混合使用，形成了自我监管性的环境设计，使公共空间具有安全感。实际上人们往来阿迪森环地区主要依靠自驾车，他们到达这里后可以将车泊在停车场或街边停车带，然后步行到

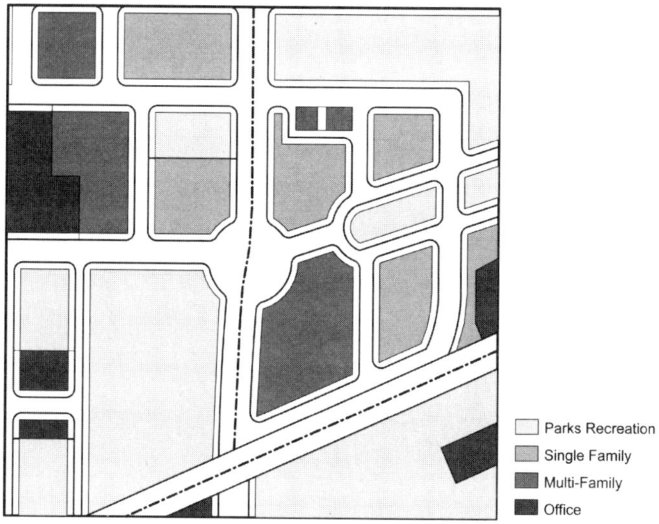

图 5-43　2000 年阿迪森环地区土地利用

各个目的地。因此,阿迪森环最后的设计成果就是营造了一个步行可达的社区,并充分考虑到了安全、尺度、审美、绿地等方面的问题。

阿迪森环规划还注重细节设计和开发控制,对开发密度、建筑覆盖率、城市空间形态、建筑材料以及街道景观等都进行了控制和设计。例如,规划要求用地内 90% 的建筑立面应为砖砌,使之看起来像大学校园一样文雅纯净。街道设计注重细部,多数街道种植有遮荫树木,街道家具如座椅、喷泉、水池、灯光、雕塑等都经过精心设计。每一个院落设计不尽相同,但都有一些基本的元素,如喷泉、藤蔓、树木等,此外还设有一些室内或户外的活动场所。

社区参与也是阿迪森环项目设计过程中考虑的重点,它不仅包括处理公共需求和关注点的特殊环节,而且所有环节都考虑了公共需求和利益以及公共基金的合理使用。

虽然上述这些因素都是 TOD 开发的典型要素,但对于 TOD 的首要元素——公共交通来说,阿迪森环项目却并未对其作出特别的处理。这很可能是由于该项目的启动是先于社会对 TOD 和新城市主义兴趣的重燃,因此并未特别关注公共交通问题,也未对提高公交便利性作出任何承诺。尽管如此,市政府官员在公交中心选址问题上显然有着先见之明,他们预见了未来轻轨开通的可能性及其可能对阿迪森市带来的影响,选择将公交中心设置在现有轨道交通沿线、靠近阿迪森环地区附近。阿迪森环作为市镇中心区,也是区域内重要的活动中心,各类节日和活动会吸引大量人流。公交中心建成后,人们可以乘坐公交来此进行购物、餐饮、娱乐等活动,也方便了当地居民的出行。

3)成效

一个项目的成效可以通过很多方法来测定,从 TOD 的角度来看,其中一个测定方法就是调查该地区公共交通的搭乘人次,并计算自公交中心建成以来该数字是否增加。

达拉斯捷运提供的数据反映了系统内所有汽车线路工作日的平均乘客数量,包括目前经过阿迪森公交中心的线路。快线往往与通勤出行有关,服务于阿迪森公交中心的 205 快线也不例外。它开往达拉斯市中心,早晚出行高峰时段仅提供有限的站点,发车间隔在 15 ~ 45min 之间。图 5-44 以 205 线的搭乘情况为例说明众多使用公共汽车通勤的阿迪森乘客的出行情况,体现了 205 线工作日平均乘客数量的变化趋势。

1997 ~ 1999 年间 205 线的搭乘数据缺失是由于项目建设而导致公交中心服务中断。1990 ~ 2005 年期间,1996 年的乘客数量最少,四个季度的数

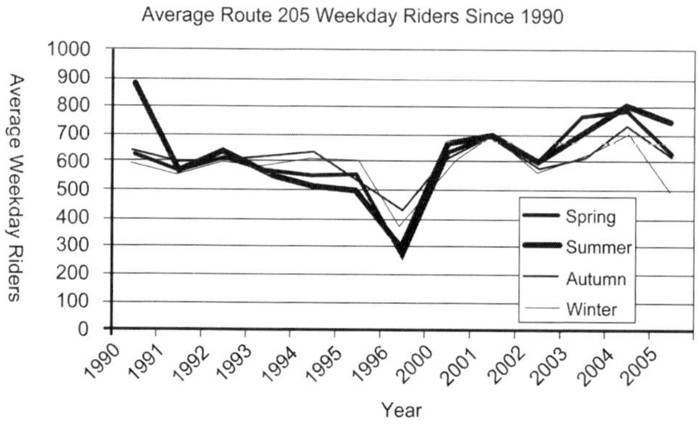

图 5-44　达拉斯每年各季节平均工作日乘客量（1997 ~ 1999 年无数据）

（资料来源：达拉斯捷运（Dallas Area Rapid Transit））

据均达到同期最低值，其原因可能是由于项目建设。从图中可以观察到，从 1990 ～ 2005 年的数据数值有所增加，唯独在 2005 年乘客数量有所下降。与 1996 年前相比，1997 年后的建设阶段数据数值也有所上升，工作日平均乘客数量从 598 上升至 661。表明了项目对公交搭乘应该有一定程度的积极影响。但从整个统计结果来看，基于这种简单的分析，建设前后工作日平均乘客数量并没有显著的区别。

对于阿迪森环公交乘客统计数量增加并不显著的一种解释是，过去 20 年内人口的增加相对较少。由于阿迪森是个小规模的城市，过去 20 年人口仅仅从约 5000 增加到 14000 人。此外，阿迪森环地区居民较为富裕，致使他们更倾向于使用私家车通勤。因此，即使公共交通系统得到很大改善，公交搭乘量也不会有显著的增加，除非未来的轻轨线路能吸引更多的通勤者。

总的来说，阿迪森环的开发取得了巨大的成功，开发前土地价格为 2370 万美元，而 2005 年房地产价值达 2 亿 1320 万美元，投资回报比率约为 20 ∶ 1。阿迪森环每年可贡献房地产税 100 万美元，并为该地区提供 10000 个就业岗位。

此外，由于这里设施齐备、生活方便，阿迪森环吸引了许多 30 ～ 55 岁的双收入夫妇、无子女的专业人士以及独居老人来此居住生活。2003 年，一间较小的一居室住宅租金可以达到该市居民收入中值的 80%，工作室的月租金约为 1000 美元，三居室公寓住宅的月租金为 2600 美元，而 loft 公寓住宅的月租金可达 4600 美元，1400ft^2 的联体住宅的月租金则在 1440 美元左右。

阿迪森环在创造高品质的混合使用开发上取得了成功，开发商从项目开发中获得了巨大的利润，而城市收获的回报则是拥有了一个舒适、步行可达、富有魅力的新城市中心。

4.成功经验与教训

阿迪森环项目并不是一个有普遍代表性的TOD案例，然而它已成为成功实践TOD开发原则的著名范例。阿迪森环成功的一个重要因素是所有相关组织都为项目的运转投入了相应的时间、精力和资金。通过政府、开发商、土地所有者、设计师和社区居民等相关利益群体长期不懈的沟通与合作，开发才得以在建立了广泛共识的基础上顺利进行。其中，市政府强大的财力支持在阿迪森环项目的成功中起到了关键的作用，政府出资建设高品质的公共基础设施为开发奠定了坚实的基础。一般来说，TOD项目资金并不宽松，与阿迪森的条件不尽相同，但阿迪森案例表明有很多不同的有创意的方法筹集资金，建设高品质的社区场所。

此外，阿迪森环规划遵循了很多重要的城市设计原则，如对混合使用和高密度使用开发的坚持、强调人性化尺度、注重步行可达的街巷网络和开放空间系统设计、重视环境细节设计等，都是规划和开发成功的秘诀。

阿迪森环相关部门表示，即使公交乘客量没有因TOD发展而大幅增加，在正确的规划方法指引以及相关群体坚持不懈的努力合作下，开发项目仍然可以成功创造一个舒适的、步行可达的场所，并最终完成TOD理念的成功实践。

参考文献

[1] Paul Nelson Shaw，RTKL Associates，Inc.Dallas，TX. TODs，TIFs，Reurbanization and Renewal[Z]. Land Use Planning Law Conference，2005.

[2] Addison Circle[EB/OL].http://www.cailaw.org/ilgs/.

[3] Michael Morris，P.E.，North Central Texas Council of Governments Transportation Department. Metropolitan Transportation Planning: Funding and Land Use Issues[J].National League of Cities，2007(7).

[4] Anthony Flint.The Density Dilemma: Appeal and Obstacles for Compact and Transit-Oriented Development[Z].2005.

[5] Hank Dittmar，Gloria Ohland，ed.The New Transit Town: Best Practices in Transit-Oriented Development [M]. Island Press，2003.

[6] Brinck T. Density by Design: How to Do Density Well: Addison Circle[Z]. Presented at The Congress for the New Urbanism，2000.

[7] Burwell D.，H. Dittmar. The Transit Renaissance，TOD and TEA3[J]. Progress，2002，12(2).

[8] California Polytechnic State University，SLO(CPSU-SLO). Smart Growth: Principles and Practices，Selected Case Studies，Community and Regional Planning Department，CRP 410-01 Community Planning Lab，San Luis Obispo，CA，2002[EB/OL]. http://planning.calpoly.edu/projects/smartgrowth/case_studies.pdf，Accessed November，2005.
[9] City-Data.com. Addison，Texas[EB/OL]，[2005-11]. http://www.city-data.com/city/Addison-Texas.html.
[10] Dallas Area Rapid Transit(DART). DART North Crosstown Corridor Frequently Asked Questions Regarding the Cotton Belt Railroad Line and the DART 2030 Transit System Plan Update[EB/OL]，[2005-11]. http://www.dart.org/DARTNorthCrosstown FAQ29Aug05.pdf.
[11] Mid-America Regional Council(MARC). First Suburbs Handbook: Case Studies and Development Tools for First-Tier Suburbs，Mid-America Regional Council，January 2004 [Z].
[12] Post Properties. Rents[EB/OL]，[2005-11]. http://www.postproperties.com/post+living.nsf/(WebRent).
[13] Town of Addison. Online Map Service[EB/OL]，[2005-11]. http://maps.ci.addison.tx.us.
[14] Transit Cooperative Research Program(TCRP). Transit-Oriented Development in the United States: Experiences，Challenges，and Prospects，TCRP Report 102，Transportation Research Board，Washington D.C.，2004[Z].
[15] RTKL. Case Study: Addison Circle[EB/OL]，[2005-11]. http://www.rtkl.com/cs_addison_circle.asp.

5.10 郊区市镇中心 1：科罗拉多州丹佛市案例分析

滨河公共区（Riverfront Commons）位于科罗拉多州丹佛市，原是一块废弃的铁路站场。随着山区人口的变化、丹佛市的扩张以及市郊交通量的增长，丹佛市政府决定投入大量资金发展公共交通，为这块棕地（brown field）带来了新的生机。最终它被成功改造为以综合交通中心联合车站（Union Station）为核心的混合使用城市区域，成为以公交为导向的棕地重建典范。

1. 城市发展背景

丹佛市是科罗拉多州的首府，也是州内最大的城市，它与周边城镇共同构成丹佛—奥罗拉都市区。丹佛市中心区位于南Platte河东岸紧邻洛矶山脉的平原上，总面积401.3km^2。据美国统计局（United States Census Bureau）统计，2008年丹佛市人口为59.87万人，整个都市区12个城镇的总人口约为305万人，预计2025年将增至339万。

丹佛市建立于1858年11月，因当地金矿的发现而兴起。1867年科罗拉多州首府从戈尔登迁至丹佛，那时它还只是个小镇。1870年，随着洛矶山山脉地区矿业和农牧业的不断发展，丹佛市第一条铁路通车，促使丹佛与全美其他重要城市和港口的联系更为紧密，城市发展也突飞猛进。丹佛市的工业产业以食品工业为主，新兴的航空航天、机械、电子、冶金等工业产业也占有重要位置，特别是1975年石油和天然气的发现，使石油成为丹佛的支柱产业之一。众多重要公司的进驻、商业和金融业的繁荣使丹佛市中央商务区成为当今美国第十大商务区。

丹佛是美国西部的交通枢纽城市，多条铁路干线和高速公路在此交会。城东北有丹佛国际机场，它在世界最繁忙的机场排名中位列第十。

2. 公共交通系统

在丹佛一奥罗拉（Denver-Aurora）地区，成立于1969年的区域交通局（Regional Transportation District，RTD）是负责公共交通系统运营的主要行政部门。RTD目前主要运营公共汽车和轻轨系统，服务覆盖该区域的城镇面积达2337mi^2。2007和2008年度RTD公交系统搭乘人次超过100万，而目前轻轨系统每天运送乘客约3.5万。

RTD的轻轨系统目前共有5条线路（图5-45），配备有30多个车站（图5-46），基本涵盖了区域内各个重要的地区，各车站共配套有约20个换乘停车场。轻轨线路分为C线（橙线）、D线（绿线）、E线（紫线）、F线（红线）和H线（蓝线），这些线路在许多路段都是并行的，由此形成了几大公交走廊：中央走廊（Central Corridor）、中央Platte河谷走廊（Central Platte Valley Corridor）、西南走廊（Southwest Corridor）和东南走廊（Southeast Corridor）。中央走廊是从30th/Downing站到I-25/Broadway站的一段线路，线路长8.5km，从10th/Osage站到I-25/Broadway站5条线路并行。中央Platte河谷走廊是长度为2.9km的支线，从联合车站开往10th/Osage站，C线和E线在此段并行。西南走廊长13.9km，起始于I-25/Broadway枢纽站，通往李

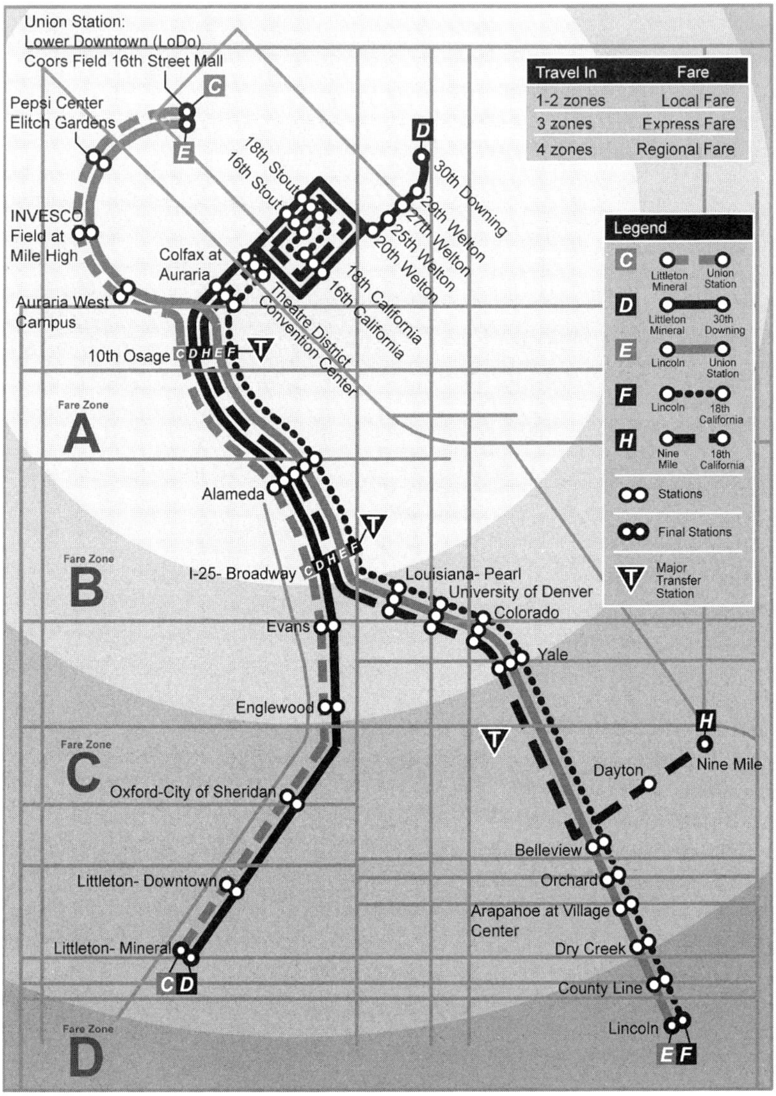

图 5–45 丹佛市轻轨系统图

（资料来源：http://www.rtd-denver.com）

特尔顿（Littleton）的Mineral大街站，C线和D线在此段并行。这条公交走廊很受欢迎，以至于站点的换乘停车场常常面临车位不足的状况。东南走廊是最晚建成的，于2006年11月开通，线路长30.6km，E线、F线和H线从I-25/Broadway站到Southmoor站并行，随后H线开往东侧的奥罗拉的Nine Mile终点站，而E线和F线通向南侧的林肯大街终点站。

RTD 公共汽车系统针对各类乘客及其乘车需求提供了多种线路，有地区线、限制线、快线和区域线路可供选择。此外，还有一些特别的线路，如通往机场的 skyRide 专线，以及去往棒球场 Coors Field 的 RockiesRide 专线。公共汽车系统共有超过 10000 个公交车站，配备约 80 个换乘停车场（图 5-46）。公共汽车系统与其他 RTD 公共交通服务相互连接，换乘便捷，并且所有的公共汽车都提供无障碍登车设施，并配备自行车架，满足残障人士以及骑自行车出行的人群的需要。

图 5-46 丹佛市 RTD 轻轨车站

此外，RTD 还通过市中心快线（downtown express）工程，在丹佛市区北面建设了高效能行车线（HOV lane），公共汽车可以通过通道直接进入联合车站（Union Station）或市场街车站（Market Street Station），区域线路和快线也可以沿 US-36 路进入丹佛市区，而无须经受交通拥挤。这一工程于 1994 年 9 月建成，并在 2006 年进行了改造，将其中一条车道改为收费车道，高效能行车线（HOV lane）变为高效能收费行车线（HOT lane），允许自驾车付费使用该车道。这一改造提高了高效能车道的利用率。

为了提升区域内公众的生活品质，提高公交出行在交通方式选择中所占的比重，让更多人摆脱交通拥挤的困扰，丹佛市政府决定斥资 47 亿美元实施新的 FasTracks 交通系统规划（图 5-47）。这是一个由区域交通局编制的 12 年的综合交通规划，将新建 122mi 的轻轨和通勤铁路以及 18mi 的快速巴士（Bus rapid transit，BRT）线路，在公交换乘停车场新增 21213 个停车位，加强整个区域内的公共汽车服务和快速连接。整个规划包括打造 6 个新的公交走廊以及 3 个现有公交走廊的延伸线建设。在人口密度较低的北部地区将兴建两条通勤铁路，西部地区将建设一条轻轨和一条通勤铁路，此外，另一条通勤铁路将联系丹佛市区与丹佛国际机场。而联合车站将被重建为轨道交通网络的枢纽，其周边地区也将规划为公交导向型开发地区。预期 FasTracks 规划的整个工程将于 2017 年完成，其建设资金则由联邦政府以及 2004 年通过的一项 0.4% 的附加营业税来支付。

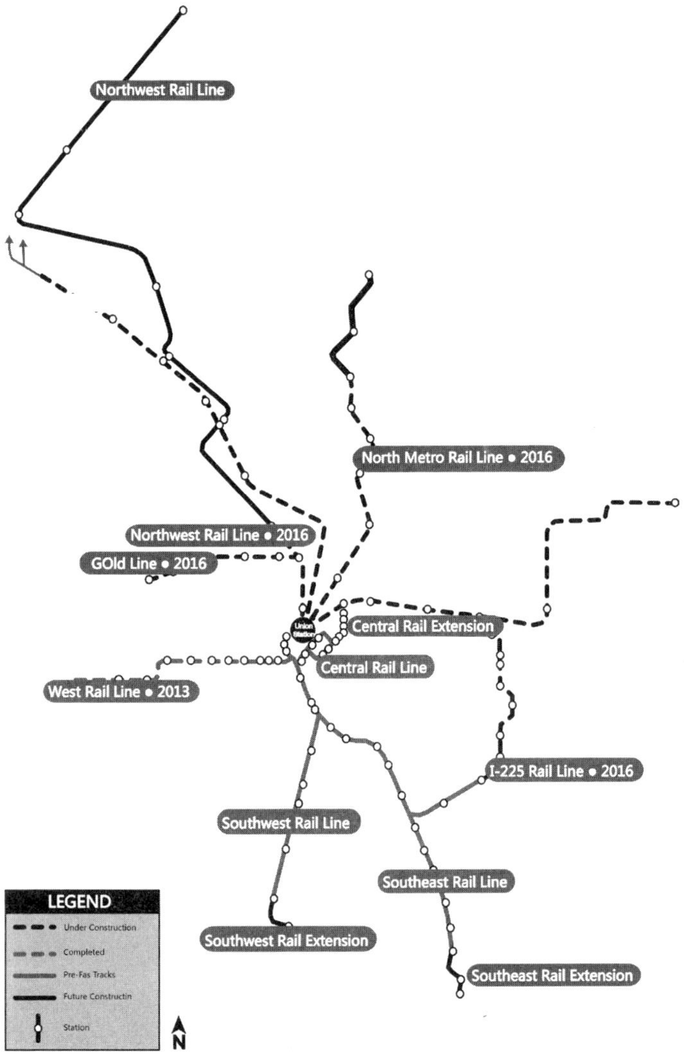

图 5-47　丹佛市 FasTracks 规划图

（资料来源：作者改绘自 http://www.rtd-denver.com）

3. 公交导向型发展

1）开发背景

1870 年，丹佛市第一条铁路建成，当时的铁路线沿着 Platte 河建造，目的是便于水运与铁路的衔接。1890 年以前，众多铁路公司买下铁路沿线的大片土地作为铁路站场，每日可容纳的火车数达到 80 辆。到 1950 年代，市内中心商务区发展起来，城市建设的重点从火车站及其邻近铁路站场周边地区转移到两英里外的新城市中心，整个铁路区开始失去往日生机，日久失修，逐渐荒废。1980 年代，太平洋联合铁路公司（Union Pacific）结束了除两条线路之外的所有驶经科罗拉多前山区（Front Range）的铁路干线，在距离丹佛市区北部边缘1mi 处留下了一个65英亩的废弃的铁路站场，这个站场成为社区的"眼中钉"。不久之后，丹佛市又兴起了城市更新（urban renewal）热潮，废弃铁路站场附近的许多建筑物拆除后被改造为停车场，铁路站场周边地区变得孤立而不安全，铁路站场成为一块废弃的"棕地"（brown field），似乎没有任何开发前景。

直到 1980 年代后期，市政府才意识到这块土地被遗弃的问题，并编制了投资再开发该地块的规划。1986 年，丹佛市区总体规划第一次确认了 Platte 河与铁路站场周边区域重建的必要性。市政府与美国陆军工程兵团（Army Corp of Engineers）协作，在 Platte 河附近漫滩上修筑了水坝，使得投资重建的时机更加成熟了。

滨河公共区的规划设计开始于 1990 年代。市政府开始加大投资，通过环境改善措施，清理了老旧的高架桥和废弃的铁轨。虽然场地得到了清理，但仍然缺乏基础设施，如市政设施和街道等。随后，来自华盛顿贝灵汉（Bellingham, Washington）的 Trillium 开发公司从太平洋联合铁路公司和伯灵顿北方铁路公司（Burlington Northern）手中买下了这块土地准备进行重建。

1995 年该用地的公交导向型开发（TOD）总体规划完成，并获得市政府审批，该地块具备了成熟的开发条件。规划的制定得益于社区、市政府、当地专家和组织、当地规划师、工程师和建筑设计师的共同努力。从 1986 年到 1995 年，规划过程主要是由丹佛市政府、Piton 基金会、Gates Family 基金会和 Adolph Coors 基金会赞助。

1995 年，Eliches 公司与 Trillium 公司联合形成合作企业。1999 年，East West Partners 公司买下原 Trillium 公司所有的第一期产业，开始将 1995 年的总体规划由平面图纸变为现实。

2）规划设计

滨河公共区规划是一个达到一定城市密度的混合使用开发规划（图 5-48），容积率为 2.6。规划利用现有铁道线和已废弃的联合车站作为综合交通设施，并组织新的公园系统，将该地块与 Platte 河连接起来，其街道网络设计强调与现有邻里街区和大众娱乐活动设施的联系。

根据规划，65 英亩的地块上将新建 3500 套住宅单元，其中约 350 套将被

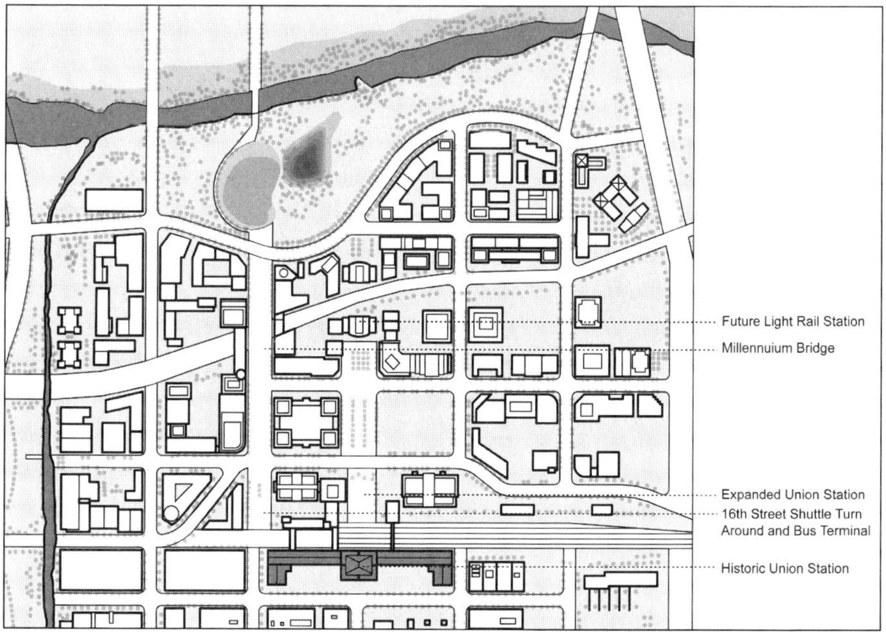

图 5-48　丹佛市滨河公共区规划总平面
（资料来源：作者改绘自丹佛政府网站图片）

严格限制作为经济型住宅，此外还将建造总面积达 400 万 ft^2 的商务和办公空间、1500 个旅馆房间、50 万 ft^2 的零售空间、学校和邮局各一所，另有 25 英亩土地用于公园和开放空间。

总体规划过程注重对更大范围内城市整体文脉的理解，特别是现有和未来的交通体系。在区域交通局的规划中，这一地区设有轻轨站点，因为它邻近联合车站。联合车站不但是丹佛市的旧火车站、区域交通局所设的公共汽车交通中心，而且是穿梭于 16 街商业街与市区之间的巴士终点站。它将成为用地内核心性的综合交通中心。规划还着重考虑了该地块与城市其他重要部分的联系，例如与街道网格、铁路通廊、Platte 河和地块周边邻里社区的联系，除了实质上的联系，还包含有历史性和象征性的联系。与这些要素的联系成为该用地 TOD 开发成功的关键。例如，规划要求建设一个占地 25 英亩的公园，将社区与 Platte 河联系起来，并通过建造千禧桥使 16 街商业街得以延伸至穿越轨道线，如今这座桥已经成为该区重建的标志（图 5-49）。

为了解决设计不确定性的问题，规划还制定了一系列导则来引导新区的设计与开发，例如引导用地规划以步行导向为主、保证视觉上的连贯性和美感、注重建设在经济上的可行性等，对于贯彻社区和政府的发展设想十分重要。

图 5-49 丹佛市滨河公共区一期工程局部

3）成效

私人开发及其所带来的土地升值大大超过了预期。Trillium 公司 1991 年以每平方英尺 1.5 美元的价格买下该地，到他们与 Eliches 公司合资时，土地价格已升至每平方英尺 2 美元。到市政府正式通过规划时，土地价格又升至每平方英尺 5 美元。1999 年，当 East West Partners 公司成为一期发展商时，土地价格已飙升至原来的 10 倍，即每平方英尺 50 美元。而随着接下来的几期开发，目前该区土地价格已经涨到每平方英尺 150 美元（图 5-50）。换言之，

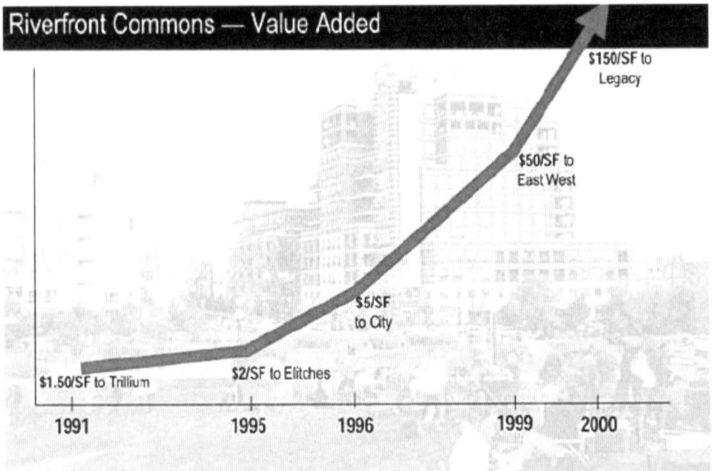

图 5-50 丹佛市随着滨河公共区的规划建设而增加的经济效益
（资料来源：丹佛政府网站）

过去 17 年来该区土地价格足足翻了 100 倍，为该地块的建设打下了良好的税收基础，并使该地块成为城市的一个税收增额融资（TIF）区，市政府可以利用税收增额建设该区的公共环境和设施（包括 25 英亩的公园、城市基础设施和环境改善）。值得一提的是，Burlington Northern Santa Fe 铁路公司仍然维持了驶经该地区的铁路货物运输。

4. 成功经验

滨河公共区的成功可以归功于规划和设计中的许多重要决策：

（1）通过市民、市政府、区域交通局和开发商的共同参与，制定得到各方支持的合理规划；

（2）建立地块与城市其他重要部分的联系，如与 Platte 河、联合车站及其他公共交通线路以及丹佛市中心的联系；

（3）注重不同住宅类型之间以及住宅与其他功能用地之间的适宜比例；

（4）以引人入胜的城市设计、景观设计与建筑设计创造出理想的住区；

（5）提供多样的交通方式以供选择。

滨河公共区已经成为以公共交通为导向的棕地重建典范，同时它也激发了丹佛市区 Platte 河沿岸许多新的重建项目。全美许多地区的重建规划都以它为样本。

参考文献

[1] http://www.rtd-denver.com/.

[2] http://en.wikipedia.org/.

[3] Dominick Peter. Denver's Residential Peaks and Valleys[J]. Urban Land Magazine，2006.

[4] Johnson Todd. Rail Yard Infill[J]. Urban Land Magazine，2003.

[5] Kemper Cynthia. Birthing a City within a City[J]. Urban Land Magazine，2006.

[6] Workshop Design. Toward Legacy[M]. Washington DC: Grayson Publishing，2007.

[7] City of Denver，Colorado. Downtown Denver Plan[Z]，1986.

[8] Leccese Michael，Kathleen McCormick. Refilling Colorado[J]. Planning Magazine，2003.

5.11 郊区市镇中心2：英格伍德城市中心案例分析

英格伍德（Englewood）城市中心（City Center）位于科罗拉多州丹佛大都市区南部郊区的英格伍德市，城市中心改造项目在这里设有一个轻轨车站。该项目使一座原已衰败的购物中心重新焕发了生机，是一个独特的郊区公交导向型开发（TOD）项目，也是美国国内最早的“灰地（greyfield）”复兴实例之一。

1. 城市发展背景和公共交通系统

英格伍德位于南Platte河谷，弗兰特山脉（Front Range）东侧，丹佛市中心南侧（图5-51）。作为丹佛市内圈层的郊区城镇，英格伍德市在19世纪中叶的掘金潮中与丹佛市共同发展起来。虽然发展较早，但英格伍德直到1903年才正式设市。同美国的其他城市一样，英格伍德市也经历了经济大萧条和二战后的房地产业繁荣时期。如今，这座面积17.1km^{2}的城市已经完全被丹佛市其他郊区城镇所包围，据2007年统计，其总人口为32532人。

丹佛市交通局所管理的轻轨C线在英格伍德设有一个站点，该线路从丹佛市区开往南部郊区的李特尔顿（Littleton）。丹佛市交通局也在该地区运营部分公共汽车线路。

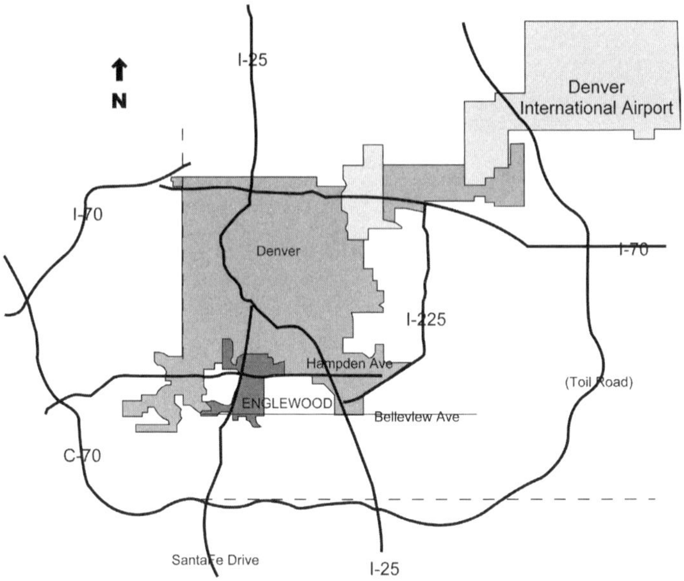

图5-51 英格伍德区位图
（资料来源：www.ci.englewood.co.us）

2. 公交导向型发展

1）开发背景

该地块原为一个购物中心。1968 年，Cinderella 城市购物中心开业，它位于一个城市公园的旧址上，占地 65 英亩，建筑面积 130 万 ft^2，共有三层，包括 270 个商铺、饭店和其他服务设施，当时它是美国西部最大的封闭式购物中心。截至 1974 年，该购物中心的税收占英格伍德市营业税的 52%。但它的成功并不长久。随着周边郊区出现更大、更现代的购物中心，它不可避免地走向了衰落。1994 年，该购物中心的税收仅占英格伍德市营业税的 2.6%，许多租户都疯狂地逃离了这里。1999 年，购物中心永久性关闭，在英格伍德市中心留下了一块巨大的虚空之地。

1997 年，市政府认识到该购物中心的衰败已无法挽回，便决定在这里试验新城市主义和 TOD 的理念。市政府与一个由地方开发商、景观设计师、银行家、房地产主管、规划师以及律师组成的私人非营利组织进行合作，共同讨论地块重建开发的策略，并帮助公众了解 TOD 开发的优点。通过这次合作，地块的重建规划确立了三个中心内容，即最大化零售商业功能、建设一个拥有公共建筑的新城中心以及营造混合使用的地块。

1999 年，Cinderella 城市购物中心被拆除，市政府对此进行监管并提供资金，从而为英格伍德第一个 TOD 项目的建设奠定了基础。2000 年，随着丹佛市交通局轻轨车站与周边零售商店的开业，英格伍德城市中心正式开始建设。在短短的几年内，该地的居住、商业功能便有所增长。时至今日，55 英亩的用地已经全部建设完工。

英格伍德市政府在本次重建中扮演了领导者的角色，它联合了众多公共机构和私营组织来协助该项目的建设。参与建设的市政府部门包括社区开发部门、公园与娱乐设施部门、金融部门、公共工程部门与政府法律部门。丹佛市交通局也从规划和融资层面参与了城市中心的开发。通过丹佛市交通局的协调，一条轻轨线路得以延伸至英格伍德，为该地块的开发提供了便利的交通条件，同时它也为基础设施建设提供资金。为更好地监管重建工作，保护市民的利益，市政委员会创立了英格伍德环境基金会，并通过该基金会聚集了一批公司和机构参与开发，包括最初制定项目总体规划的 Calthorpe 事务所、进行项目最终规划和设计的 David Owen Tryba 建筑设计事务所、负责零售商业开发的 Miller Weingarten 房地产公司以及负责住宅建设和管理的 Trammel Crowe 住宅建设公司。

从融资角度看，英格伍德市政府也起到了关键的作用。与其他依赖公共资金的TOD项目不同，英格伍德城市中心项目建设并未使用税收增额的融资方法，也没有使用任何税收增额作为建设资金，而是采用由市政府发行参与证明书（Certificates of Participation，COP）的方式作为主要融资手段。COP作为债券替代品，即由政府和参与投资者签订租借协议，政府用后续的租金和物业税来偿还债务。英格伍德市政府发行的COP共计2200万美元，这些资金加上共同基金，被用于广场、街道、公园、基础设施的建设以及场地建设的预备工作。COP资金也被用于将原Foley's百货公司所在建筑改造为英格伍德市民中心。市政府是建设的主要投资者，其他公共机构和私营组织也参与了投资，各项资金的来源、用途和数量详见表5-4。

英格伍德城市中心建设初始公共和私人投资 表5-4

资金来源	用途	费用（美元）
英格伍德市政府	基础设施与场地预备	18500000
区域交通局	公共交通改善	5700000
Miller-Weingarten	零售业房地产的长期租借	4200000
Trammell Crow 住宅	房地产购买——居住	5000000
沃尔玛	房地产购买——零售	3400000
总计：36800000 美元		

资料来源：City of Englewood.

为了吸引投资者，英格伍德市政府改变了城市购物中心的区划分类和停车要求。过去Cinderella城市购物中心被区划定为B-1用地，主要是商业功能。此次市政府将它的用地类型变为混合使用商业类别下的公交车站用地(Transit Station Area，TSA)，从而使地块的开发使用更具灵活性，涵盖了更加多样化的功能。此外，在用地内禁止独户住宅的建设，并降低了对停车位的要求，总停车位要求从3400个降至2810个，并容许不同功能地块之间共享车位。

2）规划设计

英格伍德城市中心的发展构想是在1997年市政府与各利益相关群体的合作中形成的，他们提出了一系列发展目标，包括：

（1）复兴城市内圈的郊区城镇；

（2）将原购物中心道路网置换为由城市街道、公园和步行道组成的道路网络；

（3）将项目开发与轻轨车站、公交换乘点等交通设施相结合；

（4）为公交乘客、购物者和市民提供充足的停车位；

（5）引进大型零售商店；

（6）将城市中心与区域公园以及林荫道系统联系起来；

（7）进行住宅建设。

为达成这些目标，市政府委托 Calthorpe 事务所进行总体规划，对原有的购物中心进行 TOD 开发（图 5-52）。Calthorpe 将建设目标确定为："创造一个富有活力的步行空间，并满足机动车需求"（Calthorpe n.d.）。Calthorpe 完成总体规划后，David Owen Tryba 建筑设计事务所继续进行深入设计，并负责完成尊重地方建筑特色的规划和建筑设计工作。

英格伍德城市中心项目规划的一个重要节点在于从主街进入一个两英亩的公共广场，在这里，一条 110ft 长的钢桁架桥形成了视觉上和空间形式上的入口，使人们得以清晰地辨识从轻轨车站到城市中心的路径（图 5-53 ～图 5-55）。从桥上经过两个对称的梯道可以到达一个圆形的公共广场（图 5-56）。它的一侧是 133000ft^2 的英格伍德市民中心，包括市政府办公室、一座图书馆、市法院以及户外艺术博物馆。市民中心是地块内唯一的原购物中心保留建筑，

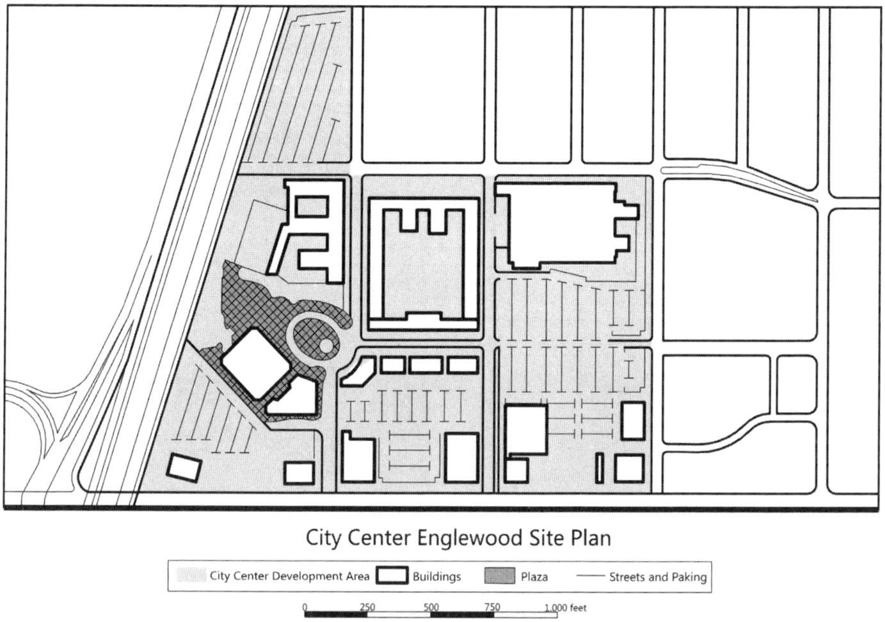

图 5-52　英格伍德城市中心项目规划总平面

（资料来源：作者改绘自 www.ci.englewood.co.us）

原为Foley's百货商店。户外艺术博物馆的雕塑展品众多，为城市中心增添了浓厚的艺术氛围。英格伍德市的这一开发项目综合了市政、文化、零售、办公和居住等多种功能，与其他许多TOD项目不同的是，该规划还包括大型零售商店沃尔玛的入驻（图5-57、图5-58）。用地内各主要功能所占面积如表5-5所示。

图5-53　英格伍德城市中心项目用地一侧的轻轨车站

图5-54　英格伍德城市中心项目从轻轨车站到钢桁架桥

图5-55　英格伍德城市中心项目入口钢桁架桥周边景观

图5-56　英格伍德城市中心项目圆形的公共广场

图5-57　英格伍德城市中心项目外景1

图5-58　英格伍德城市中心项目外景2

英格伍德城市中心分类建筑面积 表 5-5

功能类型	建筑面积（ft^2）	占总建筑面积百分比
市政	133000	14%
零售	311427	32%
餐饮	34005	4%
办公	178595	18%
居住（438 套出租单元）	312069	32%
总计	969096	100%

资料来源：City Center Englewood Project Information.

3）成效

评价一个 TOD 项目是否成功有很多种方法，由于每个项目都有不同的发展目标，衡量成功与否的一个好方法就是看项目是否很好地完成了当初设定的发展目标。例如在规划阶段，各利益相关群体确定了英格伍德城市中心的七个发展目标，并且该项目的开发建设已经成功地实现了所有的目标。

（1）复兴城市内圈层的郊区城镇

Cinderella 城市购物中心的衰落是对英格伍德市金融业和城市形象的重大打击。在鼎盛时期，该购物中心每年贡献的营业税达到 350 万美元，然而 1997 年却仅为 25 万美元。对该用地进行 TOD 混合使用开发，并将其中部分空间用于零售商业后，每年则有望产生 200 万～ 250 万美元的营业税。此外，该用地摇身一变成为新城镇中心，英格伍德市民中心也成为其中的焦点，使城市形象得到了很大的提升。该 TOD 项目的独特性使英格伍德市在与试图吸引新居民的丹佛郊区其他城镇竞争时具备了更大的优势。

（2）将原购物中心的道路网置换为由城市街道、公园和步行道组成的道路网络

英格伍德现有的街道网为城市中心总体规划提供了框架。通过对传统的街道网的设计改造，有效地将用地划分成几个部分，创造了更加舒适的步行环境。

（3）将项目开发与轻轨车站和公交换乘点等交通设施结合起来

110ft 长的钢桁架桥地理位置十分显著，它是由轻轨进入地块的门户。轻轨一侧是可容纳 8 辆公共汽车的港湾，为整个地区提供公共汽车服务。在地块周边 1mi 范围内有 700 名城市中心居民和 12500 名英格伍德市居民，据统计每日有 3500 人次搭乘轻轨，800 人次搭乘公共汽车，表明该项目与公共交通的结合是十分成功的。

（4）为公交乘客、购物者和市民提供充足的停车位

作为新城镇中心的TOD用地，换乘停车与大型零售商店配套停车是规划和设计中需要考虑的重要问题。地块内共设有2810个停车位，其中610个属于换乘停车位，800个是车库停车位，其他则为地面停车位。市政府期望在未来发展中寻求机会利用这些地面停车场对地块进行进一步的开发。

（5）引进大型零售商店

与大部分的TOD规划不同，英格伍德城市中心项目积极引入大型零售商。政府不但成功吸引了沃尔玛进驻，还与他们达成了建设需在尊重原有的街道网格基础上遵守用地建筑设计准则的协议。

（6）将城市中心与区域公园和林荫道系统联系起来

在城市中心规划建设一条10ft宽、与交通道路分开的自行车道，以联系广阔的南Platte河林荫道系统。

（7）进行住宅建设

Trammell Crowe公司是唯一负责开发用地内住宅的发展商。至今为止，用地内已建成438套出租公寓，使原来主要为独户住宅的郊区社区变得更加多样化。

考察TOD项目运行情况的一个常用方法是比较项目开发前后房地产价格的变化。房地产价格的提高会增加当地政府的收入，使公共服务部门可以通过溢价回收措施（value capture technique）抵偿在公共交通方面的投资。但现在判断英格伍德城市中心项目对房地产价格的影响还为时过早。市政府官员认为，待发展得更为成熟时，该地块的房地产价格将会有一个较显著的增长。

3. 成功经验

英格伍德城市中心TOD项目的成功表明：

（1）郊区城镇也有对混合功能TOD项目的需求。

（2）衰败的购物中心可以被有效地更新为成功的TOD社区，英格伍德城市中心项目为面临同样问题的其他郊区社区提供了一种模式。

（3）公共部门对TOD用地的发展是十分重要的，例如在英格伍德城市中心项目中，市政府召集规划师和开发商共同为实现地块的发展设想而努力。

（4）应当鼓励相关利益群体参与规划全过程，使每个群体都参与制订地块的发展目标，他们的积极参与可减少项目建设中的阻力。

（5）TOD项目并非只能通过税收增额融资或提高税率的方法筹集资金，发行参与证明书的筹资方法在英格伍德获得了成功，并可以广泛推广。

（6）大型零售商店可以进驻TOD用地，英格伍德市政府成功吸引沃尔玛进驻该地块，同时与他们达成遵守地块建筑设计准则的协议。

英格伍德城市中心是美国国内少有的由政府和开发商合作将衰败的购物中心置换为混合功能TOD地区的实例。它不仅复兴了一个已衰败的地区，也重振了英格伍德的城市精神和税收基础。英格伍德城市中心项目为还在不断寻找创造性方法建设可持续发展社区的郊区城镇提供了一种极具参考价值的案例。

参考文献

[1] http://en.wikipedia.org/.

[2] Calthorpe Peter. Neighborhood and Station Area Plans, Englewood Town Center [EB/OL], [2005-10-29]. Calthorpe Associates. http://www.calthorpe.com.

[3] Cinderella City Mall [EB/OL], [2005-11-03]. www.deadmalls.com.

[4] City Center Englewood [EB/OL], [2005-11-03]. http://www.ci.englewood.co.us.

[5] City Center Englewood Project Information 2003 [EB/OL], [2005-11-02]. http://www.ci.englewood.co.us.

[6] City of Englewood Zoning Guidelines [EB/OL], [2005-11-02]. http://www.ci.englewood.co.us.

[7] Johansen Erin. A Cinderella Story: City Center Englewood Gives Metro Denver a Peek at What FasTracks May Bring [J]. Denver Business Journal, 2005.

[8] Ohland Gloria. Transit-Oriented Development in Four Cities [Z]. Presented to the Partnership for Regional Livability. Chicago, IL, 2001.

[9] Simpson Bob. Englewood, Colorado: Rebuilding the American City with Transit [EB/OL], [2005-11-01]. http://www.cnu.org/pdf/bob_simpson/pdf.

[10] Sobel Lee. Greyfields Into Goldfields: Dead Malls Become Living Neighborhoods [EB/OL]. Congress for the New Urbanism. http://www.englewoodgov.org/.

5.12 滨水区再开发：阿姆斯特丹东港地区（East Docklands）案例分析

1. 城市发展背景

荷兰位于西欧，西北临北海，东接德国，南面则与比利时接壤。其国土面积约为16029mi^2，其中18.4%是水域。荷兰目前人口约为1600万，密度达1254人/mi^2，人口密度位列世界第23位。兰斯塔德是该国最繁华的都市区，是荷兰人对阿姆斯特丹、海牙、鹿特丹、乌德勒支、阿梅尔这5个大城市所在区域的统称，该区人口密度在5000人/mi^{2}以上。其中，阿姆斯特丹是荷兰的首都，也是最大城市，位于荷兰西部地区（图5-59）。根据2008年1月的统计，其人口（包括郊区人口）已经达到136万。在12世纪晚期，阿姆斯特丹还是个小渔村，到17世纪，得益于荷兰航海贸易的快速发展，它成为世界上最重要的港口之一，到19世纪和20世纪，城市仍旧不断扩张。目前该市是荷兰的经济文化中心，许多大型公司和机构将总部设在这里。

荷兰地势相对平坦，大部分是莱茵河及其他河流的三角洲，27%的国土位

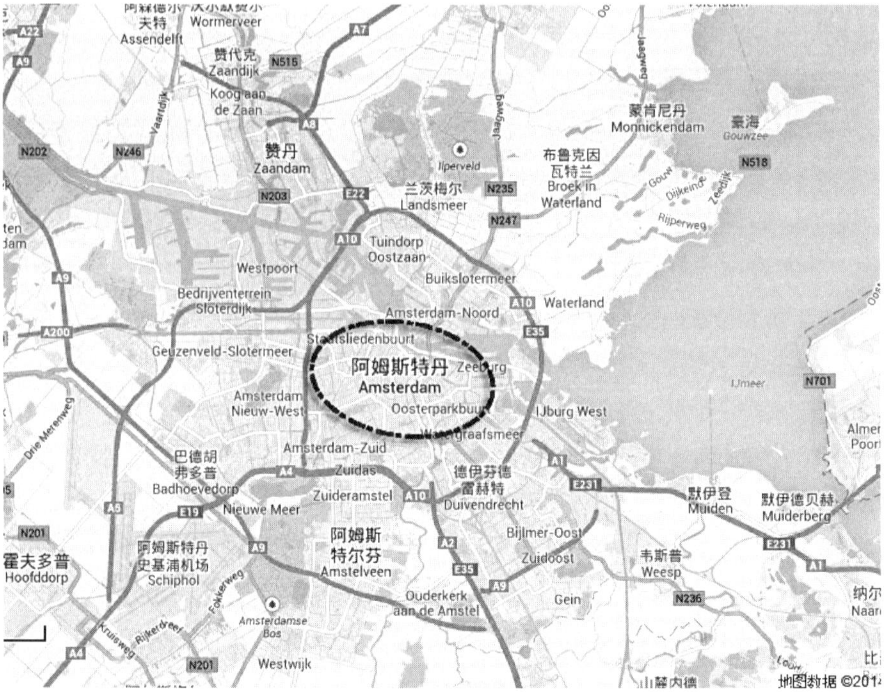

图5-59 阿姆斯特丹东港地区区位图

于海平面以下。历史上，荷兰人一直与洪水搏斗，并通过大量的工程努力填海造地。由于陆地面积有限，人口密度较大，荷兰人必须在空间规划方面通过形成独到的处理方法来有效地管理土地，这是荷兰十分重视城市规划和城市设计的重要原因。

2. 公共交通系统

阿姆斯特丹的公共交通系统主要由公共汽车、地铁和有轨电车组成。由于城市内河网密布，使得该市的公共交通还包括独具特色的水上交通，如水上巴士和水上出租车，宜于日常交通和观光游览。此外，阿姆斯特丹市还鼓励发展自行车交通，在市内随处可见自行车出租店，使用自行车出行十分方便。

阿姆斯特丹地铁系统是由在阿姆斯特丹及周边一些地区运行的捷运和轻轨所组成的混合系统，由阿姆斯特丹市政府所有，但运营权归属 Gemeentelijk Vervoerbedrijf 公司，该公司还运营电车、轮渡和当地公共汽车。阿姆斯特丹地铁系统目前有四条线路（图 5-60），其中三条起始于阿姆斯特丹中心车站，

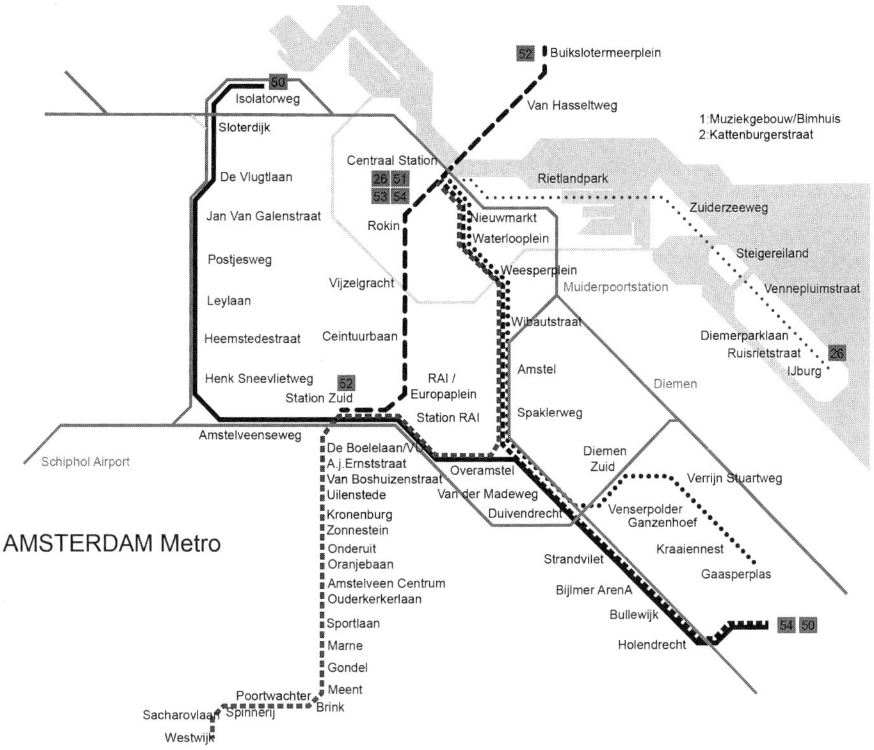

图 5-60　阿姆斯特丹轨道交通系统图

（资料来源：作者改绘自 http://en.wikipedia.org/）

包括51线（橙线）、53线（红线）和54线（黄线），分别连接市中心与东南部和南部地区。另一条线路为50线（绿线），它连接阿姆斯特丹 Zuidoost 与西部地区，但并不穿越城市中心区。一条连接南北并穿越历史中心区的新线路仍在建设中。较为特别的是，51线是地铁与轻轨的混合体，其中一段线路甚至与电车合用轨道。

目前，阿姆斯特丹有轨电车线路共16条，经过东港地区的线路有26线和10线。26线于2005年5月启用，是一条新的电车快线，从中心车站开往 Ijburg（图5-61）。该线路长度为8.5km，拥有九个车站，线路中大部分都布置在隔离的专用道上，其中包括一段长达1.5km的隧道。Rietlandpark 站是东港地区的主要站点，站台标高-6m，并且无盖顶（GVB，2008）。此外，10线电车由北向南穿越阿姆斯特丹，在 Rietlandpark 设有站点，向北直至东港的 Java 和 KNSM 岛，并在该处设终点站。

26线电车与轻轨或街车技术相似，其时速可以达到70km，由中心车站到 Ijburg 全程仅需20min（GVB，2008）。据阿姆斯特丹市交通运输基础设施部估计，一旦 Ijburg 地区18000套住宅建设完成，IJ 电车线的每日运送人数将达45000～50000人。交通方式的分配将转变为:38%的公共交通，15%的自行车，以及47%的自驾车（DITT，2008）。该住宅群一期建设的成本估计为1.702亿欧元，由阿姆斯特丹市政府、Rijk 和阿姆斯特丹地区组织（Regional Organ of Amsterdam）出资建设（DITT，2008）。

正如欧洲的许多地区一样，东港的开发模式实际上并未被官方正式定义为公交引导型开发。然而，该地区建设所提供的多样化公交选择对于联系该地区

图5-61 阿姆斯特丹26线电车 Rietlandpark 站

与阿姆斯特丹传统市中心区是至关重要的。位于东港中央地带的Rietlanden区，是Piet Hein隧道、电车以及其他街道的汇集点。人们通过公共汽车、自行车和步行汇聚到中央地带，而从中心车站骑自行车到达拥有主要电车站点的Rietlanden只需要5min。

3. 东港内的公交导向型发展

1）开发背景

（1）荷兰城市规划背景

与其他国家一样，荷兰在20世纪和21世纪也经历了同样的社会和城市问题，例如第二次世界大战、旧建筑拆除、重建、郊区化以及重燃建设紧凑城市的兴趣。1980年回归城市的趋势越来越明显，人们对紧凑城市也越来越感兴趣。1985年阿姆斯特丹一个名为“De Stad Centraal（城市中心）”的规划纲要就是一个关注紧凑城市理念的规划(NAi,2003:7)。正如Hans Ibelings所说，“高层建筑的回归以及对作为空间规划工具的周边式街坊价值的重新发现，正是这种思想转变的表现”（1999：136)。同样是在这个时期，城市规划和设计对区域现有的环境和文脉越来越重视，如自然景观和现存历史建筑。1988年的“关于空间规划的第四次报告”倡导土地的高密度和混合使用，引发了“城市更新”运动，主张对失去原有功能的地段进行重新开发。目前最大的城市更新项目是阿姆斯特丹的Oostelijk Havengebied（东部港口区），但其规划过程相当漫长（Ibelings，1999：137-138）。

1990年代这种情况还在持续。“第四次报告之特别报告”出版，作为“关于空间规划的第四次报告”的补充（其荷兰字母缩写为VINEX），它要求以居住为主要功能的新扩张地区总计能增加60万户住宅（Ibelings，1999：154）。东港地区在阿姆斯特丹市中心区的东北面，它的开发正符合VINEX的要求。城市设计师对住宅类型、材料使用以及其他美学特征等细节作出了规定，其目的是“使每个地区和邻里都能形成自身独有的特征”（Ibelings，1999：154）。

2003年建设发展局（Physical Development Department）制定的阿姆斯特丹规划纲要，名为“选择城市”，它建立在1990年版本所讨论问题的基础上，同时涉及都市区内更大范围的区域（NAi，2003：7）。“关于空间规划的第五次政策文件”（2000年）目标更多地关注日常生活环境的质量，并引导其他类型经济活动的空间发展。在最近通过的“国家空间战略”中，荷兰住宅、空间规划和环境部希望通过分散责任来降低政府的活动层级，在开发过程中政府更愿意成为合作者而不是阻碍者（VROM International，2007）。

（2）东港的历史与开发

阿姆斯特丹的东港包括沿 IJ 港口的一些人工半岛，位于城市老中心区的东北面。它主要建设于 1874 ～ 1927 年间，与 16、17 世纪的港口区相比，它的重点在于发展蒸汽船和铁路运输。它的码头很长，便于船只货物的装卸。从这里出发，满载乘客或货物的大船可以前往原荷属的东西印度群岛、美洲和非洲。沿码头的铁路系统也可将货物运往欧洲其他地区。据说东港的历史还可追溯到 17 世纪荷兰的“黄金年代”，那时海港贸易在经济活动中扮演着重要的角色。Jaap Evert Abrahamse 认为，“历史表明，阿姆斯特丹的港口往往对城市的再开发有着重要的影响，而港口区再开发为居住区的活动早在 16 世纪就已经发生了”（2006：9）。

追根溯源，这个港口在方位的选择上就出现了问题，因为北海运河（1876 年建）提供了与北海联系的直接通道，更适于当时建造的大型船只。Oranje 水闸的建成也切断了东面 IJ 港口与南海的联系。港口在两次世界大战期间曾经繁荣过，但二战后很快走上了下坡路。而且，混杂货物逐渐被集装箱和散装货运所代替，旅客也更多地选择乘坐飞机而不是轮船。这样，新的港区搬到了阿姆斯特丹的西面，那里更有利于货运贸易。1970 ～ 1980 年代，东港成为一个艺术家、擅居者和城市流浪汉聚居的被遗忘的角落。

1978 ～ 1982 年间，阿姆斯特丹市议会决定将这一地块变为居住用地，并确定其为 100 套 /hm^2 的较高密度区，居住人口 18000 人。由于土地开发和基础设施建设的高成本，这样的高密度是必要的。1985 年市议会制定的“关于阿姆斯特丹东港地区的基本原则政策文件”确定了东港的规划。这块港区是建设居住区的理想地点，因为它处在城市中心区的边缘，并已经拥有了主要的基础设施如轨道线等，且地块很长并完全被水域包围（Abrahamse，2006：14）。1990 年，规划修正为包含 8500 套住宅、2 万 m^2 的教育和公共建筑，以及包括办公、商务和购物中心在内的 10 万 m^2 的商业建筑（Hoppenbrouwer & Louw，2005：975-976）。2002 年，地区内小型商务公司和公共机构占据了主要地位，1541 个商务和公共机构的雇主中有约 62% 雇请一或两个员工。同时，约一半的商务公司位于住宅建筑或住宅区内。

东港被视为一个新发展区，它是时代的产物，强调建设更紧凑的城市建筑和新的居住建筑，注重混合使用和现有建筑的保留。阿姆斯特丹东港门户网站将该地区形容为“创新的、国际闻名的现代建筑和时尚的、反映海事历史的传统建筑的一个有趣的混合”。该地区被视为近年来上乘的城市设计和建筑设计实例，每年都会吸引无数游客到此观光旅游。

2）东港地区各个地段的规划

（1）Abattoir 与 Veemarkt 地区和 Entrepot-West 地区

东港的重建开始于原牲畜市场（Veekmarkt）、屠宰场（Abbatoir）以及市海关仓库所在地的改造，该地位于 Indische Buurt 地区的北面，建设开始于 1980 年代晚期。根据市公共房屋部与空间规划部制定的规划，其主要目标是通过“大量城市更新和公共房屋实践”来建造经济型住宅。几乎所有的建筑都被拆除或更新改造，并建造了 550 套拥有良好日照的公共出租住宅，住宅均不超过 5 层，由 Frans van Dillen 和 Lafour & Wiljk 设计。

在 Abattoir 地段开始开发后，Veemarkt 地段也被建设成为一个商务公园。但与 Abattoir 地段那些被拆除的建筑不同，Veemarkt 地段内的许多老建筑被完好地保留下来并被改造为办公空间。在 Abattoir 与 Veemarkt 地段北面的 Zeeburgerkade，有一列样式相同的仓库，它们分别被以星期一（Maandag）至星期六（Zaterdag）命名，这些 19 世纪的建筑于 1988 年到 1991 年间被改造（Chris Smit 设计）为 330 套由国家资助但个人所有的自住公寓。

Marlies Buurman 认为，“Entrepothaven 地段西侧，即 Entrepot-West 地区的开发，是从社会所有的社区房屋向为市场建造的房屋转折的标志”。城市规划者意识到好的城市规划和建筑对于城市的重要性，并努力寻找吸引人们回到城市的方法。因此，只有 85% 的住宅是公共资助的出租房屋。Atelier 公司在一个城市化程度较高的地区设计了低层和高层建筑结合的半开放体块，可容纳 600 套住宅，其中最引人注目的是一栋“蜿蜒着跨越水面”的 5 层建筑——“仓库桥（Entrepot Bridge）”。

（2）KNSM 岛

1990 年，市议会制定了有关 KNSM 岛开发基本原则的新政策文件（new Policy Document on Basic Principles），决定保留港湾水面，禁止填湖造地，并建设新的基础设施，例如 Piet Hein 隧道。它表明了进一步开发东港地区的重要性，因为临水而居的规划设计概念对荷兰人来说是十分具有吸引力的。东港地区的许多开发项目都遵循着这样一个理念：尽可能地保留传统元素和结构，并且“采用经典的城市规划方法，如使用街道、广场和林荫道等元素进行规划设计，并通过平行于码头的建筑加强土地与水之间的对比”（Buurman，2006：58）。由于是高密度的开发计划，该项目对绿色开放空间的要求较低，取而代之的是周边环绕的水面形成的“蓝色空间”。

据 Marlies Buurman 称，KNSM（Koninklijke Nederlandse Stoomboot

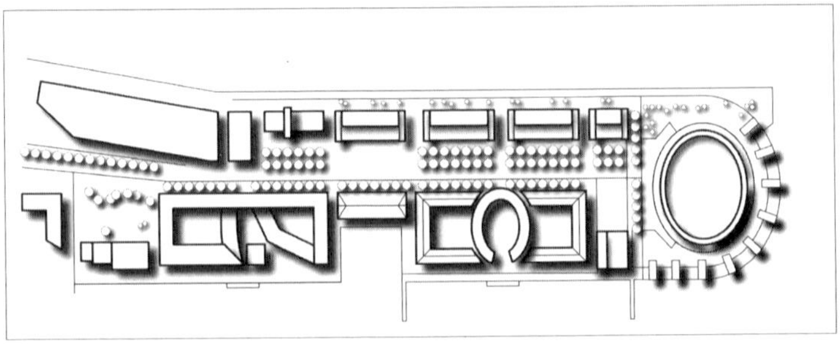

图 5-62 阿姆斯特丹 KNSM 岛规划总平面

Maatschappij，皇家荷兰汽船公司）岛是人们谈论最多的东区岛屿（2006：58）。空间规划部（Spatial Planning Department）决定沿码头建设住宅楼，其中 60% 为公共出租住宅。1989 年，Jo Coenen 负责该地段的城市设计，他的总平面规划类似纪念碑设计（图 5-62）。整个小岛被中央林荫道分为两个部分，两侧是纪念碑似的高层居住建筑，平面上形成几乎封闭的街块，此外还设有许多历史性的港口建筑。中央林荫道的终点是一个由 Jo Coenen 设计的大型环形建筑，名为“绿宝石帝国（Emerald Empire）”，包含 224 套住户自持产权的住宅（图 5-63）。虽然该地段以居住功能为主，但仍建有部分餐厅、办公空间和商店。同时，这里还有许多著名的建筑，如由 Hans Kollhoff 和 Christian Rapp 设计的、包围着老 KNSM 行政办公楼的建筑“比雷埃夫斯（Piraeus）”，Bruno Albert 设计的中央设有圆形广场的大型建筑，Wiel Arets 设计的“摩天穹顶（Skydome）”，此外还有 Diener 和 Diener Architects 设计的两栋公寓楼。

图 5-63 阿姆斯特丹 Jo Coenen 设计的“绿宝石帝国（Emerald Empire）”
（资料来源：Jo Coenen 工作室网站图片）

（3）Java 岛

Java 岛紧邻 KNSM 岛的西面，住宅规划主要由市场主导，其公共出租公寓比例不超过 30%。1992 年，Sjoerd Soeters 设计的总平面与 KNSM 岛强调个体纪念碑式建筑的设计有很大差异。这里的建筑平行于码头布置，交通道路被引向岛的一侧，同时建筑之间的中心区域被保留为公共开敞空间，供行人和自行车使用。此外，Java 岛与 KNSM 岛规划设计的另一个区别在于几乎所有的现存建筑都被拆除了。

Java 岛南、北码头的建筑由多种类型的住宅建筑组成，既有独户住宅，也有多单元住宅楼。Marlies Buurman 撰文说："这些要素在岛上不同地方出现，形成了不同的建筑拼贴，这些各不相同的建筑代表了不同的住宅类型和生活方式"（2006：94）。此外，有四条河道横向穿越 Java 岛，规划沿河道布置了狭长的运河住宅，它们形形色色的立面设计让人想起城市中心区内围绕运河的街区布局。由 Rombouts-Droste 设计的步行和自行车桥横跨内河，它们用艺术的方式表达了各种抽象的含意，例如"理念"或"光"。此外，Venhoeven C.S. 设计的 Jan Schaefer 桥通过独特的构造将 Java 岛、Oostelijke Handelskade 地段以及市中心区联系起来。

（4）Borneo 和 Sporenburg 地区

Borneo 半岛和 Sporenburg 半岛是共同规划和开发的，它们建设于 1996～2000 年，主要规划为低层住宅和部分大型住宅楼，区域内建筑密度较高，达到每英亩 40 户（每公顷 100 户）。为了吸引不同类型的人群，特别是有孩子的家庭，大部分的住宅都设计成可以从街道直接进入的低层独立建筑。公共住宅所占比例低于 30%。

West 8 的 Adriaan Geuze 作为该地段的设计师肩负着一个艰难的任务——设计一定量的低层住宅，并保证住宅建筑整体的较高密度。为了做到这一点，他将住宅在狭长的街区内背靠背放置在一起，并且每户都设有内向性的院子，如此一来私人院落和停车空间就被安排在了建筑内部。但这种做法也引来了许多批评，认为它会导致公共空间的缺失以及空旷无人的街道。为了更好地满足高密度的要求，Adriaan Geuze 还在低层建筑之中穿插了三座大型住宅楼，包括 Koen van Velsen 设计的"食豆小子（Pacman）"、Frits van Dongen 设计的"鲸鱼（The Whale）"和 Kees Christiaanse 设计的"源泉（Fountainhead）"。

Borneo 半岛上还有一块独特的地段，这里的居民拥有永久性土地所有权并在此建有 60 套住宅，每户都设有直接通往运河和街道的通路。该地段的建设在荷兰是一个新的尝试。这一住宅建设实验计划使地块所有者可以实际性地拥有土地，并与建筑师共同设计建造他们的房屋。目前看来这个实验比较成功，位于东港最东边的一块新人工岛居住区 Ijburg 上也将进行类似的开发，目前它还在建设之中。

半岛上还有两座引人注目的红桥，它们是由 West 8 设计的，横跨于两个半岛间的 Spoorweg 湾上。其中，东侧的一座是步行桥，它高高拱起，为观赏东港及周边地区的景观提供了良好的视角。西侧的一座较低，既适于步行也可满足自行车通过的需求（Buurman，2006：131-137）。

（5）Rietlanden 与 Oostelijke Handelskade 地区

Rietlanden 位于东港的中心地带，是 Piet Hein 隧道、电车站以及其他街道的汇聚点，由于该地段基础设施复杂，且在整个区域内起着重要的作用，其开发规划是由空间规划部承担的。Piet Hein 隧道于 1997 年启用，其入口位于 Rietlanden 中心。除了要容纳这样复杂的基础设施以及办公、商业和社区设施外，市政府还要求该地区提供 1000 套住宅。考虑到噪声污染的问题，规划设计了一个大型的开放公园（Rietland 公园）作为建筑与道路以及其他基础设施之间的缓冲，同时还在 Piet Hein 隧道顶盖上设计了一个儿童游乐场。

在公园的北侧，由 Venhoeven C.S. 和 Hans van Heeswijk 设计的九栋塔式建筑矗立在一片绿色开敞空间之中，主要用作居住及办公。电车站位于这群建筑的一侧，为了公众安全，它的车站设在地下。这群建筑的北侧是一排 19 世纪的老式建筑，通过改造它们被赋予了新的功能。例如，一座原水电站建筑被改造为时尚的餐厅酒吧，然而 Lloyd 旅馆改造后仍延续其原有的旅馆功能。Williem Jan Neutelings 将原来的一间咖啡店改造成为一个购物中心和地下停车库。Neutelings 则设计了 IJ 塔楼，内含超市、停车库以及 67 套公寓。在 Rietland 公园的南侧边界上还有一座由 Rudy Uyteenhaak 设计的倾斜造型的建筑（Buurman，2006：178-183）。

Oostelijke Handelskade 地区位于东港西南部，是港口区与城市中心区之间重要的联系体。阿姆斯特丹中心车站位于该地区的西面。1997 年，Hans van der Made 在老仓库和码头新建筑的基础上制定了一个城市规划设计。现状建筑被赋予新的功能并被新建筑所环绕，新建筑的某些部分建造在老仓库之上。Marlies Buurman 评论道:“为了码头的再开发，人们划分了不同的规划区，每片区域都是由市场营销师和建筑师互相配合精心建造的（2006：211）”

Oostelijke Handelskad 最西边的部分是老城区与新城区之间的重要地段。正如 Java 岛的端部一样，这片地区三面环水。Nielsen 所设计的新 Muziekgebow/BIMhuis 位于地块最西端，容纳了音乐厅、艺术家工作室以及餐厅。在音乐中心正后方是 Clausen Kaan 设计的 Dorint 旅馆，旅馆旁边则是 HOK 设计的客运车站楼（Buurman，2006）。

4. 成功经验及教训

在初始阶段，即 1980 年代，东港地区的发展源于人们对公共房屋的需求，这与过去一段时期的需求是相同的。然而，1990年代经济的繁荣使人们有了更强的购买力来购置房屋或者租用较昂贵的公寓。因此，东港发展成为由市场化住宅所构成的多种类型住宅混合的区域，这一发展开端于Java岛。随后，永久地块所有权的住宅建设试验获得了成功，人们可以拥有自己的上地并自主选择建筑师来设计房屋，随后这种方法被推广到其他的住宅开发区。

阿姆斯特丹滨水区独特的建筑风格以及高品质的规划和城市设计共同创造了一个极具魅力的地区，吸引了众多居民和访客。然而，批评的声音也兼而有之，部分人认为该地区住宅所占比重过大，缺少与其他功能的混合。确实，通过现场调研可以发现，居住区内似乎缺乏公共生活。不过，由于该区域邻近城市中心区，并有便捷的公交线路与之相连，居民可以便捷地到达工作和其他地点，电车及其他交通设施则对于联系东港与阿姆斯特丹城市中心区十分重要。

参考文献

[1] Abahamse J. E.，Buurman M.，Hulsman B.，et. al. Eastern Harbor District Amsterdam：Urbanism and Architecture [M]. Rotterdam：NAi Publishers，2006.

[2] Almy D. Email Communication Concerning the Eastern Docklands [Z]，2007.

[3] The City of Amsterdam Department of Infrastructure Traffic and Transportation. IJtram:Expressway to IJburg [EB/OL],2008 [2008-10-08]. http://asp01.amsterdam.nl/english/ijtram/index.htm GVB. http://www.gvb.nl/english/Pages/default.aspx.

[4] Hoppenbrower E.，Louw E. Mixed-Use Development：Theory and Practice in Amsterdam's Eastern Docklands[J]. European Planning Studies,2005,13:7,967-983.

[5] Ibelings H.20th Century Urban Design in the Netherlands [M]. Rotterdam：NAi Publishers，1999.

[6] Jolles A.，Klusman E.，Teunissen B.，eds.Planning Amsterdam：Scenerios for Urban Development：1928-2003 [M]. Rotterdam：NAi Publishers，2003.

[7] Portal of Amsterdam's Eastern Docklands. Amsterdam Eastern Docklands[EB/OL].Amsterdam：Visual Text，2008.http://www.amsterdamdocklands.com/

[8] VROM International：Netherlands Ministry of Housing，Spatial Planning，and the Environment [EB/OL]，2008 [2008-10-08].http://www.sharedspaces.nl/pagina.html?id=7348.

第 6 章
总结和结论

前文各章节以精选的国际案例为素材，阐释了土地使用与公交整合发展的基本原理、规划设计原则和建设实施策略。本章在总结前文的基础上，加入部分国内案例调研和研究成果内容，提出符合我国城市发展国情的 TOD/TID 策略。6.1 节论述适合中国城市特征的 TOD/TID 规划设计五项原则。6.2 节着重强调 TOD/TID 研究和实施有待进一步拓展的“溢价回收”原理和实践。6.3 节关注人性化慢行交通环境设计问题，这在我国城市 TOD/TID 地区乃至建成区整体层面严重缺失，需特别关注。6.4 节总结成功 TOD/TID 的十项特质作为本书的结语。

6.1 适合中国城市特征的TOD/TID规划设计原则

在1993年卡尔索普首次提出TOD的著作出版后不久，TOD的概念就被介绍到了中国。关于TOD有两个常提及的问题。第一，“基于美国城市发展背景的TOD理念适用于中国城市吗？”中国的情况与美国存在较大差异。因此有很多人质疑美国式TOD对中国城市发展建设的实际指导意义。第二个问题来自那些基本上接受TOD概念的人：“不错，TOD是个好理念。但我们如何结合中国城市背景有效地实施它？”公交与土地开发整合、站点周边地区开发亟需一套基于TOD理念的、在中国城市发展背景下可操作的规划设计原则。

由美国林肯土地政策研究院中国项目资助支持，本书作者和其团队于2005～2007年间完成了“TOD在中国的实践”的课题研究。该课题重点选择了五个城市作案例分析，分别是上海、广州、北京、香港和台北。研究包括文献综述、实地调研和个人访谈。被访人员来自各城市轨道交通机构、城市规划与管理部门以及从事相关领域研究的学者。该研究认为美国式TOD在中国不可直接套用，但TOD原理依然有效。在总结被访城市围绕地铁站点经营城市建设的经验基础上，该研究归纳总结出适合我国城市特征的TOD规划设计原则，可称之为TOD中国版。其概念内涵包括三个要素：土地利用、交通运营和公共财政。规划设计原则含五个方面：级差密度、岛链区划、精细设计、多样选择和“涨价归公”。

1. 级差密度（Differentiated Density）

较高的开发密度是TOD开发的最基本特征。TOD的目标原则之一就是通过提高密度来增加土地使用效率，遏制蔓延。但由于中国人口众多，各大城市，尤其是几个特大城市如上海、北京和广州等，城市的平均人口密度都远高于卡尔索普（1993年）所建议的TOD平均人口密度（8100人/km²），如上海城区（外环路以内的480km²区域）的人口密度是13235人/km²。

但TOD开发强调的并不是开发密度的绝对值，而是以公交系统引导建设的街区内外的密度差异。级差密度描绘的是一条朝着公交站点斜率上升的密度曲线。也就是随着与站点距离的减小，密度相应增加（图6-1）。在城区密度可能已经很高，但城区TOD街区的开发密度应更高。在郊区密度通常较低，但郊区TOD街区的密度也要高于其周边地区，尽管其实际密度有可能低于城区的平均值。强调密度级差而不是密度本身使得TOD的密度原则适用于不同城市或城

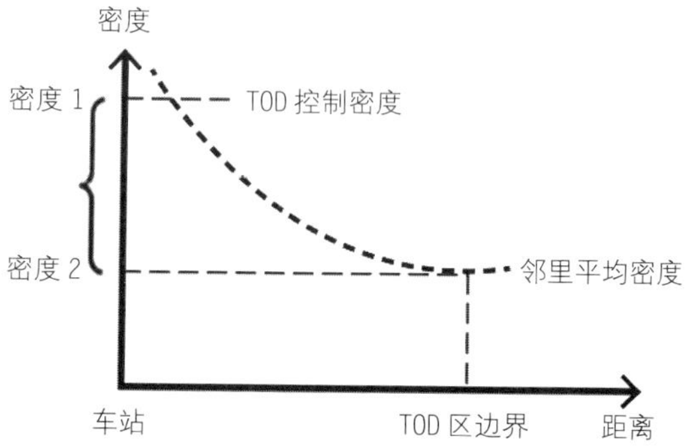

图 6-1　TOD 级差密度示意图

市的不同地区。

这个级差密度原则旨在提高土地利用效率。它是建立在经典城市经济学理论的基础上的（Alonso，1964），其基本概念就是公交投资和服务增强了站点周边土地的可达性，这种可达性的提高在房地产价格中得以体现，使得越靠近站点的房地产竞标价格越高，那么土地开发者（私人开发商或公共建设部门）必须采取增加开发强度（即增加开发密度）的方式，使得这种以高价获得的靠近车站的土地得到适当收益。

在实践中密度级差如何决定呢？这是个实证问题。很多因素决定了级差量，包括区位选址、市场状况、场地限制以及地方土地管理政策。台北的政策是站点周边 400m 范围内的土地可获得最高 50% 的容积率奖励。例如，若车站所在的社区平均容积率是 1.0，TOD 街区的容积率则可达到 1.5，依此类推。香港没有这样的明确界定，站点地区的开发强度更多地取决于市场的开发潜力并得到香港规划部门的批准。在上海尚没有类似于香港或台北的土地市场机制，对站点地区土地开发的密度奖励方法有待研究。在中国城市，确定密度级差是在 TOD 应用方面极其迫切需要积累的经验。

2. 岛链区划

TOD/TID 开发本质上是一种人性尺度的回归。居住在公交站点附近的人们可以步行方便地到达公交站点，并乘坐公交到达城市其他地方，步行成为一种重要的交通方式。而且，公交站点周边社区开发的密度相对较高，集中的居住、商业、办公和娱乐等功能也十分有利于公共空间活动的聚集，进而为该地区带来各种人群，增强活力，并刺激经济活动的发生。因此，公交站点周边社区的规划建设更须注意人性化场所的塑造，形成良好的步行公共空间。

这里首先针对 TID 街区的空间界定问题提出“岛链区划”的原则。前文提及的TID街区空间范围通常指的是站点周边以1/4mi（约400m）为半径的圆形区域。其潜在的行为理论基础就是人们可接受的步行距离。然而，可接受的步行距离受很多因素影响，例如安全感、建筑特征、景观，沿街是否有行人、车辆，甚至文化传统背景等。“岛链区划”原则借鉴了水运或航空港的设计（图6-2）。其目的是要将公交的影响范围扩展到常规的1/4mi距离之外。在水运或航空港的终点站，通常有一个中心控制点，例如检票口或安检点。通过这一点后就是为数众多的登机或登船口，人们可以通过步行通道到达这里。在很多新建或改建的空港中，步行通道与商店、展览空间、商务中心融为一体。这些功能不仅为乘客提供服务，也缩减了到达登机或登船口的心理距离。

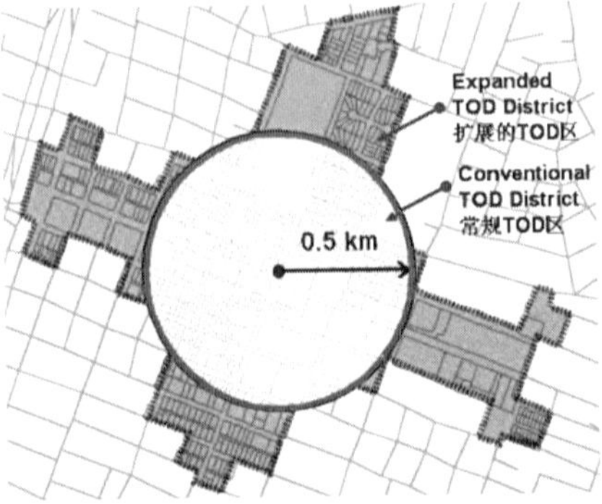

图6–2　TOD的港岛式区划

TID街区的空间界定可以借鉴这些设计手法。这里强调的是通过改善步行环境来减少心理距离，扩大公交的影响范围。如前所述，香港几个地铁站周边的步行系统设计提供了很好的实例，如湾仔地铁站和金钟地铁站的步行系统。

在TID街区的规划和建设过程中，除了要纳入相关利益群体，集思广益，使规划建设满足各方面需要外，还应当遵循一些重要的设计原则，来创造真正的人性场所。这些原则包括：谨慎选择车站的位置，使之便于形成以车站为中心的公共活动场所；车站的建筑设计、室内装修以及标志和设施设计等应具有较高的品质并保有当地特色；创造形态合理、尺度宜人的公共空间，以容纳各种公共活动，如展览、庆典、自由市场等；创造引人注目的地标，形成具有吸引力的门户设计；创造有魅力的街道家具和公共艺术，它们可以是公共空间内的一类兴奋点；创造紧凑型街区，加强步行联系，形成连续、宜人而标识清晰的步行线路体验；使社区内有不同类型的居民居住和不同类型的人群使用区内设施，以保证各个时段都有人活动。

但需要注意，有一些设计方法或控制手段是不适用于公交整合型开发中的。如前所述，较高的密度可以为这类地区带来更多的人群活动和公交乘客，一些限制密度的规定就不适宜应用在这里。而一般的低密度郊区规划手法也是不合适的，较低的密度、大型的地面停车场等都会破坏该地区的场所感，不利于步行公共空间的形成。因此，当地政府应当组织制定和实施适于公交整合型开发的设计导则和标准规范，从而更好地引导这类地区的规划和建设。

3. 精细设计

上述原则也说明了环境设计的重要性，创造场所比建设项目还重要。这里用"精细"一词是要强调 TID 设计的高标准要求和注重细节。此外，设计应不仅限于环境方面，还应包括站台、出入口、各接驳换乘交通的时刻表、车辆、站点设备等方面。TID 街区的功能有多重性：它应是一个高效的公交换乘点或枢纽站，同时也应是具有个性特征的城市节点，集就业、居住和服务于一处的社区中心。如前所述的香港地铁的双门系统、台北淡水站的细节设计、阿姆斯特丹东港地区的建筑设计和意大利佩鲁贾 Minimetro 的站台设计都提供了精细设计的范例。

同时，为了提高公交服务的吸引力，还需要改善公交工具的自身设计和运营服务品质。当提及中国几个大城市的公交服务时，人们的第一反应多是拥挤和耗时长。公共汽车作为最常见的公交工具，相比较轨道交通，其覆盖面更广，可以深入到城市的各个角落，支持大多数城市中心区的商务和居住社区活动。公共汽车的缺陷是舒适性差。轨道交通虽然线路覆盖面不及公共汽车，票价也相对较高，但却以其良好的设施和服务、快捷的车行速度吸引了较多的中高收入人群，而公共汽车的乘客则多是学生和较低收入人群，又或是没有其他交通选择的人群。而开发商也多是选择在轨道交通车站附近进行公交整合型开发，很少想到公共汽车车站周边地块，或者虽然在公共汽车车站周边进行开发，但其实并没有将车站作为开发的考虑要素。与此类似，零售、娱乐业的商家在选择店面地址时，也多考虑邻近轨道交通，忽略公共汽车。

因此，应加强公交工具尤其是公共汽车的外观设计和各种附属设施如车站、标志牌等设计，使其更加美观、时尚、色彩鲜亮，吸引喜爱时尚的年轻人和中产阶层，还可采用一些技巧增加乘坐的趣味性，例如有些社区给他们的公共汽车线路起了有趣的名字，以及在车上安装移动电视。公共汽车服务也应更舒适、便捷、可靠，车站应有顶盖以抵御较差的天气影响，如巴西库里蒂巴的管式车站；汽车停靠时与站台的接驳应考虑上下车的方便；收费系统应更自动化、方便乘客；有完善的标识系统，包括车程表和路线图，便于乘客决定乘车路线；车厢和站台应注意保持整洁；采用各种措施提高行车速度，并使车辆发车和到站更为规律、准时，例如可采用快速公交系统；为呼应世界上环保的大趋势，可以采用清洁能源，以吸引注重环保的人士。

通过提高设计和服务品质，公共交通可以吸引更广泛的人群，特别是中产阶级的乘客，从而推动开发商在车站周边地块进行公交整合型开发。政府也可通过制定区划进行引导，如在服务优质的公交走廊沿线，对某些地块建设要求较高的密度并限定较少的停车位，以此促使开发商在此进行以公交站点为核心的开发。

4. 多样选择

混合使用目前已成为TOD/TID遵循的基本原则之一。通过混合使用，可以使地区内在各个时段都充满各种活动。常见的关于TID混合土地使用的讨论多限于各站尺度，如前文所述，这在中国很多城市已很常见。但混合使用原则并不是说一定要在同一地块，或者同一公交车站周边地区应用才能形成一个具有吸引力的、生机勃勃的社区。何况混合使用也并非十全十美，同一地块上功能混合的项目在融资方面有可能出现困难，设计和建造也更为复杂。

我们的视界要放得更宽些，由于公交系统的建设，特别是轨道交通，能够使人们便捷地从城市的一个地区到达另一个地区，公交走廊从而成为一条重要的城市生活联结纽带。在公交走廊沿线站点的周边地区安排不同的功能，可以形成不同而又相互支持的活动节点，如居住节点、工作节点、购物娱乐节点等，特别是这些节点的距离相隔较近的时候，可以通过公交将它们紧密地连接在一起，这样人们可以乘坐公交在几个站点间完成居住、工作、购物娱乐等日常生活。不同站点间的混合使用还可以使公交系统得到更有效的利用。在一些工作、商业娱乐地点和居住地点明显分开且相隔较远的城市，公交运营往往有明显的高峰客流及高峰客流方向，如果沿公交走廊合理布置不同功能，将一部分工作和商业节点以及学校、医院等设施设在郊区的公交车站周边，有利于相反方向客流的形成，就可以抵消一部分的高峰需求。此外，在周末或其他休息时间，人们乘坐公交到各个商业娱乐节点进行购物和娱乐活动，也有助于充分利用公交系统在这些时段的空置运力。

因此，TID的混合使用开发应在城市或区域规划层面上综合考虑。这也是通过公交投资（尤其是轨道交通）和TID的应用来实现引导或调整城市发展形态的关键。如前所述从美国华盛顿特区的Rosslyn-Ballston走廊，到新加坡的公交导向式新城开发，再到哥本哈根以公交为导向的区域性发展，都反映了TID在不同的区域层面鼓励土地混合使用，使人们的活动在公交沿线地区能够获得多样选择。

在区域尺度方面，多样选择意味着市民如果在TID街区内生活，他们就可以通过公共交通方便地到达区域范围内的城市各类服务及功能区。在这里“职-住平衡”概念是关键。应该在公交走廊沿线的每一个通勤圈内保持这种平衡。也就是说在公共交通30～45min的通勤距离内尽量做到类似的就业方式与居住方式（即工资水平与房价或房租水平）在大小和价格等方面相符合，而不是强求就业和居住一定要都在一个TID区内达到平衡。

香港由于其独有的地理地形特征已基本达到了这样的平衡。而上海也已经在发展城市多中心计划，城市中心分布在5个不同的空间尺度上，形成了五个等级的城市中心结构：包括城市核心和中央商务区（CBD）、城市副中心、城市专业中心、区中心以及社区中心。上海同济大学的学者已在此作了深入研究，建议将这些中心在空间上与已使用或已规划的轨道交通站点相结合，从而形成TOD网络。这个思路与卡尔索普的论述可谓异曲同工。

5.“涨价归公”

涨价归公的理念就是公共部门全部或部分收回因公共投资而带来的地价提升的经济利益，然后进行再分配。涨价归公一词源于孙中山先生的“三民主义”中关于“平均地权”的论述。他提出实现平均地权的四项政策或步骤，亦即“规定地价，照价征税，照价收买，涨价归公”。涨价归公一词里的“公”字广义的意思是指公众、公共服务和政策。例如，中国台北的土地开发政策一直沿用孙中山先生的思想，实际应用中主要以征收土地增值税的方式进行。在TOD/TID的应用中，“公”字也可狭义地特指公共交通。公交投资与发展可以提高站点周边用地的可达性。可达性提高将带来沿线物业价值的提升。一般来说，基础设施公共投资带来地价上涨的经济利益多被私人房地产商或设施相邻土地拥有者获取。

与此同时，公交建设与运营往往要从政府那里获得两次补贴。首先，中央或地方政府要对公交系统的建设给予经济补贴，因为轨道交通的建设所需要的资金投入非常巨大。其次，在大多数情况下，票价收入不足以弥补公交运营的高额费用。为了维持正常的公交服务水平，政府不得不再次补贴公交的运营。涨价归公理念的应用就是要将因公交投资和服务带来的站点周边地价上涨的经济利益收回，直接补贴公交。香港的“地铁+物业”模式，将地铁的建设和运营与沿线的物业开发相结合，从而将物业开发所得利润用于支付轨道交通系统的建设和运营成本，是涨价归公概念实施的成功范例。港铁的“地铁+物业”模式证明轨道交通行业可以实现“多赢”。

涨价归公的经济学理论基础是"溢价回收"(Value Capture)。溢价回收作为一项公共交通的财政政策已经被广泛应用，有一系列的方法、手段，例如协议投资、特别估价区、捐赠、公私合作、增税融资、特别区税收等，在下一小节中将详细介绍。

6.2 溢价回收

城市公共交通，尤其是轨道交通建设面临的主要挑战之一乃其高昂的成本。例如，上海地铁一号线每公里造价为4.76亿元(1994年价)。上海地铁2号线、广州地铁1号线和北京地铁4号线每公里造价分别为7.03亿元、6.9亿元和5.61亿元(均为1999年数据，王李刚、周祁，2002)。尽管政府的公交预算投入逐年递增，但是公交基础设施建设仅靠政府资金还远远不够。这些城市不得不借助于外资外援，长期承受利息、保险等财政负担。轨道交通工程师和学者们在不断探讨降低轨道交通建设成本的途径，例如优化线路规划和敷设技术，合理选择车站形式与埋深，提高地铁设备国产化率，加强施工建设管理等(李平，2009；陈华，2009)。然而这些手段的作用毕竟有限。另外，轨道公交运营成本高。世界上几乎没有一个城市的公交运营成本能完全由公交票款收入来支付。地方政府因此要承受公交二次补贴的财政负担。北京地铁实施2元票价后，第一年轨道交通运营亏损达10.3亿元(唐凯，2007)。上海、广州也是类似问题，地铁系统随着线路的加长政府财政补贴负担日益增重。发展大运量快速公交本应是城市可持续发展的交通战略，但却面临自身经济效益不可持续的困境。

本节内容汇集介绍非传统的、基于土地利用与公交整合的融资措施。这些措施源于"溢价回收"概念。它们的成功实施能减轻甚至完全避免政府对公交的二次财政补贴负担，同时达到提高公交站点周边土地开发效率和改善建成环境质量等社区综合发展目的。本节首先简述溢价回收的基本理论、概念，然后比较华盛顿、中国香港、中国台北、东京和上海五个案例的"溢价回收"实施方式，并对其作点评和总结。

1.溢价回收概念

溢价回收指的是公共部门通过不同方式部分或全部回收由于公共投资而带来的土地增值。其基本理念源于美国经济学家亨利•乔治(1837～1897年)的思想(Batt，2001)。乔治认为土地增值是社会发展带来的，而非土地拥有者私人创造。社会应把这些增值收回。城市公共投资，例如建设轨道公交或改善公园环境，会改善公共设施周边土地的可达性或可居性。可达性或可居性的改善将带来周边物业价值的提升。如无公共部门或政策介入，这些因公共投资带来地价上涨的经济利益多被私人房地产商或设施相邻的土地拥有者获取。这是一种公共资源流向少数个体的社会不公平。溢价回收就是公共部门部分或全部收回因公共投资而带来地价提升的经济利益，然后进行社会再分配。溢价回收在美国已被接纳为一种创新的公共设施融资方式，也是广为推荐的公交导向开发（TOD）实施措施之一（Gihring，2001）。1990年代初美国国会通过的交通法案之“冰茶法案”（ISTEA：地面交通联运效率法案）正式认可将溢价回收纳入大都会远期交通规划和州级交通改善计划（Rybeck，2004）。

溢价回收有各种不同的实施措施和方法。最直接的方法就是征税（Erskine，1990）。一种是普征据值税（Ad Valorem Taxation），公交或项目开发管理机构根据公交所服务社区土地的市场估价增征据值税。另一种是在公交站点周围划定公交受益特定税区，公交或项目开发管理机构对该特定区内的土地征收特别税（Special District Taxation）。第三种是税收增量融资（Tax Incremental Financing，TIF）。这种方法也是用于事先划定的特别区，但不引入新的税种，而是现有土地据值税收入中拨划。税收增量的计算基于公交建设前的地价和未来若干年后的地价二者间的增值部分。这种溢价回收方法在美国甚为通行。

非征税的溢价回收方式也有多种。较常见的是公私合作，即PPP（Public-Private Partnership）。公共部门和私营投资者在自愿的基础上协议合作开发和经营公交相关的项目。因是自愿合作，PPP涉及的法律难题较少。项目建设的费用也不全由纳税人承担，是一种较受欢迎的模式。不动产租赁(Lease-Real Property）是当获得公共交通设施所需的土地后出租土地或空权开发，通过长期租赁以获取公交建设和运营所需的资金。更进一步的方式是参与房地产（Participation-Real Property），亦即把公共交通设施周边的土地划给私人或公共部门开发。公交部门获得一部分开发利润。香港和东京案例属此类。私营企业或个人向公交部门捐赠（Donations）也可理解为溢价回收的方式之一。捐赠可以是现金、地产或服务。

因溢价回收关乎公共和私营利益分配和再分配，溢价回收的具体实施和操作方式则会因具体国家和地区的土地所有制、政策法规和社会经济体系的不同

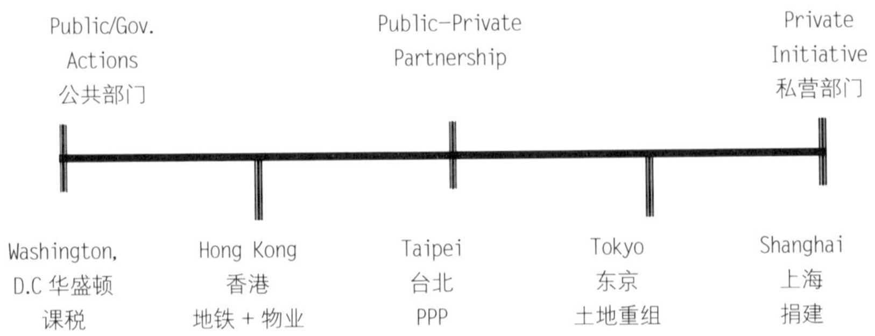

图 6-3 溢价回收实施案例

而差别较大。图 6-3 按公共和私营部门在溢价回收实施中所起的职能角色作用对华盛顿、中国香港、中国台北、东京和中国上海五个实例进行排序。最左端为美国华盛顿地区案例，代表以政府或其他公共部门为主角的，通过税收实现溢价回收的策略。最右端的实例是上海的私人开发商捐建公共设施，代表以私营部门和个体为主角的溢价回收实践。居中的是中国台北的联合开发，为 PPP（Public-Private Partnership）模式的实施范例。中国香港和东京案例介于以上实例之间。中国香港的土地和地铁系统均为公有（香港政府拥有香港地铁公司 76% 的股份，九港铁路乃全公有。2007 年两铁合并后统称港铁）。港铁的溢价回收实践体现在公共部门主导的市场运营特色。东京案例则相反，轨道交通和沿线土地为私有，是私营运作。

2. *点评及结语*

表 6-1 对以上五个案例从不同溢价回收方式的实施主导者、实施方式或工具、案例的背景条件、回收价值形式、规模和时限和实施难点等方面进行了总结和比较。

设立特区课税的溢价回收方式是亨利·乔治理论的直接应用。华盛顿特区的杜勒斯走廊案例是此方式在地铁建设中的实施。这种方式在其他公交和公共基础设施建设中的应用也相当普遍。例如，自 1995 年来得克萨斯州已设有大小不等的 170 多个为公共设施开发融资的特税区。中国的税制体系不同，尚无类似的应用实例。应该指出的是这种融资手段是对未来税收的预支使用，因此有一定风险。如出现经济衰退或特税区内房地产增值达不到预期水平，设立特税区的相关实体或政府部门就会陷入财政困境甚至危机。另外，这种融资方式有助于解决轨道交通建设资金短缺问题，但对长期运营成本资金短缺问题帮助甚小，因为每个特税区的设立有时限，一般在 15 ～ 25 年间。

溢价回收案例点评　　表 6-1

溢价回收方式（案例）	特别税区（华盛顿地区）	地铁 + 物业（香港）	联合开发（台北）	土地重组（东京）	捐建（上海）
实施主导者	政府，公共部门	轨道公交公司	公交和私人开发商合作	私营公司提供公交服务	私营公司
实施方式或工具	发行债券融资，在特定区内额外课征或从既有房地产增值税中逐年划定部分税收用以偿还债务	整合公交系统与沿线土地规划与开发	以项目为基础，公/私分担项目建设成本、风险和回报	整合公交系统与沿线土地规划开发及站点设施建设	捐建公共设施
实施案例背景条件	课税政府或部门与土地房产私有者协议；或要求特别立法	土地公有，政府给予公交公司土地使用开发权	公私互信，法律保证	土地和大运量交通私营，公共部门提供配套实施或部分建设补贴	开发商在其发展项目中免费提供公交出入口、通风口、连廊等
回收价值形式、规模和时限	预支土地房产增值税收；用于项目建设或周边环境改善。有时限，一般为 15 ~ 30 年	土地使用开发盈利用于轨道公交的建设、维护和运营。无时限	提供或改善系统设施和基础设施，规模有限，回收价值不稳定	高质量公交服务，少运营补贴	站点环境质量改善，小范围，小尺度
实施难点	区内居民或业主反对	土地开发市场需求不强的站点和区段	市场或政策环境不稳定	公共回收的价值有限	受开发商实力限制

香港的“地铁 + 物业”模式值得特别推荐。整合地铁与土地开发有助于实现城市可持续发展的多重目标，如发展绿色交通，提高公交服务效率，建设紧凑城市（防止或减少蔓延）。香港模式优于以上介绍的其他溢价回收方式，尤其在公交财政上可持续的自给自足。当然，香港有其独一无二的地形地貌特征及相应的土地使用形态和强劲的房地产市场。这些特征、形态和市场条件都是“地铁 + 物业”模式成功的重要因素。香港丰富的企业经营管理理念和经验更是难能可贵。其他城市很少具备相同的城市硬件和软件。但香港模式可在内地城市局部条件成熟的线路实施。目前，港铁公司已与深圳和北京达成协议，应用香港的“地铁 + 物业”模式合作开发深圳地铁 4 号线和北京的地铁 4 号线（Ho，2006）。与武汉地铁的合作开发也在洽谈中。

东京模式所取得的效果与香港模式类似：财政可持续的公共交通。但东京模式中溢价回收的利润多为私营企业（即东京私铁）所得，公众获益的是高效、高质量的交通服务。因此，东京模式的社会效益相对于香港模式较小。东京的

“土地重组”方法也可由公共部门主导实施。随着民营企业在中国经济发展中的角色日益加重，东京模式在中国的应用也有一定的潜力。

中国台北的联合开发实践为大陆城市提供了一系列可供参考的成功案例。小到地铁通风口或出入口的设置，大到车站综合楼的合建分租，联合开发中各部门间的协调，财政风险和效益的分担，相关利益者个人和部门利益的法律保障以及土地和城市管理政策的灵活性等方面的经验都值得深入研究和总结。

上海中山公园轨道站点的开发案例相比于香港和台北的实践似乎尺度较小且为初级阶段，但其意义值得相关政府部门重视。因为它显示了大陆城市存在的实施溢价回收的市场要素。日益增长的私营土地和城市开发实力应成为公交建设可利用的重要资源之一。

总之，实施溢价回收的方法多种多样。采用哪种方式实施 TOD/TID 受各地地方条件的约束。日本私铁的“土地重组”实践对我国包括轨道交通在内的公共设施建设征地有重要的启示。香港、台北和上海的做法均为非征税方式的溢价回收实例。尽管这三个城市在政策法规体系和经济发达水平等方面有较大的差异，但是孙中山先生的“涨价归公”理念为溢价回收提供了共同的实践和交流基础。美国拥有较为成熟的土地市场和相对完备的法规系统，通过地方法规征收土地税是实现溢价回收的主要财政工具。我国新的物权法已于 2007 年通过，物业税改革也正在相关部门酝酿讨论并在若干城市试点实施。这些法规体系的改革，伴随新一轮轨道交通建设的热潮，为实施溢价回收带来更多的机遇和许多亟需探讨的新课题。

6.3 慢行交通与环境设计的整合

土地使用与交通整合从城市交通的技术模式角度可分三种类别：汽车与道路沿线土地功能的整合、公交与站点周边土地使用的整合（即 TID）、步行或自行车交通（亦归类为慢行或非机动交通）与建成环境的整合。汽车与道路沿线土地功能的整合也是值得研究的重要专题，例如宏观层面的路网体系与城市空间结构布局、微观层面的通达管理（Access Management），但该专题不在本书的范围，故不在此赘述。慢行交通既可以作为独立的交通出行方式，也是其他机动车出行的最终接驳模式。慢行交通对实现低碳出行、节能减排、可持续交通的大目标极其重要。因此，本节的内容不局限于公交站点地区的步行环境，而涵盖更大范围、理论概念层面的讨论。

1. 慢行交通概念认知

“慢行交通”一词是基于移动速度特征对非机动车交通方式的直观表述。现代城市慢行交通通常指步行和自行车，即以人力驱动的交通模式（兽力车也属慢行、非机动交通，在中小城市也常见，一些大城市有兽力车用于特别的目的，如旅游观光马车）。1980 年以前，中国城市居民生活出行中慢行交通所占比例在 70% 以上，1980 年之后，这个比例随改革开放后城市经济增长而不断下降。[1] 中国素有“自行车王国”的美誉，每三个中国人就有一辆自行车。但这个美誉的光环正在褪淡——自行车出行比重下滑的速度比步行更快。在北京市，自行车出行比例由 1986 年的 58% 降至 2000 年的 38%，再至 2008 年的 18%。当今社会提倡低碳出行、节能减排，发展慢行交通对实现城乡可持续发展的目标起着极其重要的作用。慢行交通因此重新受到关注。北京、上海、武汉、广州、杭州等城市都已开始规划设计和建设慢行交通系统。

慢行交通作为独立的交通出行方式或作为其他出行方式的接驳模式是现代城市交通不可或缺的组成元素。然而关于慢行交通相对于公交、小汽车等机动交通的特性普遍存在三个方面的理念滞后和认知误区。

第一，“慢行交通是经济发展低水平的伴随物。随着经济发展水平的提高，家庭收入增加，人们的时间价值上涨，对速度和机动化程度的需求也随之增加，因此日常出行方式的发展趋势会是由低速、非机动模式逐步向高速、机动模式转换。慢行交通在各种交通模式按机动性分类的等级体系中排在底端，慢行交通随着经济发展将会不断弱化和边缘化。”这些理念立论于微观经济学原理和市场规律，一定程度上能解释交通需求的现象。但唯经济论、唯市场论则有失偏颇，忽视了社会、环境、生活方式等其他要素对各类交通方式的约束作用和需求影响。

第二，理念的滞后和认知误区反映在快行（机动）交通者和慢行交通者的行为上。随着中国经济的快速增长，中国城市的机动化水平迅速上升，公路、街道上的汽车（私家车、公车、公交车、出租车等）数量剧增。然而，很多开车人的法规意识和行车观念还多停留在过去使用慢行交通时的阶段——行车时随意变道、超车、停靠，“见缝插针”，开车犹如在骑车或走路般地“灵巧”。他们并非都漠视交通规则，而是行为规范的意识改变滞后于收入和机动化水平的改变。同样，行人和骑自行车者对机动交通也存在认知滞后，很多人忽视机动车对车道所拥有的路权，忽略红灯或其他机动交通警示，随时随地过马路、转弯，甚至翻越、穿越高速路等，其结果是高事故率。一旦事故发生，受损的自然多是行人或骑车者。"慢行交通"正在变成"不安全交通"的代名词，这使得很多人因此放弃步行或骑车，"为了孩子的安全而开车"。

第三，在管理和专业实践层面，城市交通政策制定、基础设施投资和城市规划设计等对慢行交通存有系统性的、专业化的"慢待"。政策管理的"慢待"反映在非常普遍的，对慢行交通空间机动化的政策认可或管理默许。例如，很多城市有引导性地将三块板道路的自行车道转换成机动车道或公交车道；许多人行道空间变成了专业术语所说的"静态机动交通"空间，亦即停车场。很多新区发展的规划设计并非没考虑慢行交通系统，但所考虑的多仅限于人行道、自行车道空间的工程画线。机动车时代对慢行交通的考虑与非机动车时代（如中国 1960、1970 年代）在设计标准、工程规范等方面应有何不同？对这个问题专业界鲜有深入的讨论和研究。

机动和慢行交通行为的规范化主要靠宣传、教育和执法。理念和认知的更新首先要有系统的理论梳理，规划设计实践和政策改革则要立足于翔实的研究。

2. 慢行交通模式选择的理论解读

无论是作为独立的交通出行方式或作为公交出行的接驳模式，慢行交通首先要放在与汽车、公交等其他交通模式同等的层面作理论解读与分析，进而才能做到政策和管理层面的同等乃至优先对待。

现代交通需求理论与出行模式选择分析方法出自 2000 年诺贝尔经济学奖得主之一丹尼尔 - 麦克法登（Daniel L. McFadden）的研究。该交通需求理论的一个基本行为前提是：居民出行不是为了出行本身，而是通过出行满足各种日常活动需要，例如工作、上学、购物等。因此，居民出行需求是一种衍生的需求（Derived Demand），出行需求量的大小和空间分布取决于活动需求的大小和空间分布。从供给一方来看，满足居民活动需求的目的地（如办公楼、学校、商场等）及其空间分布正是土地使用和建成环境形态。也就是说，土地使用和建成环境形态直接影响着居民出行。

一个城市有多种交通出行模式存在，如步行、骑车、巴士、地铁、出租车、私车等。对于某一出行人的具体出行活动，哪一种（或一组）交通模式使得该出行综合效益最大（或成本最小），此模式就成为该次出行的交通模式首选。影响交通出行效益（或成本）的因素主要有三个方面：①出行者的个人及家庭特征（如年龄、性别、职业、家庭收入等）；②出行模式的交通成本和服务质量（如时间和金钱成本，舒适度、安全感、可靠性、便捷度、私密性等）；③出行起点和目的地以及沿途的土地使用和建成环境特质。

理解交通出行模式选择理论有两点需要强调，其一，出行效益最大化（或成本最小化）的交通模式产生于可选模式中。对于某一出行人来说，并不是所有城市交通模式都是可选模式。例如，如一个人不能开车或没车可开，开私家车出行的模式就不成为可选模式。另如一个城市或社区没有公交服务，公交就不成为可选模式。其二，一项出行模式是否成为首选取决于该模式与其他可选模式比较的相对效益（或成本）优势，而非绝对的出行时耗、钱耗等。也就是说，慢行和任何其他类型交通都没有绝对的优劣之分。哪种更优取决于特定的出行目的、个人或家庭条件、出行地区交通服务、建成环境和政策环境（如限停）等多重要素。因此，对慢行交通的评估必须放在与其他交通相比较的框架中。

基于以上理论阐述，表 6-2 简要比较了慢行交通与公共交通及小汽车的基本特征。

慢行交通与公共交通及小汽车的基本特征比较　　表 6-2

	慢行交通	公共交通	小汽车
平均速度（km/h）	3 ~ 15	15 ~ 50	20 ~ 60
适宜出行距离（km）	<10	<40	<60
出行费用	自行车停车费	公交票费	汽油、停车费、路桥费
维护成本（个人）	自行车维修	无	小汽车保养维护
维护成本（社会）	低（人行道或自行车道）	高（公交线路、车站、车辆）	高（道路、减排）
适用者	有行走或骑车能力	所有人	拥有驾照或有拼车条件者
适用目的	功能性、非功能性（休闲、锻炼等）	功能性	功能性
受外部条件约束程度（土地使用和功能分布，地形地貌、天气、治安、照明等）	大	中	小

表 6-2 显示：

（1）慢行交通灵活、低成本，但限于短距离出行；公交车机动、容量大，但欠灵活（不能提供门到门服务）；小汽车集中了慢行交通灵活和公交车机动的优点，但个人和社会成本均高。在机动化程度低时，如中国 1980 年代以前，小汽车不是绝大多数居民的可选模式。出行方式在慢行交通和公交交通之间选择。以单位大院为基本城市空间单元的居住 - 就业 - 服务平衡分布使多数居民出行发生在慢行交通的可达范围之内。城域出行则由单位大巴和城市公交承担。

（2）机动化水平提高后（如中国 1980 年代以后），小汽车成为很多人的可选出行模式，以单位大院为基础的居住－就业－服务平衡被不断增强的市场机制打破（例如职工迁至远离单位的商品房，家庭成员越来越多地到其他单位或市场上求职，生活服务由单位供给不断转向由市场供给），城域出行需求因此大量增加。小汽车的相对竞争优势明显突出。若要降低小汽车的相对优势、增加人们对慢行或公交的选择兴趣，可采取两类措施，一是政策性地大幅增加小汽车的拥有和使用成本。二是整合改善慢行交通的灵活和公共交通的大量性运输优势。

（3）慢行交通出行质量受环境因素影响相当大。要增加其相对于小汽车的竞争力，以成为短距离出行的主干模式，或与公交接驳成远距离出行的组合模式，改善慢行交通的外部环境至关重要。也就是说，仅提供人行道、自行车道等基本条件远远不够，必须有效地与周边土地使用和建成环境整合，尽可能地提供全天候的慢行环境。

理论和日常生活经验都说明建成环境对慢行交通出行的重要性。那么建成环境的哪些形态要素会影响慢行及其他交通出行的哪些方面呢？国际学术界近 20 年围绕此问题开展了大量研究[2]，旨在为规划设计和相关政策制定提供实证依据。笔者在对香港和波士顿的对照实证研究中证实，建成环境的居住与就业密度、土地使用混合度和交叉口密度均影响居民出行模式选择；用弹性指数(elasticity)来量化，慢行交通受建成环境形态要素的影响远大于机动交通。[3]另一案例是对上海八佰伴等三个街区慢行交通与建成环境的关联性研究。[4]

3. 机动交通网络与慢行交通（不）友好的建成环境形态

类似于上海八佰伴新区的空间形态在中国大、中、小城市的新区十分普遍，超级街区（super blocks）、宽马路和大广场普遍流行，社区邻里缺乏地方个性，城市道路与环境设计的超尺度是这些新区的共同特征，呈现出慢行交通不友好的建成环境形态，学者们称之为“中国式城市蔓延”。这是近几十年来规划实践和管理对慢行交通系统性、专业化的“慢待”结果。何以见得？这里从我国城市规划规范标准和法规角度作解答。

规范标准和法规的质量与规划设计的质量以及最终建成环境的质量密切相关。Ben-Joseph[5]基于对美国社区和建设开发行业的调查研究得出结论，标准与法规犹如城市行态增长的 DNA，深刻地影响了美国城市各个尺度层面的形态特征；地方政府普遍采用的用于土地开发规划控制与管理的“再分条例”（Subdivision Regulation）和“区划法”（Zoning Ordinance）对形成美国社区现有的低密度布局，不同使用功能机械分离的蔓延形态特征起了决定性作用。在中国，中央政府对城市规划、设计、开发与管理等方面颁布了一系列国家规范、标准与法规，政府部门和设计机构在规划与设计实践中必须遵守。

我国的住房和城乡建设部和其他国家机构颁布了上百部关于规划和建筑设计的规范、标准与法规。现行的中国城市道路网规划指标设定城市道路设计时速、路网密度、车道数量以及道路红线宽度。对于人口规模不同的城市该标准所设指标不等。例如，超过 200 万人口的大城市每平方公里的快速路网密度是 0.4 ～ 0.5km。根据这个标准，快速路的宽度是 40 ～ 45m，6 ～ 8 车道。对于人口 50 万～ 200 万的大城市，快速路密度相对较低（0.3 ～ 0.4km/km^2），车道宽度 35 ～ 40m，4 ～ 6 条车道。20 万～ 50 万人口的中等城市没有快速路的标准。类似的标准还包括不同道路等级的要求，例如主干道、次干道、支路。对于小于 20 万人口的小城市，只有两种道路类型：干道和支路。

此道路网规划指标确定了城市街区的基本原型。街区网格生成了最小为 300m×300m 的街区。对于中等和小城市，车道数和道路宽度比大城市相对较小，但平均的街区尺寸却与大城市接近。精明增长的理念提倡人性化的街区尺度，建议街区的长边平均在 100 ～ 300m 之间。因此理论上讲，中国道路网规划指标确定的平均街区尺寸偏大。300m×300m 的街区几乎是两倍于美国城市设计标准中推荐的典型居住和商业区街区。[6]

《城市道路设计规范》（CJJ 37-1990）中“机动车车道与路面宽度”一节规定的行车道宽度普遍大于美国洲际道路与交通管理协会（AASHTO，American Association of State Highway and Transportation Officials）出版的道路设计手册中提出的相应指标。[7] 例如，规范中对车速为每小时 40km 以上的城市干道的车道宽度设定为 3.75m，40km 以下则为 3.50m。而 AASHTO 手册中城市道路车道宽度 11ft 即 3.35m，单向多车道时车道宽度减为 10ft 即 3.05m，高速公路单车道宽为 12ft 即 3.66m。设定行车道宽度考虑的主要因素为交通安全和通行容量。北美的研究表明 10ft 或 3.05m 行车道上的交通事故率相对较低。[8] 增宽行车道虽然有助于降低车辆挤擦事故率，但也易诱导驾车者高速或超速行车，增加交通事故率。宽马路也造成了巨型交叉口。很不人性化但很车性化的超大街区、超宽马路、超尺度的交叉口易诱导行人和机动车产生不规范出行行为，带来交通安全和交通系统低效运行等问题。过宽的行车道使并行车流之间留下较大空隙，诱使很多人如骑车般行车、超车、拼抢路面空间，增加发生交通事故的机率。

当然，中美城市道路状况与管理条件不同，交通流构成迥异，基于美国城市的规划设计理念和规范标准不可原封不动地照搬到中国城市。但由美国的相关研究与实践启发我们反思的问题是中国城市道路设计规范设定的路网密度是否太低？机动车车道路面宽度是否太大？善待慢行交通规划规范的改革势在必行。

4.慢行交通与城市功能空间的整合

慢行交通的人力驱动特性决定了它受建成和自然环境的约束限制远大于机动交通所受的限制。在慢行和机动交通共享路权时慢行交通者往往是“弱势群体”，受交通伤害（如事故、污染等）的潜在性远大于机动交通者。因此，提倡慢行交通仅限于提供一定宽度和长度的人行道、自行车道是远远不足的。必须有人性化的慢行交通—空间形态整合规划设计，以创造慢行交通友好的建成环境，减弱自然环境对慢行交通的约束限制，使得慢行交通对于近距离出行具有相对于机动交通的较强竞争力，对于中、远距离出行它又是机动交通高效的接驳模式。

慢行交通，尤其是步行交通，其慢速度也有其优势，这就是与其他人或场所的整合互动机会。实际上无论是何种交通模式出行，步行是最终的链接交通与出行活动目的的方式。将慢行交通与城市功能空间有机整合，一方面提高慢行交通质量，另一方面为城市功能场所带来所需的“人气”。北美人所熟知的范例有寒冷地区明尼阿波利斯—圣保罗城市中心的二层步道系统，总长度 20 多公里，连通 80 多个城市街区。加拿大蒙特利尔市（也属寒冷地区）有世界上最大的步行地下城，全程 32km。美国炎热的南部休斯敦市市中心有近 10km 的地下通道连接各大写字楼、旅馆、零售和购物中心以及汽车和自行车停车场等。

亚洲的范例有中国香港的步行系统，尤其在中环、金钟、湾仔和尖沙咀等重要节点地区，近 600 个空中连廊、人行过街天桥、地铁地下通道等与办公楼和商铺的公共空间有机整合，由电梯或自动扶梯实现标高的转换，构成了完善的步行网络。以湾仔地铁站及其北面的城市街区为例。该站位于香港岛北面密集开发带的中部。车站点北部是居住、商业服务、行政及公共建筑混合用地，主要建筑有香港移民大楼、湾仔区政府以及香港会展中心。站点南部则主要是商业、服务及居住区。受香港岛地形因素影响该区主要干道为东西走向，可达性沿东西方向也较好。南北向的步行可达性则相当不便。从湾仔站到香港会展中心直线距离约 400m，但心理距离远大于此。这是因为其间有 5 条城市干路

图 6-4　香港湾仔遮雨过街天桥与入境事务大厦及其他建筑前厅构成机非分离的步行系统

穿越。为减少地面层步行与机动车交通的冲突并改善湾仔站南北向的步行可达性，一个立体的步行道网络系统逐步建立和完善。这个系统利用政府大楼或商店、宾馆等建筑物的大厅和走廊与人行天桥等设施合成一体，由此提供了一个连接站点与相邻地区设施的全天候步行环境（图 6-4）。

香港步行系统的基本特色是：①与地面层的机动交通基本不交叉冲突，实现了机、非分离，提高了道路和干道交叉口的通行效率，降低了交通事故风险；②连接主要的公共交通站点，如轮渡码头、地铁站、公共汽车站等，方便了不同交通出行方式的接驳转换；③连接了多处政府和商业建筑，尤其特别的是这些建筑内的电梯、自动扶梯和厕所都是对公众开放的，为行人提供了方便，为二层商店、餐厅带来了客源；④步行系统的大部分遮风避雨，机动化的标高转换，极大地改善了步行环境与舒适度。香港步行系统的设计思路和管理模式值得内地城市学习借鉴。

5. 小结

慢行交通不同于巴士、小汽车等其他交通，主要在于它既可以作为日常生活功能性出行的交通工具，也可以作为娱乐、休闲、社交和健身等生活活动的内容之一。慢行交通对成功实施 TOD/TID 至关重要。在社会经济发展的初级阶段，慢行交通是功能性出行的主要工具。在经济发展的中级阶段，尤其是快速发展时期，对速度的追求使得机动化交通成为公共投资、政策决策和消费者个人的兴趣主体，慢行交通往往被边缘化。中国近 30 年的经济发展和城市交通正是处于此阶段。在经济发展的中高级阶段，对生活和交通出行质量要求的提高，对个人健康、社会公益和环保节能意识的增强，使慢行交通重新得到重视。

在机动化时代，对于中远距离的生活交通出行，慢行交通与公交联合方可与私人小汽车竞争。对于短距离出行，慢行交通要与机动交通竞争，必须发挥其多重效益特性，在满足功能性出行目的要求的同时也获得个人或社会发展效益。由于慢行交通的人力驱动特点，慢行交通规划设计强调的不应是通行速度和流量大小，而应是质量和人性化，反映在安全感、便捷度、趣味性和宜人等方面。也就是说，慢行交通规划设计仅仅提供一定宽度和长度的人行道、自行车道远远不够。小汽车制造商和设计师对汽车的内、外功能和风格造型等人性化设计已考虑得极为成熟、细致。慢行交通系统的功能与人性化设计应同样或更精细，一切与慢行交通相关的要素，如铺地、照明、标志、空间场所识别、不同地段的历史与特色等，都关乎慢行交通的质量。这些要素的整合设计正是城市设计师、景观环境设计师和建筑师的职责所在。

6.4 结语：成功TOD/TID的十种特质

作为本书的总结，这里概述成功TOD/TID的十种特质：

1.TOD/TID节点、廊道和区域的多维尺度系统配置

在微观尺度的各公交站点地段，TOD/TID营造因地制宜。在中观尺度，结合各类交通技术特性，公交运营与沿线土地开发整合利用实现廊道层面的就业—居住—服务综合平衡。在宏观尺度，多个廊道构成城市区域层面的TOD/TID网络，实现2/3的市民在步行距离（或小于400m）范围到达站点，创建高质量的公交都市。

2.公交运营服务高效率、高品质

不同公交模式选择多样，有小运量服务的灵活便利，也有大运量服务的快速可靠，公交服务的空间覆盖面广、服务时段全，服务频率和准点率高，车内舒适安全，大运量快速公交提供wi-fi和实时信息服务。沿服务线路的双向公交客流基本平衡（不大于4：6），高峰和非高峰时段客流分布相对均衡，峰值效应低。

3.城内和区域交通接驳无缝转换

城内公共交通如地铁、大巴、出租车等互换，区域交通如长途汽车、郊区火车、高铁动车等互换均实现4个无缝（4 seamlessness）：空间的无缝衔接（Spacial），运营时刻表的无缝衔接（Temporal），信息传播的无缝衔接（Information），不同人群各项功能需求服务的无缝衔接（Service）。

4. 公交运营和建设财政健康

在车辆配给、乘务人员配备等公交运营层面实现科学运筹管理，在保障服务质量的前提下使得运营成本最小。精心设计票务政策，普及智能卡，保证不同公交模式间（甚至零售付费）一卡互通。实现票价收入占公交运营成本的50% 以上。对公交维护和扩建等所需建设费用融资有道。

5. 溢价回收多元多样

基于不同城市和社区背景，各种溢价回收的手段和措施得以有效地应用。通过广告、公交连接费、空权租赁、联合开发或其他方式获得公交运营和建设所需经费。通过容积率奖励等土地管理手段争取开发商的投资共建。开创性地应用基于税收的政策手段，吸引市场资源充分开展 PPP 应用。

6.TOD/TID 区内零售、商业服务活力、完善

零售商业跟随人群，健康和富有活力的零售商业既是成功 TOD/TID 的重要组成部分，又是成功的 TOD/TID 的标志之一。充分开发地下空间，吸引多元小商品零售和便利服务，在大型站点，结合商城开发，提供品牌商服。零售、商业服务等设施类别和规模与站点周边社区的相关功能有机整合。

7. 各节点地区呈现鲜明的个性特色和具有强烈的场所吸引

每个 TOD/TID 独具个性特色而锚固在所处城市地段和邻里社区。个性特色建立在所提供的功能基础上，或所在地段的社区背景上，体现在建筑、街景和场地的物质风貌上，例如建筑风格、地面铺装、绿化种植、公共艺术等，同时还有更深层面的场所精神通过各种物质和非物质元素得以充分体现。

8. 站场内外的人性化精细设计

对人性化精细设计要作特别强调，因为它极为重要，很不容易做到，却常常被有意或无意地忽视。从标牌字体、尺寸、位置到铺地材料、质地、色彩，还有灯光照明、播音音质、电梯扶梯、站台家具、自动售票机等，还有公共艺术品、广告牌、宣传材料，人性化设计体现在每一个细节。

9. 实现社会公正

对特殊人群在政策和设施方面实现社会公正、公平和关爱。物质环境层面，无障碍设计在每一个环节得以实施，如坡度、电梯、盲文标识等，达到国内和国际规范标准。政策层面，如票价政策等对老年人、少儿、低收入和特殊需求的人群有特别考虑。

10. 绿色低碳可持续交通

通过 TOD/TID，城市和区域交通出行以公共交通和非机动交通为主体。低

碳出行占总出行的 70% 以上。通过全生命周期（Full Lifecycle）的监督管理，实现交通产业的社会、经济和环境效益综合平衡、可持续发展。

参考文献

[1] 黄建中．1980 年代以来我国特大城市居民出行特征分析［J］．城市规划学刊，2005（3）：71-76.

[2] Ewing R.，Cervero R. Travel and the Built Environment：A Meta-Analysis［J］. Journal of American Planning Association，2010，76（3）：265-294.

[3] Zhang M. The Role of Land Use in Travel Mode Choice：Evidence from Boston and Hong Kong［J］. Journal of American Planning Association，2004，70（3）：344-361.

[4] Zhang T.W. Land Market Forces and Government's Role in Sprawl：The Case of China［J］. Cities，2000，17（2）：123-135.

[5] Ben-Joseph E. Future of Standards and Rules in Shaping Place：Beyond the Urban Genetic Code［J］. Journal of Urban Planning and Development，2004（130）：67.

[6] Sendich E. Planning and Urban Design Standards［M］.John Wiley and Sons，2006.

[7] AASHTO. A Policy on Geometric Design of Highways and Streets［M］. 5th Edition. Washington D.C.：American Association of State Highway and Transportation Officials，2004.

[8] Ingred B. Potts，Harwood D.，Richard K.Relationship of Lane Width to Safety for Urban and Suburban Arterials［Z］.Transportation Research Board，2007 Annual Meeting，2007.